KB264304

그리스도교 신앙 원천 **17** Fontes Fidei Christianae

Origenes
CONTRA CELSUM

Translated with notes by Lee Jong-Han
Korean translation copyright © 2025 by Benedict Press, Waegwan, Korea.

그리스도교 신앙 원천 17
켈수스 반박(제6-8권)

2025년 10월 30일 초판 1쇄

지은이   오리게네스
역주자   이종한
펴낸이   박현동
펴낸곳   ⓒ 성 베네딕도회 왜관수도원, 분도출판사
찍은곳   분도인쇄소

등록   1962년 5월 7일 라15호
주소   04606 서울 중구 장충단로 188 분도빌딩(분도출판사 편집부)
            39889 경북 칠곡군 왜관읍 관문로 61(분도인쇄소)
전화   02-2266-3605(분도출판사) · 054-970-2400(분도인쇄소)
팩스   02-2271-3605(분도출판사) · 054-971-0179(분도인쇄소)
홈페이지   www.bundobook.co.kr

ISBN   978-89-419-2516-3   04230
ISBN   978-89-419-2450-0   (세트)

오리게네스

켈수스 반박(제6-8권)

한국교부학연구회
이종한 역주

분도출판사

일러두기

1. 성경 인용은 원칙적으로 『성경』(한국천주교주교회의 2005)을 기준으로 삼았으나, 교부들이 인용한 성경 본문이 『성경』과 차이가 있을 때에는 그리스어나 라틴어 원문을 직역하였다.

2. 성경 본문에 나오는 지명 '유다'는 로마제국의 지방명일 경우 '유대아'로, '유다인'은 '유대인'으로, '유다교'는 '유대교'로 표기했다. 교부 시대의 인명과 지명은 『교부학 인명·지명 용례집』(분도출판사 2008)을 따랐다.

3. 작품명은 『교부 문헌 용례집』(수원가톨릭대학교출판부 2014)을 따랐다.

4. 『교부학 인명·지명 용례집』과 『교부 문헌 용례집』을 수정·보완한 한국교부학연구회 『교부학 사전』(한국성토마스연구소 2021)을 최종 잣대로 삼았다.

5. 본문 번역은 두 독일어 번역본 Bibliothek der Kirchenväter 총서의 52(1926), 53(1927)으로 Paul Koetschau가 번역·주해하여 출간한 *Des Origenes acht Bücher gegen Celsus*와 Fontes Christiani 총서의 한 권으로 Claudia Barthold가 번역하고 Michael Fiedrowicz가 해제와 각주를 붙여 2011년 출간한 *Origenes, Gegen Celsus*을 비교·선택하여 우리말로 옮겼다.

6. 해제는 위의 두 책에 각각 수록되어 있는 Koetschau의 "Einleitung"(VII-XVI)과 Fiedrowicz의 "Einleitung"(9-122쪽), 그리고 Schriften der Kirchenväter 총서의 한 권으로 1986년 출간된 Karl Pichler의 *Origenes, Gegen Kelsos*의 "Erläuterungen zum Autor und Zum Text"(201-217쪽)를 종합하였다.

'그리스도교 신앙 원천'을 내면서

"오래고도 새로운 아름다움!"Pulchritudo antiqua et nova!

교회의 스승인 교부敎父들은 성경과 맞닿은 언어와 문화로 주님의 삶과 가르침을 생생하게 느끼며 살았던 신앙의 오랜 증인들이다. 모진 박해와 세상 거짓에 맞서 기꺼이 자신을 불사르며 복음의 진리와 거룩한 삶의 가치를 지켜 낸 성인들이며, 하느님 백성을 섬기고 돌보는 일을 천직으로 여겼던 목자들이다. 교부 문헌이 탄생한 자리는 책상머리가 아니라, 기쁨과 희망, 슬픔과 고뇌로 누벼진 민중의 애달픈 삶의 현장이었다. 그래서 교부들의 많은 가르침은 단순하면서도 감동적이고, 힘이 있으면서도 따뜻하다. 특히 사회 교리나 교회 생활에 관한 탁월한 가르침은 현대 교회에도 끊임없이 새로운 영감을 불어넣어 주는 마르지 않는 샘이다.

"집어서 읽어라!"Tolle lege!

가장 위대한 교부라고 일컬어지는 아우구스티누스는 바오로 서간을 집어서 읽으면서 진리에 눈을 떴고 마침내 회심했다. 다양한 교부 이름과 책 제목들만 빽빽한 각주로 달려 있는 두터운 신학 논문집보다 짤막한 교부 문헌 한 편이 신학 연구와 영성 생활에 훨씬 더 유익할 수 있다.

신학의 진정성과 보편성은 원전을 집어서 읽는 데서 비롯하기 때문이다.

고맙게도 분도출판사는 1987년부터 대역본 '교부 문헌 총서'를 펴내고 있다. 라틴어·그리스어 본문을 우리말 번역과 나란히 싣고 상세한 해제와 주석을 단 혁신적 출판 기획은 우리나라 서양 고전 번역의 새로운 지평을 열었다. 세계적 권위를 지닌 프랑스의 '수르스 크레티엔느'Sources Chrétiennes, 독일의 '폰테스 크리스티아니'Fontes Christiani, 이탈리아의 '누오바 비블리오테카'Nuova Biblioteca 등에 당장 비길 바는 아니겠으나, 교부학 불모지였던 우리나라의 철학과 신학, 인문학과 영성 분야에서 일구어 낸 성과와 공헌이 적지 않다.

그러나 고전어를 직접 번역하고 해제와 주석을 다는 일은 고달프고 더딘 여정일뿐더러, 한정된 전문가들에게 기댈 수밖에 없다는 것이 한국교부학연구회와 분도출판사의 공통된 고민이다. 기존 '교부 문헌 총서'의 원전 번역을 꾸준히 이어 가면서도 신자들의 삶과 영성에 꼭 필요한 짧고 감동적인 교부 문헌들을 줄기차게 소개하는 일을 병행할 수는 없을까? 우리는 그 대안으로 지난 2018년부터 대중판 교부 문헌 총서인 '그리스도교 신앙 원천'을 출간하기 시작했다. 누구에게나 널리 읽힐 수 있는 '대중판'(Vulgata)이라는 대전제로 비교적 간소하게 펴내다 보니, 분량이 많거나 신학적으로 묵직한 책들은 어쩔 수 없이 뒤로 밀려났다. 작품의 분량이나 특성에 얽매이지 않고 핵심적인 교부 문헌들을 두루 아우른 총서를 거듭 꿈꾸게 되었다. 그리고 판형을 바꾼 '그리스도교 신앙 원천'으로써 우리의 꿈을 현실로 이루고자 한다.

"원천으로 돌아가자!"Ad fontes!

한국교부학연구회가 국가의 지원을 받아 분도출판사에서 펴내는 이 총서는 30년 프로젝트다. 첫 10년 동안은 매년 굵직한 '교부 문헌' 서너 권과 '교부들의 가르침 — 교부문헌 주제별 선집'(총 10권) 한 권씩을 출간할 예정이다. 라틴어나 그리스어 등에서 직접 번역하는 것이 이상적이겠으나, 여러 가지 현실적인 문제를 고려하여 현대어 번역본에도 기대기로 했다. 영어, 프랑스어, 독일어, 이탈리아어, 스페인어 등으로 충실하게 번역된 권위 있는 현대어 교부 문헌들을 골라 아름답고 적확한 우리말로 옮기는 일에는 교부학자들뿐 아니라 빼어난 전문 번역가들도 참여할 것이다. 분도출판사에서는 오랜 세월 정성껏 가꾸어 온 대역판 '교부 문헌 총서'도 나란히 이어 가기로 했다. '그리스도교 신앙 원천'과 함께 갈 수 있어서 기쁘고 다행스럽다. 교회의 발원지와 맞닿아 있는 이 책들은 성경뿐 아니라 '거룩한 전통'(聖傳)을 더 깊이 이해하도록 도와줄 것이다. 교부 문헌은 가톨릭과 정교회와 개신교가 함께 보존하고 가꾸어야 할 그리스도교 공동 유산이기에, 원천으로 돌아가기 위한 이 노력이 영적 일치 운동에 꾸준히 이바지하리라 믿는다.

"교회는 늘 새로워져야 한다!"Ecclesia semper reformanda est!

이제 우리는 30년 여정에 첫발을 내딛는다. 그리고 그 뒤로도 끝없이 이어질 그 길을 지금 이미 바라보고 있다. 끝이 보이지 않아 행복하다. 지난 수십 년 동안 이 땅에 교부들의 씨앗을 묵묵히 뿌려 온 선배들이 그러했듯, 우리도 힘닿는 만큼 교부 문헌을 살뜰히 옮기다 떠나갈 것이다. 밭에 묻혀 있는 보물과도 같은 교부 문헌을 정성스레 캐내어 생명력을 불어넣는 이 가슴 벅찬 일이 꾸준히 이어지기를 바라는 마음 간절하다. '그리스도교 신앙 원천'이 책꽂이에 차곡차곡 꽂혀 갈수록 우리 교회는 더 젊어지고 더 새로워질 것이다. 교부 문헌은 교회 쇄신의 물

'그리스도교 신앙 원천'을 내면서

줄기를 끊임없이 제공하는 그리스도교 신앙의 살아 있는 원천이기 때문이다. 이 책이 한국천주교주교회의를 통해 출간될 수 있도록 한결같이 격려해 주시고 배려해 주신 모든 주교님께 진심으로 감사드린다.

2022년 11월 1일 모든 성인 대축일에
한국교부학연구회 회장 장인산

차례

켈수스 반박(제6-8권)

제6권

1. 이제 우리는 그리스도인들에 대한 켈수스의 비난을 반박하는 책의 제6권을 시작합니다. 존경하는 암브로시우스여, 우리의 주요 관심사는, 어떤 사람들이 생각하는 바와는 달리, 철학에서 빌려 온 그의 언명들을 논박하는 것이 아닙니다. 켈수스는 수많은 대목에서 특히 플라톤을 비롯한 철학자들의 말을 내세워, 이지적 인간도 설복시킬 수 있는 성경의 언명들과 대비시킵니다. 그러면서 "이런 사상들은 그리스인들이, 교만함[1] 없이 또 신이나 신의 아들의 통지라는 주장 따위도 내세우지 않고, 더 훌륭하게 표현했다"라고 주장합니다. 이에 대해 이렇게 대답하겠습니다. 진리의 가르침을 전하는 이들의 소임이 최대한 많은 인간에게 유익함을 가져다주고, 또한 인간에 대한 사랑으로 가능한 한 모든 사람을 ― 지혜로운 이든, 어리석은 이든, 또 그리스인이든 비그리스인이든, 그 누구든 모두 ― 그리스도교로 인도하는 것이라면(로마 1,14 참조), 그리고 아주 무례하고 우악스러운 사람들까지도 회심시킬 수 있어서, 우리 그리스도인 백성이 아주 풍성해지려면, 그리스도교의 교사들은 누구나 쉽게 이해할 수 있고 모든 이의 귀를 사로잡을 수 있는 언

---

1 여기서는 "교만함"(νάτασις)이 "으르댐"보다 선호選好되었다. 참조: H.E. Lona, Celsus, Alethes Logos 316-317.:

어 표현 방식에 마음을 써야 한다는 것은 자명합니다. 문장 성분들의 올바른 순서와 정연한 사상 전개 따위를 파악하지 못하는 단순하고 무식한 사람들을 멀리하고, 체계적 교육을 받은 사람들에게만 관심을 기울인다면, 우리는 이를테면 공유재산을 아주 좁고 작은 동아리끼리만 나누겠다는 꼴이 됩니다.

2. 내가 이런 말을 하는 것은 켈수스 같은 사람들이 비난하는 성경의 언어적 표현의 단순성을 옹호하려는 것이니, 이 단순성이 문학적 기교의 현란함에 의해 그늘에 가려지는 것 같습니다.[2] 하지만 우리의 예언자들, 예수님 자신 그리고 그분의 사도들은 진리를 담고 있을 뿐 아니라 대중의 마음도 사로잡을 수 있는 표현 방식, 누구나 자기 능력에 따라 외관상 단순한 말씀 안에 숨겨져 있는 비밀들에 대한 이해로 다가가게끔 하는 표현 방식을 염두에 두고 계셨습니다.[3] 감히 이렇게 말해도 될 것입니다. 플라톤이나 그에 버금가는 저자들의 세련되고 정교한 문체는 아주 소수의 사람들에게만 유익함을 주었습니다. 반면 단순하면서도 동시에 실제적이고 대중적으로 가르치고 쓰는 사람들의 표현 방식은 훨씬 많은 사람에게 유익함을 안겨 주었습니다. 아무튼 우리는 확인할 수 있습니다. 플라톤의 책은 학자로 통하는 사람들 손에만 들려 있는 반면, 에픽테토스[4]는 평범한 사람들에게서도 찬탄을 받고 있으니, 친절한 감화를 받고자 하는 갈망을 품고 있던 그들이 그의 가르침을 통

---

2 이 비난에 관해서는 참조: 『켈수스 반박』 해제 93-94.

3 성경 말씀 이해의 다양한 차원에 관해서는 참조: H.J. Vogt, *The Later Exegesis of Origen: Mémorial Dom J. Gribomont* (SEAug 27), Rom 1988, 583-591.

4 기원후 50~120년경에 살았던 스토아학파 철학자다.

해 자신이 향상되었음을 몸소 겪었기 때문입니다.

이런 말을 하는 것은 플라톤을 비난하기 위해서가 아니라 — 사실 드넓은 인간 세상은 그에게도 도움을 받았습니다 — 다음과 같이 말한 사람들의 의도를 밝히기 위해서입니다. "나의 말과 나의 복음 선포는 지혜롭고 설득력 있는 언변으로 이루어진 것이 아니라, 성령의 힘을 드러내는 것으로 이루어졌습니다. 여러분의 믿음이 인간의 지혜가 아니라 하느님의 힘에 바탕을 두게 하려는 것이었습니다"(1코린 2,4-5). 이 말씀이 언명하고자 하는 것은, 그 자체로 진실되고 신빙성 있는 말일지라도, 말하는 사람에게 하느님께서 확실한 힘을 선사하지 않으면, 또 그의 말에 — 이것 역시 하느님의 역사役事이거니와 — 매력이 깃들지 않으면, 또한 하느님께서 함께 작용하시어 그의 말을 효과적으로 만들어 주시지 않으면, 그 말은 사람 영혼 속 깊이 파고들지 못한다는 것입니다. 예언자는 시편 제68편에서 이렇게 말합니다. "주님께서 기쁜 소식 선포자들의 말에 큰 힘을 주시네"(시편 68,12). 이런저런 중요한 문제에서 그리스인들의 가르침과 우리 신앙 신봉자들의 가르침이 동일하다는 사실을 인정해야 하지만,[5] 그들의 가르침에는 우리 가르침이 지니고 있는 영혼을 사로잡고 감화시키는 힘이 없습니다. 그런 연유로, 예수님의 제자들은 그리스 철학의 기준으로 보자면 무식한 남자들이었지만, 이 세상 많은 민족을 두루 찾아다니면서 로고스(말씀)의 뜻에 따라, 자신의 선포 말씀에 귀 기울이는 사람은 누구나 그의 자격에 합당하게 감화시켰습니다. 그리하여 그 말씀을 들은 사람들은 자신의 자유의지로 윤리적 선을 받아들인 정도에 따라, 크게 나아진 인간이 되었습니다.

---

5   참조: 오리게네스『창세기 강해』14,3.

3. "그러므로 우리는 고대의 지혜로운 남자들을, 그들을 이해할 수 있는 사람들에게 명확히 알려 주어야 한다. 특히 아리스톤의 아들 플라톤은 한 편지에서 최고선의 본질을 밝히고 설명했으니, 최고선은 결코 '말로 표현할 수 없으며' '오랜 친교의 결과 불현듯' '마치 옮겨붙는 불꽃에 의해 발화되는 '하나의 빛처럼' 영혼 안에 주어진다."[6] 이 말을 우리도 들었고 또 동의하니, 합당한 언명이기 때문입니다. 과연 "하느님께서는" 합당하게 표현된 이런 진리들을 모두 "그들에게 명백히 계시"해 주셨습니다(로마 1,19 참조). 이런 이유로 우리는 또한, 하느님을 참되게 인식했으면서도 그에 맞갖게 하느님을 공경하지 않는 사람들은, 그에 상응하여, 죄인들에게 내려질 벌을 받게 될 것이라고 선언합니다. 과연 그런 사람들에 관해 바오로는 이렇게 말합니다. "불의로 진리를 억누르는 사람들의 모든 불경과 불의에 대한 하느님의 진노가 하늘에서부터 나타나고 있습니다. 하느님에 관하여 알 수 있는 것이 이미 그들에게 명백히 드러나 있기 때문입니다. 사실 하느님께서 그것을 그들에게 명백히 드러내 주셨습니다. 세상이 창조된 때부터, 하느님의 보이지 않는 본성 곧 그분의 영원한 힘과 신성을 조물을 통하여 알아보고 깨달을 수 있게 되었습니다. 따라서 그들은 변명할 수가 없습니다. 하느님을 알면서도 그분을 하느님으로 찬양하거나 그분께 감사를 드리기는커녕, 오히려 생각이 허망하게 되고 우둔한 마음이 어두워졌기 때문입니다. 그들은 지혜롭다고 자처하였지만 바보가 되었습니다. 그리고 불멸하시는 하느님의 영광을 썩어 없어질 인간과 날짐승과 네발짐승과 길짐승 같은 형상으로 바꾸어 버렸습니다"(로마 1,18-23). 이 성경

---

6   플라톤 『편지』 7,341c-d.

말씀도 증언하듯이, "최고선은 결코 말로 표현할 수 없다"고 생각하는,
또 "최고선은 바로 이 요점 자체와의 오랜 친교와 공동생활의 결과, 마
치 하나의 빛처럼 불현듯 나타나거니와, 이 빛은 영혼 안에서 옮겨붙는
불꽃에 의해 발화되며, 그 후에는 스스로 살아나간다"[7]라고 주장하는
사람들은 "진리를 억누르고" 있는 것입니다.

4. 최고선에 관해 그렇게 합당하게 말한 이 저자들이 아르테미스 여신
을 경배하고 또 단순한 사람들이 벌이는 축제를 보기 위해 페이라이에
우스[8]로 올라갑니다.[9] 그리고 영혼에 관한 매우 중요한 철학적 통찰을
제시하고 또 덕스럽게 산 영혼의 미래 상태를 상세히 서술하고 나선,
하느님께서 그들에게 계시해 주신 숭고한 진리를 버리고 아스클레피
오스에게 닭을 제물로 바치면서,[10] 하찮고 저열한 생각으로 옮겨 갑니
다. 또한 그들은 "세상 창조된 때부터" 존재해 온 눈에 보이는 "조물들"
을 통해, "하느님의 보이지 않는 본성"과 사물의 원상原象(이데아)들을 표
상했음에도, 그리고 하느님의 "영원한 힘과 신성"에 관해 합당한 인식
을 지녔음에도, 또 그래서 그런 조물들로부터 영적인 것에로 방향 지워
졌어야 했음에도, 그들은 "오히려 생각이 허망하게 되고 우둔한 마음
이 어두워져" 하느님을 공경하지 못하는 무지의 암흑 속을 헤매고 있
습니다. 우리는 지혜와 하느님(신)에 관한 지식을 지니고 있다고 자부

---

7 오리게네스는 켈수스의 플라톤 인용문을 온전하게 채워 넣는데, 자신이 그리스의 우두머리
철학자를 정확히 알고 있음을 보여 주려는 것이다.

8 현 지명명은 피레아스다.

9 참조: 플라톤 『국가』 327a.

10 참조: 플라톤 『파이돈』 118a.

하는 사람들이 "썩어 없어질 인간의 형상"을 경배하고 공경하는 것을, 때로는 심지어 이집트인들과 함께 "날짐승과 네발짐승과 길짐승"을 경배할 만큼 비천해지는 것을 볼 수 있습니다. 또 어떤 사람들은 외견상으로는 그런 짓에서 벗어난 듯하지만, 그래도 "하느님의 진리를 거짓으로 바꾸어 버리고, 창조주 대신 피조물을 받들어 섬기는" 것을 볼 수 있습니다(로마 1,20-25 참조).[11] 그리스 현인과 학자들이 올바른 하느님 공경에서 오류에 빠져 있었기 때문에, "하느님께서는 지혜로운 자들을 부끄럽게 하시려고 이 세상의 어리석은 것을 선택하셨습니다. 그리고 하느님께서는 강한 것을 부끄럽게 하시려고 이 세상의 약한 것을 선택하셨습니다. 하느님께서는 있는 것을 무력하게 만드시려고, 이 세상의 비천한 것과 천대받는 것 곧 없는 것을 선택하셨습니다. 그리하여 어떠한 인간도 하느님 앞에서 자랑하지 못하게 하셨습니다"(1코린 1,27-29).

일찍이 우리의 지혜로운 남자들, 가장 어른인 모세와 그를 뒤따르는 예언자들은 최고선은 "결코 말로 표현할 수 없다"는 것을 잘 알고 있었습니다. 그러나 그들은, 하느님께서 자격 있고 합당한 인간들에게 당신을 드러내셨기에, 하느님께서 예컨대 아브라함과 이사악과 야곱에게 나타나셨다고 기록했습니다(참조: 창세 12,7; 26,2; 35,9). 하지만 그들은 하느님께서 어떤 실재로, 어떤 속성을 지니시고, 어디로부터, 어떤 방식으로 당신을 드러내셨는지를 탐구하는 일은, 자신들에게처럼 하느님이 나타나셨던 인간들에게 맡겨 두었습니다. 그런데 하느님은 그들 육

---

11   참조: 『켈수스 반박』 7,44.66. 이 비판은 헬레니즘-로마 시대의 지식인들이 축제와 종교 예식 참여를, 자신들은 그런 행위들의 참된 의미를 알고 있다고 믿었기에, 정당한 것으로 여겼다는 사실을 오해하고 있다. 종교적 관습에 대한 영적 이해를 통해, 그 관습의 종교적 의미에의 동참이 상대화되는 동시에 정당화되었다. 종교적 예식이 철학으로 변환되었던 것이다.

신의 눈에 보였던 것이 아니라, "깨끗한 마음"에 보였습니다. 과연 우리 예수님께서 말씀하신 바와 같습니다. "행복하여라, 마음이 깨끗한 사람들! 그들은 하느님을 볼 것이다"(마태 5,8).

5. 한편 "빛이 영혼 안에서, 마치 옮겨붙는 불꽃에 의해서인 것처럼, 불현듯 발화된다"는 것을, 성경 말씀이 이미 플라톤보다 먼저 알고 있으니 예언자는 이렇게 말합니다. "너희 자신을 깨달음의 빛으로 밝혀라"(호세 10,12). 그보다 후대에 살았던 요한과 마태오는 이렇게 말합니다. "로고스(말씀)" 안에서 "생명"이 생겨났고, "이 생명은 사람들의 빛"이었으며, 이 "참빛"이 참되고 영적인 "세상에 오는" "모든 사람을 비추어"(요한 1,3-4.9 참조), 그들을 "세상의 빛"으로 만듭니다(마태 5,14 참조). 과연 "하느님께서 이 빛으로 우리 마음을 비추시어, 그리스도의 얼굴에 나타난 하느님의 영광"에 관한 복음을 환히 깨닫게 하셨습니다(2코린 4,6 참조). 그런 까닭에 아주 옛날, 키루스가 통치하기 한참 전의 한 예언자(키루스보다 14세대 전에 살았다고 합니다)는 이렇게 말했습니다. "주님은 나의 빛, 나의 구원. 나 누구를 두려워하랴?"(시편 27,1), "당신 말씀은 제 발에 등불, 저의 길에 빛입니다"(시편 119,105), "주님, 저희 위에 당신 얼굴의 빛을 비추소서"(시편 4,7), "당신 빛으로 저희는 빛을 봅니다"(시편 36,10). 이사야서의 말씀도 우리를 이 빛으로 향하게 합니다. "일어나 비추어라, 일어나 비추어라, 예루살렘아. 너의 빛이 왔다. 주님의 영광이 네 위에 떠올랐다"(이사 60,1). 이 예언자는 인간을 우상과 조상彫像과 다이몬들 숭배에서 해방시키고자 하시는 예수님의 오심에 관해 선포하면서 이렇게 말합니다. "어둠 속에 앉아 있는 백성이 큰 빛을 보았다. 죽음의 그림자가 드리운 고장에 앉아 있는 이들에게 빛이 떠올랐다"(이사 9,1; 마태 4,16).

제6권

"최고선"에 관한 플라톤의 멋진 말과 복된 사람들의 빛에 관한 예언자들 언명의 차이에 유의해야 합니다. 요컨대 플라톤에게서 발견되는, 이 주제와 관련된 진리는 독자들은 물론, "최고선"에 관한 심원한 철학적 통찰을 표명한 그 저자조차도, 변조되지 않은 순수하고 바른 하느님 공경으로 이끌지 못했습니다. 이와는 달리 성경의 단순한 언어는 진정한 독자들을 거룩한 열정으로 충만케 했습니다. 그들에게서는 이 "빛"이 기름을 계속 공급받아 꺼지지 않으니, 이는 예수님의 비유에서처럼 슬기로운 다섯 처녀가 기름을 잘 보존하여 등불의 빛이 꺼지지 않게 한 것과 같습니다(마태 25,1-13 참조).

6. 켈수스는 플라톤의 편지에서 한 대목을 더 인용하는데, 다음과 같습니다. "내가 이 내용이 대중에게 적합한 방식으로 서술·언명될 수 있다고 믿는다면, 인류에게 크게 유익한 것에 관해 쓰고 또 모든 이를 위해 본성을 뚜렷이 밝혀 주는 일보다 더 멋진 무슨 일을 우리 삶에서 할 수 있으랴?"[12] 이에 관해서도 우리는 간략히 논구하고자 합니다. 플라톤이 글로 기록하여 후세에 남긴 내용보다 더 고원하고 더 거룩한 것을 알았는가 하는 문제는, 독자들이 능력껏 탐구하도록 맡기겠습니다. 다만 우리는 우리 예언자들도 자기네 글에 남긴 내용보다 더 숭고한 것을 알고 있었으나, 기록하지는 않았다는 사실을 알려 주고자 합니다. 예를 들어 에제키엘은 "비탄과 탄식과 한숨"이 앞뒤로 적혀 있는 두루마리 하나를 받아, 로고스(말씀)의 명령으로 먹어야 했으니, 그가 그 내용을 베끼거나 합당치 않은 자들 손에 넘기지 못하게 하려는 것이었습

---

12 플라톤 『편지』 7,341d-e.

니다(참조: 에제 2,9-10; 3,1-2). 그리고 요한에 관해서도, 에제키엘의 경우와 비슷하게 보고 행동했다고 쓰여 있습니다(묵시 10,9-10 참조). 바오로 또한 "발설할 수 없는 말씀을 들었는데, 그 말씀은 어떠한 인간도 누설해서는 안 되는 것이었습니다"(2코린 12,4)라고 하며, 한편 이 모든 사람보다 숭고하신 예수님 자신에 관해 성경은 그분이 당신 제자들에게 "따로"(마르 4,34), 특히 외진 장소에서, 하느님의 말씀을 풀이해 주셨다고 보고합니다. 그러나 그 내용은 성경에 기록되어 있지 않습니다. 왜냐하면 복음서 저자들은 그 내용이 "대중에게 적합한 방식으로 서술·언명"될 수는 없다고 생각했기 때문입니다. 이렇게 저명한 남자들에 관한 진실을 언명해도 외람된 일이 되지 않는다면, 나는 다음과 같이 주장하겠습니다. 이들은 하느님 은총으로 받은 사고력 덕분에, 어떤 내용을 어떤 방식으로 서술해야 하는지, 어떤 내용은 결코 대중을 상대로 기록되어선 안 되는지, 무엇을 말하고 무엇은 침묵해야 하는지를 플라톤보다 더 잘 통찰하고 있었습니다. 요한은 기록해도 되는 것과 안 되는 것의 차이에 관해 다시 한번 우리를 일깨웁니다. 그는 자신에게 이런저런 일들에 관해 가르치는 "일곱 천둥"의 말을 들었을 때, 그 내용을 기록하지 말라는 명령을 받았다고 보고합니다(묵시 10,4 참조).

7. 플라톤은 물론, 호메로스와 그리스 문자의 발명보다도 연대가 오래된 모세와 예언자들[13]에게서도, 그들이 받은 하느님 은총에 걸맞은 숭

---

13   참조: 『켈수스 반박』 4,21; 논쟁에 관해서는 『켈수스 반박』 해제 92-93; 유대교와 그리스 도교 호교론에서의 연대 논증에 관해서는 M. Fiedrowicz, *Apologie im frühen Christentum. Die Kontroverse um den christlichen Wahrheitsanspruch in den ersten Jahrhunderten*, Paderborn 3. Aufl. 2006, 212-215.

고한 사상으로 충만한 많은 언명을 발견할 수 있습니다. 그 남자들이 그렇게 언명한 것은, 켈수스가 생각하듯 "그들이 플라톤을 차용"했는데, "잘못 이해했기 때문"이 아닙니다.[14] 도대체 그들이 어떻게 아직 태어나지도 않은 사람의 글을 차용할 수 있었겠습니까? 그런데 켈수스의 이 말을 플라톤보다 후대인인 예수님의 사도들에게 적용하려는 사람이 있다면, 그는 천막 만드는 사람이었던 바오로(사도 18,3 참조), 아버지와 그물을 버려두고 (예수님을 따라나섰던) 어부였던 베드로와 요한(참조: 마태 4,18-22; 마르 1,16-20)이 플라톤의 편지 내용을 "잘못 이해"했기 때문에, 하느님에 관해 그토록 숭고한 언명을 했으리라는 주장이 그 자체로 과연 신빙성이 있는지를 숙고해 보아야 할 것입니다. 켈수스는 "그리스도인들은 속성速成 신앙을 바란다"라고 이미 여러 번 말했는데도, 마치 앞서 말한 내용에 어떤 새로운 측면을 추가하는 듯이, 이 비난을 반복하고 있습니다. 그러나 이에 대해서는 우리가 앞에서[15] 반박한 것으로 충분하다고 하겠습니다.

켈수스는 플라톤의 다른 한 구절도 인용하면서 이렇게 말합니다. "플라톤의 방식에 따라 철학하는 사람들에게서는 '질문과 대답의 사용을 통해 통찰이 빛난다.'"[16] 그렇다면 우리는 하느님 말씀 역시 변증법 사용을 촉구한다는 사실을 성경을 통해 입증하고자 합니다. 예를 들어 솔로몬은 이렇게 말합니다. "검증 없는 가르침은 오류에 빠진다"(잠언 10,7). 또한 우리에게 지혜의 책을 남긴 시라의 아들 예수는 이렇게 단언합니다. "지각없는 자에게 지식은 조리 없는 말과 같다"(집회 21,18).

---

14 표절 비난에 관해서는 참조: 『켈수스 반박』 해제 92-93.

15 참조: 『켈수스 반박』 1,9; 3,38-39.44; 6,10-11.

16 참조: 플라톤 『편지』 7,344b.

"호의적 반박"[17]은 오히려 우리에게서 발견되니, 우리는 하느님 말씀 선포의 소임을 맡은 사람은 "반대자들을 반박할"(티토 1,9 참조) 능력이 있어야 한다고 배웠기 때문입니다. 물론 마음이 경박하여 열심히 "성경을 연구"(요한 5,39)하고 꾸준히 읽는 일을 게을리하며, 또 예수님 명령에 따라 성경의 의미를 "찾고" 하느님께 이해력을 주십사 "청하고" 성경의 닫힌 "문을 두드리지"(참조: 마태 7,7-8; 루카 11,9-10) 않는 사람들이 상당수 있습니다. 그러나 그 때문에 성경 말씀에 지혜가 결여되어 있다고 지레짐작해서는 안 됩니다.[18]

8. 이어서 켈수스는 플라톤의 여러 문장을 인용하면서 이렇게 말합니다. "선善은 '소수의 사람만' 인식할 수 있다. 대중은 마치 자신이 '숭고한 비밀들을 습득'한 듯이, '주제넘은 무시'와 '기고만장한 근거 없는 기대'로, 이런저런 것들을 진실하다고 딱지 붙이기 때문이다."[19] 그런 다음 이렇게 덧붙입니다. "플라톤이 먼저 이렇게 언명했지만, 아무튼 기담奇譚 따위를 풀어놓지는 않으며, 또 자신이 참으로 약속하는 것에 대한 설명을 청하는 사람 누구에게나 입을 닫지 않는다. 또한 그는 사람은 신의 속성이 이러저러하며, 저러 이러한 속성을 지닌 아들을 가지고 있다는 것을, 이 아들이 세상에 내려왔고 나와 이야기했다는 것을 우선 믿어야만 한다고 처음부터 명령하지도 않는다." 이에 대해 이렇게 맞받겠습니다. 내 기억이 틀리지 않다면, 아리스탄드로스가 플라톤에 관해 글을 썼는데, 플라톤은 아리스톤의 아들이 아니라, 아폴론의 모습

---

17   참조: 플라톤 『편지』 7,344b; Lona, Alethes Logos 320-321.

18   참조: 『켈수스 반박』 3,33; 오리게네스 『코린토 1서 주해』 1,4-10.

19   참조: 플라톤 『편지』 7,341e.

으로 암피크티오니스에게 접근했던 존재의 아들이었다고 합니다. 이런 일들을 플라톤학파의 여러 다른 사람도 자신들의 플라톤 전기에서 전했습니다.[20] 수많은 기담을 떠들어 댄 피타고라스에 관해서는 무슨 말을 해야 할까요? 그는 그리스인들의 한 축제 모임에서 상아로 된 자신의 넓적다리를 보여 주었고, 또 자기가 하루 동안 두 도시에 동시에 나타났다는 에우포르보스였을 때 사용했던 방패를 다시 알아볼 수 있다고 허풍을 쳤습니다.[21] 플라톤과 소크라테스에 관한 이야기들은 꾸며 낸 전설이라고 비난하고자 하는 사람들은, 소크라테스의 꿈에 백조가 나타났었는데, (다음 날) 젊은 플라톤을 소개받은 그 스승이 그에게 "이 사람이 그런데 그 백조였다!"라고 말했다는 이야기도 들먹거릴 것입니다.[22] 또한 그들은 플라톤이 (꿈속에서) 가지고 있다고 여겼던 "제3의 눈(眼)"도 그런 기담들에 포함시킬 것입니다.[23] 대중보다 월등한 인

---

20 참조: 『켈수스 반박』 1,37. 아리스탄드로스는 통상 알렉산더 대왕의 선견자와 동일인으로 여겨진다. G. Dorival, L'apport d'Origène pour la connaissance de la philosophie grecque: *Origeniana Quinta* (hrsg. von R. J. Daly = BEThL 105), Löwen 1992, 199-200에 따르면, 프로클루스 『플라톤의 티마이오스 주해』 3 (Ti 35a)에 인용된 플라톤학파 사람(기원후 2세기)인 듯하다. H. Dörrie, *Der Platonismus in der Antike. Grundlagen – System – Entwicklung*, 5 Bde., Stuttgart/Bad Cannstatt 1987.1990.1993.1996.1998, 2 412에 따르면, 오리게네스는 이 정보를 아마도 아르테미도로스의 해몽 책에서 얻었는데, 아르테미도로스는 그 책 저자가 아리스탄드로스라고 했다. 그 밖의 플라톤 전기들에 관해서는 참조: Dörrie, Platonismus in der Antike 2 150-157,404-414.

21 참조: 디오게네스 라에르티오스 『유명한 철학자들의 생애와 사상』 8,5. 오리게네스의 착오: 방패가 상아로 되어 있었고, 넓적다리는 금으로 만들었다. 피타고라스는 트로이 전쟁 때 메넬라오스에게 죽임을 당한 에우포르보스가 전생의 자기였다고 주장했다. 또한 디오게네스 라에르티오스 『유명한 철학자들의 생애와 사상』 8,4; 포르피리우스 『피타고라스의 생애』 45; 타티아누스 『그리스인을 향한 연설』 25,3; 히폴리투스 『모든 이단 반박』 1,2,11; 1,3,3.

22 증언들에 관해서는 참조: Dörrie, Platonismus in der Antike 2 158-161,414-419.

23 참조: 플라톤 『변론』 31d. 소크라테스의 고발인들 중 하나인 멜레토스가 그렇게 비웃었다.

간들이 겪었던 놀라운 일들을 비방하는 성질 고약한 사람들은 여기서 비방과 중상의 재료를 넉넉히 끄집어낼 것입니다. 그들은 소크라테스의 "다이모니온"도 꾸며 낸 이야기라고 비웃을 것입니다.[24]

아무튼 우리는 예수님에 관해 말할 때 기담을 풀어놓지 않으며, 그분의 참된 제자들도 그분에 관해 그런 꾸며 낸 이야기를 보고하지 않았습니다. 그런데 "모든 것을 알고 있다"고 주장하고[25] 또 플라톤의 많은 구절을 인용하는 켈수스가, 플라톤의 『헤르메이아스와 코리스코스에게 보낸 편지』에 담겨 있는 신의 아들에 관한 언명에 대해, 내 생각에는 의도적으로, 침묵합니다. 플라톤의 언명은 다음과 같습니다. "우리는 온 우주의 신 앞에서, 현재와 미래의 일들의 주재자, 주관하고 작용하는 힘의 아버지이자 주인 앞에서 맹세를 하거니와, 우리가 참으로 철학자가 되면, 이 신을 명확히 인식하게 될 것이니, 이는 지극히 복된 인간들에게 가능한 일이다."[26]

9. 켈수스는 플라톤의 구절을 하나 더 인용하는데, 다음과 같습니다. "나는 이 주제에 관해 좀 더 상세히 말해야겠다고 마음먹었다. 왜냐하면 내 말의 대상은, 진술·언명됨으로써, 필경 좀 더 명확해지기 때문

---

24   오리게네스가 이 전승의 최초 증인이다. 기원후 6세기의 후대 출전들에 따르면, 플라톤은 이데아들의 존재를 알아낸 후, 제3의 눈을 가지고 있는 꿈을 꾸었다고 한다(참조: 올림피오도르『플라톤 파이돈 주해』5,7). A.S. Riginos, *Platonica. The Anecdotes Concerning the Life and the Writings of Plato*, Leiden 1976, 147은 이와 관련하여, 플라톤『국가』527d-e가 암시적으로 언급하는 영혼의 눈에 주의를 환기시킨다.

25   참조:『켈수스 반박』1,12 등.

26   플라톤『편지』6,323d. 이 구절에 대한 그리스도교 측의 해석에 관해서는 참조: 알렉산드리아의 클레멘스『양탄자』; 카이사리아의 에우세비우스『복음의 준비』13,13,28.

이다. 요컨대 누구에게나 거슬리는 참된 가르침[27]이 있는데, 각자 그래도 이 가르침의 내용에 관해 조금이라도 서술하려 과감히 시도한다. 이 참된 가르침에 관해 나는 이미 여러 번 말했지만, 이제 또다시 언명해야만 할 것 같다. 무엇이든 존재하는 것에는 세 가지 차원이 있는데, 이것들을 통해 인식이 이루어져야만 한다. 넷째는 인식 자체이며, 다섯째로 우리는 인식 가능하고 참으로 존재하는 것을 가정해야만 한다. 첫째는 이름이고, 둘째는 말(로고스)이며, 셋째는 표상이고, 넷째는 인식이다."[28] 우리가 이 학설을 따른다면,[29] 예수님에 앞서 "광야에서 외치는 이의 소리"(마태 3,3)로 소개되는 요한이, 플라톤 구절의 "이름"에 상응한다고 말할 수 있을 것입니다. 둘째는 요한 이후의, 또 그에 의해 알려지는 예수님이니, "말씀이 육/사람이 되셨다"(요한 1,14)라는 언명이 적중하는 이분이 플라톤 구절의 "말"에 상응합니다. "셋째는 표상"이라고 플라톤은 말하는데, 우리는 "표상"이라는 표현을 좀 다른 것과 관련시켜, 좀 더 명확히 이렇게 확언합니다. "말씀(말)"에 따라 영혼 안에서 상처(곧 예수님)의 각인이 생성되거니와, 이 각인이 각 사람 안에 존재하는 그리스도이며, 또한 "말씀"이신 그리스도 자신에 의해 주어집니다. 그리고 넷째인 "인식"에 그리스도이신 "지혜" — 우리의 가르침에 따르면, 이 지혜는 "완전한 이들"(1코린 2,6 참조)에게 존재합니다 — 가 상응하는지는, 능력 있는 사람은 탐구해 보십시오.

27　이 표현은 플라톤에게서는 일종의 "진실한 추론"을 의미했다. 그러나 이것을 켈수스는 "참된 가르침"으로 이해하고 있는데, 그가 보기에 이것은 철학자들의 말에 내포되어 있다.

28　플라톤 『편지』 7,342a-b. 여기서 "로고스"는 개념, 정의定義라는 의미를 지니고 있다.

29　참조: 『켈수스 반박』 6,79; 오리게네스 『요한 복음 주해』 6,42.

10. 이어서 켈수스는 말합니다. "플라톤은 '최고선은 말로 표현할 수 없다'고 확언했지만, 자기 언명에 대한 검증을 회피하고자 한다는 인상을 주지 않기 위해, 그 어려움의 이유를 제시하는 것을 사람들은 주목해야 한다. 사실 말로 표현할 수 있는 것은 아무것도 없다고 할 수 있다." 켈수스가 이렇게 말하는 것은, 사람은 단순히 믿어서는 안 되고 믿음의 이유를 제시해야만 한다는 견해를 주장하기 위함이기에, 우리도 심사숙고 없이 믿는 이들을 나무라는 바오로의 말을 인용하고자 합니다. "여러분이 헛되이(숙고 없이) 믿게 된 것이 아니라면, 여러분은 이 복음으로 구원을 받습니다"(1코린 15,2).

우리가 반복해서 말하는 것은 켈수스 탓이니, 그가 자꾸 반복함으로써 우리도 반복하여 답변하지 않을 수 없게 하기 때문입니다. 아무튼 그는 시장통 떠버리 장사꾼처럼 자랑하며 허풍을 떤 후, 오히려 이렇게 주장합니다. "플라톤은 허풍 떨지도 거짓말하지도 않는다. 어떤 새로운 것을 깨달았다고, 또는 그것을 선포하기 위해 자신이 하늘에서 왔다고 말하지도 않는다. 단지 자기 인식의 원천만 언명한다." 이 주장에 대해서도, 켈수스를 반박하고자 하는 사람은 "플라톤 역시" 저작 『티마이오스』에서 제우스로 하여금 "신들의 신들, 그들의 창조자와 아버지가 나다"[30]라고 말하게 하면서 "허풍을 떤다"고 응수할 수 있을 것입니다. 그런데 누군가 이 말은 플라톤이 제우스의 견해를 표현한 것일 뿐이라고 옹호한다면, 어째서 하느님 아들의 말씀의 의미나 예언자들을 통한 창

30　플라톤『티마이오스』41a. 창조신 데미우르구스가 자신이 창조한 신들에게 하는 말이다. 오리게네스는 데미우르구스를 제우스와 동일시하는데, 플라톤의 글에서는 전혀 발견되지 않는다. 이 구절은 그리스도교 측 저자들에 의해 자주 인용되었다. 참조: 유스티누스『유대인 트리폰과의 대화』5,4; 아테나고라스『그리스도인을 위한 청원』6,3; 알렉산드리아의 클레멘스『양탄자』5,102,5; 카이사리아의 에우세비우스『복음의 준비』13,18,10.

조주의 말씀의 의미를 탐구하는 사람은 『티마이오스』에 담긴 제우스의 말보다 더 의미심장하고 중요한 것을 말할 수 없다는 것입니까? 신성의 확실한 표지는 미래 일들의 예고이거니와, 이 예고는 인간 본성을 초월하며, 그것이 이루어짐은 그것을 예고한 존재가 하느님의 영이었다는 사실에서 예감됩니다.

아무튼 우리는 우리에게 오는 사람 누구에게도 "내가 당신에게 알려 주는 분이 하느님 아들이라는 것을 우선 믿으시오"라고 말하지 않습니다. 오히려 우리는 각자의 성격과 이해력에 맞게 그리스도교의 가르침을 알려 주니, "여러분은 누구에게나 어떻게 대답해야 할지 알아야 합니다"(콜로 4,6)라고 배웠기 때문입니다. 물론 신앙으로 나아가는 일 이상은 아무것도 할 수 없는 사람도 있으며, 이들에게 우리는 신앙만 선포합니다. 그러나 다른 이들의 경우에는, 가능한 한 "질문과 대답"[31]을 통한 논증적 방식으로 마음을 사로잡으려 애씁니다.[32] 우리는 켈수스가 빈정대며 우리가 한 말이라고 지어내어 인용하는, "내가 당신에게 알려 주는 사람이, 비록 아주 수치스럽게 체포되어 극히 치욕스럽게 처벌받았지만, 또 어제도 그제도 모든 사람이 보는 가운데 아주 꼴사납게 떠돌아다녔지만, 그래도 아무튼 신의 아들이라는 것을 믿어라"[33]라는 말을 결코 하지 않습니다. 우리는 "바로 그 때문에 더더욱 믿어야 해"라고 말하지도 않습니다. 우리는 이 모든 문제에서 앞에서 제시했던 것보

31　플라톤 『편지』 7.344b.

32　다시 말해서, 플라톤의 변증적 방식을 사용한다는 것이다. 이 방식은 켈수스 자신도 사용한다고 주장한다. 참조: 『켈수스 반박』 6,7; 또한 『켈수스 반박』 해제 58-60.134-135.

33　참조: 『켈수스 반박』 1,62; 2,9.

다 더 많고 충실한 논거를 제시하기 위해 애쓰고 있기 때문입니다.[34]

11. 이어서 켈수스는 말합니다. "어떤 이들은 이자를 (그리스도로) 선포하고 다른 이들은 다른 자를 선포한다. 그런데 모두 똑같은 주문을 외워 댈 태세가 되어 있으니, '당신이 구원받고 싶으면 믿어라, 아니면 짐 싸서 떠나라'다. 그렇다면 참으로 구원받고 싶은 사람들은 무엇을 해야 하는가? 어디로 가야 하는지 또는 누구에게 붙어야 하는지 알기 위해, 주사위라도 던져야 하는가?" 이에 대해 우리는 명백한 실상에 근거하여 이렇게 대답하고자 합니다. 만일 성경이 보고하는 예수님처럼 하느님의 아들로서 인간의 삶 속에 등장했던 사람이 여럿이었다면, 그리고 각기 추종자들을 얻었다면, 자신이 하느님 아들이라는 동일한 주장 때문에, 그들의 정체가 논란될 수밖에 없었을 터이고, 그랬다면 "어떤 이들은 이자를 선포하고, 다른 이들은 다른 자를 선포한다. 그런데 모두 똑같은 주문을 외워 댈 태세가 되어 있으니, '당신이 구원받고 싶으면 믿어라, 아니면 짐 싸서 떠나라'다"라는 켈수스의 주장이 근거 있다고 할 수도 있을 것입니다. 하지만 오로지 예수님만이 인류에게 오신 하느님의 아들이며, 또 그런 분으로 온 세상에서 선포되고 있습니다. 켈수스처럼 예수님의 업적을 사이비 기적으로 여겼고, 자기도 그런 기적을 일으켜 사람들에게 예수님과 비슷한 지배력을 행사하고자 했던 자들은, 오히려 그들 자신이 허깨비 인간임이 밝혀졌습니다. 사마리아 출신 마술사 시몬과 동향인 도시테우스가 그런 자들인데, 시몬은 자신이 "'위대한 힘'이라고 하는 하느님의 힘"(사도 8,10)이라고 주장했고, 도

---

34   참조: 『켈수스 반박』 1,62; 2,9.

시테우스는 하느님의 아들로 자처했습니다.[35] 그러나 시몬이 많은 추종자를 얻기 위해, 관습에 따른 우상 숭배는 아무래도 상관없는 것이라고 가르침으로써, 제자들을 죽음의 위험에서 구했음에도 — 그리스도인들은 오히려 죽음을 선택하라고 배웠습니다 — 이제는 세상 어디에도 시몬 추종자들은 없습니다. 사실 시몬 추종자들은 애당초 박해를 받을 까닭이 없었으니, 예수님의 가르침을 박해한 악한 다이몬이 시몬의 교설은 자기 계획에 전혀 방해가 되지 않는다는 것을 잘 알고 있었기 때문입니다. 한편 도시테우스파는 일찍이 한 번도 크게 번성한 적이 없고, 그런 꼴로 계속 줄어들어, 보고에 따르면, 이제 그들의 수는 전부 합쳐 30명도 안 된다고 합니다. 또한 루카가 사도행전에서 전하듯이, "갈릴래아 사람 유다"와 그에 앞서 "테우다스" 역시 "자기가 무엇이나 되는 것처럼" 행세했습니다. 그러나 그들의 가르침은 하느님에게서 나온 것이 아니었기에, 그들은 멸망했고, 그들을 믿었던 사람들도 모두 금세 흩어져 버렸습니다(사도 5,36-37 참조). 요컨대 우리는, 마치 자신이 하느님에게서 인류에게 왔다고 선포함으로써 우리 마음을 사로잡을 수 있는 사람들이 여럿 있는 듯이, 우리가 "어디로 가야 하는지, 또는 누구에게 붙어야 하는지 알기 위해 주사위라도 던져야" 할 까닭이 없습니다. 아무튼 이 주제에 관해서는 충분히 말했다고 하겠습니다.

12. 그러므로 이제 우리는 켈수스의 또 다른 비난으로 넘어가겠습니다. 우리 성경 구절의 정확한 본문을 알지 못하는 그는 오히려 오해한 나머지, "그리스도인들은 '인간의 지혜가 하느님께는 어리석음이다'라

---

35   참조: 『켈수스 반박』 1,57과 각주 105.

고 언명한다"고 주장합니다.[36] 사실 바오로는 이렇게 확언합니다. "이 세상의 지혜가 하느님께는 어리석음입니다"(1코린 3,19). 그리고 켈수스는 "그들이 그렇게 언명하는 이유도 이미 오래전에 내가 언급했다"라고 덧붙입니다. 그의 생각에 따르면 "그 이유"는, 그런 언명을 통해 "오직 무식하고 어리석은 사람들만 얻으려는" 우리의 "의도"에 있습니다. 아무튼 그 자신의 말처럼, 그는 이 의도를 "이미 앞에서 여러 차례 언급"했고, 그에 대해 우리도 매번 능력껏 반박했습니다.[37] 그런데 그는 또 우리가 "인간의 지혜와 신의 지혜를 구별하는 그리스 현인들의 견해를 차용하여, 그 언명을 꾸며 냈다"는 것을 입증하고자 합니다. 그리고 입증을 위해 "헤라클레이토스"의 두 구절을 인용하는데, 하나는 "인간 존재는 인식을 가지고 있지 않지만, 신적 존재는 그것을 가지고 있다"이고, 다른 하나는 "인간은 신에 견주면 어리석다고 여겨지니, 이는 아이와 어른의 경우와 마찬가지다"[38]입니다. 그 밖에 켈수스는 플라톤이 저술한 『(소크라테스의) 변론』에 나오는 다음 말도 인용합니다. "아테네 사람들이여, 나는 이 이름을 다른 어떤 것 때문이 아니라, 바로 지혜 때문에 얻었습니다. 그런데 이 지혜는 어떤 종류의 것이겠습니까? 필경 인간적인 지혜일 것입니다. 사실상 나는 이런 유의 지혜로운 이로 여겨지고 있습니다."[39] 이런 것들이 켈수스가 인용하는 구절입니다. 그러나 나는 "플라톤이 헤르메이아스, 에라스토스 그리고 코리스코스에게 보낸 편지"에 나오는 다음과 같은 말을 덧붙이고 싶습니다. "에라스

---

36   참조: 『켈수스 반박』1,9.

37   참조: 『켈수스 반박』1,27; 3,44.50.55.59.74.75; 6,13-14.

38   헤라클리토스『단편』B 78; 79.

39   플라톤『변론』20d.

토스와 코리스코스는, 물론 늙은이인 내가 충고하듯이, 이데아들에 관한 이 멋진 지혜 외에, 악하고 불의한 인간들에게서 자신을 지키는 지혜, 또 저항을 위한 단호한 힘도 필요하다. 사실 그들은 아직 경험이 없으니, 그들 생애의 상당히 오랜 기간을 우리와 함께 지냈으며, 우리는 단정하고 고약하지 않기 때문이다. 그런 까닭에, 내가 말했거니와, 그들은 이 능력들이 필요하니, 강요를 받아 참지혜를 소홀히 하지 않기 위해, 또한 꼭 필요한 인간적인 지혜에 지나칠 정도로 몰두하지 않기 위해서다."[40]

13. 요컨대 이 언명에 따르면, "신적 지혜"와 "인간적 지혜"가 있습니다. 그리고 인간적 지혜는 우리가 "하느님께는 어리석음인 이 세상의 지혜"(1코린 3,19 참조)라고 지칭하는 것입니다. 인간적 지혜와 구별되는 신적 지혜는, 그것이 참으로 신적이라면, 하느님 은총으로 주어지는 것이니, 하느님께서 마땅한 방식으로 그 수용 채비를 갖춘 인간들에게, 특히 두 지혜의 차이에 대한 통찰에 근거하여, 기도 중에 하느님께 "사실 사람들 가운데 누가 완전하다 하더라도, 당신에게서 오는 지혜가 없으면 아무것도 아닌 것으로 여겨집니다"(지혜 9,6)라고 말씀드리는 이들에게, 그 지혜를 선사하십니다. 우리는 인간적 지혜는 영혼을 위한 훈련장이며, 신적 지혜는 목표라고 말합니다. 후자를 어떤 이는 영혼을 위한 "단단한 음식"이라고도 표현합니다. 그는 말합니다. "단단한 음식은 완전한 사람들을 위한 것입니다. 그들은 경험으로, 좋고 나쁜 것을 분별하는 훈련된 지각을 가지고 있습니다"(히브 5,14).

40　플라톤『편지』6,322d-e.

이런 견해는 사실상 매우 오래된 것입니다. 그러나 켈수스가 생각하듯이 "이 구별의 기원은 헤라클레이토스와 플라톤에게로 거슬러 올라"가는 것은 아닙니다. 왜냐하면 그들에 앞서 이미 예언자들이 두 종류 지혜를 구별했기 때문입니다. 지금으로서는 "신적 지혜"를 지닌 현자에 관한 다윗의 말을 인용하는 것으로 충분하겠습니다. "그가 지혜로운 이들의 죽음을 본다면, 멸망을 보지 않을 것이다"(시편 49,10-11). 믿음과 구별되는 신적 지혜는 이른바 하느님의 "은사들" 가운데 첫째이고, 그다음 둘째는 이런 분야에 정통한 이들을 위한 "지식"이며, 셋째가 "믿음"이니, 능력껏 하느님 공경에 힘쓰는 단순한 인간들도 구원받아야 하기 때문입니다. 그런 까닭에 바오로는 이렇게 말합니다. "그리하여 어떤 이에게는 성령을 통하여 지혜의 말씀이, 어떤 이에게는 같은 성령에 따라 지식의 말씀이 주어집니다. 어떤 이에게는 같은 성령 안에서 믿음이 주어집니다"(1코린 12,8-9). 평범한 사람들은 "신적 지혜"를 지니고 있는 것을 발견하지 못하며, 모든 그리스도교 신봉자들 가운데 탁월하고 출중한 인간들만이 그런 지혜를 지니고 있음을 보게 됩니다. 또한 "아무도 신적 지혜에 관한 가르침을 아주 무식한 사람들이나 노예들이나 완전히 무지한 사람들에게 늘어놓지 않습니다."[41]

14. 아무튼 켈수스는 우리 가운데 그의 견해를 이해하지 못하고 또 그리스인들의 학문 교육을 받지 못한 사람들을 "진짜 무식", "노예", "완전 무지" 따위의 말로 가리킵니다. 그러나 우리는 오히려 "생명 없는 것에게 말을 하고, 병든 것에게 건강을 청원하고, 무력한 것에게 생명을

---

41 이런 켈수스의 견해에 관해서는 참조: 『켈수스 반박』 3,44.50.55.59; 오리게네스의 응수에 관해서는 『켈수스 반박』 3,44-49.50-54.56-58.

간청하고, 무능하기 짝이 없는 것에게 도움을 탄원"하면서도(지혜 13,17-18 참조) 부끄러움을 느끼지 못하는 인간들을 "완전 무지"하다고 말합니다. 어떤 사람들이 그것들은 신들이 아니라 진짜 신들의 모사模寫요 상징일 따름이라고 말하더라도, 그들이 장인匠人의 손이 신을 모사할 수 있다고 망상한다면, 그들은 "무식"하고 "무지"하며 "노예"입니다.[42] 그러나 우리는 우리 가운데 가장 하찮은 이들도 그런 무지와 무식에서 벗어났다고, 그리고 참으로 분별 있는 이들은 거룩한 희망을 통찰·포착한다고 주장합니다. 하지만 우리는 사람이 "인간적 지혜"를 통해 훈련하지 않는다면, "신적 지혜"를 파악하는 것은 불가능하다고 확언하며, 동시에 모든 인간적 지혜는 신적 지혜에 견주면 "어리석음"(1코린 3,19)이라는 것도 시인합니다.

이어서 켈수스는, 자기주장의 근거들을 제시해야 마땅할 텐데도, 오히려 뜬금없이 우리를 "사기꾼들"[43]이라고 부르면서, "그들은 배운 사람들은 속아 넘어가지 않기 때문에, 그들만 보면 꽁지가 빠지게 달아나고, 그 대신 무식한 자들을 꼬드긴다"고 단언합니다. 그러나 그는 아주 옛날부터 우리의 현자들이 다른 민족들의 학문도 두루 배웠다는 사실을 모르고 있습니다. 모세는 "이집트인들의 모든 지혜를 배웠고"(사도 7,22), 다니엘·하난야·미사엘·아자르야는 아시리아인들의 모든 학문에 통달하여 그곳의 모든 현자보다 열 배나 더 뛰어났습니다(참조: 다니 1,4.6.17.20). 지금도 우리 교회에는, 물론 신앙인 대중에 비하면 소수이지만, 지혜로운 사람들이 있습니다. 이들은 우리가 "속된 기준으로"

42　신상神像의 상징적 이해에 대한 그리스도교 측의 비판에 관해서는 참조: Fiedrowicz, Apologie 238.

43　참조: 『켈수스 반박』1,6.71.

(1코린 1,26) 지혜라고 부르는 것을 지니고 우리에게 왔습니다. 또한 교회에는 그런 지혜로부터 하느님 지혜로 뚫고 나아간 사람들도 물론 있습니다.

15. 그 밖에 켈수스는 "겸손"에 관한 우리의 가르침을 들어는 보았지만, 정확히 이해하려 애쓰지 않았기 때문에, 우리의 견해를 비방하고자 합니다. 그러면서 다른 한편으로 우리 견해는 "플라톤이 저서 『법률』의 어떤 구절에 쓴, '신은, 오래된 이야기도 전해 주듯이, 존재하는 모든 것의 처음과 끝 그리고 중간을 관장하며, 그의 본성대로 두루 바른 길을 간다. 그리고 정의가 언제나 그의 동반자이니, 신적 법률을 거스르는 자는 모두 벌한다. 행복하고자 하는 사람은 이 정의를 고수하고 또 겸손하고 단정하게 정의를 따른다'⁴⁴라는 말을 오해[하여 차용]한 것"이라고 믿습니다. 그러나 그는 플라톤보다 훨씬 전의 남자들이 다음과 같이 기도했다는 사실을 알지 못하고 있습니다. "주님, 제 마음은 오만하지 않고, 제 눈은 높지 않습니다. 저는 거창한 것을 따라나서지도, 주제넘게 놀라운 것을 찾아 나서지도 않습니다. 오히려 저는 제 영혼을 겸손하게 가라앉혔습니다"(시편 131,1-2 참조). 이 말씀은 동시에 "겸손한 사람"은 결코 "부적절하고 추하게 굽실대고, 머리 조아리며 무릎 꿇고, 비통한 자의 옷을 걸치고 머리에 재를 뒤집어쓰지"⁴⁵ 않는다는 것도 밝혀 줍니다. 그런데 예언자가 말하는 겸손한 사람은 사실은 "주제넘게 거

---

44 플라톤 『법률』 715e-716a. 중기 플라톤철학과 그리스도교 저자들이 이 구절을 널리 받아들인 것에 관해서는 참조: J. Daniélou, *Message évangélique et culture hellénistique*, Tournai 1990 (1961), 108-109.

45 그리스도인들의 참회 방식을 암시한다. 참조: 테르툴리아누스 『참회론』 9,3-4(중죄에 대한 공개 참회).

제6권

창하고 놀라운 것"을, 곧 참으로 거창한 신앙의 가르침과 놀라운 사상을 찾아 나서며, 그러면서 동시에 "하느님의 강한 손 아래 자신을 낮춥"니다(1베드 5,6 참조).

한편 적지 않은 사람들이 단순 우직하여 겸손에 관한 가르침을 명확히 이해하지 못하고 그래서 공공연히 오만한 짓을 하는데, 그 탓을 우리 가르침에 돌려서는 안 됩니다. 오히려 우리는 의향은 훌륭하지만 우직하여 실천하지 못하는 사람들을 너그럽게 봐 주어야 합니다. 아무튼 "자기 주제를 넘은" "거창하고 놀라운 것을 찾아 나서기" 때문에 오히려 공손한 사람, 그러나 아무에게나 겸손한 게 아니라 "하느님의 강한 손 아래" 자진해서 겸손한 사람이, 플라톤 글에 나오는 "겸손하고 단정한" 사람보다 훨씬 더 겸손하고 단정합니다. 사실 이런 가르침은 예수님께서 몸소 보여 주셨으니, "그분께서는 하느님의 모습을 지니셨지만, 하느님과 같음을 당연한 것으로 여기지 않으시고 오히려 당신 자신을 비우시어 종의 모습을 취하시고 사람들과 같이 되셨습니다. 이렇게 여느 사람처럼 나타나 당신을 낮추시어 죽음에 이르기까지, 십자가 죽음에 이르기까지 순종하셨습니다"(필리 2,6-8). 겸손에 관한 이 가르침은 매우 의미심장하니, 평범한 선생이 아니라 우리의 숭고한 구원자이신 분이 친히 선포하신 것입니다. 그분이 말씀하십니다. "나는 마음이 온유하고 겸손하니, 내 멍에를 메고 나에게 배워라. 그러면 너희가 안식을 얻을 것이다"(마태 11,29).

16. 이어서 켈수스는 이렇게 주장합니다. "'부자가 하느님 나라에 들어가는 것보다 낙타가 바늘구멍으로 빠져나가는 것이 더 쉽다'(마태 19,24와 병행 구절 참조)라는 예수의 부자 공박 언명은 분명히 플라톤에게서 가

져온 것이니, 예수가 '아주 선한 인간이면서 동시에 아주 부유하기는 불가능하다'[46]라는 플라톤의 문장을 변조한 것이다." 예수님을 믿는 사람들만이 아니라 실상을 조금만이라도 주의 깊게 살펴볼 수 있는 사람들이라면 그 누가, 예수님 제자들인 진실에 충실한 성경 저자들이 증언하듯, 유대인들 사이에서 태어나 성장했고 목수 요셉의 아들로 통했으며(마태 13,55 참조) 또 그리스인들이나 히브리인들의 학문 교육을 전혀 받지 못한 예수님이, 플라톤의 책을 읽고 "아주 선한 인간이면서 동시에 아주 부유하기는 불가능하다"라는 그의 언명에 공감했으며 그래서 그 언명을 "부자가 하느님 나라에 들어가는 것보다 낙타가 바늘구멍으로 빠져나가는 것이 더 쉽다"라는 문장으로 변조했다는 켈수스의 말을 듣고 그를 크게 비웃지 않겠습니까?

만일 켈수스가 복음서를 배척하고 적대하는 마음이 아니라 진실 사랑의 마음으로 읽었다면, 그는 왜 선천적으로 흉한 곱사등인 낙타가 부자에 견주어지는지, 그리고 "생명으로 이끄는 길은 매우 비좁다"(마태 7,14 참조)라고 가르치신 예수님께서 "좁은" 바늘구멍으로 무엇을 말씀하고자 하셨는지를 숙고했을 것입니다. 그랬더라면 켈수스는 낙타가 되새김질을 하는 좋은 속성을 지니고 있지만 발굽이 갈라지지 않은 나쁜 속성도 가지고 있어, 율법에 부정한 동물로 기록되어 있다는(레위 11,4 참조) 사실을 알게 되었을 것입니다. 그리고 부자에 관한 예수님 언명의 의도를 고찰하기 위해, 낙타가 성경에 얼마나 자주, 어떤 맥락에서 나오는지도 탐구했을 것입니다. 또한 그는 가난한 이들의 복된 운명(참조: 마태 5,3; 루카 6,20)과 부자들의 불행한 운명(루카 6,24; 16,19-31 참조)에

---

46   플라톤『법률』743a.

관한 예수님 말씀이 눈에 보이는 빈자와 부자에게 해당하는가, 아니면 성경은 실로 행복하다고 찬양해야 마땅한 가난과 참으로 질책해야 마땅한 부를 알고 있는가 하는 문제도 탐구하지 않고 놔두지 않았을 것입니다. 사실 평범한 사람들은 가난한 이들을 무차별적으로 칭송하지는 않을 것이니, 그들 가운데에도 성질 고약한 이들이 많기 때문입니다. 아무튼 이 문제에 관해서는 충분히 말했다고 하겠습니다.

17. 이어서 켈수스는 "하느님의 나라"에 관한 성경의 언명들을 깎아내리고자 합니다.[47] 그러나 마치 인용할 만한 가치가 없다는 듯이, 그 구절들을 전혀 제시하지 않는데, 짐작건대 그 구절들을 전혀 모르기 때문일 것입니다. 오히려 그는 플라톤의 편지들과 저서『파이드로스』의 언명들을 인용하면서, 그것들은 "신의 영감으로 쓰였고" 반면 우리 성경은 그런 특징을 지니고 있지 않다고 여깁니다. 그런 까닭에 우리는 성경의 몇 구절을 제시하면서, 플라톤의 언명들과 비교해 보고자 합니다. 그 언명들은 꽤 설득력이 있지만, 그 철학자가 그에 합당한 방식으로 온 우주의 창조주를 공경하며 살아가게 하지는 못했습니다. 그는 이 공경을 왜곡하거나, 우리는 우상 숭배라고 지칭하고 일반 대중은 미신이라고 표현하는 것으로 더럽혀서는 안 되었습니다.[48]

시편 제18편은 히브리어 특유의 표현 방식에 따라 하느님에 관해 "하느님은 어둠을 가리개 삼아 당신 주위에 둘러치십니다"(시편 18,12)라고 말합니다. 이 말씀이 암시하는 사실인즉, 하느님에 관해 합당하게

---

47   참조:『켈수스 반박』1,39; 3,59; 8,11.

48   오리게네스는 미신적 종교(δεισιδαιμονία)에 대한 철학의 비판을 철학 자체에 적용하고 있다.

사유한다 하더라도, 그분은 모호하고 인식될 수 없다는 것입니다. 왜냐하면 한편으로는 자신의 "비천한 몸"(필리 3,21)에 결부되어 있는 영이 더럽혀졌기 때문에, 다른 한편으로는 하느님을 인식하는 능력이 미미하기 때문에, 하느님 인식의 광휘[49]를 견뎌 낼 수 없어 그것을 볼 수 없는 이들에게는, 하느님께서 이를테면 당신 자신을 어둠 속에 감추시기 때문입니다. 하느님 인식이 매우 소수의 인간에게 매우 드물게 주어지고 나타난다는 사실을 암시하기 위해, 성경은 모세에 관해 다음과 같이 보고하고 있습니다. "모세는 하느님께서 계시는 먹구름 쪽으로 가까이 갔다"(탈출 20,21),[50] "너 모세만 주님에게 가까이 오고, 다른 이들은 가까이 와서는 안 된다"(탈출 24,2). 그리고 다른 구절에서는 예언자가 "모든 것을, 그리고 하느님의 깊은 비밀까지도 통찰하시는 영"(1코린 2,10 참조)을 지니지 못한 사람들은 파악할 수 없는 하느님에 관한 가르침의 심오함을 명시하기 위해 이렇게 말합니다. "심연이 외투처럼 당신을 덮어 가리나이다"(시편 104,6).

우리의 구원자요 주님이신 하느님의 로고스(말씀)께서도 아버지에 대한 인식의 숭고함을 명시하십니다. 요컨대 하느님 아버지는 — 당연하거니와 — 근본적으로 오직 주님 자신만이 올바로 파악하고 인식할 수 있으며, 다음으로는 로고스요 하느님이신 주님께서 오성을 밝혀 주신 사람들도 인식할 수 있다는 것을 분명히 알려 주시기 위해 "아들 외에는, 그리고 그가 아버지를 드러내 보여 주려는 사람 외에는 아무도 아버지를 알지 못한다"(마태 11,27; 루카 10,22)라고 말씀하십니다. 과연 "모

49　플라톤『국가』518a를 암시하고 있다. 참조:『켈수스 반박』4,15.

50　필론『이름의 변천』7과 알렉산드리아의 클레멘스『양탄자』2,6,1은 탈출기 20,21에 하느님의 초월성이 상징적으로 표현되어 있다고 본다.

든 피조물의 맏이"이시며 "창조되지 않으신 분"(콜로 1,15-16 참조)을 그분을 낳으신 아버지만큼 아는 사람은 아무도 없으며, 살아 계신 로고스요 하느님의 지혜이며 진리이신 분만큼 아버지를 아는 사람도 아무도 없습니다. 이 로고스께서 하느님 아버지께서 "가리개 삼아 당신 주위에 둘러치신 어둠"과 "당신을 덮어 가리는 외투 같은 심연"을 그분에게서 치우시어, 로고스의 한몫을 얻어 인식 능력을 지니게 된 사람 모두에게 아버지를 환히 드러내 주십니다.

18. 나는 우리의 거룩한 사람들에게서 발견되는 하느님에 관한 아주 많은 상념들 가운데 몇 가지를 제시하여, 영적인 눈으로 성경의 숭고함을 인지할 수 있는 사람들은 예언자들의 거룩한 책에서 켈수스가 찬탄하는 플라톤의 언명들보다 더 숭고한 소식을 찾아 얻을 수 있다는 사실을 알려 주어야만 하겠다고 생각했습니다. 켈수스가 인용하는 플라톤의 구절은 다음과 같습니다. "만물이 우주의 임금을 에워싸고 있고, 그를 위해 존재하며, 임금은 모든 선한 것의 근원이다. 둘째 [존재]는 둘째 등급의 사물들이 에워싸고 있고, 셋째 [존재]는 셋째 등급의 사물들이 에워싸고 있다. 이제 인간 영혼은 이 사물들의 고유한 본질을 알게 되기 위해 애쓰니, 자신과 동족의 사물들에게서는 완전한 것을 전혀 발견하지 못하기 때문이다. 우주의 임금에게서는, 그리고 내가 말한 사물들에게서는 그런 유(類)의 것이 전혀 발견되지 않는다."[51] 여기서 나는 히

---

[51] 플라톤 『편지』2,312e-313a. 다음 장에서 켈수스가 비판하는, 그리스도교 측에서 이 구절을 그리스도인들의 하느님의 월등한 지위와 결부시켜 해석하는 것은 알렉산드리아의 클레멘스 『권고』68,4-69,1에서 발견된다. 그러나 그리스도교적 맥락에서는 삼위일체적 해석이 더 많았다. 참조: 유스티누스 『첫째 호교론』60,7; 아테나고라스 『그리스도인을 위한 청원』23,3; 알렉산드리아의 클레멘스 『양탄자』5,103,1; 카이사리아의 에우세비우스 『복음의 준비』11,20,2; 13,13,29.

브리인들이 "사람들"이라고 부르는, 이사야서에 기록되어 있는, 하느님의 얼굴과 발을 가리는 존재들(이사 6,2 참조)과, 에제키엘이 묘사하는, 하느님을 떠받치는 "커룹들"이라 불리는 존재들(참조: 에제 1,5-27; 10,1-21)에 관한 언명들을 제시할 수도 있을 것입니다. 하지만 이 언명들은 신론의 숭고한 상념을 통찰할 수 없는 불경하고 속된 인간들 때문에 매우 완곡하게 표현되어 있기에, 이 글에서 논하는 것은 적절치 않다고 생각했습니다.

19. 이어서 켈수스는 이렇게 말합니다. "몇몇 그리스도인이 플라톤의 표현을 곡해했고, 그래서 유대인들의 하늘도 초월하면서 자신들에게는 '하늘 위의' 신이 있다고 자부한다." 그런데 켈수스는 그리스도인들이 유대인들의 하느님도 초월하는지, 아니면 유대인들이 그것을 두고 맹세하는 하늘(마태 5,34 참조)만 초월하는지를 확실히 암시하지는 않습니다. 아무튼 지금 우리의 과제는 유대인들이 공경하는 하느님과 다른 하느님을 선포하는 사람들에 관해 언급하는 것이 아니라, 단지 우리 자신을 변호하고 또 우리도 존중하는 유대인의 예언자들은 플라톤 이전에 살았기에 결코 플라톤을 차용하지 않았다는 사실을 분명히 알려 주는 것입니다. 요컨대 우리는 "만물이 우주의 임금을 에워싸고 있고, 그를 위해 존재한다"라는 플라톤의 언명을 차용하지 않았습니다. 오히려 예수님과 그분 제자들이 예언자들을 통해 말씀하셨던 영, 바로 그리스도의 영의 의도를 설명해 주셨기에, 우리는 플라톤의 언명보다 더 의미심장한 말씀들을 예언자들에게 배웠습니다. 한편 "하늘 위의 장소"의 존재를 최초로 알려 준 사람도 그 철학자가 아닙니다. 왜냐하면 다윗이 그보다 오래전에, 감각적으로 인지할 수 있는 사물들을 초월한 이들에

게, 하느님에 대한 통찰의 심오함과 풍요로움을 명시했기 때문입니다. 그는 "시편"에서 이렇게 말합니다. "주님을 찬양하여라, 하늘 위의 하늘아. 하늘 위에 있는 물들아, 주님의 이름을 찬양하여라"(시편 148,4-5).

나로서는 켈수스가 인용한 플라톤의 『파이드로스』에 나오는 문장들은, 플라톤이 몇몇 히브리인들에게서 얻어 들은 후에 작성했다는 것을 의심하지 않습니다. 아니 더 나아가, 여러 사람이 보고하듯이, 그가 예언자들의 책까지도 읽은 후에 작성했다고 확신하니,[52] 예를 들어 플라톤은 이렇게 말합니다. "하늘 위의 장소는 이 땅의 어떠한 시인도 적절히 찬미하지 못했고, 앞으로도 맞갖게 찬양하지 못할 것이다." 바로 같은 곳에서 이런 구절도 읽을 수 있습니다. "색깔도 없고 형태도 없고 만질 수도 없는, 참으로 존재하는 것은 오직 영혼의 키잡이인 오성에 의해서만 관조될 수 있거니와, 이 오성 곁에 참된 인식의 종種(Gattung)이 존재하면서 이 장소를 보유한다."[53] 우리의 바오로도 바로 예언자들의 책을 통해 교육을 받았고, 초세상적인 "하늘 위" 실재들을 동경했으며, 그래서 그것들의 한몫을 얻기 위해 모든 일을 다 했으니, 코린토 2서에서 다음과 같이 말합니다. "우리가 지금 겪는 일시적이고 가벼운 환난이 그지없이 크고 영원한 영광을 우리에게 마련해 줍니다. 보이는 것이 아니라 보이지 않는 것을 우리가 바라보기 때문입니다. 보이는 것은 잠시뿐이지만, 보이지 않는 것은 영원합니다"(2코린 4,17-18).

20. 이해력 있는 사람은 바오로 사도가 "보이는 것"이라는 표현으로

써 감각적으로 인지할 수 있는 것을 의미하고, 또 "보이지 않는 것"이라는 표현으로는 오직 오성으로만 파악할 수 있는 영적인 것을 의미한다는 사실을 즉시 알아차릴 것입니다. 사도는 감각적으로 인지할 수 있는 "보이는 것"은 "잠시뿐"이고, "보이지 않는" 영적인 것은 "영원"하다는 것을 잘 알고 있었습니다. 그리고 사도는 그 영적 실재들을 보고자 하는 열망에 의해 굳건히 떠받쳐졌기에, 온갖 환난을 하찮고 가벼운 짐으로 여길 수 있었습니다. 특히 환난과 고통의 시간에 그것들에게 결코 짓눌려 꺾이지 않았으니, 저 보이지 않는 실재들을 바라보면서 어떠한 곤경도 가볍게 여겼기 때문입니다. 또한 우리에게는 당신의 위대한 권능과 영을 통해 "하늘 위로 올라가신 대사제이신 하느님의 아들 예수님"(히브 4,14 참조)이 계시거니와, 이분께서 신적 실재들에 관해 참되게 배웠고 또 그에 맞갖은 삶을 살아온 인간들을 초세상적 실재들에로 이끌어가시리라고 약속하셨으니, "너희를 데려다가 내가 있는 곳에 너희도 같이 있게 하겠다"(요한 14,3)라고 말씀하셨습니다. 그런 까닭에 우리는 "여기서 겪는 고통과 전투가 끝나면, 하늘 높은 곳에 이르리라"[54]고, 예수님 가르침에 따라 "영원한 생명을 누리게 하는 물이 솟는 샘"(요한 4,14 참조)을 얻으리라고, 인식의 큰 강에서 그 물을 마시리라고, "주님의 이름을 찬양하는 하늘 위에 있는 물"(시편 148,4-5 참조)과 함께 있게 되리라고 희망합니다. 그리고 우리가 주님을 찬양하는 한, 우리는 "하늘이 뒤집어져도 휩쓸려 가지"[55] 않을 것이며, 오히려 "세상이 창조된 때부터, 조물을 통하여 깨달을 수 있는 하느님의 보이지 않는 본성"(로마 1,20

54　플라톤 『파이드로스』 247a-b를 암시하고 있다. 플라톤적 맥락에 관해서는 참조: Fédou, *Christianisme* 170-171; 본문 복원 문제에 관해서는 Lona, Alethes Logos 335.

55　플라톤 『파이드로스』 247c.

참조)을 언제나 끈기 있게 "알아볼" 것입니다. 이는 예수님의 참된 제자가 표현한 바와 같습니다. "그때에는 얼굴과 얼굴을 마주 볼 것이며", "온전한 것이 오면, 부분적인 것은 없어집니다"(1코린 13,12.10).

21. 하느님 교회에서 통용되는 성경은 "일곱 하늘"[56]이나 하늘의 확정된 수에 관해 언급하지 않으며, 단지 "하늘" — 그리스인들이 지칭하는 행성들의 영역이든, 아니면 좀 더 비밀스러운 어떤 것이든 간에 — 의 존재만 가르치는 것으로 보입니다. 아무튼 켈수스는 "플라톤에 따르면, 행성들의 영향을 받아 움직이는 영혼들에게는 이 땅으로의, 그리고 이 땅으로부터 행성들 너머로 이어지는 하나의 길이 있다"[57]고 말합니다. 그러나 우리의 가장 오래된 예언자 모세는 우리 성조 야곱이 꿈에 본 거룩한 환상에 관해 이야기하는데, 하늘까지 닿는 층계가 있고, 그 위를 천사들이 오르내리고, 층계 꼭대기에는 주님께서 서 계셨다고 합니다(창세 28,12-13 참조). 모세가 이 층계 이야기를 통해, 앞에서 플라톤이 염두에 두었던 것을 암시하고자 했는지, 또는 그것보다 더 숭고한 어떤 것을 암시하고자 했는지 우리로서는 판단할 수가 없습니다. 이 층계에 관해서는 필론도 책을 한 권[58] 썼는데, 진리를 사랑하는 독자들이라면 사려 깊게 숙독 탐구해 볼 만할 것입니다.

---

56 유대교와 영지주의 동아리들에서 이 표상의 전파에 관해서는 참조: Lona, Alethes Logos 335와 각주 68; J.G. Cook, *The Interpretation of the Old Testament in Greco-Roman Paganism* (STAC 23), Tübingen 2004, 135.

57 참조: 플라톤『파이드로스』248c-e;『티마이오스』41d-42e; 오리게네스『원리론』2,11,6.

58 D.T. Runia, *Philo in Early Christian Literature* (CRI Sectio 3/3), Assen 1993, 160에 따르면, 필론의『꿈』이다. 그 책 1,33-145에서 플라톤에게서 영감을 받은 꿈 해석을 제시한다.

22. 이어서 켈수스는 우리를 공박하는 책에서 자신의 박학다식을 과시하려고, 페르시아인들의 이런저런 비밀스런 믿음들에 관해 언급합니다. "이런 일들은 페르시아인들의 믿음과 그들이 행하는 미트라 밀교의식도 암시한다. 거기에는 하늘의 두 가지 순환, 곧 항성들의 순환과 행성들에게 할당된 순환에 관한, 그리고 이 두 순환에 의한 영혼의 통로에 관한 상징이 있다.[59] 이 상징은 다음과 같은 형태로 되어 있다. 하나의 층계에 일곱 문이 달렸고, 꼭대기에 여덟째 문이 있다. 첫째 문은 납으로 되어 있고, 둘째 문은 주석으로, 셋째는 청동으로, 넷째는 철로, 다섯째는 합금으로, 여섯째는 은으로, 일곱째는 금으로 되어 있다. 페르시아인들은 첫째 문을 크로노스(= 토성)와 연관시키고, 납을 통해 이별의 느린 운동을 상징적으로 표현한다. 둘째 문은 아프로디테(= 금성)와 연관시키고, 주석의 반짝이고 무른 성질을 그녀에게 견준다. 그리고 청동 문지방이 있는 튼튼한 셋째 문은 제우스(=목성)와 연관 짓고, 넷째 문은 헤르메스(= 수성)와 연관 짓는데, 헤르메스와 철 둘 다 모든 일에서 끈기 있고 이익을 가져오고 많은 성과를 거두기 때문이다. 또 다섯째 문은 합금이기 때문에 균질적이지 않고 다색多色적이기에 아레스(= 화성)와 연관 짓고, 은으로 된 여섯째 문은 셀레네(= 달)와, 금으로 된 일곱째 문은 헬리오스(= 해)와 연관 지으면서, 각각의 색깔을 설명한다."[60]

그런 다음 켈수스는 이 형태로 제시된, "다양한 성질의 물질 이름으

---

59 켈수스는 이 미트라-상징을 앞에서 자신이 플라톤과 연계하여 개진한 영혼 상승설의 확증으로 해석하고 있다. 참조: 플라톤 『티마이오스』 39d.

60 참조: Lona, *Alethes Logos* 336-338. 비의 전수 의식과 켈수스가 전하는 미트라-층계에 대한 플라톤-피타고라스적 해석에 관해서는 참조: Fédou, *Christianisme* 164-176; B. Witte, *Das Ophitendiagramm nach Origenes' Contra Celsum VI 22-38*, Altenberge 1993, 84-85,141 (Abb. 1); R. Turcan, *Mithras* Platonicus 44-61.

로 상징적으로 표현되는 천체들의 질서"의 근원을 탐구하고, 또 앞에서 언급한 "페르시아인들의 신론"을 "음악 이론들"[61]과 연관 짓습니다. 그러고는 자못 으스대며, 음악 이론들과 연계된 "두 번째 해석"을 덧붙입니다. 그러나 그것을 여기서 인용하는 것은, 그의 상습적 수법에 장단을 맞춰 주는 것으로 여겨지기도 해서, 적절치 않다고 생각합니다. 이렇게 켈수스는 그리스도인들과 유대인들을 비난하기 위해 부당하게 플라톤을 인용할 뿐 아니라, 그것으로 만족할 만한데도, 페르시아인들의 미트라 밀교와 그들의 해석까지 끌어들입니다. 아무튼 실상이 어떠하든, 미트라 밀교가 숭배자들과 페르시아인들에게 거짓이든 진실이든, 어째서 켈수스는 굳이 이런 것만 끌어대고, 이런저런 다른 밀교와 그것에 대한 해석은 제시하지 않는 것일까요?[62] 사실 그리스인들에게 미트라 밀교는 엘레우시스 밀교나 에기나에서 밀의 전수자들이 봉행하는 헤카테 밀교보다 우세하지 못한 것으로 보입니다.[63] 만일 켈수스가 그리스 밖의 밀교들과 그것들에 대한 해석을 제시하고자 했다면, 오히려 많은 이집트인이 자랑하는 밀교나 카파도키아인들이 코마나에서 아르테미스를 공경하는 밀교, 또는 트라키아인들의 밀교나 원로원의 매우 신분 높은 회원들도 입교한 로마인들의 밀교를 선택했어야 하지 않았을까요?[64] 아마도 켈수스는 이 밀교들은 유대인들이나 그리스도인들을 비난하는 데 별로 쓸모가 없다고 여겨, 비교를 위한 제시를 하

---

61   짐작건대 켈수스는 자신들이 찾아낸 음악의 법칙들을 천체들에 전용轉用하면서 피타고라스학파의 천체 이론에 기대고 있는 것 같다.

62   오리게네스는 밀교들에 대한 자기 적수의 지식의 결여를 비판하는 반면, 켈수스는 플라톤이 가르친 영혼 상승설을, 그리스도교와 대비되는 한 동방 종교를 예로 들어 명시하기 위해, 의도적으로 미트라 밀교를 선택했다.

63   헤카테 밀교에 관해서는 참조: 파우사니아스 『그리스 이야기』 2,30,2.

지 않은 것 같습니다. 그렇다면 어째서 미트라 밀교를 제시하는 것 역시 도움이 되지 않으리라 여기지는 않았던 것일까요?

23. 영혼이 신적 영역으로 들어가는 것에 관한 좀 더 심오한 가르침을 얻고자 하는 사람은, 그것도 켈수스가 언급하는 전혀 헛된 이단 분파를 통해서가 아니라 유대인들이 그들의 회당에서 봉송하고 그리스도인들도 존중하는 책들과 그리스도인들만의 책들을 통해 그런 가르침을 받고자 하는 사람은, 에제키엘서 마지막에 묘사된 그 예언자가 환상으로 본 여러 성문에 관해 읽게 됩니다. 이 성문들은 더 복된 생명으로 들어가는 거룩한 영혼들의 다양한 길들에 관한 일정한 진리들을 암시해 줍니다(에제 48,31-35 참조). 또한 그는 요한 묵시록에서 하느님의 도성, 곧 천상 예루살렘에 관한, 그 도성의 초석들과 성문들에 관한 묘사도 읽게 될 것입니다(묵시 21장 참조). 신적 영역으로 나아가고자 하는 이들에게 상징을 통해 제시되어 있는 길을 알게 된 사람은, "민수기"라는 제목의 모세의 책을 읽고, 이스라엘 자손들의 야영지들에 관한 보고 — 어떤 무리가 동쪽에 첫 번째로 진을 치고, 어떤 무리는 남쪽과 남서쪽에, 또 어떤 무리는 한가운데 진을 치고, 마지막으로 북쪽에는 어떤 무리가 진을 쳐야 한다(민수 2장 참조)[65] — 의 비밀스러운 의미를 가르쳐 줄 수 있는 선생을 찾아야 할 것입니다. 그러면 그는 거기서 "성찰들"을 발견할 것이니, 결코 무시해선 안 되는 이 성찰들은, 켈수스가 생각하듯 "청중

---

64   코마나에서 성행한 밀교들에 관해서는 참조: 스트라본 『지리학』 12,2,3; 트라키아인들의 사바지오스 밀교에 관해서는 『켈수스 반박』 1,9. 기원후 3세기 중반까지 로마 원로원 회원들이 이시스 밀교나 미트라 밀교에 입교했다는 몇 가지 증언이 있다.

65   오리게네스 『민수기 강해』 1,3; 3,3에 따르면, 이스라엘 씨족들의 야영 위치는 죽은 이들의 부활 또는 히브 12,18-23에 나오는 네 가지 서열과 관련된다.

으로 이런저런 어리석은 인간들과 노예들이 필요로 하는 것"이 아닙니다. 아무튼 그 사람은 어떤 씨족들이 이런저런 장소에 언급되는지, 그리고 각 씨족에 속한 사람들 수의 본질은 무엇인지 등등을 이해하게 될 것입니다. 그러나 이 주제를 계속 다루는 것은 지금 우리로서는 적절하지 않은 것으로 여겨집니다.

아무튼 켈수스와 그의 책 독자들은 우리 신앙에 따르면 거룩하고 참된 책의 어떠한 구절도 "일곱 하늘"에 관해 말하지 않는다는 사실을 확실히 알아야 합니다. 과연 우리 예언자들도 예수님의 사도들도 또 하느님의 아들 자신도 자신의 말을 "페르시아인들이나 카비리들[66]에게서 빌려" 오지 않았습니다.

24. 미트라 밀교에서부터 시작한 길고 지루한 설명에 이어, 켈수스는 이렇게 약속합니다. "그리스도인들의 특정한 비의 전수 의식을 앞에서 언급한 페르시아인들의 비의 전수 의식과 함께 검증하고자 하는 사람은, 그것들을 서로 비교하고 또 그리스도교의 비밀들을 까발려야 한다. 그러면 그는 그것들 사이의 차이를 알 수 있게 될 것이다." 통상 켈수스는 이단 분파의 이름을 언급할 수 있는 곳에서는, 자신이 알고 있다고 생각하는 이단 분파의 이름을 망설이지 않고 제시했습니다.[67] 그런데 그가 참으로 알고 있다면, 어떤 이단 분파가 앞에서 묘사한 "부적 같은 그림"을 사용하는지 밝히는 것이 지금은 더 필요한데도, 그렇게 하지 않습니다.

---

66   신적 존재들이다. 이것들 숭배가 에게해 북쪽, 특히 사모트라케 지역에 널리 퍼져 있었다.

67   참조: 『켈수스 반박』 5,61-64.

내가 켈수스의 언명으로부터 추측하건대, 이 그림에 관한 그의 묘사의 이런저런 부분은 전혀 헛된 배사교 이단의 그릇된 가르침에서 가져왔을 것입니다.[68] 지적 호기심으로 우리는 이 그림이 무엇을 뜻하는지 알고자 했습니다. 그리하여 우리는 이것은 바오로가 말한, "이 집 저 집에 몰래 들어가, 갖가지 욕정에 이끌려 죄에 빠져 있는 어리석은 여자들, 언제나 배운다고 하지만 결코 진리를 깨닫는 데까지는 이르지 못하는 여자들을 사로잡는 자들"(2티모 3,6-7 참조)이 날조해 낸 것임을 알아냈습니다. 아무튼 이 그림은 거의 신빙성이 없어 보이며, 그래서 쉽게 속아 넘어가는 여자들에게서도 전혀 호응을 얻지 못했고, 또 조금만 그럴 듯하면 걸려드는 무지한 사람들에게서도 신뢰를 받지 못했습니다. 그리고 내가 이 세상의 참으로 많은 지역을 여행했고 또 곳곳에서 학자로 자처하는 사람들을 찾아 만났으나, 이 그림의 내용을 선전했다는 이는 아무도 만나 보지 못했습니다.

25. "이 그림에는 열 개의 원圓이 그려져 있었는데, 이것들은 서로 떨어져 있지만, 또 하나의 원에 에워싸여 있었다. 이 원은 우주 영혼이라고 지칭되었으며 또 '레비아탄'이라는 이름을 지니고 있었다." 유대인들의 문헌은, 이런저런 비밀스러운 암시를 담아, 이 레비아탄은 하느님께서 "노리개"로 창조하셨다고 말합니다.[69] 이를테면 시편에서 우리는

---

68 배사교도들은 자기네 명칭을 구약성경의 뱀(ὄφις)에서 가져왔다. 그들이 뱀을 숭배한 까닭은, 뱀이 선과 악에 대한 인식을 아담과 하와에게 매개해 주었기 때문이다.

69 성경에 나오는 이 바다 괴물(참조: 이사 27,1; 욥 3,8; 41,1; 에제 32,2)이 영지주의자들에게서는 우주 영혼이 된다. 이 그림에서는 레비아탄이 엄청나게 큰 뱀의 형상이다. 필경 오리게네스는 바로 이 뱀 형상에 근거하여 이 그림의 기원을 배사교도들에게서 찾는 것 같은데, 이 형상에 관해 다른 곳에서는 거의 정보를 얻지 못한 듯하다.

다음과 같은 구절을 찾아 읽을 수 있습니다. "그 모든 것을 당신 지혜로 이루시어, 세상이 당신의 조물들로 가득합니다. 저 크고 넓은 바다에는 수없이 많은 동물들이, 크고 작은 생물들이 우글거립니다. 그곳에 배들이 돌아다니고, 그것과 노시기 위하여 당신께서 만드신 뱀이 있습니다"(시편 104,24-26). 히브리어 성경 본문에는 "뱀" 대신 "레비아탄"이라고 쓰여 있습니다. 신성모독적인 이 그림은, 예언자가 극히 부정적으로 묘사한 레비아탄을 온 우주에 스며드는 영혼으로 지칭했습니다. 우리는 거기에서 가장 아래에 있는 원 뒤에 배정된 존재를 가리키는 "베헤못"이라는 이름도 발견했습니다. 아무튼 이 역겨운 그림의 날조자는 원의 가장자리와 중심에 "레비아탄"이라는 이름을 적어 두었고, 그래서 이 이름은 두 차례 제시됩니다.

이어서 켈수스는 말합니다. "이 그림은 굵고 검은 선에 의해 두 부분으로 나뉘어 있는데, 이 선은 '게엔나'라고 지칭되니, 타르타로스와 같은 것이다."[70] 우리는 "게헨나(지옥)"가 복음서에 형벌 장소로 나오는 것을 발견했고(마태 5,22 등 참조), 그다음엔 이 명칭을 유대인들도 사용하기 때문에, 구약성경 어디에서 언급되는지 찾아보았습니다. 그리하여 구약성경에서는 "벤 힌놈 골짜기"(예레 7,31.32; 32,35)로 지칭된다는 것을 알아냈습니다. 우리는 계속 더 면밀히 조사하여, "게헨나" 또는 "벤 힌놈 골짜기"가 벤야민 지파가 상속받을 영토의 일부로 거명되며(여호 18,16 참조), 예루살렘도 거기에 포함된다는 것도 발견했습니다. 거룩한 예루살렘과 벤 힌놈 골짜기가 함께 벤야민 지파의 상속 영토에 속해 있다는 이 실상으로부터 어떤 결론이 나오는지를 탐구한다면, 우리는 특

---

70 Witte, Ophitendiagramm 94-95에 따르면, 이 선은 필경 레비아탄의 꼬리를 나타낸다.

정한 영혼들의 고통을 통한 정화에 사용되는 징벌 장소와의 관련성을 인식하게 될 터이거니와, 이는 성경도 말하고 있는 바입니다. "보라, 그가 온다. … 그는 제련사의 불 같고 염색공의 잿물 같으리라. 그는 … 그들을 금과 은처럼 정련하여, 주님에게 의로운 제물을 바치게 하리라"(말라 3,1-3).

26. 예루살렘 주변에서, 정련 과정을 거쳐야만 하는 이들에 대한 처벌이 집행되니, 그들 영혼의 실체가 성경 어딘가에서 상징적으로 "납"이라 불리는 죄악의 오염을 받아들였기 때문입니다. 그런 까닭에 즈카르야서에서 "죄악"은 "납으로 된 저울판"에 앉아 있습니다(즈카 5,7 참조).

이 주제에 관해 아주 많은 말을 할 수 있더라도 모든 사람에게 분명히 설명할 수는 없을 터이며, 또 지금은 더 이상 논하는 것이 적절하지도 않습니다. 그러나 이 주제에 대한 해석을 성경에 맡겨 두는 것도 꽤 위험합니다. 왜냐하면 대중은 죄인들은 장차 벌을 받게 된다는 가르침 이상은 필요하지 않기 때문입니다. 사실 그 이상의 진리로 날아오르려는 것은 유익하지 않으니, 그저 영원한 징벌에 대한 두려움 때문에 한동안, 차고 넘치는 악의와 그 결과인 죄를 멀리하는 사람들이 존재하기 때문입니다.

아무튼 이 그림을 꾸며 낸 자들도 켈수스도 "게헨나"에 관한 가르침을 알지 못했습니다. 만일 알았다면, 그 날조자들은 자기네가 그런 상징과 도해圖解들을 가지고 진리를 표현한다고 허풍을 떨지 않았을 것이며, 켈수스도 그리스도인들을 공박하는 자기 책에서 그런 주장들을 비난하지 않았을 것입니다. 그런데 그런 주장들을 그리스도인들은 결코 내세운 적이 없으며, 오히려 지금은 아마 더는 존재하지 않고 완전히 사라졌거나 아니면 손가락으로 꼽을 수 있을 정도로 줄어든 작은 분파 사람들이 내세운 것입니다. 한편 에피쿠로스와 그의 신성모독적 견해를 변호하는 것은 플라톤 철학 추종자들에게 합당하지 않듯이, 이 그림에 담긴 주장을 옹호하며 켈수스의 비난에 대응하는 것은 우리에게 합당하지 않습니다. 그런 까닭에 우리는 이 문제에 대한 켈수스의 언명을 쓸데없고 무의미한 것으로 제쳐 놓겠습니다. 사실 우리는 그런 교설에 홀딱 넘어간 사람들을 만난다면, 켈수스의 비난보다 훨씬 호된 비판을 할 것입니다.

27. 켈수스는 이 그림에 관한 언급에 이어서, 대화 형식으로 기이한 말을 하는데, 이른바 "인장"(참조: 2코린 1,22; 에페 1,13; 4,30; 묵시 7,3-8; 9,4)[71]에 관한 교회 저자들의 가르침을 오해해서 나온 것도 전혀 아니고, 완전히 자기 멋대로 꾸며 낸 것입니다. "인장을 찍어 주는 자는 '아버지'라 불리고, 인장을 받는 자는 '젊은 아들'로 불리는데, 이렇게 응답한다. '저는 생명 나무의 흰 향유로 도유塗油되었습니다.'"[72] 그런데 이런 말을 우리는 이단 분파 추종자들에게서도 전혀 들어보지 못했습니다. 아무튼 켈수스는 이어서 "인장을 넘겨주는 자들이 말하는 일곱 천사"의 수를 확정하고는, 이렇게 말합니다. "이 천사들은 죽어 가는 이 영혼의 양쪽에 선다. 한쪽 천사들은 빛의 천사들이고 다른 쪽 천사들은 '대천사'라 지칭되는 천사들에 속한다." 그리고 켈수스는 주장합니다. "이 대천사

---

71   초기 그리스도교 저자들이 세례나 도유를 가리키던 낱말이다. 오리게네스가 이 표현을 사용한 것에 관해서는 참조: G.W.H. *The Seal of the Spirit. A Study in the Doctrine of Baptism and Confirmation in the New Testament and the Fathers*, London 1951, 162-170.

72   영지주의 문헌의 유사한 문구들에 관해서는 참조: Cook, Interpretation of The Old Testament, 77-78.

들의 우두머리는 '저주받은 신'이라 불린다."[73]

그런 다음 켈수스는 이 표현을 빌미 삼아, 감히 그런 말을 하는 자들을 비난하는데, 당연하다고 여겨집니다. 이 점에서는 우리도 이런 표현을 질책하는 사람들과 분노의 감정을 공유합니다. "비와 천둥을 보내는 유대인들의 신, 이 세상의 창조자, 모세의 신이자 그가 묘사한 세상 창조의 신을 '저주받은 신'이라고 지칭하는" 자들이 정말로 존재한다면, 그들에 대한 분노와 비난은 마땅합니다. 하지만 켈수스는 이 비난으로써 정직한 의도를 추구하는 게 아니라, 아주 뒤틀린 의도를 달성하려는 것으로 보이는데, 전혀 철학자답지 않은 이 행태는 우리에 대한 혐오의 결과라고 하겠습니다. 더 자세히 말하면, 그는 마치 우리가 이 세상의 선한 창조주를 '저주받은 신'이라 지칭하는 것처럼 꾸며, 우리의 가르침을 전혀 알지 못하는 자기 책 독자들로 하여금 우리에게 적대적인 태도를 취하게 하려는 의도를 지니고 있습니다. 내가 보기에 이로써 그는 그리스도교 가르침이 처음 선포되기 시작했을 때, 그리스도교에 대한 비방 — 그리스도교 추종자들은 아이를 제물로 바치고 그 살을 먹는다, 그들 모임에서는 어둠의 짓거리를 하기 위해 불을 끄고는 모두 처음 마주치는 여자와 성관계를 갖는다 등등[74] — 을 널리 퍼뜨린 유대인들과 비슷하게 행동하고 있습니다. 그런 비방은 실로 터무니없는데도, 이미 초기부터 무수한 사람에게 큰 영향을 끼쳤고, 복음을 모르는

---

73 몸으로부터 영혼의 해방을 표현하는 비의 전수 의식과 관련된다. "저주받은 신"은 창조신 또는 유대인들의 신이다. 개별적 요소들에 관해서는 참조: Witte, Ophitendiagramm 98-103.

74 참조:『켈수스 반박』6,40 참조. 이런 비방들은 그리스도교를 공박하는 상투적 주제였고, 이에 대한 반박은 2세기의 거의 모든 호교서에서 발견된다. 참조: Fiedrowicz, Apologie 182-184. 이교인들만이 아니라, 유대인들도 이런 비방의 진원震源이었다는 사실을 유스티누스『유대인 트리폰과의 대화』10,1이 증언해 준다.

이들에게 그런 행동 방식이 그리스도인들의 고유한 특징이라는 확신을 심어 주었습니다. 그리고 지금까지도 그런 비방이 적지 않은 사람들을 미혹하여, 그리스도인들과 단순한 대화를 나누는 것조차 꺼리게 만들고 있습니다.

28. 내가 보기에 켈수스는 그런 속셈으로, "그리스도인들은 창조신을 '저주받은 신'이라 지칭한다"라고 주장하는 것 같습니다. 우리에 대한 이런 비방을 읽고 또 믿는 사람들은, 그리스도인들은 인간들 가운데 가장 무도한 자들이라 여기고, 가능하다면 그들을 없애려 나서고자 할 것입니다. 아무튼 켈수스는 사실들을 뒤죽박죽 섞어 놓으면서, 모세가 묘사하는 세상을 창조하신 하느님이 왜 저주받았다고 지칭되는지, 그 이유를 이렇게 제시합니다. "그런 신은, 첫 인간들에게 선과 악에 대한 인식을 매개해 준 뱀을 저주했기 때문에, 역시 저주받아 마땅하다."[75]

그러나 켈수스는 "뱀"이 첫 인간들에게 좋은 충고를 해 주었기에 뱀을 편들고 그래서 "배사교도"라고 불리는 자들, 그리스신화에 나오는 티탄족과 거인족[76]을 능가한다는 자들은 그리스도인들과는 거리가 멀어도 한참 멀다는 사실, 그자들은 켈수스와 마찬가지로 예수님을 비난한다는 사실, 그리고 먼저 예수님을 저주하지 않으면 아무도 자기네 공동체에 받아들이지 않는다는 사실을 알아야 합니다. 켈수스가 얼마나 부조리하게 처신하는지 주목하십시오. 그는 그리스도인들을 공박하는 자기 책에서, 사람들이 지혜로운 분 또는 고결한 분이었다고 말하는데

---

75 영지주의 동아리들의 뱀 숭배와 마르키온파 아펠레스의 비슷한 비판에 관해서는 참조: Cook, Interpretation of The Old Testament 74-77.

76 티탄족과 거인족은 신들과 싸워 이기려고 했다.

도, 예수님 이름을 전혀 듣고 싶어 하지 않는 자들을 그리스도인으로 간주하고 있습니다. 요컨대 선善의 인도자라는 "뱀"의 이름을 따서 자기네 이름을 짓고자 한 자들이나, 배사교도들에 대한 비난은 그리스도인들에게도 해당된다고 생각하는 켈수스보다 더 우악스럽고 어처구니없는 사람들이 있을까요? 오래전에 가난을 사랑했고, 또 철저한 무소유 때문에 자신의 행복이 침해되지 않는다는 본을 보여 준 그리스 철학자가 "견유인"(犬儒人 = 개 같은 자)이라고 자칭한 일이 있습니다.[77] 아무튼 하느님을 모독하는 이자들은, 마치 자신들은 인간이 아니라 뱀인 듯이, 인간의 가장 경악스러운 적인 뱀의 이름을 따서 "배사교도"(= 뱀 사람들)라고 의기양양하게 자칭합니다. 또한 에우프라테스[78]라는 자를 자기네 신성모독적 교설의 창시자로 아주 자랑스럽게 내세웁니다.

29. 계속하여 켈수스는 "모세와 그의 율법의 신"을 "저주받은 신"으로 지칭하는 자들을 비난하는데, 그러면서 이 지칭의 장본인은 그리스도인들이라고 생각합니다. 그는 말합니다. "이 우둔한 지혜보다 더 어처구니없고 우악스러운 것이 있을 수 있겠는가? 도대체 그 유대인들의 입법자가 무슨 잘못을 저질렀다는 것인가? 그리고 당신은 모세의 세상 창조 묘사나 유대인들의 율법을, 당신이 말하듯이, 상징적이고 우의적으로 해석한다고 주장하고, 당신, 완전히 신을 잊어버린 인간아, 그저 마지못해 세상 창조주를 찬양하니, 이게 어찌된 것인가? 그 신은 유대인들에게 온갖 것을 약속했으니, 그들 혈족이 세상 끝까지 퍼져 나가게

---

77 아마 크라테스일 것이다. 어쩌면 디오게네스일 수도 있다. 참조: 『켈수스 반박』 2,41.

78 참조: 히폴리투스 『모든 이단 반박』 4,2,1; 5,13,9; Witte, Ophitendiagramm 107-108.

하고 또 그들을 살과 피를 갖춘 채로 죽은 이들로부터 깨워 일으키리라 약속했으며 또한 예언자들에게 영감을 불어넣었다. 그런데 당신은 다른 쪽에서 새삼 그 신을 비방하고 모욕하는가? 당신은 유대인들에게 압박을 받으면, 당신도 그들과 똑같은 신을 공경한다고 떠벌린다. 그러나 당신 선생 예수와 유대인들의 선생 모세가 상반되는 법들을 제시하면, 당신은 이 신, 아버지 대신 다른 신을 찾는다."[79]

이 말로써 저명한 철학자 켈수스는 아주 공공연히 그리스도인들을 비방하고 있습니다. 그는 그리스도인들이 유대인들에게 압박을 받자마자, 자기네도 그들과 똑같은 하느님을 믿는다고 고백하지만, 예수님께서 모세의 율법과 반대되는 법을 제시하시면, 그들의 하느님 대신 다른 하느님을 찾는다고 말합니다. 그러나 우리는, 유대인들과 토론할 때든, 우리끼리 말할 때든 간에, 유대인들이 옛날에 공경했고 또 그들의 고백에 따르면 지금도 공경하는 같은 한 분 하느님만 알고 있습니다. 또한 우리는 하느님께서 유대인들을 살과 피를 갖춘 채로 죽은 이들로부터 깨워 일으키시리라고 주장하지도 않는데, 이에 관해서는 이미 앞에서[80] 언명한 바 있습니다. 과연 우리 믿음에 따르면 "썩어 없어질 것", "비천한 것", "약한 것"으로 묻힌 "물질적인 몸"(1코린 15,42-44 참조)은, 묻힐 때의 모습으로 부활하지 않습니다. 아무튼 이에 관해서는 앞에서 충분히 설명했습니다.

30. 이어서 켈수스는 "일곱 통치자 다이몬들"[81]에 관한 교설을 다시 끄

79　참조: Witte, Ophitendiagramm 108-109.

80　참조:『켈수스 반박』4,57; 5,18-19.23.

집어내는데, "그것들의 이름들"은 전혀 "그리스도인들에게서 유래"하지 않으며, 내가 알기로는, 배사교도들에게서 넘겨받은 것입니다.[82] 그리고 우리는 이 때문에 입수한 도해에서, 켈수스가 언급한 것과 동일한 계통도系統圖를 실제로 발견했습니다.

켈수스는 "첫째 통치자는 사자 모습으로 형상화되어 있다"라고 말했는데, 참으로 불경한 그자들이 그것에 어떤 이름을 붙였는지는 언급하지 않았습니다. 그러나 우리는 성경이 지극한 외경심으로 칭송하는 창조주의 천사가 그 역겨운 도해에서는 사자 형상의 미카엘로 표현된다는 것을 발견했습니다. 다시 켈수스는 "그다음 둘째는 황소다"라고 주장했습니다. 우리가 가지고 있던 도해는 그것을 황소 형상의 수리엘로 나타냈습니다. 이어서 켈수스는 "셋째는 수륙水陸 양생兩生적 존재인데, 소름끼치는 쉿 소리를 낸다"라고 확언했습니다. 이 도해는 이 셋째 것을 용龍 형상의 라파엘로 지정했습니다. 또 켈수스는 "넷째는 독수리 형상이다"라고 주장했는데, 이 도해는 이 독수리 형상의 존재를 가브리엘이라고 했습니다. 이어서 켈수스는 "다섯째는 곰의 얼굴을 지니고 있다"라고 말했는데, 이 도해는 곰 형상의 그 존재는 타우타바오트라고 주장했습니다. 그런 다음 켈수스는 "여섯째는 개의 얼굴을 지니고 있다고 그들은 보고한다"라고 말했는데, 이 도해는 그것은 에라타오트라고 주장했습니다. 이어서 켈수스는 "일곱째는 나귀 얼굴을 지니고

---

81 켈수스는 영지주의자들을 "통치자들"이라고 지칭하는 일곱 행성의 영靈들을 다이몬들, 다시 말해 자신에게 익숙한 중개자적 존재들과 동일시한다. 참조: J. Puigalli, *La démonologie de Celse penseur médio-platonicien*: EtCl 55 (1987), 23-24. 이어지는 통치자들에 관한 묘사는 영지주의 전승과 상응한다.

82 다음 문장의 상징들과 이름들의 일람표는 참조: Lona, Alethes Logos 344; Puigalli, Démomologie 23-24.

있으며, 타파바오트 또는 오노엘이라 불린다"라고 말합니다. 우리는 이 도해에서 그것이 오노엘 또는 타르타라오트로 불리며, 나귀처럼 생긴 것을 발견했습니다.[83] 우리가 이런 것들을 굳이 상세하게 언급할 필요가 있다고 생각한 까닭은, 켈수스가 알고 있다고 떠벌리는 것을 우리는 모른다는 인상을 주지 않기 위해서요, 오히려 우리 그리스도인들이 그보다 더 정확히 알고 있다는 것을 분명히 알려 주기 위해서입니다. 물론 이런 것들이 우리 신앙의 가르침은 아니고, 구원과 아주 거리가 먼 자들, 예수님을 "구원자" · "하느님" · "스승님" · "하느님의 아드님" 그 어떤 분으로도 인정하지 않는 자들의 주장이긴 하지만 말입니다.

31. 그 마술사들의 이 날조물 ― 그자들은 이것을 내세워 자기들은 비밀스런 진리들을 알고 있는 체하면서, 사람들을 자기네 교설로 미혹하고자 하지만, 대단한 성공은 거두지 못하고 있습니다 ― 을 더 알고자 하는 사람들은, 그자들이 "타락의 경계벽境界壁"이라 부르는 것, 곧 영원히 사슬로 폐쇄된 통치자들의 문들을 그 사람들이 통과할 때, 그들에게 다음과 같이 말하라고 가르치는 것을 듣게 될 것입니다.[84] "외로운 임금님, 맹목의 사슬, 몰지각한 망각이시여, 나는 섭리의 영에 의해 그리고 지혜에 의해 보호되는 으뜸가는 힘이신 당신께 인사하나이다. 당신에 의해 나는 순결 속으로 보내지니, 이미 아들과 아버지의 빛의 한 부

83　차이점들은 오리게네스와 켈수스가 서로 다른 판본의 도해를 가지고 있었음을 알려 주는 간접 증거라 하겠다.

84　Witte는 이것은 문들의 통과에 수반되는, 또는 통과를 비로소 가능케 하는 기도문이라고 추론하는데, 옳다고 생각한다. 이어서 영지주의자들이 자기 인식에, 다시 말해 자신의 신적 기원에 대한 인식에 이르는 길을 묘사한다. 핵심은 자신의 고유한 속알로의 침잠인데, 이를 통해 영지주의자들은 구원에 이른다고 한다.

분이나이다. 은총이 나와 함께하시기를, 그러하나이다, 아버지, 은총이 나와 함께하시기를!"[85] 그리고 그자들은 거기에서 오그도아스(= 8)가 시작된다고 주장합니다.[86] 그런 다음 그자들은 자기네가 얄다바오트라고 지칭하는 것을 그 사람들이 통과할 때, 그들에게 이렇게 말하라고 가르칩니다. "그리고 당신 얄다바오트여, 첫째이자 일곱째여, 자신 있게 권능을 행사하기 위해 태어나신 분이여, 통치자여, 순수한 오성을 지배하는 말씀이여, 아들과 아버지를 위한 완전한 활동이여, 나는 생명의 상징이 각인된 표지를 가져오니, 당신이 당신 시대를 위해 잠가 두었던 문을 세상에 열어 주었으며, 다시금 자유로이 당신 지배 영역을 통과합니다. 은총이 나와 함께하시기를, 아버지, 은총이 나와 함께하시기를!" 그자들은 파이논 별(= 토성)은 사자 형상의 통치자와 관련된다고 확언합니다. 그런 다음 그자들은 얄다바오트를 통과하여 야오(= 목성)에 도달한 사람들은 이렇게 말해야 한다고 믿습니다. "당신, 야오여, 아들과 아버지의 숨겨진 비밀들을 관장하는 통치자여, 밤에 빛나는 당신이여, 둘째이자 첫째여, 죽음의 주인이여, 무죄한 이의 몫이여, 나는 나의 복종하는 오성을 상징으로 가져와, 당신 지배 영역을 통과할 준비를 갖추었으니, 과연 나는 당신에게서 유래하는 자를 살아 있는 말씀으로 제압했습니다. 은총이 나와 함께하시기를, 아버지, 은총이 나와 함께하시기를!" 이어서 그자들은 사람들이 사바오트(= 화성)에게는 이렇게 말해야 한다고 믿습니다. "다섯째 지배 영역의 지배자여, 통치자 사바오트

---

85 Witte, Ophitendiagramm 115-116에 따르면, 이 간청은 레비아탄을 향한 것인데, 레비아탄은 뒤에 나오는 중심을 공유하는 원들을 뱀처럼 감는다.

86 Witte, Ophitendiagramm 117,146-148은 『켈수스 반박』 6,38에서 묘사하는 도해에 주의를 환기시킨다.

여, 은총에 의해, 강력한 펜타스(=5)에 의해 해방되는 당신 창조계의 법의 수호자여, 당신 솜씨의 흠없는 상징이, 펜타스에 의해 해방된 몸이, 모상의 모습 안에 보존되어 있음을 보고 있으시니, 내가 통과하게 해 주십시오. 은총이 나와 함께하시기를, 아버지, 은총이 나와 함께하시기를."[87] 그런 다음 그자들은 아스타파이오스(= 금성)에게는 사람들이 이렇게 말해야 한다고 믿습니다. "셋째 문의 통치자 아스타파이오스여, 물의 원천의 감독자여, 나를 처녀의 영에 의해 정화된 한 봉헌자로 여기고 통과시켜 주십시오. 당신은 세상의 본질을 꿰뚫어 봅니다. 은총이 나와 함께하시기를, 아버지, 은총이 나와 함께하시기를." 그다음엔 아일로아이오스(= 수성)가 나오는데, 그자들은 사람들이 아일로아이오스에게 이렇게 말해야 한다고 믿습니다. "둘째 문의 통치자 아일로아이오스여, 내가 통과하게 해 주십시오. 나는 당신에게 당신 어머니, 권능들의 세력 안에 감추어져 있는 은총의 상징을 당신에게 가져옵니다. 은총이 나와 함께하시기를, 아버지, 은총이 나와 함께하시기를!" 마지막 통치자를 그자들은 호라이오스(= 달)라고 부르며, 그에게 이렇게 말해야 한다고 생각합니다. "당신, 두려움 없이 불의 장벽을 넘어갔고 첫째 문에 대한 주권을 얻은 호라이오스여, 생명 나무의 모상에 의해 당신 권능의 상징, 무죄한 이를 닮은꼴의 상징이 파괴되었음을 보고 있으니, 내가 통과하게 해 주십시오. 은총이 나와 함께하시기를, 아버지, 은총이 나와 함께하시기를!"

32. 이런 설명을 우리가 하게 된 것은, 켈수스의 이른바 박학다식함에

---

[87] 전승되어 오는 본문에는 넷째 문의 통치자 아도나이(오스)에 바치는 간청이 없다. 이 탈문
脫文은 이미 오리게네스의 본문에도 존재했을 것이다.

부득이 대꾸를 해야 했기 때문인데, 그 박학다식이라는 게 사실은 길고 따분한 헛소리입니다. 요컨대 우리는 그의 책을, 또 이어서 우리의 반론을 읽는 모든 사람에게, 켈수스가 그리스도인을 그릇되이 공박하는 수단인 그 지식 때문에 우리가 곤경에 처하지 않는다는 사실을 분명히 알려 주려는 것입니다. 사실 그리스도인들은 그런 것들은 생각하지도 않고 알지도 못합니다. 그러나 우리는 그런 것들도 알고 또 설명하려 하니, 그 사기꾼들이 자기네가 우리보다 더 중요한 지식을 지니고 있는 체하면서, 앞에서 언급한 이름과 표상들에 쉽게 낚이는 사람들을 미혹하지 못하게 하려는 것입니다. 나는 우리가 그 사기꾼들의 교설을 잘 알고 있음을 보여 주기 위해, 몇 가지 다른 예를 제시할 수도 있었을 것입니다. 그러나 우리는 그런 교설을 이질적이고 신성모독적인 것으로, 우리 그리스도인들이 목숨까지 바쳐 가며 신봉하는 가르침과 부합될 수 없는 것으로 여겨 배척합니다.

사람들은 이런 주문呪文 같은 문구들을 지어 낸 자들은 마술의 본질도 이해하지 못했고 성경의 의미도 명확히 파악하지 못했으며, 그래서 모든 것을 뒤죽박죽으로 만들어 버렸다는 사실을 알아야 합니다. 그자들은 얄다바오트, 아스타파이오스, 호라이오스라는 이름들을 마술에서 넘겨받았고, 히브리어 성경으로부터는 야오 또는 야, 사바오트, 아도나이와 엘로아이오스를 넘겨받았습니다.[88] 그런데 성경에서 넘겨받은 이 이름들은 모두 동일한 한 분 하느님의 별칭입니다. 이 사실을 그 하느님 대적자들은, 스스로도 시인하듯이, 파악하지 못했으며, 그래서 야오는 사바오트와 다른 존재라고, 그리고 성경에서는 "아도나이"라고

지칭하는 아도나이오스는 야오 및 사바오트와 다른 제3의 존재라고,
또 예언자들이 히브리어로 "엘로아이"라고 부르는 엘로아이오스도 앞
의 셋과는 다른 존재라고 믿었습니다.

33. 이어서 켈수스는 터무니없는 신화 같은 이야기를 또 들먹입니다.
"몇몇 인간은 통치자의 형상으로 변했다고 한다. 그래서 어떤 이는 사
자가 되었고, 또 어떤 이는 황소가, 또 다른 이는 뱀, 독수리, 곰, 개가 되
었다고 한다."[89] 한편 우리는 우리가 가지고 있던 도해 그림에서 켈수스
가 "사각형 꼴"[90]이라 지칭했던 것뿐 아니라, 저 불행한 자들이 낙원의
문들 앞에서 하는 말도 발견했습니다. 하나의 원 모양 불의 직경으로
표시되어 있는 "불 칼"은 이를테면 "지식의 나무"와 "생명의 나무"를 지
키고 있었습니다(참조: 창세 2,9; 3,22.24). 켈수스는 이 신화에 따르면 모든
문마다 통과하려는 사람들이 그 하느님 모독자들에게 복창해야 하는
구호를 인용하려고 하지 않는데, 아마도 인용할 수 없기 때문일 것입니
다. 우리 역시 인용하지 않았으니, 이 불경스러운 밀교 예식의 목적은,
우리의 통찰에 따르면, 그리스도인들의 하느님 공경과 결코 조화될 수
없다는 사실을 켈수스와 그의 책 독자들에게 분명히 알려 주기 위해서
입니다.

34. 켈수스는 앞에서 언급한 내용들과 우리가 덧붙인 비슷한 일들을

---

89   Witte, Ophitendiagramm 125-126에 따르면, 여기서 말하는 내용은 일종의 구원자 모방
이라고 할 수 있는데, 구원자는 이 세상에 내려올 때 통치자들의 형상을 취한다(참조: 이레네우스
『이단 반박』 1,30,12). Lona, Alethes Logos 345는 미트라 밀교 예식에서 동물 가면 쓰는 것과의
유사성을 지적한다.

90   이어서 언급되는 불 칼을 가리킨다.

설명한 다음, 계속해서 말합니다. "그런데 그들은 거듭 새삼 다른 일들 — 예언자들의 언설, 원圓들 위의 원들, 지상 교회와 할례의 유출, 프루니코스라는 처녀에게서 뿜어져 나오는 힘, 생동하는 영혼, 살기 위해 도살屠殺되는 하늘, 칼로 도살되는 땅, 살기 위해 수없이 도살되는 인간들, 세상의 죄가 죽으면 세상 안의 죽음의 종말, 다시 아래쪽으로 이어지는 하나의 좁을 길, 저절로 열리는 문들 따위 — 을 덧붙인다. 사람들은 거기 곳곳에서 생명의 나무와 그 나무로부터 육의 부활을 발견하는데, 내 생각으로는, 그들의 선생이 십자가에 못 박혔고[91] 또 직업이 목수였기 때문이다. 만일 그가 우연히 비탈에서 떨어졌거나 골짜기에 밀쳐졌거나 밧줄로 교살되었다면, 또 만일 그가 구두장이나 석공이나 대장장이였다면, 하늘들 위의 생명의 비탈이나 부활의 골짜기나 불사의 밧줄이나 복된 돌이나 사랑의 철이나 거룩한 가죽이 존재했을 것이다. 꼬맹이를 재우기 위해 살짝 취한 상태로 동화를 읽어 주는 늙은 여인이라도 아이에게 그런 터무니없는 이야기들을 속삭여 주는 것은 부끄러워하지 않겠는가?"[92] 내가 보기에, 여기서 켈수스는 자신이 올바로 이해하지 못한 것들을 마구 뒤섞어 놓고 있습니다. 사실 그는 이런저런 이단 분파의 짧은 주문 따위를 들으면, 그 의미를 파악하지도 못한 채 말마디만 주워 모아 놓고는, 우리의 가르침도 이단의 주장도 모르는 사람들에게, 자신이 사실상 그리스도교의 모든 가르침을 알고 있다는 인상을 불러일으키려는 것으로 여겨집니다. 이 사실은 우리가 앞에서 인

91　F.J. Dölger, Beiträge zur Geschichte des Kreuzzeichen: JAC 39 (1986) 16-17에 따르면, 생명의 나무와 십자가의 동일시에 관한 아주 오래된 증언들 가운데 하나다.

92　플라톤『국가』350e(신화 이야기해 주는 늙은 여인들); 안티오키아의 에우스타티우스『점쟁이에 관해 오리게네스 반박』29는 그런 보모들이 흔히는 알코올 중독에 빠졌다고 언급한다.

제6권

용한 구절에서도 분명히 드러납니다.

35. "예언자들의 언설"을 우리가 인용하는 것은 사실입니다. 그로써 우리는 예수님이 예언자들에 의해 예고된 그리스도시라는 것을 밝히고, 또 예언에 근거하여, 복음서가 예수님에 관해 보고하는 일들은 그 예언의 성취임을 입증합니다. "원들 위의 원들"이라는 표현 역시 필경 앞에서 언급한 이단 분파에게서 유래하는데, 이 분파는 자신들이 우주 영혼이자 레비아탄이라고 지칭하는 한 원 안에 통치자 다이몬들의 일곱 원이 감싸여 있다고 가정합니다.[93] 이것 역시 "코헬렛"의 다음 구절에 대한 오해에서 비롯한 듯합니다. "남쪽으로 불다 북쪽으로 원 안에서 돌며 움직이는 바람은 돌고 돌며 가지만, 제자리로 되돌아온다"(코헬 1,6).

 "지상 교회와 할례의 유출"이라는 표현은 아마도 어떤 이들이 지상 교회를 천상 교회와 더 나은 세계의 유출로 이해하고, 또 율법에 규정되어 있는 할례를 교회의 특정한 속죄 의식에서 시행되는 일종의 할례의 상징으로 설명하는 데서 유래합니다.[94] 그리고 "프루니코스"는 발렌티누스파가 그들의 엉터리 지혜에 따라 지혜의 일종에 부여하는 이름인데, 그들은 12년 동안이나 하혈에 시달리는 여인(마태 9,20-22 참조)을 이 지혜의 상징으로 여깁니다.[95] 이것을 그리스인들과 이민족들과 이

---

93 『켈수스 반박』 6,25에서는 원이 열 개라고 했다. 이 불일치에 대한 설명은 참조: Witte, Ophitendiagramm 92,131-132.

94 발렌티누스에게 교회는 오그도아스의 여덟째 지체였다. 참조: 이레네우스 『이단 반박』 1,1,1.

95 참조: 이레네우스 『이단 반박』 2,20,1; 23,1; 에피파니우스 『이단 반박』 31,14,10. 프루니코스(운반자, 호색적)라는 이름의 양면성에 관해서는 참조: Chadwick, Origen, Contra Celsum 350 과 각주 1 참조.

단 분파들의 온갖 교설을 마구 뒤섞어 버리는 그 남자는 오해했고, 그래서 "프루니코스라는 처녀에게서 유출되는 힘"이라고 말했던 것입니다. "생동하는 영혼"은 아마도 발렌티누스파 일부의 비밀스러운 어휘에 속하는데, 그들이 "생령生靈적인 데미우르구스"라고 부르는 존재의 이름으로 사용합니다.[96] 또는 "생동하는 영혼"이라는 표현은 어쩌면 몇몇 사람에 의해 "죽은 영혼"의 대비 개념으로서, 구원받은 인간의 영혼을 지칭하기 위해 부적절하지 않게 선택되었을 수도 있습니다. "도살되는 하늘", "칼로 도살되는 땅" 그리고 "살기 위해 수없이 도살되는 인간들"에 관해서는 나는 아는 바가 없는데, 필경 켈수스 자신이 꾸며 낸 표현들일 것입니다.

36. 우리가 바오로 사도의 비밀스러운 구절들 — "하느님께서 모든 원수를 그리스도의 발아래 잡아다 놓으실 때까지는 그리스도께서 다스리셔야 합니다. 마지막으로 파멸되어야 하는 원수는 죽음입니다"(1코린 15,25-26). "이 썩는 몸이 썩지 않는 것을 입고, 이 죽는 몸이 죽지 않는 것을 입으면, 그때에 성경에 기록된 말씀이 이루어질 것입니다. '승리가 죽음을 삼켜 버렸다'"(1코린 15,54) — 을 설명할 수 있다면, 켈수스가 인용한 "세상의 죄가 죽으면, 세상 안의 죽음의 종말"에 관해 말할 수 있을 것입니다. "다시 아래로 이어지는 하나의 좁은 길"은 아마도 영혼이전설 신봉자들이 하는 말일 것입니다. 한편 "저절로 열리는 문들"이라는 문구는, "내게 열어라, 정의의 문을. 그리로 들어가서 나 주님을 찬송하리라. 이것이 주님의 문이니, 의인들이 그리로 들어가네"(시

---

96 Chadwick, Origen, Contra Celsum 351의 각주 6에 따르면, 오히려 창세 2,7이 전거典據일 것이다. 참조: 『켈수스 반박』 8,49.

편 118,19-20)라는 구절을 좀 비밀스러운 말로 설명하는 사람들이 사용
했으리라는 것은 신빙성이 없지 않습니다. 또한 시편 제9편은 이렇게
말합니다. "주님, 저를 죽음의 성문에서 끌어 올려 주소서. 그러면 저는
당신의 찬양받을 행적을 낱낱이 이야기하고, 딸 시온의 성문에서 당신
의 구원으로 환호하오리다"(시편 9,14-15). 성경에서 "죽음의 성문"은 멸
망에 이르는 죄를 가리키고, 반대로 "시온의 성문"은 선한 행위들을 가
리킵니다.[97] 그래서 성경은 "의로움의 성문"에 관해서도 말하는데, 이
는 덕행의 성문과 같은 의미입니다. 이 성문은 열심히 덕성스러운 행위
를 지향하는 사람에게 기꺼이 저절로 열립니다.

"생명의 나무"에 관해서는, 하느님 친히 꾸미신 낙원에 관한 창세기
의 이야기를 해석할 때 설명하는 것이 더 적절할 것입니다.[98] 아무튼 켈
수스는 자신이 이해하지도 못하는 부활을 이미 여러 번 조롱했습니다.
그런데 이제는 앞에서 한 말로는 만족하지 못하여, 그 부활은 "생명의
나무로부터 육의 부활"이라고 주장합니다. 그러나 내 생각에 그는 여
기서 상징적 표현을 오해했습니다. 그래서 "나무를 통해 죽음이 왔고
나무를 통해 생명이 왔으며, 죽음은 아담 안에 있고 생명은 그리스도
안에 있다"(참조: 로마 5,12-13; 1코린 15,21-22)라고 생각합니다. 그런 다음 켈
수스는 두 가지 언명으로 "나무"를 조롱합니다. 요컨대 우리가 나무를

97　참조: 오리게네스 『마태오 복음 주해』 12,12.

98　참조: 유스티누스 『유대인 트리폰과의 대화』 86,1; 알렉산드리아의 클레멘스 『양탄자』
5,72,2; 오리게네스에게서의 십자가 상징학에 관해서는 G.Q. Reijners, *Das Wort vom Kreuz.
Kreuz und Erlösungsmystik bei Origenes* (BoBKG 13), Bonn 1983, 29-33; 교부학의 전승에 관해
서는 V. Pfnür, Das Kreuz: Lebensbaum in der Mitte des Paradiesesgartens. Zur Bedeutung der
christlichen Kreuzessymbolik: *Garten des Lebens*. fs W. Cramer (hrsg. von M.-B. Stritzky/ C.
Uhrig), Altenberge 1999, 203-222.

떠받드는 것은 우리의 "선생이 십자가에 못 박혔기" 때문이거나, "그의 직업이 목수"였기 때문이라는 것입니다. 그러나 켈수스는 "생명의 나무"는 이미 모세의 책에 기록되어 있다는 사실을 알지 못하며, 또한 교회들이 존중하는 복음서 어디에서도 예수님이 자신을 목수라고 하신 적 없다는 사실도 알아채지 못하고 있습니다(참조: 마태 13,55; 마르 6,3).[99]

37. 게다가 켈수스는 우리가 십자가를 우의寓意(알레고리)적으로 해석하고자 했고, 그래서 "생명 나무"를 꾸며 냈다고 생각합니다. 그렇게 오해한 나머지 그는 "만일 그(예수)가 비탈에서 떨어졌거나, 골짜기에 밀쳐졌거나 밧줄로 교살되었다면", 사람들은 "하늘들 위의 생명의 비탈이나 부활의 골짜기나 불사의 밧줄"을 날조해 냈을 것이라고 주장합니다. 그러고는 또 예수님이 "목수"셨기 때문에 "생명 나무"가 날조되었듯이, 만일 예수님이 "구두장이"셨다면, 사람들은 "거룩한 가죽"에 관해, "석공"이셨다면 "복된 돌"에 관해, "대장장이"셨다면 "사랑의 철"에 관해 떠벌렸을 것이라고 주장합니다. 여기서 켈수스의 비난의 우악스러운 상습적 방식을 한눈에 알아보지 못할 사람이 누가 있겠습니까? 과연 그는 자신이 교화시키겠다고 큰소리치는 사람들을 미혹된 자들로 경멸하며 호되게 질책하고 있습니다.

이어지는 켈수스의 언명들은 사자 형상·나귀 머리·뱀 형상의 통치자들을 날조해 낸 자들, 그리고 그와 유사한 신화들을 꾸며 낸 모든 자들에게 해당되지, 교회의 구성원들에게는 해당되지 않습니다. 사실

99　마르 6,3은 예수님을 확실히 "목수"라고 지칭한다. 그러나 수사본 전승 과정에서 마태 13,55("목수의 아들")에의 동화同化가 이루어졌다. 오리게네스는 이 동화된 형태만 알고 있었거나, 아니면 동화된 형태를 원형태보다 우선시했을 것이다.

"꼬맹이를 재우기 위해 살짝 취한 상태로 동화를 읽어 주는 나이 든 여자"도, "나귀 머리"를 한 존재나 "성문마다 복창해야 하는 구호"에 관한 꾸며 낸 이야기를 "아이에게 속삭여 주는 것은 부끄러워할" 것입니다. 아무튼 켈수스는 교회 구성원들의 가르침을 알지 못합니다. 사실 그 가르침을 이해하기 위해 애쓴 사람들은 아주 소수이거니와, 이들은 자신의 온 삶을 예수님께서 촉구하신 "성경 연구"(요한 5,39 참조)에 바쳤고 또 성경의 의도를 탐구하기 위해 온 힘을 다했으니, 그리스 철학자들이 이른바 지식을 습득하기 위해 노력한 것보다 더 진지하고 더 열심이었습니다.

38. 우리의 이 고매한 적수는 자신이 그 도해에서 끄집어낸 것에 만족하지 못하고, 그 그림과 전혀 관련 없는 우리에 대한 비난을 부풀리기 위해, 중간중간에 몇 가지 다른 것을 말합니다. 요컨대 그는 저 이단자들의 견해를, 마치 우리 견해인 듯, 다시 끄집어내면서 이렇게 주장합니다. "이것은 그들의 불가사의한 가르침들 가운데 가장 하찮은 것이 아니다. 그들은 저 위 하늘 위의 원들 사이에 무엇인가 쓰여 있는데, 특히 크고 작은 두 표지도, 아들의 표지와 아버지의 표지도 쓰여 있다고 설명한다." 우리는 그 그림에서 큰 원과 작은 원을 발견했는데,[100] 그 직경에는 "아버지와 아들"이라고 적혀 있었습니다. 그리고 그 안에 작은 원이 들어 있는 큰 원과, 하나는 밖이 노랗고 또 하나는 안이 푸른 두 원으로 이루어진 다른 한 원 사이에는 양날 도끼 형상이 새겨진 분리벽이 있고, 그 벽 위쪽에는 한 작은 원이 있는데 처음 언급한 큰 원과 접해 있

---

100 켈수스는 도해의 윗부분만 묘사한 반면, 오리게네스는 온전한 도해를 묘사한다. Witte, Ophitendiagramm 134-138에 따르면, 이 도해는 영지주의적 삼위일체의 일종이다.

고 그 안에는 "사랑"이라는 낱말이 적혀 있었으며, 벽 아래쪽으로는 그 원과 접해 있고 "생명"이라는 낱말이 적혀 있는 한 원이 있었습니다. 또한 자신도 에워싸여 있으면서 또 다른 두 원뿐 아니라 또 하나의 평행사변형 형상도 에워싸고 있는 둘째 원에는 "지혜의 섭리"라고 쓰여 있었습니다. 그리고 두 원이 공유하는 단면에는 "지혜의 본질"이라고 쓰여 있었습니다. 공유하는 단면 위쪽에는 한 원이 있었는데, 거기에는 "인식"이 쓰여 있었고, 아래쪽의 다른 원에는 "통찰"이라고 쓰여 있었습니다.

우리가 이런 것들을 켈수스를 반박하는 데 빌려다 쓴 것은, 우리가 이런 표상들 ― 사실은 우리 자신도 배척하고 있습니다 ― 에 관해 그저 주워들은 게 아니라 켈수스보다 더 정확히 알고 있다는 사실을 독자들에게 분명히 알려 주기 위해서입니다. 이런 공상의 산물을 자랑하는 자들이 "이런저런 불가사의한 마술도 행한다고 허풍떨고, 또 그것을 자기네 지혜의 정점으로 여기는"지는 우리로서는 확언할 수 없으니, 우리는 이 문제를 조사하지 않았기 때문입니다. 그러나 이미 여러 번 거짓 증거를 이용했고 또 근거 없이 비난했음이 밝혀진 켈수스 자신은 물론 이 문제에서도 자기가 거짓말을 퍼뜨리고 있는지, 아니면 그런 것들에 관해 그리스도교 신앙과 전혀 거리가 먼 이런저런 사람들에게 주워듣고 자기 책에 인용했는지 잘 알고 있을 것입니다.

39. 이어서 켈수스는 "특정한 마술과 요술에 종사하면서 특정한 다이몬들을 비그리스식 이름으로 부르는 자들"[101]과 관련하여 이렇게 말합

---

101 이레네우스 『이단 반박』 1,21,3에 따르면, 상당수 영지주의자들이 비밀 전수 의식에서 사람들에게 강렬한 인상을 주기 위해 히브리어 낱말들을 사용했다.

니다. "이들은 동일한 다이몬들이 그리스인들과 스키타이인들에게서 다른 이름으로 불리고 있다는 사실을 모르는 사람들을 기만하는 자들과 똑같은 짓을 하고 있다." 그런 다음 켈수스는 헤로도토스의 말을 인용합니다. "스키타이인들은 아폴론을 공고시로스라고 부르고, 포세이돈은 타기마사다, 아프로디테는 아르김파사, 헤스티아는 타비티라고 부른다."[102] 켈수스가 이 문제에서도 헤로도토스를 내세워 거짓 주장을 하는 것은 아닌지 검증하는 일은 전문 지식이 있는 사람들에게 맡겨두겠거니와, 사실 스키타이인들은 이른바 신들에 관해 그리스인들과 동일한 종교적 표상을 지니고 있지 않습니다. 아무튼 "아폴론"이 스키타이인들에게서 "공고시로스"로 불린다는 것이 어떤 개연성이 있습니까? 나는 "공고시로스"라는 이름을 그리스어로 번역하면 "아폴론"과 동일한 의미를 나타낸다거나, "아폴론"을 스키타이어로 번역하면 "공고시로스"를 의미한다고 생각하지 않습니다. 나머지 이름 쌍들과 관련해서도 아무도 동일한 의미를 지닌다고 주장하지 못할 것입니다. 사실 그리스인들은 그들이 신으로 여기는 존재들의 명명命名과 관련하여, 스키타이인들만이 아니라 페르시아인들, 인도인들, 에티오피아인들, 리비아인들과도 다른 표상과 어원학에서 출발했습니다. 각각의 민족은 자기네 마음에 드는 이름을 신들에게 붙였으니, 그들이 우주의 창조주에 관한 원래의 순수한 표상에 머물러 있지 않았기 때문입니다. 아무튼 이에 관해 우리는 앞에서 사바오트는 제우스와 동일한 존재가 아니라는 것을 밝히는 단락에서 충분히 이야기했습니다. 거기서 우리는 언어 문제에 대해서도 성경의 몇 구절을 제시하면서 언급했습니다.[103] 그런

까닭에 이제 우리는 켈수스가 우리에게 반복하여 말하기를 요구하는
이 문제를 의도적으로 지나쳐 가겠습니다.

그런 다음 켈수스는 다시금 "마술과 요술"의 방식들에 관해 몇 가지
어지러운 언명을 합니다. 그런데 그런 방식들을 사용하는 사람들을 구
체적으로 거명하지는 않습니다. 왜냐하면 어떤 종교를 구실로 내세워
그런 기만적인 마술 방식을 사용하는 사람은 아무도 없기 때문입니다.
아마도 켈수스는 쉽게 속아 넘어가는 인간들을 상대로 그런 방식들을
사용하여, 자신들은 신의 힘으로 기적을 일으킨다고 믿게 만드는 특정
한 자들을 염두에 두고 있는 것 같습니다. 그래서 다음과 같이 상세하
게 말합니다. "어째서 내가 정화 의식이나 속죄 문구나 액운 방지 주문
이나 우레 같은 소음이나 옷, 숫자, 돌, 식물, 뿌리들의 악마적 형태들을
가르쳐 주는, 한마디로 온갖 잡다한 것에 대한 갖가지 방어 수단들을
알려 주는 자들을 일일이 열거해야 한다는 말인가?" 아무튼 이런 것들
과 관련하여 우리를 변호하는 것을 우리 이성은 용납하지 않으니, 우리
는 그런 방식들을 사용한다는 혐의를 전혀 받지 않기 때문입니다.

40. 이어서 켈수스는, 내가 보기에는, 그리스도인들에 대한 강렬한 적
의를 품고 그리스도교를 전혀 모르는 사람들에게, 그들도 스스로 경험
을 통해 그리스도인들이 아이들의 살을 먹고 자기네 무리의 아무 여자
하고나 성관계를 가진다는 것을 실제로 발견하게 될 것이라고 확언하
는 자들처럼 처신하는 것 같습니다.[104] 그런데 이 터무니없는 이야기들

---

103   참조: 『켈수스 반박』 1,24-25; 5,45.
104   참조: 『켈수스 반박』 6,27과 각주 74.

은 우리 종교와 거리가 먼 대중도 이미 그리스도인들에 대한 거짓 비방임을 알고 있듯이, 자신이 "그리스도교 신앙의 몇몇 사제들이 다이몬들의 비그리스식 이름과 마술 주문이 쓰여 있는 책들을 지니고 있는 것을 보았다"라는 켈수스의 주장 역시 거짓 비방임이 밝혀질 것입니다. 그는 또 "이들(곧 우리 신앙의 사제들)은 유익한 것은 아무것도 약속하지 않고, 인간들에게 해로움만 야기하는 온갖 것을 예고한다"라고 주장합니다. 모쪼록 그리스도인들에 대한 켈수스의 모든 비난이 부디 이런 종류이기를! 그러면 그 따위 비난들은 압도적인 수의 인간들이 거들떠보지도 않게 될 것입니다. 사실 그들은 스스로의 경험으로 그런 주장들은 거짓이라는 것을 알고 있으니, 아주 많은 그리스도인들과 이웃으로 가까이 지냈는데도, 그리스도인들이 그런 짓을 했다는 것을 전혀 들어보지 못했기 때문입니다.

41. 그런 다음 켈수스는, 마치 그리스도인들을 거슬러 글을 쓰는 자신의 과업을 잊은 듯이, 자기가 알게 된 한 이집트 음악가가 자신에게 한 말에 관해 이야기합니다. "디오니소스라는 그 음악가가 말하기를, 마술은 단지 무식하고 윤리적으로 타락한 자들에게만 영향력을 발휘하며 철학자들에게는 전혀 무력하니, 이들은 건전한 삶의 방식을 확립했기 때문이라고 했다." 이제 마술을 논하는 것이 우리의 과제라면, 앞에서 이 주제에 관해 했던 언명[105]에 몇 가지를 덧붙이고도 싶지만, 켈수스의 책과 관련되는 내용을 언급해야 하기에, 마술과 관련해서는 다만 이렇게 말하겠습니다. 철학자들도 마술에 깊은 영향을 받는지 아닌지를

105　참조: 『켈수스 반박』 2,51; 4,33; 6,32.

탐구하고자 하는 사람은, 마술사요 철학자였던 티아나의 아폴로니오스의 삶을 회상하는 모이라게네스의 책을 읽어 볼 일입니다.[106] 그리스도인이 아니고 철학자인 저자는 그 책에서, 아폴로니오스를 사기꾼으로 여기고 찾아왔던 꽤 이름난 몇몇 철학자가 그의 마술에 깊은 감명을 받았다고 보고하고 있습니다. 모이라게네스는 그들 가운데, 내 기억이 틀리지 않았다면, 저명한 에우프라테스[107]와 한 에피쿠로스학파 사람도 거명합니다. 그러나 우리는 개인적 경험에 근거하여, 그리스도교 신앙이 요구하듯이, 만유를 주재하시는 하느님을 예수님을 통해 섬기고 그분의 복음에 따라 살며 꾸준함과 큰 열성과 마땅한 경외감을 지니고 규정된 기도를 밤낮으로 바치는 사람들에게는, 마술도 다이몬도 영향을 미치지 못한다고 확언합니다. 과연 실제로 "주님의 천사가 그분을 경외하는 이들 둘레에 진을 치고, 그들을 구출해 줍니다"(시편 34,8). 그리고 교회 안의 "작은 이들"을 모든 일에서 인도하는 소임을 지닌 "그들의 천사들"이 "하늘에 계신 아버지의 얼굴을 늘 보고 있습니다"(마태 18,10) ─ "얼굴"과 "보다"를 어찌 이해해야 하는지는 여기서 다루지 않겠습니다.

42. 이어서 켈수스는 다른 논점에서 출발하여 다음과 같이 우리를 비

106　모이라게네스(기원후 2세기)는 네 권으로 된 아폴로니오스의 생애를 저술했다. 이에 대해 필로스트라토스 『아폴로니오스의 생애』 1,3은 비판적이다. 히에로니무스 『편지』 53,1,4에 따르면, 아폴로니오스는 백성에게는 마술사로, 피타고라스학파에게는 철학자로 여겨졌다. 참조: 루키아노스 『사기꾼 알렉산드로스의 일생』 5; 디오 카시우스 『로마사』 78,18,4.

107　티루스의 에우프라테스는 스토아학파의 널리 알려진 철학자였고, 기원후 118년 사망했다. 필로스트라토스 『아폴로니오스의 생애』 5,37은 에우프라테스가 아폴로니오스를 마술사로 고발했다고 보고한다.

난합니다. "그들은 완전히 신성모독적인 오류에 빠졌고 또 유사한 방식으로 신의 비밀들에 대한 올바른 이해에서 멀리 벗어나 끔찍한 무지에 떨어졌으니, 요컨대 그들은 신의 맞수를 하나 만들어 내고는 그것을 '디아볼로스'(= 비방자)라고 부르고 히브리어로는 '사탄'(= 적대자)이라고 지칭한다. 의심의 여지없이 이것은 순전히 인간적인 표상이고 신성모독적인 견해이니, 이를테면 위대한 신이 인간들에게 은혜를 베풀려고 애쓰는데, 적대자 때문에 무력하다는 것이다.[108] 그래서 신의 아들은 '디아볼로스'에게 패하고 그에 의해 처벌되는데, 한편으로는 우리도 그를 통한 처벌을 가볍게 여겨야 한다고 우리를 가르친다. 신의 아들은 사탄도 자신과 유사한 방식으로 나타나 엄청나고 놀라운 일들을 일으키고 감히 신의 영광을 횡령할 것이라고, 그러나 이런 일들에 미혹되어 그자를 좇지 말고 오직 자신만 믿으라고 예고한다. 이것은 바로 자기 이익을 추구하는, 또 자신과 다른 가르침을 내세워 추종자들을 얻으려는 경쟁자들을 거슬러 예방 조처를 취하는 마술사 사기꾼의 방식과 똑같다."

이어서 켈수스는 신의 비밀들을 제시하고자 하는데, 그는 우리가 이 비밀들을 오해하여 사탄에 관한 가르침을 만들어 냈다고 생각합니다. 그는 말합니다. "옛 사람들은 비밀스러운 방식으로 신들의 전쟁에 관해 이야기했다. 예를 들어 헤라클레이토스는 이렇게 말한다. '사람들은 이 전쟁이 총체적이며 투쟁은 정당하다는 것, 모든 것이 투쟁과 필연성을 통해 생겨난다는 것을 알아야 한다.'[109] 그리고 헤라클레이토스보다

---

108   참조: 『켈수스 반박』 8,11.
109   헤라클레이토스 『단편』 B 80.

훨씬 전에 살았던 페레키데스는 서로 맞서 진을 친 군대들에 관한 신화를 이야기하는데, 크로노스가 한 군대의 지휘자이고 다른 군대의 지휘자는 오피오네우스다. 페레키데스는 군대들의 도발과 전투 그리고 그들이 체결하는 조약에 관해 이야기한다. 이에 따르면 오게노스강에 추락하는 쪽이 패자이고, 그들을 그리로 몰아넣고 승리한 쪽은 하늘을 차지한다.[110] 페레키데스는 '전설에 따르면 신들과 전투를 벌였던 티탄족과 거인족들에 관한 비밀스러운 이야기들, 그리고 티폰과 호루스와 오시리스에 관한 이집트인들의 이야기들 역시 이런 의미를 지니고 있다'고 말한다.”[111]

켈수스는 이런 사례들을 제시하면서도, 이 이야기들이 어떤 깊은 의미를 내포하고 있는지, 그리고 우리의 가르침이 이 이야기들을 어느 정도까지 왜곡하여 재현한다는 것인지는 설명하지 않습니다. 아무튼 그런 다음 그는 우리에 대한 비난을 계속합니다. “이 이야기들은 비방자-다이몬에 관한, 또는 ― 이렇게 말하는 것이 진실에 더 가까우려니와 ― 다른 교설을 선전하는 마술사-인간[112]에 관한 저 이야기들과 같지 않다.” 그래서 켈수스는 호메로스도 다음과 같이 이해합니다. “호메로스는 헤라클레이토스, 페레키데스 그리고 티탄족과 거인족에 관한 비밀스러운 이야기의 화자들의 경우와 동일한 내용을 [제우스의 아들] 헤파이스토스가 [제우스의 아내이자 헤파이스토스의 어머니] 헤라에

---

110   페레키데스『단편』B 4 참조. 오게노스는 오케아노스의 옛 형태다. 페레키데스의 이 말은 알렉산드리아의 클레멘스『양탄자』6,9,4에 인용되었다.

111   티폰, 호루스, 오시리스에 관해서는 참조: 플루타르코스『도덕론』355A-358D; 371A-B. 호루스는 이시스와 오시리스의 아들이며, 이시스의 적이 티폰이다. 이미 플루타르크는 이 신화를 철학적으로 해석했다.

112   “그리스도의 적”을 가리킨다. 참조:『켈수스 반박』6,45.

게 한 말을 통해 암시한다.

'사실 일찍이 언젠가, 내가 당신을 지키고자 했을 때,

그(제우스)가 내 발꿈치를 움켜쥐고, 나를 신들의 문지방으로부터 내
동이쳐 버렸네.'[113]

제우스가 헤라에게 한 말도 마찬가지다.

'그대는 어떻게 높은 곳에 매달려 있었는지를, 내가 그대 발에 모루
두 개를 매어 놓고 손은 깨지지 않는 금사슬로 감아 놓았던 것을 기
억하지 못하는가? 그대는 하늘과 구름 속에 매달려 있었지.

드넓은 올림포스의 신들은 언짢아했지,

그러나 그대에게 다가가 풀어 줄 수 없었지. 거기서 마주친 자를 나
는 움켜잡아 문지방에서 내동댕이쳐 버렸지, 그는 실신하여 땅에 떨
어졌지.'[114]"

그런 다음 켈수스는 호메로스의 말을 설명합니다. "제우스가 헤라에
게 한 말은 그 신이 물질에게 한 말이다. 물질을 겨냥한 이 말은 신이 처
음에는 혼돈 상태 속에 존재했던 물질을 특정한 비율에 따라 분리한 다
음 하나의 통일체와 질서로 결합시켰다는 것 그리고 신이 그 과정에서
물질 주위를 어슬렁거리는 악인인 다이몬들을 모두 내동이쳐 처벌했
다는 것을 비밀스럽게 암시하고 있다."[115] 또한 켈수스는 이렇게 주장
합니다. "페레키데스가 호메로스의 이 구절을 그렇게 이해했으며, 이
구절을 염두에 두고 이렇게 말했다. '그 나라 아래쪽에는 타르타로스의
영역이 자리 잡고 있는데, 보레아스의 딸들과 하르피에들 그리고 티엘

---

113   호메로스 『일리아스』 1,590-591.

114   호메로스 『일리아스』 15,18-24.

115   이 해석은 스토아학파에서 유래하는 우의(알레고리)적 해석과 상응한다.

라가 지키고 있다. 그리고 제우스는 자기를 거슬러 악행을 저지른 신들을 모두 그곳으로 추방한다.'[116] 그런 표상들에는 아테나의 너무나 아름다운 옷도 포함되는데, 이 옷은 아테나 대축제의 행렬 때 모든 관중이 눈여겨볼 수 있다. 과연 이 옷을 통해, 어머니 없고 남편 없는 한 특정한 여신이 오만방자한 '땅의 아들들'을 지배한다는 것을 분명히 인식할 수 있다.'[117]

켈수스는 그리스인들이 꾸며 낸 이 이야기들에 찬동한다고 언명한 다음, 우리 가르침에 대한 다음과 같은 비난으로 말을 맺습니다. "신의 아들이 악마에 의해 처벌되었다는 사실은, 그리스도인들 역시 악마에게 처벌을 받으면 의연히 견뎌 내야 한다는 것을 가르쳐 준다고 한다. 그런데 이것이야말로 완전히 헛소리다. 내가 생각하기에, 신의 아들은 악마에게 미혹된 이 인간들에게 으르댈 게 아니라, 오히려 악마를 처벌했어야만 했다."

43. 이제 우리가 "완전히 신성모독적인 오류에 빠졌고 또 신의 비밀들에 대한 올바른 이해에서 멀리 벗어났다"고 비난하는 우리의 적수 자신이 오히려 분명히 오류에 빠져 있는 것이 아닌지 주의 깊게 살펴보십시오. 요컨대 켈수스는 헤라클레이토스와 페레키데스뿐 아니라 호메로스보다 훨씬 연대가 오랜 모세의 책들[118]이 이미 이 악한 존재와 하늘

116　페레키데스 『단편』 B 5.

117　아테나 여신의 탄생 축제 때 아테네시에 전시된 그 여신의 소매 없고 주름 잡힌 긴 상의는 주로 땅에서 태어난 거인족과의 전투 장면으로 장식되어 있었다. 아테나는 제우스의 머리에서 태어났다고 여겨졌고, 동정녀로 공경되었다.

118　참조: 『켈수스 반박』 4,21.

로부터 그것의 추락을 가르치고 있다는 사실을 알아차리지 못했습니다. 사실 페레키데스의 "오피오네우스"(= 뱀의 영)의 기원이고, 하느님의 낙원으로부터 인간 추방의 원인이었던 뱀이 그런 가르침을 비밀스럽게 암시하니, 과연 뱀은 신성神性과 고차高次적인 선善에 대한 약속을 통해 여자를 미혹했는데, 성경에 따르면 남자도 여자의 본을 따랐습니다(창세 3,1-6 참조). 그리고 모세의 책 "탈출기"에 나오는 "파괴자"(탈출 12,23)는, 그의 악함에 맞서 싸우지 않고 오히려 그의 말을 따르는 자들을 파괴하고 절멸시키는 장본인 아니고 누구였겠습니까? 그 밖에 "레위기"의 히브리어 본문이 "아자젤"이라 부르는 "재앙 방지자"(속죄용 숫염소)(레위 16,8.10 참조)도 다른 존재가 아니었습니다. 사람들은 제비가 뽑힌 그 숫염소를 광야로 내보내어 재앙을 막아야 했습니다. 과연 자신의 악함 때문에 악한 자의 몫에 속하는 모든 자들은 하느님 몫에 속하는 이들의 적이며, 그래서 하느님을 저버립니다. 그러나 "판관기"에 나오는 "벨리아르의 아들들"(참조: 판관 19,22; 20,13; 2코린 6,15) 역시 자신들의 악함 때문에 저자(곧 악마)의 아들들이라고 지칭되지 않습니까? 더 명확한 증거는 모세 자신보다도 더 오래된 "욥기"가 제공해 주는데, 여기에는 "악마"가 하느님 앞에 나서서, 욥을 극심한 곤경에 던져 넣을 수 있도록 그에 대한 전권을 청하여 얻고는, 먼저 욥이 모든 재산과 자식들을 잃게 만들고, 다음에는 욥의 온몸에 나병이라 불리는 고약한 부스럼이 돋게 만들었다고 쓰여 있습니다(욥 1,6-2,7 참조). 나는 구원자를 유혹한 악마에 관한 복음서의 보고(마태 4,1-11과 병행 구절 참조)는 생략하겠으니, 켈수스와의 논쟁에서 후대 문헌의 증언에 의지한다는 인상을 주지 않기 위해서입니다. 아무튼 주님께서 폭풍과 구름 속에서 욥에게 말씀하시는 욥기 끝부분에서도 우리는 뱀에 관한 적지 않은 암시를 만날 수 있습니다

(욥 40장 참조). 나는 "파라오"와 "네부카드네자르"와 "티로의 지배자"와 관련되는 "에제키엘서" 구절들(에제 26-32장 참조)이나 바빌론 임금을 한탄·조롱하는 "이사야서"의 대목(이사 14,3-21 참조)도 굳이 인용하지 않겠습니다. 이런 구절들에서 사람들은 악에 관해, 그것의 시작과 기원에 관해 적지 않은 내용을 배울 수 있을 것입니다. 악은 자신의 날개를 잃어버린 몇몇 존재들에게서 유래하는데, 이 존재들은 최초로 자기 날개를 잃어버린 존재를 뒤따랐습니다.[119]

44. 아무튼 특정한 상황에서만 선한, 그리고 결과적 현상으로서 선한 우연적인 선이 본질적 선을 닮게 되는 것은 가능하지 않습니다.[120] 그러나 이 "닮음"은 자기 보존을 위해 이른바 "생명의 빵"(요한 6,51)을 먹는 이에게는 틀림없이 이루어집니다. 이것이 이루어지지 않는다면, 사람이 자기 잘못으로 "생명의 빵"과 "참된 음료"(요한 6,55)를 먹고 마시는 일을 소홀히 하기 때문입니다. 사람이 이것을 먹고 마시면, 그에게 날개가 자라나거니와, 이는 지혜로운 솔로몬도 참된 부자에 관한 말에서 증언한 바와 같습니다. "과연 그는 독수리처럼 날개를 갖추고 자기 주인 집으로 돌아간다"(잠언 23,5). 악의 결과들도 선한 최종 목적에 이용할 줄 아시는 하느님께서는 틀림없이 그런 악한 존재들도 온 우주 어딘가에 배속配屬하시고, 그곳을 이를테면 덕을 지니기 위해 "규칙대로 싸우고자"(2티모 2,5 참조) 애쓰는 사람들을 위한 덕성 훈련장이 되게 하셨습니다. 이 사람들이 그런 존재들의 죄악을 통해 불 속의 금처럼 정련되

---

119   플라톤『파이드로스』246b-c를 암시한다. 참조:『켈수스 반박』4,40.
120   참조: 오리게네스『원리론』1,2,4; 2,9,2;『마태오 복음 주해』15,10.

도록, 또 깨끗하고 바르지 않은 것은 그 무엇도 그들의 이성적 본성에 침투하지 못하게끔 모든 일을 다 하도록 하시려는 것이었습니다. 그리하여 이 사람들은 신적인 것으로의 상승에 합당함이 입증되어, 로고스에 의해 지고한 행복과 이른바 선의 절정에로 들어 올려질 것입니다.

히브리어로 "사탄", 그리스어화된 형태로는 "사타나스"(루카 10,18; 2테살 2,4)라고 하는 낱말은, 그리스어로 번역하면 "안티케이메노스"(적대자)를 의미합니다. 악을, 그리고 악에 의해 규정되는 삶을 선택하는 사람은 누구나 덕을 거슬러 행동하며 또 그로써 한 "사타나스"입니다. 다시 말해 의로움과 진리와 지혜이신 하느님 아들(1코린 1,30 참조)의 "적대자"입니다. 그런데 이 적대자는, 본원적 의미로는, 지극히 평화롭고 복된 삶을 영위하는 모든 존재 가운데 처음으로 자기 날개를 잃고 지복으로부터 내쳐진 존재입니다. 에제키엘에 따르면, 적대자는 그에게서 불의가 드러나기 전까지는, 자신의 모든 길에서 "흠 없이 걸어" 왔습니다(에제 28,15 참조). 그는 하느님의 낙원에서 "(하느님) 모상성模像性의 인장印章이요 아름다움의 영관榮冠"이었으며(에제 28,12 참조), 온갖 선으로 이를테면 충만했으나, 파멸로 떨어졌으니 그에게 내린 비밀스러운 말씀과 같습니다. "너는 파멸하여 영원히 존재하지 않으리라"(에제 28,19 참조).

우리는 지금까지 성경과 연관지어 꽤 대담하고 모험적인 몇 가지 언명을 했는데, 어쩌면 별 의미 없는 말만 한 것 같습니다. 아무튼 성경 연구에 몰두할 시간이 있어서 성경 전체에 흩어져 있는 죄악과 그것의 기원과 폐기에 관한 가르침을 통일성 있게 체계화하는 사람은, 켈수스도, 악한 다이몬에 의해 영혼이 하느님과 그분에 대한 참된 인식과 그분의 로고스에게서 떨어져 나가고 끌어내려진 자들도, 사탄에 관한 모세와 예언자들의 견해를 전혀 모른다는 사실을 확인할 수 있을 것입니다.

45. 그런데 켈수스가 이른바 "그리스도의 적"에 관한 가르침도 비난하기 때문에 ― 그러나 그는 사실 다니엘서나 바오로 서간이 그자에 관해 말하는 구절들(참조: 다니 8,23-24; 11,36; 2테살 2,3-4)도, 복음서에서 구원자께서 그자의 출현을 예고한 대목들(참조: 마태 24,26-27; 루카 17,23-24)도 읽어 보지 않았습니다 ― 그자에 관해 몇 가지 언명을 해야겠습니다. "사람들의 얼굴이 같지 않듯이, 사람들의 마음도 같지 않다"(잠언 27,19)라고 했습니다. 인간들 마음에 차이가 존재한다는 것은 분명한 사실입니다. 이 사실은 선으로 나아가는 사람들의 경우에도 그러하니, 이들의 마음이 모두 같은 정도와 같은 방식으로 선을 지향하게끔 꼴 지어지지 않았기 때문입니다. 이 사실은 또한 선을 저버리고 그 반대쪽으로 달려가는 사람들의 경우에도 그러하니, 이들 중 어떤 자들에게는 악이 차고 넘치며, 또 어떤 자들에게는 그 정도가 덜하기 때문입니다. 그런즉 인간들에게 선과 그 반대쪽인 악에서 이른바 두 정점이 생성된다는 것, 그래서 선의 정점은 예수님의 인격 ― 과연 여기로부터 인류에게 지극한 가르침과 치유와 회심이 흘러나왔습니다 ― 안에 존재하고, 악의 정점은 이른바 그리스도의 적의 인격 안에 존재한다고 생각하는 것이 터무니없는 일이겠습니까? 당신의 예지로 모든 것을 포섭하시는 하느님께서 이 두 인격의 출현과 활동을 내다보셨기에, 예언자들을 통해 인간들에게 그들에 관해 알려 주고자 하셨으니, 예언자들의 말을 경청하는 분별 있는 이들이 선에 마음이 사로잡히고 악은 조심하게 하시려는 것이었습니다. 두 정점 가운데 하나인 선의 정점은 그 비범한 숭고함 때문에 합당하게 하느님의 아들이라 불리며, 정반대쪽 정점은 악한 다이몬·사탄·악마의 아들이라 불립니다. 나아가 이 악의 존재는 특히 선의 가면을 쓸 때, 죄악의 확산과 심화가 극도에 이르기 때문에, 이 악의

제6권

등장에는 거짓 표징과 이적과 능력이 동반하는데(2테살 2,9 참조), 이것들은 악의 아비인 악마가 함께 작용한 결과로 발생합니다. 과연 이 공동 작용의 효력이 다이몬들에 의해 마술사들에게 배분되어, 인간 개개인을 미혹하는 자들의 극악한 목적 달성에 사용되거니와, 온 인류 미혹을 목적으로 삼는 악마 자신의 작용은 그것을 훨씬 능가합니다.

46. 바오로는 이 이른바 "그리스도의 적"에 관해, 이 존재가 언제 어떻게 어떤 이유로 인류에게 나타날 것인지에 관해 비밀스러운 어법으로 가르칩니다. 이제 이 주제에 관한 바오로의 상론이 참으로 진지하고 위엄 있지 않은지, 그래서 조금이라도 조롱을 받아서는 안 되지 않겠는지를 판단해 보기 바랍니다. 바오로는 말합니다. "형제 여러분, 우리는 우리 주 예수 그리스도의 재림과 우리가 그분께 모이게 될 일로 여러분에게 당부합니다. 누가 예언이나 설교로 또 우리가 보냈다는 편지를 가지고 주님의 날이 이미 왔다고 말하더라도, 쉽사리 마음이 흔들리거나 불안해하지 마십시오. 누가 무슨 수를 쓰든, 여러분은 속아 넘어가지 마십시오. 먼저 배교하는 사태가 벌어지고 무법자가 나타나야 합니다. 멸망하게 되어 있는 그자는 신이라고 일컬어지는 모든 것과 예배의 대상이 되는 것들에 맞서, 자신을 그보다 더 높이 들어 올립니다. 그리하여 신으로 자처하며 하느님의 성전에 자리 잡고 앉습니다. 내가 여러분 곁에 있을 때 이 일에 관하여 이야기한 것을 여러분도 기억하고 있지 않습니까? 그리고 여러분도 알다시피, 지금은 어떤 것이 그자를 저지하고 있지만, 그자는 자기 때가 되면 나타날 것입니다. 사실 그 무법자의 신비는 이미 작용하고 있습니다. 다만, 그것을 저지하는 어떤 이가 물러나야 합니다. 그러면 그 무법자가 나타날 터이지만, 주 예수님께서는

당신의 입김으로 그자를 멸하시고 당신 재림의 광채로 그자를 없애 버리실 것입니다. 그 무법자가 오는 것은 사탄의 작용으로, 그는 온갖 힘을 가지고 거짓 표징과 이적을 일으키며, 멸망할 자들을 상대로 온갖 불의한 속임수를 쓸 것입니다. 그들이 진리를 사랑하여 구원받는 것을 거부하였기 때문입니다. 그러므로 하느님께서는 그들에게 사람을 속이는 힘을 보내시어, 거짓을 믿게 하십니다. 진리를 믿지 않고 불의를 좋아한 자들이 모두 심판을 받게 하시려는 것입니다"(2테살 2,1-12).

사도의 이 말씀을 일일이 설명하는 것은 지금 우리의 과제에는 적절하지 않습니다. 그리스도의 적에 관한 예언은 다니엘서에서도 읽을 수 있는데, 사려 깊고 판단력 있는 독자로 하여금 그 말씀을 참으로 하느님의 영감을 받은 예언으로 찬탄케 합니다.[121] 그 예언은 다니엘 시대부터 시작하여 세상 종말에 이르기까지 미래의 제국들의 운명에 관한 것인데(다니 7장 참조), 원하는 사람은 누구나 읽어서 확인할 수 있습니다. 여기서는 다만 그리스도의 적에 관한 예언이 다음 말씀들 안에 포함되어 있지 않은지만 살펴봅시다. "그들의 통치 끝에 죄악이 가득 차면, 얼굴이 뻔뻔하고 술수에 능란한 임금이 일어나리라. 그는 힘이 점점 세어질 터인데, 제힘으로 그리되는 것은 아니다. 그는 끔찍스러운 파괴를 자행하면서도, 하는 일마다 성공을 거두리라. 또 힘센 이들과 거룩한 백성을 파멸시키리라. 그는 재간이 좋아 제 손으로 속임수도 성공을 거두게 하니, 마음속으로 오만해져 불시에 많은 사람들을 파멸시키리라. 그러나 제후들의 제후에게까지 맞서다가, 사람의 손이 닿지 않아도 부서지리라"(다니 8,23-25). 내가 인용했던 "그자는 신으로 자처하며 하느님

---

121   켈수스가 신의 영감을 받은 것으로 지적하는 내용과 대립된다. 참조:『켈수스 반박』4,36; 6,80; 7,41; 8,45.

의 성전에 자리 잡고 앉습니다"(2테살 2,4)라는 바오로의 말씀이 이미 다니엘서에 다음과 같이 표현되어 있습니다. "성전 날개에는 황폐를 부르는 혐오스러운 것이 세워져, 황폐하게 만드는 그자에게 이미 결정된 멸망이 쏟아질 때까지 서 있으리라"(다니 9,27).

나는 이런 유의 많은 구절들 가운데 이렇게 한두 증언을 인용하는 것이 옳다고 여겼으니, 성경이 악마와 그리스도의 적에 관한 가르침을 제시할 때 듣는 이들이 그 의미를 약간이라도 이해하도록 하기 위함이었습니다. 아무튼 이제 우리는 이것으로 만족하고, 켈수스의 또 다른 언명을 검증하고 또 우리의 능력껏 응수하고자 합니다.

47. 인용 구절에 이어 켈수스는 이렇게 말합니다. "그들이 어떻게 그 (곧 예수)를 '신의 아들'이라 부를 생각을 하게 되었는지를 나는 밝히고자 한다. 옛날 사람들은 이 세계를, 신에게서 유래했기 때문에 신의 아들이라고, 또 반신半神이라고 지칭했다.[122] 신의 이 아들(곧 예수)과 저 아들 사이에는 실제로 큰 유사성이 존재한다." 요컨대 켈수스는 "세계는 신에게서 유래했기 때문에 신의 아들"이며 그 자체로 신이라는 표상을 우리가 넘겨받아 변조했고, 그래서 "하느님의 아들"에 관해 말한다고 믿고 있습니다. 그러나 그는 모세와 예언자들의 연대年代에 유의하지 않았고, 또 그래서 유대교 예언자들이 통상 그리스인들과 그가 "옛날 사람들"이라고 말하는 이들보다 먼저 하느님 아들의 존재를 예고했

122　플라톤 『티마이오스』 30b; 92c; 31b를 암시한다. 거기서는 우주를 "영혼적이고 이성적인 존재", "가시적인 신"이라 지칭하고, 하늘은 "유일하게 태어났다"고 말한다. 우주론적 신화의 원래 문맥과 떼어 놓고 글자대로만 이해하면, 이런 표상들은 하느님 아들에 관한 그리스도교 언명들이 표절임을 입증해 준다고 하겠다.

다는 사실도 인지하지 못했습니다. 또한 켈수스는 우리가 앞에서 인용했던 플라톤의 편지[123] 구절도 제시하려고 하지 않았습니다. 그 편지에서는 이 우주를 아름다운 질서 속에 마련한 존재를 신의 아들로 여기고 있습니다. 사실 켈수스는 자신이 자주 칭송했던 플라톤을 따라, 자신도 이 우주의 창조자가 하느님의 아들이며 만유를 주재하시는 첫째 하느님이 그분 아버지라는 표상을 받아들이지 않을 수 없게 되는 것을 바라지 않았던 것입니다.

또한 예수님의 영혼이 실로 지극한 공유共有를 통해 이 숭고한 하느님 아들과 하나가 되었고, 그래서 우리가 예수님 영혼을 더 이상 하느님 아들과 분리시켜 보지 않는다고 가르치는 것도 놀랄 일이 아닙니다. 성경의 거룩한 언어는, 본성에 따르면 둘이지만 상호 관계를 통해 하나로 여겨지고 또 실제로도 하나인 서로 다른 존재들도 알고 있습니다. 예를 들어 남자와 여자에 관해 이렇게 말합니다. "그들은 더 이상 둘이 아니라 한 몸이다"(참조: 창세 2,24; 마태 19,6). 그리고 로고스, 지혜, 진리이신 참주님과 결합된 완전한 인간에 관해서는 이렇게 말합니다. "주님과 결합하는 이는 그분과 한 영이 됩니다"(1코린 6,17). 그러나 주님과 결합하여 그분과 한 영인 사람들이라 하더라도, 그 누가 로고스 · 지혜 · 진리 · 의로움 자체이신 주님과의 결합을 예수님 영혼보다 더욱, 또는 같은 정도로 체화體化하고 있겠습니까? 아무튼 예수님의 영혼, "모든 피조물의 맏이"(콜로 1,15), 로고스 하느님은 둘이 아닙니다.

48. 그 밖에, 스토아학파 철학자들이 하느님의 덕과 인간의 덕이 동일

---

123   참조: 『켈수스 반박』 6,8.

하다고 주장하면, 따라서 만유를 주재하시는 하느님이 그들이 있다고 전제하는 현자보다 더 행복한 것은 아니고 두 경우의 지복은 동일하다고 주장하면, 켈수스는 이런 주장을 비웃거나 조롱하지 않습니다.[124] 그러나 성경의 거룩한 말씀이 완전한 인간은 덕을 통해 로고스 자체와의 결합을 체화하여 하나 된다고 강조하면, 또 그에 따라 우리가 숭고한 차원에서 예수님의 영혼을 "모든 피조물의 맏이"(콜로 1,15)와 나누어 생각하지 않으면, 켈수스는 예수님을 하느님 아들이라 말하는 것을 터무니없다고 여기니, 그분에 관해 비밀스러운 방식으로 말하는 성경 구절의 감추어진 의미를 이해하지 못하기 때문입니다.

이 가르침의 내적 맥락을 따라가고 거기서 유익함을 얻고자 하는 사람은 누구나 우리의 말을 받아들이게 하기 위해, 이렇게 힘주어 덧붙여야겠습니다. 성경의 거룩한 말씀은 그리스도의 몸은 하느님의 교회 전체이며, 이 교회에는 하느님 아들의 영이 불어넣어진다고, 또한 신앙인들은 전체인 이 몸의 지체들이라고 가르칩니다(참조: 콜로 1,18.24; 에페 4,15-16; 로마 12,4-5; 1코린 6,15; 10,16-17; 12,12-27). 이를테면 영혼이 본성상 스스로 움직이고 살아갈 수 없는 몸에 생기를 불어넣고 움직이게 하듯, 로고스께서 목적 달성을 위한 강력하고 효과적인 작용을 통해, 로고스 없이는 아무것도 이룰 수 없는 몸 전체를, 교회와 그 하나하나의 지체들을 움직이게 합니다. 내 생각에 이 추론은 자명하니, 예수님의 영혼 아니 예수님 자신이 로고스 자체와의 능가될 수 없는 지극한 공유에 근거하여, 하느님의 외아드님이자 다름 아닌 "모든 피조물의 맏이"이며 다른 존재가 결코 아니라는 이 가르침 어디에 이해하기 어려운 점이 있

---

124   참조: 『켈수스 반박』 4,29.

습니까? 아무튼 이 주제에 관해서는 충분히 말했다고 하겠습니다.

49. 켈수스의 이어지는 언명도 살펴봅시다. 그런데 그는 단 한 문장으로, 그것도 그럴 듯한 근거는 제시하지 않고, 천지창조에 관한 모세의 보고를 비난합니다. "게다가 그들의 천지창조 보고 역시 천진난만하기 그지없다." 켈수스가 왜 그 보고가 "천진난만하게" 여겨졌는지 이유를 제시하고 이런저런 설득력 있는 논증을 전개했더라면, 우리는 그에 대해 반박했을 것입니다. 그러나 그의 단순한 주장에 맞서, 어떤 점에서 이 보고가 철없지 않은지를 반증한다는 것은 분별없는 짓이라 여겨집니다. 아무튼 우리가 모세의 천지창조 보고에서 확신하는, 또 명확한 증거로 뒷받침할 수 있는 내용을 알고자 하는 사람은 창세기에 관한 우리의 강해를 손에 들고 처음부터 "아담의 족보는 이러하다"(창세 5,1)까지를 꼼꼼히 읽어 볼 일입니다. 그 책에서 우리는 성경 자체에 근거하여, "한처음에" 창조된 "하늘"이 무엇인지, "땅"과 땅의 "아직 꼴을 갖추치 못하고 비어 있는" 상태는 무엇인지, "심연"과 "심연을 덮고 있던 어둠"이 무엇인지, "물"과 "물 위를 감돌고 있던 하느님의 영"은 무엇인지, "빛"이 된 것은 무엇인지, "한처음에" 창조된 "하늘"과 구별되는 "궁창"은 무엇인지 등에 관해 설명하려 노력했습니다(창세 1,1-8 참조).[125]

---

[125] 오리게네스의 창세기 주석은 단편으로만 보존되어 있다. 참조: 카이사리아의 에우세비우스『교회사』6,24,2; 히에로니무스『루피누스 저서 반박 변론』2,23. 히에로니무스『편지』36,9에 따르면, 그 주석은 창세 1-4장만 다루었다. 참조: R.E. Heine, Origen's Alexandrian commentary on Genesis: *Origeniana Octava* (hrsg. von :. Perrone = BEThL 164), Löwen 2003, 68-72; 같은 저자, The Testimonia and Fragments Related to Origen's Commentary on Genesis: ZAC 9 (2005), 126,128-129. 여기서 오리게네스는 이사 60,19에 기대어 어디까지나 종말론적으로 해석함으로써 당시의 자기 주석을 수정하고 있다

또한 켈수스는, 성경 구절을 인용하거나 공박하지는 않으면서, "인간의 기원에 관한 성경의 묘사 역시 매우 천진난만하다"라고 말합니다. 요컨대 그에게는, 내 생각으로는, 인간이 "하느님의 모습으로" 창조되었다는 성경의 언명(창세 1,27 참조)을 뒤엎을 수 있는 강력한 논거가 없었던 것입니다. 그 밖에 켈수스는 "신이 꾸민 낙원"(창세 2,8 참조)이 무엇을 의미하는지 이해하지 못했고, "인간이 처음에 낙원에서 누렸던 삶과, 인간이 죄 때문에 쫓겨나 풍요의 낙원 맞은편에 자리 잡게 된 상황이 불러온 변화된 삶"의 의미도 이해하지 못했습니다. 켈수스가 이 이야기를 "매우 천진난만하다"고 여긴다면, 그는 문장 하나하나를 탐구하고, 특히 다음 구절에 유의해야 할 것입니다. "주 하느님께서 … 사람을 내쫓으신 다음, 에덴 동산 동쪽에 커룹들과 번쩍이는 불 칼을 세워, 생명 나무에 이르는 길을 지키게 하셨다"(창세 3,23-24). 그러나 켈수스는 "모세는 이런 내용을 깊은 생각 없이 기록했으니, '프로이토스는 벨레로폰테스와 혼인했고, 페가소스는 아르카디아 출신이었다'라고 익살맞게 써 갈긴 오래된 희극 작가들과 같은 일을 한 것이다"라고 말하는데, 사실 이 작가들은 사람들의 웃음을 불러일으키기 위해 그런 일들을 짜 맞추었습니다.[126] 그러나 한 민족 전체를 위해 율법을 남겼고, 그 수령자들이 율법은 하느님께서 주셨음을 확신케 하고자 했던 사람이 사실에 들어맞지 않는 글을 작성하고 또 아무 생각 없이 "주 하느님께서 커룹들과 번쩍이는 불 칼을 세워, 생명 나무에 이르는 길을 지키게 하셨다"라고 말했다는 것이 과연 신빙성이 있다고 하겠습니까?

---

[126] 이것은 신화적 존재들과 관련된 기괴한 조합 내지 언설이다. 프로이토스는 아르카디아의 임금이고, 영웅 벨레로폰테스는 그의 적이다. 그리고 페가소스는 벨레로폰테스의 날개 달린 천마天馬다. 참조: 호메로스 『일리아스』 6,150-198; 『고전 그리스 희극 단편』 3편.

50. 이어서 켈수스는 "세계와 인간의 기원에 관한 고대의 몇몇 저자들의 다양한 견해들"을 단순히 짜 맞추어 옮기고는, 이렇게 주장합니다. "그리스도인들의 책의 저자인 모세와 예언자들은 세계와 인간의 본질에 관해 아는 게 아무것도 없었고, 그래서 참으로 부조리한 내용을 마구 써 갈겼다." 만일 켈수스가 성경이 어떤 점에서 "참으로 부조리"한지를 확실히 밝혔더라면, 우리는 설득력 있는 논거를 제시하며 그의 주장을 반박했을 것입니다. 그러나 그가 그렇게 하지 않았으니, 우리도 그와 똑같이 대응하여, 익살조로 이렇게 선언하겠습니다. 켈수스는 예언자들의 언명 의도와 가르침의 "본질에 관해 아는 게 아무것도 없고, 그래서 참으로 부조리한 내용을 마구 써 갈겼"으며, 또 자기 책에 "참된 말씀"이라는 오만하고 허황된 제목을 붙였습니다.

아무튼 그런 다음 켈수스는, 마치 천지창조의 날들에 관해 명확하고 상세한 지식을 지니고 있는 듯이, 그 날들에 관한 보고를 비판합니다. 요컨대 빛과 하늘과 해와 달과 별들이 생겨나기 전에 며칠이 경과했고, 또 그것들이 생겨난 후 며칠이 경과했다는 것입니다. 이에 대해 우리는 한마디만 하겠습니다. 모세가 천지창조가 엿새 동안 완료되었다는 자신의 앞선 말(창세 2,2 참조)을 잊어버리고는, "하느님께서 하늘과 땅을 창조하시던 날, 인간의 생성은 이러하였다"(참조: 창세 2,4; 5,1)라고 덧붙였다는 것입니까? 모세가 엿새에 관해 언명한 후, 깊은 생각 없이 "하느님께서 하늘과 땅을 창조하시던 날"이라고 말했으리라는 것은 전혀 신빙성이 없습니다. 그러나 누군가 이 말은 "한처음에 하느님께서 하늘과 땅을 창조하셨다"(창세 1,1)라는 언명과 관련될 수 있다고 생각한다면, 그는 "한처음에 하느님께 하늘과 땅을 창조하셨다"라는 언명은 "하느님께서 말씀하시기를 '빛이 생겨라' 하시자, 빛이 생겼다"(창세 1,3)와

"하느님께서 빛을 낮이라 부르셨다"(창세 1,5)라는 문장들 앞에 자리 잡고 있다는 사실에 유의해야 합니다.[127]

51. 영적 존재들과 감각적으로 인지할 수 있는 존재들에 관한 가르침을 설명하는 것 그리고 어떤 식으로 날(日)들이 이 두 부류에 배분되었는지를 명시하는 것, 또 성경 구절 하나하나를 분석하는 것은 지금 우리의 과제가 아닙니다. 사실 모세의 창조 보고를 해설하기 위해서는 온전한 책이 필요합니다. 그런 책을 우리는 지금의 "켈수스 반박"보다 상당히 오래전에 능력껏 집필했는데, 거기서 우리는 여러 해 전에 획득한 체계적 통찰에 근거하여, 모세의 엿새 동안의 천지창조 보고에 관해 상론했습니다.[128] 물론 사람들은 로고스께서 이사야를 통해 의인들에게, 날(日)의 대체代替를 몸소 겪게 되리라 약속하셨으니, 그때에는 "해가 아니라" "주님께서 그들에게 영원한 빛이 되어 주시고, 하느님께서 그들의 영광이 되어 주시리라"(이사 60,19 참조)는 것을 알아야 합니다. 내 생각에 켈수스는 어떤 못된 이단의 주장을 대충 주워들은 것 같습니다. 그들은 "빛이 생겨라"(창세 1,3)라는 하느님 말씀을 창조주의 소망으로 고약하게 설명하며,[129] 그래서 이렇게 말합니다. "자기 등의 불을 이웃에게서 빌려 붙이는 사람들과는 달리, (창조신) 데미우르구스는 자신의 빛을 위에서 빌려 왔다." 켈수스의 아래 언명 역시 또 다른 신성모독적인 이단의 주장에 대한 겉핥기 지식에 근거하고 있습니다. "위대한

---

127   참조: Heine, Testimonia 127,136.

128   참조:『켈수스 반박』4,37; 6,49. 이 주석서는『켈수스 반박』보다 18년쯤 전에 집필되었다.

129   타티아누스『단편』7-8이 그렇게 설명했다(참조: 알렉산드리아의 클레멘스『예언 발췌집』38,1). 그 때문에 오리게네스『기도론』24,5는 타티아누스를 공박했다.

신이 자기 뜻을 거슬러 창조 작업을 완료한 '저주받은 신'[130]을 적대자로 가지고 있었다면, 어째서 그에게 자신의 빛을 빌려주었는가?" 우리는 이 비난에 맞서 우리를 변호할 생각이 전혀 없고, 오히려 그 이단자들의 주장을 철저히 비판하고자 합니다. 그러나 우리가 켈수스와 마찬가지로 전혀 모르는 견해들이 아니라, 우리가 그들에게 직접 들었거나 그들의 문헌을 꼼꼼히 읽었기에 정확히 알고 있는 견해들을 공박하고자 합니다.

52. 그런 다음 켈수스는 말합니다. "세계의 생성과 멸망에 관해, 세계가 생성되지 않았고 그래서 불멸하는지, 아니면 생성되었지만 불멸하는지, 또는 그 반대인지에 관해 나는 지금은 말하지 않겠다."[131] 그렇다면 우리도 지금은 이에 관해 말하지 않겠습니다. 사실 지금 우리의 논설에는 이 일이 필요하지 않습니다. 그러나 또한 우리는 만유를 주재하는 "신의 영이 여기 인간들에게 마치 외지인들에게인 듯 왔다"라는 켈수스의 말이 "하느님의 영이 그 물 위를 감돌고 있었다"(창세 1,2)라는 성경 말씀과 상응한다고 말하지도 않습니다. 그리고 우리는 "위대한 신과는 다른 데미우르구스가 그 신의 영을 거슬러 궁리해 낸 악한 계획들이 폐기될 수밖에 없었던 반면, 상위의 신은 그 계획들을 참아 주었다"라고 주장하지도 않습니다. 그러므로 그런 견해들의 주창자들은, 전문 지식 없이 그 견해들을 비난하는 켈수스와 마찬가지로, 우리를 방해하

---

130   참조:『켈수스 반박』6,27.

131   켈수스는 플라톤의『티마이오스』에 나오는 세상 창조에 관한 올바른 해석을 둘러싼 중기 플라톤주의자들의 논쟁에 대한 입장 표명을 회피하고 있다. 참조:『켈수스 반박』4,61.

지 않기를 바랍니다.[132] 아무튼 켈수스는 그런 견해들을 아예 언급하지 않았어야 했거나 아니면 인류에게 도움이 된다고 믿었다면, 그런 신성 모독적인 견해들을 철저히 밝히고 공박했어야 했습니다. 아무튼 "위대한 신이 자기가 데미우르구스에게 주었던 영을 그에게서 회수한다"라는 말도 우리는 전혀 들어 본 적이 없습니다.

이어서 켈수스는 이 신성모독적 교설을 거슬러 바보 같은 비난을 합니다. "어떤 신이 무엇인가를 나중에 다시 회수하기 위해 주겠는가? 사실 무엇인가를 회수한다는 것은 곤궁한 자의 특징인데, 뭐라해도 신은 곤궁하지 않다." 그러고는 마치 자신이 특정한 자들을 거슬러 꽤 총명한 말을 한다는 듯이, 이렇게 덧붙입니다. "어째서 그는 자신의 영을 줄 때, 악한 존재에게 준다는 것을 알지 못했을까?" 그리고 또 이렇게 말합니다. "어째서 그는 악한 데미우르구스가 자신을 거슬러 행동하는 것을 모르는 체할까?"

53. 이어서 켈수스는, 내 생각에는, 이단과 이단을 뒤섞으며, 그래서 이런 견해는 이 이단의, 저런 견해는 저 이단의 것이라고 명확히 말하지 않습니다. 그리고 그는 우리가 마르키온에게 제기하는 반론을 오히려 우리에게 제기하는데, 짐작건대 그 반론을 우리 가르침을 전혀 이해하지 못한 채 겉핥기로 유치하게 비판하는 어떤 사람들에게서 흘려들은 것 같습니다. 요컨대 켈수스는 자신이 마르키온을 거슬러 말한다고 밝히지 않고, 마르키온을 반박합니다.[133] "왜 그는 은밀하게 파견하여 데미우르구스가 해놓은 일을 폐기하는가? 왜 그는 은밀하게 끼어들어 꼬

드기고 미혹하는가? 왜 그는 이자에 의해 단죄되었거나 — 당신들이 말하듯 — 저주받은 자들을 유혹하고, 마치 노예 상인처럼 그들을 몰래 데려가는가? 왜 그는 그들에게 주인에게서 도망치고 아버지에게서 달아나라고 가르치는가? 왜 그는 아버지가 허락하지 않는데도 그들을 자기 자식으로 삼는가? 왜 그는 남의 자식들의 아버지로 자처하는가?" 그런 다음 켈수스는 경탄하는 듯 덧붙입니다. "이는 어떤 다른 신에게 단죄받은 죄인들의 아버지, 가난한 자들의 아버지, 쓰레기라고 자칭하는 자들의 아버지이고자 하는 소망을 품고 있는 참으로 숭고한 신이다. 그들을 데려가기 위해 자신이 파견한 자가 체포되었을 때에도, 그의 복수를 하지 못하는 신이다!"

그런 다음 켈수스는 "이 세계"가 "멀리 떨어져 있는 어떤 미지의 신의 작품"이 아니라고 고백하는 우리에게 이렇게 말합니다. "그러나 만일 이 세계가 그의 작품이라면, 어떻게 그는 도대체 악을 창조할 수 있었는가? 어떻게 그는 설득하고 꾸짖지 못할 수가 있는가? 어떻게 그는 배은망덕하고 악하게 되어 버린 자들 때문에 후회하고, 자기 작품을 질책하고 미워하고 위협하고, 또 자신의 창조물들을 말살할 수가 있는가?(창세 6,5-7 참조). 아니면 그는 그들을 자신이 창조한 이 세계로부터 어디론가 몰래 데려가려는 것인가?" 여기서도 켈수스는 "악"을 무엇으로 이해하는지를 분명히 밝히지 않습니다(사실 그리스인들 사이에도 선과 악에 관한 서로 다른 많은 견해가 존재합니다). 오히려 그는, 내가 보기에, 이 세계 역시 만유를 주재하시는 하느님의 작품에 속한다는 우리의 가르침으로

133　오리게네스는 적수의 자기모순적 논증을 비판하고 있다. 켈수스는 앞에서는 마르키온의 견해를 제시했는데, 이제는 마르키온에 대한 그리스도교 측의 반박을 제시하고, 또 이어서는 다시 마르키온의 비판을 자기 것인 양 말한다.

제6권

부터 성급하게 추론하여, 우리는 하느님을 악의 창조자로 여긴다는 견해를 지니고 있다고 생각하는 것 같습니다.

"악"에 관한 진리가 무엇인지, 하느님께서 악을 "창조"하셨는지, 아니라면 악은 그분의 본원적 활동의 한 부수 현상에서 유래하는 것일 따름인지에 관해 지금 여기서는 논하지 않겠습니다. 나는 다만 자문합니다. "하느님께서 악을 창조하셨다"라는 추론은 — 켈수스의 생각에 따르면, 이 세계 또한 만유를 주재하시는 하느님의 작품에 속한다는 우리 가르침의 필연적 귀결이지만 — 한편으로는 바로 그 자신의 언명의 귀결이기도 하지 않습니까? 그러므로 사람들은 켈수스에게도 "이 세계가 하느님의 작품이라면, 어떻게 그분이 도대체 악을 창조하실 수 있었는가? 어떻게 하느님이 설복시키고 올바로 가르치지 못할 수가 있는가?"라고 물을 수 있을 것입니다. 논증에서 가장 큰 오류는 달리 생각하는 사람들의 주장을 터무니없는 것이라고 비난하는 데 있습니다. 그 비난이 제일 먼저 자기 자신의 언설에 해당될 터인데도 말입니다.

54. 이제 우리는 선과 악의 문제를 성경을 길잡이 삼아 간략히 고찰하고, "어떻게 신이 도대체 악을 창조할 수 있었는가? 어떻게 신이 설득하고 견책하지 못할 수가 있는가?"라는 반문에 어떻게 대답해야 할지 숙고하고자 합니다. 성경에 따르면 본원적 의미의 선은 덕들과 덕성스러운 행위들로 이루어지며, 본원적 의미의 악은 정반대의 것들로 이루어집니다.[134] 우리는 지금은 덕을 다음과 같이 묘사하는 시편 제34편의 말씀으로 만족하고자 합니다. "주님을 찾는 이들에게는 좋은 것 하나

134　참조: 오리게네스 『로마서 주해』 4,9.

도 모자라지 않으리라. 아이들아, 와서 내 말을 들어라, 너희에게 주님 경외함을 가르쳐 주마. 생명을 갈망하고 좋은 날 보려고 장수를 바라는 이는 누구인가? 네 혀는 악을, 네 입술은 거짓된 말을 조심하여라. 악을 피하고 선을 행하여라"(시편 34,11-15). "악을 피하고 선을 행하여라"라는 말씀은, 어떤 사람들이 말하듯 물질적인 선과 악이나 외적 사물들과 관련되는 게 아니라, 영혼의 선과 악과 관련됩니다.[135] 과연 참으로 "생명을 갈망"하기에 "악을 피하고 선을 행하는" 사람은 생명을 얻을 수 있고, "좋은 날 보려고 장수를 바라는" 사람은 ― 로고스께서 그의 "의로움의 태양"(말라 3,20)이시거니와 ― 그날을 볼 수 있을 것이니, 하느님께서 그를 "지금의 이 악한 세상에서 구해"(갈라 1,4) 내시기 때문입니다. 바오로는 이에 관해 이렇게 말합니다. "시간을 잘 쓰십시오. 지금은 악한 때입니다"(에페 5,16).

55. 그러나 우리는 물질적이고 외적인 사물들의 영역에서도, 다소 파생된 의미로, 본성에 맞는 삶에 도움이 되는 것은 선하다고 표현하고, 이와 반대되는 것은 악하다고 표현하는 성경 구절들도 발견할 수 있습니다. 예를 들어 욥이 아내에게 다음과 같이 말한 것도 그런 의미라고 하겠습니다. "우리가 하느님에게서 좋은(선한) 것을 받는다면, 나쁜(악한) 것도 받아들여야 하지 않겠소?"(욥 2,10). 또한 우리는 성경이 하느님 입에 담은 다음 말씀도 읽어 볼 수 있습니다. "나는 행복을 주는 이요, 불행을 일으키는 이다"(이사 45,7). 하느님에 관한 구절을 하나 더 찾아 읽어 봅시다. "정녕 마룻의 주민들은 행복을 기다렸으나, 주님께서 내

135　참조:『켈수스 반박』1,10과 각주 26.

리신 재앙이 예루살렘 성문에 내려왔을 뿐이다"(미카 1,12). 이 구절들은 많은 성경 독자에게 혼란과 당혹감을 안겨 주었으니, 성경이 선과 악에 관해 말할 때 그 의미를 통찰하지 못했기 때문입니다. 짐작건대 켈수스는 이런 구절들에 걸려 넘어졌기에, "어떻게 신이 도대체 악을 창조할 수 있었는가?"라고 물었던 것입니다. 아니면 어떤 얼치기 해설자에게 이 구절들에 대한 어리석은 설명을 듣고는, 우리가 앞에서 인용한 말을 했을 것입니다.

그러나 우리는 단언합니다. "하느님"께서는 "악"을, 곧 악의와 거기서 비롯하는 행위들을 "창조"하시지 않았습니다. 하느님께서 참으로 악을 창조하셨다면, 어떻게 우리가 악한 자들은 자기 죄의 정도에 따라 악행에 대한 벌을 받을 것이고, 덕성스럽게 살고 덕행을 실천한 이들은 지극히 복되며 하느님께 보상을 받을 것이라는 심판에 관한 가르침을 거리낌 없이 선포할 수 있겠습니까? 나는 악이 하느님에게서 유래한다고 감히 주장하는 자들은, 성경의 통일성 있는 가르침은 전혀 제시하지 못하면서, 이런저런 구절들만 끌어댄다는 사실을 매우 잘 알고 있습니다. 과연 그 가르침은 죄인들은 질책하고 선을 행하는 이들은 칭송합니다. 그러나 다른 한편으로 성경은 배우지 못한 성경 독자들을 당혹 · 불안케 하는 구절들도 적지 않게 담고 있습니다. 그 구절들을 여기서 제시 · 논구하는 것은, 지금 우리의 논설에는 적절하지 않다고 생각하니, 그 수가 꽤 많고 또 그 해석에는 많은 준비가 필요하기 때문입니다.

아무튼 악은, 본원적 의미에서 이해하면, 하느님께서 창조하시지 않았고, 하느님의 본원적 활동의 한 부수 현상에서 유래하거니와, 훌륭히 정돈된 전체 우주에 비하면 그 정도가 아주 미미합니다. 이는 목수가 작업할 때 꼬불꼬불한 대팻밥과 톱밥을 흘리지 않을 수 없는 것과 마찬가지이고, 건축 공사 인부가 건물 옆에 널려 있는 돌과 모래 따위의 쓰레기를 "창조"하는 듯이 보이는 것과 마찬가지입니다.[136]

56. 우리가 "악"이라는 개념을 파생적 의미로 이해하고 물질적·외적 영역에서의 악에 관해 말한다면, 하느님께서 때때로 이런저런 "악"을 "창조"하셨다고 일단 인정할 수 있겠습니다. 그런데 그 목적인즉, 그 악들을 통해 인간들을 회심하게 하시려는 것입니다. 그렇다면 이런 견해에서 트집 잡을 것이 무엇입니까? 우리가 파생적 의미에서 악을 고통으로, 예컨대 아이들이 아버지·선생·교사의 훈육에서 받는 고통, 또는 의사가 치료를 위해 환자를 수술하거나 혹독하게 조처하면서 가하는 고통으로 이해한다면, 아버지가 아이들에게 악한 일을 했다고 또는 회초리를 친 교사와 수술을 한 의사가 학생과 환자에게 악한 일을 했다고 비난하지는 못할 것입니다. 마찬가지로 우리는 하느님께서 회심과 치유를 위해, 꼭 필요한 사람들에게 그런 고통을 가하신다고 말합니다. 따라서 아래의 성경 말씀들에도 굳이 트집 잡을 것은 전혀 없다고 하겠습니다. "주님께서 내리신 재앙이 예루살렘 성문에 내려왔다"(미카 1,12)(이 재앙, 곧 악은 구체적으로는 적에 의해 초래된 고통인데, 예루살렘 주민들의 회개를 위한 것입니다); "내 가르침을 저버리거나 내 법규들을 따라 걷지 않는다면 … 나는 채찍으로 그들의 죄악을, 매로 그들의 잘못을 벌하리라"(시편 89,31-33); "너는 타오르는 숯불을 가지고 있으니, 그 위에 앉아라, 그 숯불이 네게 도움이 되리라"(이사 47,14-15 참조). 이런 의미로 우리는 "나는 행복을 주는 이요, 불행을 일으키는 이다"(이

---

136   전형적인 예들이다.

사 45,7)라는 말씀도 설명합니다. 하느님께서는 이성과 합리적 가르침을 통해서는 훈육되지 않는 사람들을 정련하고 견책하시기 위해, 물질적이고 외적 영역에서 "악을 창조"하십니다. 지금까지 우리가 한 말이 "어떻게 신이 도대체 악을 창조할 수 있었는가?"라는 반문에 대한 우리의 답변입니다.

57. "어떻게 신이 설득하고 견책하지 못할 수가 있는가?"라는 반문에는 이미 앞에서 답변을 했습니다. 사실상 하나의 비난인 켈수스의 이런 반문은, 섭리를 인정하는 모든 사람을 겨냥한 것이라고 하겠습니다. 우리는 이 반문을 간단히 반박할 수 있습니다. 하느님께서는 "견책하지 못하시지" 않으니, 과연 그분을 성경 전체를 통해, 그리고 자기 말을 듣는 이들을 하느님 은총에 힘입어 바로잡아 주는 사람들을 통해, 견책하십니다. 우리는 "견책"이라는 개념에 특별한 의미를 부여해야 합니다. 좀 더 정확히 말하면, 가르치는 사람의 말을 가르침받는 사람이 경청하여 성과를 거둔다는 의미로 알아들어야 합니다. 이것은 그러나 통상적인 언어 관습[137]과는 부합하지 않습니다.

역시 섭리를 인정하는 모든 사람을 겨냥한 "어떻게 신이 설득하지 못할 수가 있는가?"라는 반문에는 이렇게 답변하겠습니다. "설득되(게 하)다"라는 표현은 이른바 능동적 수동형 동사 형태에 속하는데, 사람이 이발사에게 자신을 맡기는 행동을 하는 "머리카락이 잘리(게 하)다"라는 표현이 그런 예입니다.[138] 그러므로 이 표현에는 설득하는 사

137　συνήθεια(관습, 연습) 개념에 관해서는 참조: Neuschäfer, Origenes als Philologie 1 143-145.

138　중간태 동사 사용의 전형적 예다.

람의 행동만이 아니라, 설득하는 사람의 말을 듣는 사람의 순종 내지 수용 행동도 포함되어 있습니다. 그런 까닭에 인간이 설득되지 않는다면, 그 책임이 설득하지 못하는 하느님의 "무능력"에 있다고 말해서는 안 되니, 그 근본 원인은 설득하시는 하느님의 말씀을 받아들이지 않는 인간에게 있기 때문입니다.

이런 사정을 "설득술의 대가들"[139]이라 불리는 사람들과 관련하여 말해도, 틀리지 않을 것입니다. 사실 수사학의 온갖 방법에 두루 통달한 이가 그것들을 적확하게 사용하면서 설득하기 위해 갖은 애를 쓰는데도, 설득되어야 할 사람의 찬동을 얻지 못하고, 오히려 설득력 없다는 인상만 불러일으키는 경우가 적지 않습니다. 설득하는 말씀은 하느님에게서 나오지만, 설득은 하느님에게서 나오지 않는다는 것을 바오로는 노골적으로 말합니다. "그런 설득은 여러분을 부르시는 분에게서 나온 것이 아닙니다"(갈라 5,8). 다음 말씀의 언명 의도 역시 마찬가지입니다. "너희가 기꺼이 내 말을 들으면, 이 땅의 좋은 소출을 먹게 되리라. 그러나 너희가 마다하고 내 말을 듣지 않으면, 칼날에 먹히리라"(이사 1,19-20). 아무튼 사람이 견책하시는 분의 말씀을 기꺼이 경청하고 그리하여 하느님의 약속을 받기에 합당하게 되기 위해서는, 자유로운 결단과 찬동이 필요합니다. 그래서 나는 신명기의 다음 말씀을 특히 강조해야 마땅하다고 생각합니다. "이제 이스라엘아, 주 너희 하느님께서 너희에게 요구하시는 것이 무엇이겠느냐? 그것은 주 너희 하느님을 경외하고, 그분의 모든 길을 따라 걸으며 그분을 사랑하고, 마음을 다하고 목숨을 다하여 주 너희 하느님을 섬기는 것, 그리고 너희가 잘되도

---

[139]   플라톤 『고르기아스』 453a.

록 오늘 내가 너희에게 명령하는 주님의 계명과 규정들을 지키는 것이다"(신명 10,12-13).

58. 이어서 "어떻게 그는 배은망덕하고 악하게 되어 버린 자들 때문에 후회하며, 자기 작품을 질책하고 미워하고 위협하며, 또 자신의 창조물들을 말살할 수가 있는가?"라는 반문에도 답변을 해야겠습니다. 켈수스의 이 반문은 "주님께서는 사람들의 악이 세상에 많아지고, 그들 마음의 모든 생각과 뜻이 언제나 악하기만 한 것을 보시고, 세상에 사람을 만드신 것을 후회하시며 마음 아파하셨다. 그래서 주님께서 말씀하셨다. '내가 창조한 사람들을 이 땅 위에서 쓸어버리겠다. 사람뿐 아니라 짐승과 기어다니는 것들과 하늘의 새들까지 쓸어버리겠다. 내가 그것들을 만든 것이 후회스럽구나!"(창세 6,5-7)라는 창세기 본문을 왜곡 변조한 것으로 여겨집니다. 요컨대 켈수스는 성경에 쓰여 있지 않은 낱말들을 마치 쓰여 있는 것처럼 제시하고 있습니다. 사실 창세기 본문은 하느님의 "후회"에 관해 언급하지 않으며,[140] 당신 작품을 "질책"하셨다거나 "미워하셨다"는 말도 하지 않습니다.

그러나 하느님께서 홍수로 "위협"하시고 당신 자신의 창조물들을 홍수 속에서 "말살"하시는 것처럼 보인다면, 이에 대해 다음과 같이 확언해야겠습니다. 인간들의 영혼이 죽지 않기에, 이른바 "위협"의 의도는 어디까지나 위협의 말씀을 듣는 인간들의 회심에 있으며,[141] 홍수를 통

140　오리게네스가 하고자 하는 말은, "후회"(μεταμέλεια)에 엄밀하게 해당하는 낱말이 창세기 본문에 나오지 않는다는 것이다.

141　하느님의 심판에 관한 성경 언명들에 대한 유사한 교육학적 해석에 관해서는 참조: 알렉산드리아의 클레멘스 『교육자』 1,68.

한 인간 말살은 세상의 정화이니, 이는 저명한 그리스 철학자들도 말한 바 있습니다. "신들이 세상을 정화한다."[142] 하느님에게 적용된 인간적 격정의 표현들에 관해서는 이미 앞에서 포괄적으로 다루었습니다.[143]

59. 켈수스는 사람들이 홍수를 통한 인간 말살을 정당화하며 자신에게 반론을 제기할 수도 있다는 것을 짐작했거나 아니면 분명히 예상했기 때문에, 이어서 이렇게 말합니다. "신이 자신의 창조물들을 말살"하는 게 아니라면, "그들을 자신이 창조한 이 세상으로부터 어디론가 몰래 데려가려는 것인가?" 이에 대해 반박하겠습니다. 하느님께서는 홍수의 희생자들을 하늘과 땅으로 이루어진 세상에서 결코 몰래 데려가시지 않습니다. 오히려 그들을 육肉 안의 삶에서 해방하시고 또한 육신에서, 또 그로써 동시에 성경의 많은 구절이 "세상"이라고 지칭하곤 하는 이 땅에서의 실존에서 풀어 주십니다. 특히 요한 복음서에서 우리는 지상적 영역이 자주 "세상"으로 지칭되는 것을 확인할 수 있습니다. "모든 사람을 비추는 참빛이 세상에 왔다"(요한 1,9); "너희는 세상에서 고난을 겪을 것이다. 그러나 용기를 내어라. 내가 세상을 이겼다"(요한 16,33). "신은 그들을 이 세상에서 몰래 데려간다"라는 표현을 이 지상적 영역과 관련시켜 이해한다면, 이 언명은 터무니없는 내용은 전혀 포함하고 있지 않습니다. 그러나 "세상"으로 하늘과 땅 전체를 가리킨다면, 홍수의 희생자들을 이른바 이 "세상" 밖으로 데려갈 곳이라곤 전혀 없습니다. 물론 "우리는 보이는 것이 아니라 보이지 않는 것을 바라봅니다"(2

---

142 참조: 플라톤『티마이오스』22d;『켈수스 반박』4,11-12.20-21.62.64.69.

143 참조:『켈수스 반박』1,71;4,71-72.

코린 4,18 참조)라는 구절과 "세상이 창조된 때부터, 하느님의 보이지 않는 본성[144] 곧 그분의 영원한 힘과 신성을 조물을 통하여 알아보고 깨달을 수 있게 되었습니다"(로마 1,20)라는 구절을 숙고한다면, 우리는 이렇게 말할 수 있을 것입니다. 단순히 "보이지 않는 것"이라 지칭되는 "보이지 않는 본성"에 영적으로 스며든 사람은, 이미 "세상을 떠난" 것이니, 로고스께서 그를 여기서 "데려가" 아름다운 것을 보도록 "하늘 위 장소"[145]로 옮겨 주시기 때문입니다.

60. 켈수스는 우리가 검증한 그의 책의 이 단락에 이어서, 마치 자기 책을 어떻게든 많은 말로 가득 채우는 게 목적인 듯, 우리가 앞에서 이미 반박했던 거의 동일한 비난들을 표현만 좀 바꿔 가며 반복합니다. "날(日)이라는 게 존재하기도 전에, 몇 날을 세상 창조에 배분한다는 것은 더 말도 안 되는 짓이다. 도대체 하늘이 아직 생겨나지 않았고 땅도 단단히 세워지지 않았으며 해도 자기 궤도를 돌지 않았을 때, 어떻게 날들이 존재할 수 있었겠는가?"[146] 이 말과 다음 말이 무슨 차이가 있습니까? "나아가 우리는 이 문제를 처음부터 고찰하고자 한다. 첫째가는 가장 위대한 신이 '이것이 생겨라, 저것이 생겨라, 다른 것도 생겨라 …'라고 명령한다는 것, 그리고 첫날 하루 동안에만 그렇게나 많은 것을 만들어 내고, 둘째 날은 좀 더 많이, 또 셋째 날, 넷째 날, 다섯째 날, 여섯째 날도 그렇게 한다는 것은 도무지 황당무계하지 않은가?"

---

144   참조: 『켈수스 반박』 3,47; 7,46.

145   플라톤 『파이드로스』 274c; 『켈수스 반박』 3,80과 각주 128.

146   참조: 『켈수스 반박』 6,50-51. 그러나 여기서는 켈수스의 말을 글자 그대로 인용하지는 않는다.

"그 신이 '이것이 생겨라, 저것이 생겨라, 다른 것도 생겨라 …'라고 명령했다"라는 켈수스의 말에 대해서는, 우리가 "그분께서 명령하시자 이루어졌고, 그분께서 명령하시자 생겨났다"(시편 33,9; 참조: 시편 148,5)라는 성경 구절을 인용·해설할 때 능력껏 답변했습니다. 그때 우리는 로고스이신 하느님 아들 자신이 이를테면 세상의 직접적 창조자이시고, 반면 로고스의 아버지께서는 당신 아들이신 로고스에게 세상 창조를 위임하심으로써 우선적 창조자가 되신다고 설명했습니다.

첫째 날의 빛 생성과 둘째 날의 궁창 생성에 관해, 셋째 날 하늘 아래 물이 한곳으로 모여들고 땅은 오직 자연이 마련하는 것들을 낸 것에 관해, 넷째 날 해와 달과 별들의 생성에 관해, 다섯째 날 바다 동물들의 생성과 여섯째 날 땅의 동물들과 인간의 생성에 관해(창세 1,3-31 참조), 우리는 이미 창세기 주석서에서 최선을 다해 설명했습니다. 또한 우리는 저 앞에서 피상적 해석을 좇아 천지창조에는 엿새라는 기간이 필요했다고 주장하는 사람들을 비판하면서, 다음 구절을 인용했습니다. "하늘과 땅이 창조될 때 그 생성은 이러하였다"(창세 2,4).

61. 그리고 켈수스는 다음 성경 말씀도 올바로 이해하지 못했습니다. "하느님께서는 하시던 일을 엿샛날에 다 이루셨다. 그분께서는 하시던 일을 모두 마치시고 이렛날에 쉬셨다. 하느님께서 이렛날에 복을 내리시고 그날을 거룩하게 하셨다. 하느님께서 창조하여 만드시던 일을 모두 마치시고 그날에 쉬셨기 때문이다"(창세 2,2-3). 켈수스는 "하느님께서 이렛날에 쉬셨다"라는 표현과 "하느님께서 이렛날에 휴식하셨다"라는 표현이 같은 의미[147]라고 생각하고는 이렇게 말합니다. "이 작업 이후 그 신은 마치 아주 허약한 일꾼처럼 피곤해졌고, 회복하기 위해

휴식이 필요하다." 사실 그는 하느님의 안식과 쉼의 날이 무엇을 의미하는지 모릅니다. 이 안식일은 하느님께서 세상 종말까지 계속하시는 천지창조가 끝나고 시작됩니다. 이 날은 자기 일을 엿새 동안 완수한 사람들이 하느님과 함께 경축하게 될 날이거니와, 자신이 마땅히 수행해야 할 임무를 하나도 게을리하지 않은 이 사람들은 그래서 하느님을 직접 볼 수 있는 곳으로, 거기에 함께할 의로운 이들과 복된 이들의 모임에로 들어 올려집니다.[148]

이어서 켈수스는 하느님께서 "피곤"하셔서 "휴식"하셨다고 성경이 언명한다는 듯이, 또는 우리 자신이 그렇게 해석한다는 듯이, 이렇게 말합니다. "첫째 신이 피곤하거나 손일을 하거나 명령을 내린다는 것은 터무니없다." 요컨대 켈수스는 첫째가는 신이 피곤해한다는 것은 말이 안 된다고 단언하고 있습니다. 그러나 우리는 말합니다. 로고스 하느님께서는 피곤을 느끼지 않으시며, 또한 이미 숭고한 신적 질서에 속해 있는 이들 가운데 누구도 피곤해하지 않으니, "피곤"이란 육신 안에서 살고 있는 존재들에게서만 나타나기 때문입니다. 한편 "첫째 하느님이 손일을 한다"는 것은 사실 "터무니없습니다". "손일"을 엄밀한 의미로 이해한다면, 둘째 하느님이나 다른 어떤 신적 존재에게도 손일은 터무니없습니다. 그러나 "손일을 한다"라는 표현을 비유적 의미로 이해하여, "창공은 그분 손의 솜씨를 알리네"(시편 19,2), "하늘도 당신 손의 작품입니다"(시편 102,26) 같은 구절들을 설명할 수 있다면, 그런 의미

◀147　참조:『켈수스 반박』5,59. 두 표현의 구별은 아리스토블로스에게 소급되는데, 카이사리아의 에우세비우스『복음의 준비』13,12,11에 인용되어 있다. 필론『우의의 법칙』1,5-6과 알렉산드리아의 클레멘스『양탄자』6,141,7도 그렇게 구별한다.

148　안식일에 대한 이런 종말론적 해석에 관해서는 참조: Vogt, Exegese 359-362.

로 하느님의 손이나 지체들을 비유적으로 이해한다면, 하느님이 손일을 하신다는 표현을 과연 터무니없다고 하겠습니까? 요컨대 그런 의미에서 하느님이 손일을 하신다는 표현이 터무니없지 않다면, 마찬가지로 명령을 받는 사람이 명령을 칭찬받을 만하게 훌륭히 완수하도록 하기 위해 하느님께서 "명령을 내리신다"는 것 역시 터무니없는 표현이 아닙니다.

62. 필경 켈수스는 "주님의 입이 말씀하셨다"(이사 1,20)라는 구절도 그릇되이 이해했고, 그런 언명들에 대한 얼치기 해석자들의 무분별한 설명을 주워들었으며, 또 어떤 의도로 몸의 지체들을 통해 하느님의 능력들을 지칭하는지도 이해하지 못했기 때문에, "신은 입도 목소리도 가지고 있지 않다"라고 말합니다.[149] 이 분야 전문가들이 정의하는 것처럼 "(목)소리"가 진동하는 공기 또는 공기의 충격이나 공기의 한 특정 성질이라면,[150] 하느님께서 전혀 "목소리를 가지고 계시지 않다"는 것은 진실입니다. 그러나 성경이 "하느님의 목소리"라고 표현하는 소리는 백성들이 "보는" 하느님의 소리이니, 이는 성경이 증언하는 바입니다. "온 백성은 하느님의 소리를 보았다"(탈출 20,18 참조).[151] 여기서 "보다"라는 표현은 성경의 통상적 어법에 따라 영적 의미로 이해되고 있습니다. 이어서 켈수스는 "신은 또한 우리가 알고 있는 것들 외에는 아무것도 가지고 있지 않다"고 말하는데, "우리가 알고 있는 것들"이 무

149　62-65장에서 켈수스는 중기 플라톤주의 사상가들의 부정否定신학에 기대어, 신의 절대적 초월성을 강조한다.

150　동일한 정의가 『켈수스 반박』 2,72 각주 93에도 나온다.

151　참조: 오리게네스 『루카 복음 강해』 1,4.

엇인지는 분명히 언급하지 않습니다. 그가 의미하는 것이 사지四肢 같은 것이라면, 우리는 그에게 찬동합니다. 그러나 "우리가 알고 있는 것들"이라는 표현을 일반적으로 이해한다면, 사실 우리는 하느님에 관한 많은 술어 등을 "알고 있"습니다. 예를 들어 하느님은 덕, 지복至福 그리고 거룩함을 지니고 계십니다. 그러나 "우리가 알고 있는 것들"이라는 표현을 더 고차적인 의미에서 이해한다면, 우리가 알고 있는 모든 것은 하느님에 비하면 아주 미미하며, 그래서 하느님께서는 "우리가 알고 있는 것들"을 "아무것도 가지고 계시지 않다"고 생각해도 부조리하지 않습니다. 왜냐하면 하느님의 속성들은 인간이 알고 있는 모든 것을 능가할 뿐 아니라 인간보다 상위의 존재들이 알고 있는 것도 능가하시기 때문입니다. 한편 켈수스가 "그러나 당신은 언제나 같으신 분"(시편 102,28), "나 주님은 변하지 않는다"(말라 3,6)라는 구절들을 읽었더라면, 우리 가운데 누구도 하느님에게 행위에서든 사유에서든 어떤 변화가 존재한다고 주장하지 않는다는 사실을 알았을 것입니다. 요컨대 하느님은 언제까지나 "같으신 분"으로 머물러 계시지만, 또한 변화에 종속되어 있는 사물들을 주재하시거니와, 이는 사물들의 본성에 부합하며 또 이성 자체가 요구하는 것이기도 합니다.

63. 또한 켈수스는 "하느님의 모습/모상에 따라"(창세 1,27)라는 표현과 "하느님의 모상이시다"(콜로 1,15)라는 표현의 차이를 알아차리지 못했습니다. "하느님의 모상"은 "모든 피조물의 맏이"(콜로 1,15), 진리와 지혜 자체이신 로고스, "하느님 선하심의 모상"(지혜 7,26)입니다. 반면 인간은 "하느님의 모습/모상에 따라" 창조되었으며, 또한 "그리스도께서 머리이신"(1코린 11,3 참조) 인간 각자는 "하느님의 모상이며 영광"(1코린

11,7 참조)입니다. 그 밖에 켈수스는 인간의 어떤 부분에 "하느님의 모습에 따른" 존재-형상이 각인되어 있는지를 숙고하지 않았습니다. 그 형상은 바로 영혼 안에 각인되어 있으니, 이 영혼은 "옛 인간을 그 행실과 함께 벗어 버렸고", 그 결과 "자기를 창조하신 분의 모상에 따라 끊임없이 새로워집니다"(콜로 3,9-10 참조). 아무튼 그래서 켈수스는 이렇게 말합니다. "신은 인간을 자기 모상으로 창조하지 않았다. 왜냐하면 신은 그런 속성을 지니고 있지 않으며, 또한 다른 어떤 형상과도 같지 않기 때문이다." 그러나 합성된 인간의 덜 가치 있는 부분에, 다시 말하면 몸 안에, "하느님의 모습/모상에 따른" 존재-형상이 있다고 믿거나, 또는 켈수스가 이해하듯, 바로 몸이 "하느님의 모습/모상에 따라" 창조되었다고 믿는 것은 얼마나 어리석은 일입니까! 만일 "하느님의 모습/모상에 따른" 존재-형상이 오로지 몸 안에 있다면, 더 가치 있는 부분인 영혼은 그 존재-형상을 박탈당한 것이고, 덧없는 몸이 그 형상의 담지자라는 것인데, 이런 말은 우리 가운데 아무도 하지 않습니다.[152] 그러나 "하느님의 모습/모상에 따른" 존재-형상이 인간의 두 부분에 동시에 들어 있다면, 필연적으로 하느님께서도 합성된 존재, 곧 영혼과 몸으로 이루어진 존재라고 추론할 수밖에 없을 것입니다. 그렇게 되면 더 가치 있는 존재-형상은 인간의 영혼과, 그리고 덜 가치 있는 존재-형상은 몸과 관련시키게 마련인데, 이런 말도 우리 가운데 아무도 하지 않습니다. 이제 남은 것은 "하느님의 모습/모상에 따른" 존재-형상을 우리가

---

152 창세기 1,26과 2,7에 대한 한 그릇된 해석은 하느님의 모습이 인간의 몸에 있다고 보았고, 그래서 하느님 자신도 몸을 지닌 존재로 생각했다. 신인동형론神人同形論(Anthropomorphismus) 자들, 특히 사르데스의 멜리톤과의 논쟁에 관해서는 참조: 오리게네스 『헤라클리데스와의 대화』 12; 『로마서 주해』 1,19; 『창세기 발췌 주해』 1,26.

"내적 인간"(로마 7,22; 에페 3,16)이라고 표현하는 존재와 관련지어 성찰하는 일입니다. 이 "내적 인간"은 "자기를 창조하신 분의 모상에 따라 끊임없이 새로워질"(콜로 3,10) 수 있습니다.[153] 이것은 사람이 "하늘의 아버지께서 완전하신 것처럼, 너희도 완전한 사람이 되어라"(마태 5,48)라는 말씀을 듣고 따라 실제로 완전해질 때, 그리고 "내가 거룩하니, 너희도 자신을 거룩하게 하여 거룩한 사람이 되어야 한다"(레위 11,45)라는 명령을 완수할 때, 또 "하느님을 본받는 사람이 되십시오"(에페 5,1)라는 호소를 명심할 때, 그리하여 자신의 고결한 영혼 속에 하느님의 존재-특질들을 수용할 때 실현됩니다. 그리되면 자신의 "하느님의 모습/모상에 따른"에 따른 존재-형상 안에 하느님의 존재-특질들을 수용한 그 사람의 몸 또한 "하느님의 성전"(1코린 3,16; 6,19 참조)이 되니, 그는 그런 특질들을 갖춘 영혼을 보유하고 있고, 또 그 영혼 안의 "하느님의 모습/모상에 따른" 존재-형상 덕분에 하느님 자신을 지니고 있기 때문입니다.

64. 그런 다음 켈수스는 다시 이런저런 말을 늘어놓으면서 우리가 주장했다는 견해들을 제시하는데, 사실 그런 견해들은 분별 있는 그리스도인이라면 아무도 주장하지 않습니다. 요컨대 우리 가운데 누구도 "신(하느님)은 형태나 색깔에 참여한다"[154]고 주장하지 않습니다. 또한 "신은 움직임에 참여한다"고 주장하지도 않습니다. 한결같고 항구한 본성을 지니고 계시는 하느님은 의인들에게도 당신을 닮으라고 촉구

153 　참조: 『켈수스 반박』 4,30과 각주 56.

154 　참조: 플라톤 『파이드로스』 247c; 오리게네스 『원리론』 1,1,6; 유스티누스 『유대인 트리폰과의 대화』 4,1.

하십니다. "그러나 너는 여기에서 나와 함께 있어라"(신명 5,31).[155] 그러나 성경의 어떤 구절들은 마치 하느님의 움직임을 표현하는 것처럼 보입니다. 예를 하나 듭시다. "그들은 주 하느님께서 저녁 산들바람 속에 동산을 거니시는 소리를 들었다"(창세 3,8). 이 구절은 죄인들이 하느님께서 움직이신다고 상상한 것이라고 이해해야 합니다. 또는 하느님의 잠이나 진노 등에 관한 언명들과 마찬가지로 비유적 표현으로 이해해야 합니다.

또한 "신은" 켈수스의 말처럼 "존재에 참여"하지도 않습니다.[156] 사실 하느님께서 존재에 참여하시는 게 아니라 오히려 사람이, 특히 "하느님의 영을 모시고 있는"(1코린 7,40) 이들이 (하느님의) 존재에 참여합니다. 그리고 우리 구원자께서 의로움에 "참여"하시는 게 아니라, 그분 자신이 의로움이시며(1코린 1,30 참조), 의로운 이들이 그분에게 참여합니다. "존재"에 관한 논구는 지루하고 복잡하며, 특히 단어의 본원적 의미에서 항구적이고 비물체적인 존재에 관한 논구는 더 그렇습니다. 우리는 하느님께서 "존재"를 초월한 존엄과 권능 안에 계시며[157] 당신 로고스에 따라, 로고스 자신을 통해 사람들에게 "존재"의 한몫을 부여하시는지 또는 하느님 자신이 "존재"이신데 다만 그분 본성에 따라 "보이지 않는다"고 표현되는지를 탐구해야만 할 것입니다. 우리 구원자에 관해 성경은 "그분은 보이지 않는 하느님의 모상"(콜로 1,15)이라고 증언합니다. 여기서 "보이지 않는"이라는 말은 비물체성을 표현합니다. 또한 우

---

155   필론『거인』48의 해석이다. 참조: 오리게네스『요한 복음 주해 단편』125.

156   참조: 플라톤『국가』509b.

157   선善의 이데아에 관한 플라톤『국가』509b의 유명한 언명이다. 이 문제에 관해서는 참조: 오리게네스『요한 복음 주해』19,37;『켈수스 반박』7,38.

리는 하느님의 "외아드님"이시자 "모든 피조물의 맏이"(콜로 1,15)를 존
재들의 존재요 이데아들의 이데아이며 근원이라 지칭하고, 반면 그분
의 아버지 하느님은 이 모든 개념을 초월하여 계신다고 여겨야 하는지
도 탐구해야만 합니다.

65. 켈수스는 이제 "만물이 신에게서 나온다"라고 말하는데, 앞에서
는, 근거가 무엇인지는 모르겠으나, 만물을 신과 분리했었습니다. 그런
데 우리의 사도 바오로는 "만물이 그분에게서 나와, 그분을 통하여, 그
분을 향하여 나아갑니다"(로마 11,36)라고 말하면서, "그분에게서"라는
표현으로는 만물의 존재의 기원을 나타내고, "그분을 통하여"로는 만
물의 존속을, 그리고 "그분을 향하여"로는 만물의 최종 목표를 나타내
고 있습니다. "신은 기원이 없다"라는 말은 진실입니다. 그러나 켈수스
가 "신은 또한 말로써는 도달할 수 없다"라고 덧붙인다면, 나는 의미들
을 구별하여 이렇게 말하겠습니다. 그가 "말"로써 우리가 단순히 생각
하거나 발설하는 말을 의미한다면, 우리 역시 "하느님은 말로써는 도
달할 수 없다"라고 단언할 것입니다. 그러나 우리가 "한처음에 말씀이
계셨다. 말씀은 하느님과 함께 계셨는데, 말씀은 하느님이셨다"(요한
1,1)라는 구절을 올바로 이해했다면, 우리는 이 "말씀(로고스)"은 하느님
께 도달하실 수 있다고, 그리고 이 "말씀"만이 하느님을 이해하시는 것
이 아니라 "말씀"께서 "아버지를 드러내 보여 주는"(마태 11,27 참조) 사람
은 누구나 하느님을 이해할 수 있다고 확언할 것입니다. 이로써 우리는
"신은 말로써는 도달할 수 없다"라는 켈수스의 언명이 그릇되었음을
밝혔다고 하겠습니다.

　또한 "신에게는 어떠한 이름도 붙일 수 없다"[158]라는 켈수스의 또 하

나의 주장과 관련해서도, 구별하여 숙고하는 것이 필요합니다. 이 주장
이 어떠한 표현과 명칭도 하느님의 속성들을 명시할 수 없음을 의미한
다면, 진실이라고 하겠으니, 사실 많은 특질들 역시 궁극적으로는 이름
을 붙일 수 없기 때문입니다. 예를 들어 대추야자 열매의 단맛과 무화
과의 단맛의 차이를 누가 이름으로 나타낼 수 있겠습니까? 누가 두 열
매의 저마다의 특질을 이름으로 구별하여 언명할 수 있겠습니까? 그러
므로 이런 의미에서 사람은 하느님에게 "어떠한 이름도 붙일 수 없다"
는 것은 전혀 이상한 일이 아닙니다. 그러나 "이름 붙일 수 있음"을, 듣
는 이의 이해를 도와주고 그에게 하느님에 관한, 인간 본성으로 획득
가능한 얼마간의 인식을 전해 주기 위해, 하느님의 속성들 가운데 어떤
것을 이름으로 나타내는 것은 가능하다는 의미로 이해한다면, "하느님
에게 이름을 붙일 수 있다"라고 말하는 것이 부조리하지는 않습니다.

같은 방식으로 우리는 "과연 신은 사람이 이름으로 파악할 수 있는
것은 전혀 겪지 않는다"라는 켈수스의 주장도 구별하여 숙고해야 할
것입니다. 그러나 "신은 모든 고통 밖에 있다"는 것은 진실입니다. 아무
튼 이 주제에 관해서는 충분히 이야기했습니다.

66. 이제 우리는 켈수스의 이어지는 언명도 고찰하고자 하는데, 그는
여기서 어떤 사람을 등장시켜, 앞의 말을 들은 후 이렇게 질문하게 합
니다. "그러면 내가 어떻게 신을 인식해야 하는가? 그리고 내가 어떻
게 신에게 이르는 길을 알아야 하는가? 당신은 어떻게 신을 나에게 알
려 주고자 하는가? 사실 당신은 지금 실제로는 어둠으로 내 눈을 가려

---

¹⁵⁸ 하느님에게 이름을 붙일 수 없음에 관해서는 참조: 유스티누스『둘째 호교론』6,1-2; 알렉
산드리아의 클레멘스『양탄자』5,82,1;『켈수스 반박』7,42.

서, 나는 아무것도 명확히 보지 못하고 있다." 그런 다음 켈수스는 이렇게 어찌할 줄 몰라 묻는 이에게 답변하면서, 어둠이 그 질문자의 눈에 내려앉은 이유를 알려 줄 수 있다고 믿습니다. "사람들을 어둠에서 밝은 빛 속으로 데려 내오면, 그들은 눈부신 빛를 견디지 못하여 시력에 손상을 입고, 눈이 멀게 되지 않을까 두려워한다."[159] 이에 대해 우리는 이렇게 응수하겠습니다. 저급한 화가와 조각가들의 고약한 작품에 시선이 붙박여 있는, 눈으로 볼 수 있고 인지할 수 있는 온갖 사물들로부터 돌아서서 "빛"이신 우주의 창조주를 올려다 보지 않는, 영 안에서 그분께로 상승하고자 하지 않는 사람들은 모두 "어둠" 속에 죽치고 앉아 언제까지나 거기 머무르는 꼴입니다. 이와는 달리 로고스의 광채를 좇아온 사람들은 누구나 "빛" 안에 있으니, 로고스께서 하느님 대신 그런 형상들을 경배한 것이 얼마나 큰 무지요 독신瀆神인지를 분명히 깨우쳐 주셨고, 또한 구원받기를 원하는 사람들의 영을 만유를 주재하시는 태어나지 않으신 하느님께로 이끌어 주셨기 때문입니다. 과연 "어둠 속에 앉아 있는 백성(곧 이민족들)이 큰 빛을 보았고, 죽음의 그림자가 드리운 고장에 앉아 있는 이들에게 빛이" 떠올랐거니와(참조: 마태 4,16; 이사 9,1), 이 빛이 곧 예수 하느님이십니다.

그러므로 어떤 그리스도인도 하느님 로고스를 비난하는 켈수스 같은 사람에게 "내가 어떻게 하느님을 인식해야 하는가?"라고 묻지 않습니다. 모든 그리스도인은 자기 능력껏 하느님을 인식했기 때문입니다. 그리고 아무도 "내가 어떻게 거기에 이르는 길을 찾아야 하는가?"라고 묻지도 않습니다. 로고스께서 "나는 길이요 진리요 생명이다"(요한 14,6)

---

[159]　배경은 플라톤 『국가』 514a-518b, 특히 515c-d에 나오는 "동굴 비유"다.

라고 말씀하시는 것을 들었고, 또한 이 길을 가면서 이미 그 유익함을 체험했기 때문입니다. 또한 어떤 그리스도인도 물론 켈수스에게 "당신은 나에게 어떻게 하느님을 알려 주겠소?"라고 묻지 않습니다.

67. 앞에서 인용한 켈수스의 언설 가운데, 그의 말을 듣고 본 어떤 사람이 그것이 "어둠"의 말이라는 것을 알고는, "당신은 어둠으로 내 눈을 가리고 있다"고 대꾸한 것은 마땅합니다. 요컨대 켈수스와 그의 동지들은 우리의 눈을 어둠으로 가리고자 하지만, 우리는 말씀의 "빛"으로 신을 모독하는 가르침의 "어둠"을 몰아냅니다. 과연 그리스도인이라면 명확하고 합당한 것은 아무것도 언명하지 못하는 켈수스에게, "나는" 당신의 말에서 "명확한 것은 아무것도 보지 못한다"라고 말할 수 있을 것입니다. 켈수스는 물론 우리를 "어둠에서 밝은 빛 속으로 데려 내오지" 않고 오히려 우리를 빛에서 어둠 속으로 옮겨 놓고자 하거니와, 빛과 어둠을 혼동시키는 그에게는 이사야의 마땅한 판결이 적중합니다. "불행하여라, 어둠을 빛으로 만들고, 빛을 어둠으로 만드는 자들!"(이사 5,20). 그러나 우리는, 로고스께서 우리 영혼의 눈을 환히 열어 주셨기에, "어둠"과 "빛"을 구별할 수 있습니다. 그래서 우리는 어떻게 해서든지 "빛" 안에 있으려고, "어둠"은 결코 접촉하지 않으려고 온 힘을 다해 애씁니다. 그런데 생명이신 "참빛"(1요한 2,8)께서는 또한 누구에게 온전한 "광채"를 보여 주어야 하고, 또 누구에게는, 그의 눈이 아직 당신의 온전한 광채를 직시하기에는 약하기에, 한 줄기 광선만 보여 주어야 하는지도 알고 계십니다.[160]

---

160   참조:『켈수스 반박』2,64-64; 오리게네스『원리론』1,2,7.

한편 "시력 손상"에 관해 전반적으로 말한다면, 그런 손상을 입은 이는 하느님에 대한 무지와 격정에 사로잡혀 있고, 그 때문에 진리를 보는 데 장애를 겪는 사람 아니고 누구겠습니까? 아무튼 그리스도인들은 결코 참하느님 공경과 멀리 떨어져 있는 켈수스나 어떤 다른 사람의 말에 의해 "눈이 멀게 되지나 않을까 두려워하지" 않습니다. 그러나 자신이 다이몬들을 숭배하는 축제를 벌이는 길 잃고 헤매는 무리를 붙좇았기 때문에 "눈이 멀었다"는 사실을 깨달은 사람들은, 자기 눈에 빛을 선사해 주실 로고스를 찾아 나서야 합니다. 그러면 그들은 길가에 내쳐졌던 가련한 눈먼 이들, 그러나 "주님, 다윗의 자손이시여, 저희에게 자비를 베풀어 주십시오"(마태 20,31)라고 간청했기에 치유되었던 이들처럼 자비를 입어, 하느님의 로고스께서 마련해 주실 수 있는 새롭고 훌륭한 눈을 받아 지니게 될 것입니다.

68. 그러므로 우리는 "어떻게 당신들은 신을 인식할 수 있다고, 또 그 신 안에서 구원을 찾아 얻는다고 믿는가?"라는 켈수스의 물음에 이렇게 대답하겠습니다. 하느님의 로고스께서는 — 당신을 찾는 이들, 또 당신이 모습을 드러내실 때 받아들이는 이들에게 다가오시거니와 — 아버지를 알려 주시고 계시해 주실 수 있습니다. 사실 로고스(말씀)께서 오시기 전에는 인간은 아버지를 볼 수 없었습니다. 로고스 하느님 외에 누가 인간 영혼을 구원하고 또 만유를 주재하시는 하느님께 인도할 수 있겠습니까? "한처음에 하느님과 함께 계셨던"(요한 1,1) 로고스께서는 육과 결합되어 있고 육이 된 이들에 대한 사랑 때문에, 스스로 "육이 되셨습니다"(요한 1,14). 이는 로고스께서 "하느님과 함께 계셨고" 또 "하느님이셨던"(요한 1,1) 때에는 당신을 볼 수 없었던 인간들이 이해할 수 있

기 위함이었습니다.[161] 이렇게 구체적으로 지칭되시고[162] 또 "육"으로서 선포되시는 로고스께서는 육인 인간을 당신게로 불러, 우선 육이 되신 로고스를 닮도록 그들을 꼴 짓고, 다음으로는 육이 되시기 전의 당신을 직관하도록 그들을 높이 끌어올리십니다. 그렇게 은총으로 도우심을 체험하고, 육을 따르는 상태에서 더 고차적인 상태로 들어 올려진 그들은 이제 이렇게 말할 수 있습니다. "우리가 그리스도를 육에 따라 이해하였을지라도, 이제는 더 이상 그렇게 이해하지 않습니다"(2코린 5,16). "육이 되신" 그분은 우리와 떨어져 계시지 않고 "우리 가운데 사셨습니다"(요한 1,14). 그분은 우리와 함께 우리 가운데 사셨기에 본래 모습에 머물러 계시지 않았지만, 우리를 영적인 높은 산으로 이끌어 가시어 당신의 영광스러운 모습과 당신 옷의 광채를 보여 주셨습니다. 그리고 당신 자신만이 아니라 영적 율법도 보여 주셨으니, 예수님과 함께 영광 속에 나타났던 모세가 그 상징입니다. 그분은 예언 전체도 보여 주셨는데, 예언은 로고스의 육화 이후에도 사라지지 않고 오히려 하늘에 받아들여지거니와, 그 상징이 엘리야입니다(마태 17,1-3과 병행 구절 참조). 이 일을 성찰한 사람은 이렇게 말할 수 있을 것입니다. "우리는 그분의 영광을 보았습니다. 은총과 진리가 충만하신 아버지의 외아드님으로서 지니신 영광을 보았습니다"(요한 1,14). 그런데 켈수스는 "어떻게 당신들은 신을 인식할 수 있고, 또 그 신 안에서 구원을 찾아 얻는다고 믿는가?"

---

161 하느님 인식을 가능하게 해 주는 육화에 관해서는 참조: M. Eichinger, *Die Verklärung Christi bei Origenes. Die Bedeutung des Menschen Jesus in seiner Christologie* (WBTh 23), Wien 1969, 175-180; J.S. O'-Leary, Knowledge of God. How Prayer overcomes Platonism (*contra Celsum* VI-VII): Origeniana nona (hrsg. von G. Heidl/ R. Somos = EThL 228), Leuven 2009, 464-468.

162 참조: 『켈수스 반박』 4,15.

라는 자신의 질문에 우리가 대답했다는 내용을 멋대로 꾸며 냈습니다. 그러나 우리의 대답은 지금 언명한 내용에 있다고 하겠습니다.

69. 그럼에도 켈수스는 우리가 다음과 같이 대답할 것이라고 "신빙성 있게 추측"하면서, 그 대답을 기록해 두겠다고 합니다. "하느님은 위대하시고 또 관찰되시기 어렵기 때문에, 우리와 꼭 닮은 한 몸 안에 당신의 고유한 영을 넣어 주시고 이리로 내려 보내셨으니, 우리가 그분에게서 듣고 배울 수 있게 하시려는 것이었습니다." 그런데 우리 가르침에 따르면 만유의 아버지이신 하느님만이 "위대"하신 것이 아닙니다. 그분은 당신의 위대함을 "외아드님"(요한 1,14)이시자 "모든 피조물의 맏이"(콜로 1,15)에게도 나누어 주셨으니, 그분이 "보이지 않는 하느님의 모상"(콜로 1,15)이 되시도록, 또 그분의 위대함 안에 아버지의 모상이 보존되도록 하시려는 것이었습니다. 요컨대 그 모상이 또한 하느님 위대함의 모상이 아니었다면, 이른바 정확히 대칭적인 훌륭한 "보이지 않는 하느님의 모상"에 관해 말할 수 없었을 것입니다. 그러나 우리 견해에 따르면 하느님은 또한 눈에 보이지 않으니, 물체적 존재가 아니시기 때문입니다. 하지만 직관에 진력하는 사람들은 마음으로, 곧 영으로,[163] 그것도 여느 마음이 아니라 "깨끗한 마음"으로 하느님을 볼 수 있습니다(마태 5,8 참조). 더럽혀진 마음으로 하느님을 본다는 것은 당치 않으니, "깨끗함" 자체를 합당하게 볼 수 있기 위해서는, 스스로 깨끗해야만 합니다.[164] 아무튼 "하느님은 관찰되시기 어렵다"라는 것은 인정해야 합

---

163   참조: 오리게네스『원리론』1,1,9.

164   참조: 플라톤『파이돈』67b.

니다. 그러나 하느님만 그런 것이 아니라, 그분의 외아드님도 그렇습니다. 과연 로고스 하느님도 관찰되시기 어려우며, 하느님께서 그것을 통해 만물을 창조하신 지혜(시편 104,24 참조)도 마찬가지입니다. 과연 누가 우주의 모든 부분 부분에서, 하느님께서 그것을 통해 우주의 모든 존재를 창조하신 지혜를 알아볼 수 있겠습니까? 요컨대 하느님은 관찰되시기 어렵기 때문에, 당신 아드님을 보내신 것이 아닙니다. 이런 말을 하는 사람은 마치 아드님은 쉽게 인식될 수 있는 것처럼 생각하는 것입니다. 이 점을 켈수스는 오해했고, 그래서 다음과 같은 말을 우리 입에 담았던 것입니다. "하느님은 위대하시고 또 관찰되시기 어렵기 때문에, 우리와 꼭 닮은 한 몸 안에 당신의 영을 넣어 주시고 이리로 내려 보내셨으니, 우리가 그분에게서 듣고 배울 수 있게 하시려는 것이었습니다." 하지만 우리가 방금 밝혔듯이, 사실 아드님 역시 인식되시기 어려우니, 왜냐하면 그분은 "모든 것이 그분을 통해서 생겨났고"(요한 1,3) 또 "우리 가운데 사신"(요한 1,14) 로고스 하느님이시기 때문입니다.

70. 켈수스가 하느님의 영에 관한 우리의 가르침과 "하느님의 영의 인도를 받는 이들은 모두 하느님의 자녀입니다"(로마 8,14)라는 말씀을 이해했다면 그는 우리가 "하느님께서 당신의 고유한 영을 한 몸 안에 넣어 주시고 이리로 내려 보내셨다"라는 견해를 지니고 있다고 말하지 않았을 것입니다. 사실 하느님께서는 "당신의 고유한 영"을 받아들이기에 합당한 사람에게는 그 영을 언제나 나누어 주시기 때문입니다. 그러나 이 영이 나뉘고 갈라져 무슨 토막처럼 주어지는 것은 아닙니다.[165]

---

[165]   참조: 오리게네스 『원리론』 1,1,3.

우리 가르침에 따르면, 영*Pneuma*[166]은 물질이 아니기 때문입니다. 이는 성경에서 하느님을 가리키는 낱말로 종종 사용되는 "불"이 물질이 아닌 것과 마찬가지입니다. "우리 하느님은 태워 버리는 불이시다"(신명 4,24; 9,3; 히브 12,29). 이 모든 표현은, 물질적 사물에 사용하는 친숙한 명칭들을 통해 영적 존재를 나타내기 위해, 상징적으로 사용된 것입니다.

죄가 "나무, 풀, 짚"으로 지칭된다고 해서, 또 선행이 "금, 은, 보석"으로 지칭된다고 해서(1코린 3,12 참조), 우리는 죄나 선행이 물질적인 것이라고 말하지 않습니다. 마찬가지로 하느님이 "나무와 풀과 짚" 그리고 모든 죄스러운 것을 "태워 버리는 불"로 지칭된다고 해서, 우리는 하느님을 물질로 파악하지 않습니다. 이렇게 하느님이 불로 지칭된다고 해서 우리가 그분을 물체적으로 이해하지 않듯이, 그분이 "영"으로 지칭된다고 해서 우리는 그분이 하나의 물체라고 말하지 않습니다. 성경은 오로지 영적으로만 파악할 수 있는 것들을 감각적으로 인지할 수 있는 것들과 구별하기 위해, 흔히 "영들" 또는 "영적인 것들"이라 지칭합니다. 예를 들어 바오로가 "우리의 자격은 하느님에게서 옵니다. 하느님께서 우리에게 새 계약의 일꾼이 되는 자격을 주셨습니다. 이 계약은 문자가 아니라 영으로 된 것입니다. 문자는 사람을 죽이고, 영은 사람을 살립니다"(2코린 3,5-6)라고 말할 때, 그는 "문자"로는 성경에 대한 감각적 이해를 가리키고, "영"으로는 영적 이해를 가리키는 것입니다.

지금까지 말한 것은 "하느님은 영이시다"라는 언명에도 해당됩니다. 사마리아인들과 유대인들은 율법의 규정들을 문자적이고 피상적으로 실행했기 때문에, 구원자께서 사마리아 여인에게 이렇게 말씀하셨습

---

166 프네우마π∨εύμα는 원래 "기류"氣流, "미풍"을 의미하는데, 나중에는 "숨/호흡"도 의미하게 되었다.

니다. "너희가 이 산도 아니고 예루살렘도 아닌 곳에서 아버지께 예배를 드릴 때가 온다. … 하느님은 영이시다. 그러므로 그분께 예배를 드리는 이는 영과 진리 안에서 예배를 드려야 한다"(요한 4,21.24). 이 말씀으로써 구원자께서는 사람은 육 안에서 육 제물로 하느님께 예배를 드려서는 안 되며, "영 안에서" 예배를 드려야 한다고 가르치셨습니다. 사람이 하느님을 영 안에서 더욱더 영적으로 섬길수록, 그만큼 더 그분 자신을 "영"으로 생각할 것입니다. 또한 사람은 아버지를 외적 표지를 통해서가 아니라 "진리" 안에서 섬겨야 하거니와, 이 "진리"는 "모세를 통해 율법이 주어진" 이후 "예수 그리스도를 통하여 왔습니다"(요한 1,17). 과연 "오늘날까지도 모세의 율법을 읽을 때마다 그들의 마음에는 너울이 덮여 있습니다. 그러나 주님께 돌아서기만 하면 그 너울은 치워집니다. 주님은 영이십니다. 그리고 주님의 영이 계신 곳에는 자유가 있습니다"(2코린 3,15-17).

71. 켈수스는 하느님의 영에 관한 가르침 — "그러나 현세적 인간은 하느님의 영에게서 오는 것을 받아들이지 않습니다. 그러한 사람에게는 그것이 어리석음이기 때문입니다. 그것은 영적으로만 판단할 수 있기에, 그러한 사람은 그것을 깨닫지 못합니다"(1코린 2,14) — 을 이해하지 못했기에, 그리스도인들과 스토아학파를 억지로 연결하면서 다음과 같이 생각합니다. "그리스도인들은 신은 영이라고 말하는데, 이 점에서 이들은 그리스의 스토아학파와 다르지 않으니, 그들도 신은 만물에 스며들고 만물을 자신 안에 포섭하는 영이라고 주장한다."[167] 하느님의

---

167   참조: Pohlenz, Stoa 1 73-75.

감독과 섭리가 "만물에 스며든"다는 것은 진실이지만, 스토아학파 사람들이 전제하는 영처럼 하는 것은 아닙니다. 그리고 하느님의 섭리가 당신께 맡겨진 "만물을 포섭"하고 에워싸서 존속시킨다는 것도 진실입니다. 그러나 일종의 몸체처럼 물질적 존재들을 포섭하는 게 아니라, 만물을 에워싸고 지탱하는 거룩한 권능으로 그렇게 하는 것입니다.[168]

근본 원리들은 물질적이며, 그래서 그 원리들은 만물을 무상함에 맡겨 버리고 만물을 주재하는 신조차도 필경 무상함에 종속시킨다는 견해 — 이런 귀결이 그들에게 아주 부조리하게 여겨지지는 않는 것 같습니다 — 를 주장하는 스토아학파 사람들의 주장에 따르면, 인간에게만이 아니라 아주 하찮은 사물들에게도 내려오는 신의 로고스 역시 물질적인 영 이외에 다른 것이 아닙니다.[169] 이와는 달리 이성을 부여받은 영혼은 모든 물질적 성질을 능가한다는 것, 그 영혼은 눈으로 볼 수 없는 비물질적 존재라는 것을 밝히려고 노력하는 우리의 가르침에 따르면, 하느님, 로고스는 물질일 수가 없습니다. "모든 것이 그분을 통하여 생겨난"(요한 1,3) 로고스께서는 인간들에게만이 아니라, 아주 하찮은 것으로 여겨지고 자연에 의해 관장되는 사물들에게도 스며드셨으니, 만물이 로고스를 통해 이루어지게 하시려는 것이었습니다. 스토아학파 사람들은 만물은 세계 대화재[170]에 의해 폐기된다고 계속 가르치라고 하십시오. 하지만 우리는 비물질적 존재는 불에 타지 않으며, 인간의 영혼이나 천사, "왕권, 주권, 권세, 권력"(콜로 1,16)의 실체는 불 속에서 해체되지 않는다는 것을 알고 있습니다.

168　참조: 『켈수스 반박』 4,5; 오리게네스 『원리론』 2,1,3.

169　참조: 『켈수스 반박』 1,21; 4,14.68; SVF 2,1049-1056.

170　참조: 『켈수스 반박』 5,20.

72. 켈수스는 하느님 영의 본질에 관해 무지하기 때문에, 그의 다음과 같은 말은 근거 없는 허언입니다. "인간의 몸 안으로 내려온 신의 아들은, 신에게서 유래하는 한 영이기 때문에, 그 신의 아들조차도 불사할 수 없다." 그런 다음 그는 또다시 모든 것을 뒤죽박죽으로 만들면서, 우리 가운데 어떤 이들은 하느님은 영이라고 고백하지 않고 오직 하느님의 아들만 영이라고 고백한다고 주장하며, 또 그런 고백은 반박할 수 있다고 믿고는 이렇게 말합니다. "어떠한 영도 항구적으로 존속하는 성질을 지니고 있지 않다." 이는 그가 "하느님은 태워 버리는 불이십니다"(히브 12,29)라는 우리의 언명에 대해, "불은 항구적으로 존속하는 성질을 지니고 있지 않다"고 확언하는 꼴이나 마찬가지입니다. 아무튼 켈수스는 우리가 어떤 의미로 하느님을 "불"이라고 하는지, 그리고 그 불이 태워 버리는 것이 무엇인지를, 곧 그것이 죄와 악이라는 것을 알지 못합니다. 각자 자신이 어떤 전사인지를 전투를 통해 실증하듯이, 선하신 하느님께서 징벌의 불을 통해 죄악을 태워 버리시는 것은 마땅합니다.

그런 다음 켈수스는 새삼 우리가 다음과 같은 주장을 한다고 억지를 부립니다. "신은 필연적으로 자기 영을 다시 흡입해야만 했었다.[171] 그 결과 예수는 자기 몸을 지니고 부활할 수 없었다. 그런데 신은 자신이 주었던 영이 몸의 성질과의 접촉을 통해 더러워졌기 때문에, 그 영을 회수할 수 없었을 것이다." 아무튼 우리가 하지도 않은 주장에 대해 무슨 반론을 펼친다는 것은 참으로 어리석은 짓이라 하겠습니다.

171　그래서 하느님에게서 유래한 이 영을 예수님이 십자가에서 내쉬고 돌아가셨다는 것이다. 참조: 『켈수스 반박』6,69.

73. 켈수스는 앞에서[172] 한 처녀에게서의 하느님 탄생에 관해 많은 말을 하면서 한껏 조롱했고, 우리도 능력껏 반박했는데, 이제 새삼 다시 끄집어내어 이렇게 말합니다. "신이 자신에게서 영을 내려 보내고자 했다면, 왜 그 영을 한 여인의 하복부 속에 불어넣어야만 했는가? 사실 신은 인간의 구성을 잘 알고 있었기 때문에, 자신의 영을 그렇게 더럽혀진 용기 속에 집어넣지 않고, 그냥 영을 몸으로 덮어 싸 줄 수도 있었을 것이다. 아무튼 몸이 곧바로 위로부터 만들어졌다면, 불신을 불러일으키지 않았을 것이다." 켈수스가 이렇게 말한 것은, 인간 구원에 기여해야 하는 이 몸은 모든 무상함에서 벗어난, 처녀로부터의 순결한 출생을 거쳤다는 사실을 이해하지 못했기 때문입니다. 켈수스는 스토아학파의 학설을 제시하고 또 사물들은 악하지도 선하지도 않다는 그 학파의 견해를 잘 알고 있다고 주장하면서도, 실제로는 신적 본성이 "더럽혀진 용기 속에 집어넣어졌고" 또 그래서 ― 신적 본성이 "몸으로 덮어싸일" 때까지 여인의 하복부 안에 머물러 있었든, 아니면 그 본성이 아예 몸을 취했든 간에 ― 더럽혀졌다고 믿고 있습니다. 이로써 켈수스는 태양 광선이 거름 구덩이나 악취 나는 시체를 비추면, 그것들 때문에 더럽혀지고 자신의 순수함을 보존하지 못한다고 믿는 사람들과 유사한 견해를 드러내고 있습니다.[173]

켈수스가 가정하는 것처럼 하느님께서 예수님에게 출생을 거치지 않고 몸을 입혀 주었다 하더라도, 예수님의 몸을 자기 눈으로 본 사람

---

172 참조: 『켈수스 반박』 1,32-35.37.

173 태양 광선의 오염 불가능성은 고대에 자주 나오던 비유 소재였다(참조: 디오게네스 라에르티오스 『유명한 철학자들의 생애와 사상』 6,63). 여기서는 디오게네스가 견유학파 창시자로 여겨지고 있다.

들은 그 몸이 출생 없이 생겨났다고 곧장 믿지는 않았을 것입니다. 왜 냐하면 외면적으로 보이는 것은, 그것이 어디에서 어떻게 생겨났는지 를 인식하게 해 주지는 않기 때문입니다. 예를 들어 특정한 꿀은 벌에 서 유래하지 않는다고 가정하더라도, 그것을 맛보거나 눈으로 보는 사 람들은 누구도 그 꿀이 벌에게서 유래하지 않는다고 말할 수 없을 것입 니다. 벌에서 유래하는 꿀 역시 감각적 인지를 통해 자신의 기원을 알 려 주는 것이 아니라, 경험이 이 꿀은 벌에게서 유래한다고 알려 주는 것입니다. 마찬가지로 포도주가 포도나무에서 유래한다는 것도 경험 이 가르쳐 줍니다. 포도주 맛을 본다고 해서, 그것이 포도나무에서 비 롯한다는 것을 알게 되지는 않습니다. 요컨대 감각적으로 인지할 수 있 는 몸 역시, 그것이 어떻게 생겨났는지를 인식하게 해 주지 않습니다. 우리는 천체들을 예로 들 수도 있을 것입니다. 천체들의 존재와 광채 는, 우리가 그것들을 쳐다보면 인지할 수 있습니다. 그러나 감각적 인 지가 그것들이 생성되었는지 그렇지 않은지를 우리에게 알려 주지는 않습니다. 이 문제에 관해서는 다양한 견해들이 있는데, 천체들이 생성 되었다고 생각하는 사람들 사이에서도 생성 방식에 관해서는 의견이 일치하지 않습니다. 이성이 천체들은 생성되었다는 확신할 만한 결론 을 내렸다 하더라도, 감각적 인지는 그것들의 생성 방식을 짐작조차 할 수 있게 해 주지 않습니다.

74. 이어서 켈수스는 자신이 이미 여러 번 다루었던 마르키온의 견해 들을 다시 거론하는데, 그것들을 더러는 올바로 인용하고 더러는 오해 하여 제시합니다. 여기서 이 견해들에 대응하거나 반박할 필요는 없다 고 하겠습니다. 아무튼 그런 다음 켈수스는 "마르키온 추종자들이 모

면했거나 당한 비난들"을 새삼 확인하면서, 마르키온에게 찬동하는 논거들과 반대하는 논거들을 독단적으로 제시합니다. 만일 켈수스가, 마르키온과 그 추종자들을 공박하기 위해, 예수님이 예언자들에 의해 예고되었다는 우리의 가르침에 찬동하고자 한다면, 다음과 같이 분명히 말해야 할 것입니다. "그의 그런 수난이 예고되지 않았다면, 그런 처벌을 당한 사람이 신의 아들이라는 것이 어떻게 입증될 수 있겠는가?"[174]

이어서 켈수스는 마르키온을 따라 "두 신의 두 아들", 곧 "[창조신] 데미우르구스의 아들과 하느님의 아들"을 소개하면서, 또다시 습관적으로 조롱과 비웃음을 퍼붓습니다. 그리고 "그 신들의 각개 전투"를 묘사하는데, 그것을 "매추라기 싸움"[175]에 견주고는 이렇게 말합니다. "이 아버지 신들은 나이가 매우 많아 전투 능력이 없고 노망끼도 있어 전혀 상대를 때릴 수 없기 때문에, 자기 아들들을 시켜 전투를 하게 했다." 이에 대해 우리는 켈수스 자신이 앞에서[176] 한 말을 그에게 그대로 돌려주겠습니다. "꼬맹이를 재우려는 나이 든 여자"일지라도, 켈수스가 『참된 말씀』이라는 제목을 붙인 자기 책에서 말하는 내용과 같은 "터무니없는 이야기를 아이에게 속삭여 주는 것은 부끄러워하지 않겠"습니까? 켈수스는 마르키온이나 우리의 견해와 실질적인 논쟁을 벌였어야 마땅한데도, 요점들은 제쳐 놓고 마치 자신이 무슨 풍자시나 재담집을 쓰는 듯이 익살이나 부리고 조롱을 일삼습니다. 그러면서 그런 대응 방식은 우리가 그리스도교를 포기하고 자신의 견해를 따르게 만들려는

---

174 마르키온은 신약성경의 하느님 아들이 구약성경 예언자들에 의해 예고되었다는 것을 부인했다.

175 고대에 인기 있던 경기다.

176 참조:『켈수스 반박』6,34.

그의 본래 의도에도 오히려 어긋난다는 사실을 알아차리지 못하고 있습니다. 그가 진지하고 품위 있게 논증을 했다면, 아마도 좀 설득력이 있었을 것입니다. 그러나 켈수스가 조롱, 비웃음, 익살, 잡담 따위나 늘어놓는 헛된 짓을 하는 것은, 건실한 논거들을 가지고 있지 못하고 또 스스로 애써 궁리해 내지도 못하기 때문이라고 우리는 말하지 않을 수 없습니다.

75. 그런 다음 켈수스는 말합니다. "요컨대 거룩한 영이 그 몸 안에 있었기 때문에, 그 몸은 신장이나 아름다움이나 힘이나 목소리[177]나 인상적인 풍채나 설득력에 있어서 확실히 다른 몸들과 달랐어야 했다. 왜냐하면 다른 몸들보다 더 많이 신적인 것이 내재하는 몸이 다른 몸들과 전혀 다르지 않다는 것은 있을 수 없는 일이기 때문이다. 그러나 이 몸은 다른 몸들과 전혀 다르지 않았고, 오히려 그들이 말하는 것처럼, 작고 볼품없고 비천했다."[178] 요컨대 여기서도 예수님을 비난하고자 하는 켈수스는 비난의 실마리를 제공해 준다고 여겨지는 성경 구절들을 믿는 체하면서, 거기에서 증거들을 끄집어낸다는 사실이 분명히 드러납니다.

예수님의 몸이 "볼품없었다"고 기록되어 있다는 것은 인정하더라도, 켈수스가 말하듯이 "비천"하지는 않았으며 또 그분이 "작았다"라고 분명히 언급하는 구절도 전혀 없습니다. 메시아께서 대단한 풍채나 아름

---

177   켈수스는 "우레 같은 목소리"가 신성의 한 표지라는 고대의 표상을 공유하고 있다.

178   그리스도교 저자들은 이사 53,1-12를 인용하면서 예수님의 추함을 종종 언급했다. 참조: 『주님의 형제 야고보에게 보낸 클레멘스의 편지』 16,3; 유스티누스 『유대인 트리폰과의 대화』 13,4; 알렉산드리아의 클레멘스 『교육자』 3,3,3.

다움을 갖추지 않고 백성에게 오시리라는 이사야서의 예언 구절은 다음과 같습니다. "우리가 들은 것을 누가 믿었던가? 주님의 권능이 누구에게 드러났던가? 그는 주님 앞에서 가까스로 돋아난 새순처럼, 메마른 땅의 뿌리처럼 자라났다. 그에게는 우리가 우러러볼 만한 풍채도 위엄도 없었으며, 우리가 바랄 만한 모습도 없었다. 사람들에게 멸시받고 배척당한 그는 고통의 사람, 병고에 익숙한 이였다. 남들이 그를 보고 얼굴을 가릴 만큼 그는 멸시만 받았으며, 우리도 그를 대수롭지 않게 여겼다"(이사 53,1-3). 이 말씀을 켈수스가 흘려듣지 않았음이 분명하니, 예수님을 비난하는 데 써먹을 수 있겠다고 여겼을 터이기 때문입니다. 하지만 그는 시편 제45편의 언명과 그 의미는 전혀 주목하지 않았습니다. "오, 용사시여, 허리에 칼을 차소서. 당신의 엄위와 영화를 입으소서. 당신의 영화와 함께 나아가 이루소서, 진실과 자비와 정의를!"(시편 45,4-5).

76. 켈수스가 그 예언을 읽어 보지 못했든, 읽었지만 그릇되이 해석하는 자들에게 설득당해 그 예언은 예수님에게 해당되는 게 아니라고 생각하든, 아무튼 그는 복음서의 다음 대목들에 대해서는 뭐라고 할까요? 이 대목들에 따르면 "예수님께서 높은 산에 오르시어" "제자들 앞에서 모습이 변하셨는데, 그분의 얼굴은 해처럼 빛나고 그분의 옷은 빛처럼 하얘졌습니다"(참조: 마태 17,1-2; 마르 9,2). 또한 그때 "모세와 엘리야도 영광에 싸여 나타나, 예수님께서 예루살렘에서 이루실 일, 곧 세상을 떠나실 일을 말했습니다"(루카 9,31 참조). 아무튼 켈수스도 "그에게는 우리가 우러러볼 만한 풍채도 위엄도 없었다"(이사 53,2)는 예언이 예수님과 관련된다는 것을 인정합니다. 하지만 그 예언의 해석과 관련해서

는 자신이 눈뜬 맹인이라는 사실을 드러내며, 또한 풍채와 위엄이 없어 보이는 예수님이 하느님의 아들이시라는 강력한 증거는, 바로 그분이 태어나시기 오래전에 그분 외모 자체에 관한 그 예언이 발설되었다는 사실에 있다는 것을 깨닫지 못하고 있습니다. 또한 다른 예언자가 예수 님의 "엄위와 영화"(시편 45,4)에 관해 언명했는데, 켈수스는 이 예언이 그분과 관련된다고 기꺼이 인정할까요? 아무튼 예수님이 "풍채도 위엄 도 없었고" "사람들에게 멸시받고 배척당했다"(이사 53,2-3)는 것을 확실 히 복음서에서 이끌어 낼 수 있다면, 켈수스는 예언자의 본문이 아니라 복음서 본문을 근거로 그렇게 언명한 것이라고 우리는 말할 수 있을 것 입니다. 그러나 복음서도 사도들도 예수님은 "풍채도 위엄도 없었다" 고 보고하지 않기 때문에, 켈수스는 예언자의 예고가 그리스도에게 해 당된다는 것을 인정하지 않을 수 없는 것이 분명합니다. 이 사실이 켈 수스의 예수님 비난이 일종의 진퇴양난에 빠지게 합니다.

77. 켈수스는 "요컨대 거룩한 영이 그 몸 안에 있었기 때문에, 그 몸은 신장이나 아름다움이나 힘이나 목소리나 인상적인 풍채나 설득력에 있어서 확실히 다른 몸들과 달랐어야만 했다"라고 말했는데, 그는 왜 그 몸이 보는 사람에게마다 그의 이해력과 구원에 적합한 모습으로 각 기 다르게 나타나 보였다는 점에서 다른 몸들과 달랐다는 사실은 알아 차리지 못했을까요?[179] 사실 본성상 가변적인 물질, 창작자 뜻에 따라 온갖 것으로 변형되고 또 예술가 뜻에 따라 온갖 특질을 수용할 수 있 는 물질도 때로는 "풍채도 위엄도 없는"(이사 53,2 참조) 특질을 보여 주

---

[179] 참조: 『켈수스 반박』 1,48; 2,64-65; 4,16; 6,68; 오리게네스 『마태오 복음 주해』 100.

고, 때로는 매우 영광스럽고 감명 깊고 경탄스러운 특질을 보여 준다는 것은 놀랄 일이 아닙니다. 예수님과 함께 높은 산에 올랐던 세 제자는 그런 영광스러운 모습을 목격하고는 얼굴을 땅에 대고 엎드렸습니다(마태 17,1-6 참조).

그러나 켈수스는 그것은, 예수님에 관한 그 밖의 기적적인 이야기들과 마찬가지로, 신화와 전혀 다를 게 없는 꾸며 낸 이야기라고 말할 것입니다. 이 비난을 거슬러 우리는 이미 앞에서[180] 상세히 변론했습니다. 사실 성경 말씀은 신비스러운 의미도 내포하고 있습니다. 그 말씀은 예수님의 다양한 모습은 하느님 로고스의 본성과 관련이 있다고 선포하거니와, 이 본성은 대중에게는 예수님을 따라 "높은 산"(마태 17,1; 마르 9,2)에 올라갈 수 있었던 제자들에게처럼 보이지 않습니다.[181] 아직 산 아래 머물러 있고 올라갈 준비가 되어 있지 않은 사람들에게는 로고스가 "풍채도 위엄도 없습니다". 과연 그들에게 그분은 "멸시받고 배척당한" 모습으로 보입니다(이사 53,2-3 참조). 우리는 이를테면 철학자들의 가르침은 대중에게 선포되는, 나아가 "복음 선포의 어리석음"(1코린 1,21)을 보여 주는 하느님 말씀보다 훨씬 그럴듯한 "풍채와 위엄"을 지닌 것처럼 보이는 말이라고 주장할 수 있을 것입니다. 그리고 이 "복음 선포의 어리석음"이 뚜렷이 드러나기 때문에, 이것만을 보는 사람들은 "그에게는 우러러볼 만한 풍채도 위엄도 없었다"라고 말합니다. 그러나 예수님 추종에서 힘을 얻어 "높은 산"에까지도 그분을 따라 올라갈 수

180　참조: 『켈수스 반박』 3,27; 5,57.

181　참조: 『켈수스 반박』 2,64와 각주 86. 지금의 구절에 관해서는 참조: M. Eichinge, *Die Verklärung Christi bei Origenes. Die Bedeutung des Menschen Jesus in seiner Christologie* (WBTh 23), Wien 1969, 191-195.

있는 사람에게는 예수님이 거룩한 모습을 지니고 계십니다. 이 거룩한 모습을 사람은, 그가 또 한 명의 "베드로"가 되면, 알아볼 수 있습니다. 베드로는 자신 위에 로고스에게서 비롯하는 교회가 세워진다는 것을 깨달았고 또 저승의 성문(세력)도 그를 이기지 못하는 능력을 받았습니다(마태 16,18 참조). 과연 그는 로고스를 통해 "죽음의 성문에서 끌어 올려져", "하느님의 찬양받을 행적을 낱낱이 이야기하고, 딸 시온의 성문에서 하느님의 구원으로 환호"하게 되었습니다(시편 9,14-15 참조). 또는 사람이 베드로와 함께 "높은 산" 위로 예수님을 따라갔던 야고보와 요한처럼 되면, 예수님의 그 거룩한 모습을 볼 수 있습니다. 본디 멀리까지 들리는 강력한 말씀에서 유래하는 별명으로 불리던 그들에게는 영적인 "천둥"(마르 3,17 참조)이 전혀 부족하지 않습니다.

그러나 그리스도교의 가르침을 진리를 사랑하는 마음으로 탐구하지 않는 켈수스와 하느님 로고스 적대자들이 예수님의 다양한 모습의 의미를, 그리고 덧붙여 말해야 하려니와, 또한 그분의 다양한 연령대의 의미와 수난 이전과 죽은 이들로부터의 부활 이후에 이루신 모든 일의 의미를 어떻게 알겠습니까?

78. 이어서 켈수스는 늘 하던 식으로 다음과 같이 말합니다. "게다가 그 신이 희극 작가들 작품의 제우스처럼 참으로 오랜 잠에서 깨어나 인류를 그들의 죄악에서 해방하고자 했다면, 도대체 어째서 당신들이 말하는 그 영을 단 한 군데 벽촌에만 파견했는가? 신은 (예수에게와) 같은 방식으로 많은 몸에 영을 불어넣어 온 세상에 파견했어야 마땅했을 것이다. 희극 작가는 관객의 폭소를 불러일으키려는 의도로, 제우스가 잠에서 깨어나 헤르메스를 아테네인들과 스파르타인들에게 파견했다고

글을 썼다.[182] 그러나 당신은 신의 아들이 유대인들에게 파견된다는 더 터무니없는 이야기를 꾸며 내려는 게 아닌가?"[183] 여기서도 "폭소를 불러일으키고자 하는 희극 작가"를 끌어들이고, 우주의 창조주이신 우리 하느님을 "잠에서 깨어나 헤르메스를 파견하는" 그 희극의 한 배역에 견주는 켈수스의 전혀 철학자답지 않은 경박한 대응 방식을 눈여겨보십시오. 우리는 이미 앞에서[184] 하느님께서는 이를테면 "오랜 잠"에서 일어나시어, 이제야 비로소 육화를 통한 구원 계획을 실현하실 동기가 충분하기에, 예수님을 인류에게 파견하신 게 아니라고 확언했습니다. 사실 하느님은 언제나 인류에게 자비를 베푸셨습니다. 그러나 하느님의 로고스께서 인간들의 영혼 안으로 오시지 않았다면, 인간들 사이에 숭고하고 선한 일은 일어나지 않았을 것입니다. 물론 그들은 짧은 시간 동안만 하느님 로고스의 그런 구원 작용을 받아들일 수 있었습니다.

이른바 "단 한 군데 벽촌"으로의 예수님의 오심 역시 충분한 이유가 있어 일어난 일입니다. 과연 하느님은 단 한 분이시라는 것을 익히 알고 또 그분 예언자들의 글을 읽어 메시아 예고도 알고 있던 사람들에게, 그렇게 예고되었던 분이 그리스도교의 가르침이 "단 한 군데 벽촌"으로부터 "온 세상"으로 퍼져 나가야 할 그 시점에 필연적으로 오셔야 했던 것입니다.

---

182   참조:『고전 그리스 희극 단편』3, 잠자는 신 비유는 이미 에피쿠로스학파가 스토아학파의 세상 창조 사상을 반박하는 데 사용했다. 키케로『신들의 본성』1,21: "어째서 세계 조성자들은 전에는 무수한 세월 동안 잠자다가 갑자기 나타났는가?"

183   켈수스의 비난은 그리스도교의 유일성 원리를 삼중으로 겨냥하고 있다. ① 신이 단 하나의 인간 몸 안에 산다. ② 신이 세상의 단 하나의 장소에 나타난다. ③ 신이 역사의 단 하나의 시점에 현존한다. 이 반론에 맞서 오리게네스는 아래에서 반대 순서로 시간적 · 공간적 · 교회론적 관점에서 로고스의 보편성을 명시한다.

184   참조:『켈수스 반박』4,3-4.

79. 그러므로 인간들이 살고 있는 "온 세상"을 하느님의 로고스를 통해 환히 비추기 위해, 예수님의 몸과 영과 같은 몸과 영이 세상 곳곳에 "많이" 생겨나야 하는 것도 아닙니다. 더 자세히 말하면, 그분을 기꺼이 받아들이고자 했던 인간들의 영혼에 유대아 지방으로부터 빛을 보내기 위해서는, 이를테면 "의로움의 태양으로 드높이 떠오른"(말라 3,20 참조) 로고스 단 한 분으로 충분했습니다. 한 분 그리스도의 본을 따라 세상 곳곳에서 인간들의 구원을 위해 헌신하는, 하느님 영으로 충만한 "많은 몸"을 보고 싶은 사람은, 어디서나 예수님의 가르침을 깨끗하고 바른 방식과 형태로, 그리고 덕성스러운 삶을 통해 선포하는 이들을 눈여겨보십시오. 이들 자신도 성경에 따르면 "기름부음받은이들(그리스도들)"이라 불립니다. "나의 기름부음받은이들을 건드리지 말고, 나의 예언자들을 괴롭히지 마라"(시편 105,15).[185]

우리는 "'그리스도의 적'이 온다"는 말을 들었고 또 "지금" 이 세상에 "많은 '그리스도의 적들'이 존재한다"는 것을 알고 있지만(1요한 2,18 참조), 또한 그리스도께서 이 세상에 오셨고 또 그분을 통해 많은 그리스도들이 생겨났다는 것도 알고 있거니와, 그들은 그리스도를 본받아 "정의를 사랑하고 불의를 미워했고"(시편 45,8; 히브 1,9), 그래서 그들에게도 "그리스도의 하느님께서 기쁨의 기름을 부어 주셨습니다"(시편 45,8). 하지만 그리스도께서는, 이렇게 말해도 되려니와, "당신 동료들보다 더 많이" 정의를 사랑하고 불의를 미워하셨고, 또 처음으로 온전한 기쁨의 기름 부음을 받으셨습니다. 반면 그리스도의 동료들은 각자 받을 수 있었던 만큼씩 그분의 기름부음받으심의 한몫을 받았습니다. 과연 이

---

185   오리게네스 『요한 복음 주해』 6,42에도 비슷한 내용이 나온다.

제 그리스도께서 "교회의 머리"(콜로 1,18)이시기에 그리스도와 교회는 한 몸을 이루며, 그래서 "머리 위의 좋은 기름"이, 성숙한 사람의 상징인 "아론의 수염 위로, 그의 옷깃 위로 흘러내립니다"(시편 133,2).

　지금까지 내가 한 말은 "그 신은 같은 방식으로 많은 몸에 영을 불어넣어, 온 세상에 파견했어야 마땅했다. … 그러나 희극 작가들은 폭소를 불러일으키려는 의도로, 제우스를 오래 재웠다가 깨워서는 헤르메스를 아테네인들에게 파견하게 했다. …"는 켈수스의 경박한 언사에 대한 반박이었습니다. 하느님의 본성은 잠이 필요하지 않다는 것을 잘 알고 있는 이성은 우리에게, 하느님께서는 세상 일들을 합당한 이유가 요구하는 적절한 때에 맞추어 주재하신다는 것을 깨우쳐 줍니다. "하느님의 결정들은 위대하고 설명하기 어렵기" 때문에, 켈수스 같은 "무지한 영혼들이 빗나가는"(지혜 17,1 참조) 것은 놀라운 일이 아닙니다. 아무튼 유대인들에게 예언자들이 나타났고 또 하느님 아들이 파견되시어 몸을 지니고 당신 일을 시작하셨고, 마침내 하느님에게 오랫동안 버림받고 싶어 하지 않는 영혼들의 세상을 위해 권능과 영을 지니고 태양처럼 드높이 떠오르신(말라 3,20 참조) 사실에는 "터무니없는" 것이라곤 전혀 없습니다.

80. 이어서 켈수스는 기만적인 점성술을 인간들에게 퍼뜨린 "칼데아인들을 매우 거룩한 민족들에 포함시키는" 것을 옳다고 여깁니다.[186] 그리고 켈수스는 "마술사들"도 "매우 거룩한 민족들"에 포함시키는데, 그들 이름을 따서 "마술"이라고 지칭되는 짓거리가 그들에게서 다른 민

186　켈수스의 민족 목록들에 관해서는 참조: 『켈수스 반박』 1,14(이집트, 아시리아, 인도, 페르시아 민족).

족들에게도 이르러, 그 짓에 종사하는 자들을 타락·파멸시켰습니다.
이집트인들은 우리가 앞에서[187] 상술한 대로, 그리고 켈수스의 견해에
따르더라도, 올바른 길을 잃고 헤매고 있으니, 그들은 신전을 빙 둘러
이른바 성역을 가지고 있지만, 그 안에는 "원숭이, 악어, 염소, 뱀" 따위
의 짐승들만 들어차 있기 때문입니다. 그러나 켈수스는 "이집트 민족"
도 "매우 거룩한 민족"이라고, 그것도 "처음부터 매우 거룩한 민족"이
라고 단언하는 것이 합당하다고 여기는데, 아마도 그들이 "처음부터"
유대인들을 적대했기 때문인 것 같습니다. 자기 어머니와 혼인하고 딸
과 성교를 하는 "페르시아인들"도 켈수스에게는 "거룩한 민족"으로 보
이며, 또한 그가 앞에서[188] 언급한 것처럼, 인간의 살을 먹는 "인도인들"
을 비롯한 몇몇 종족도 그렇게 보입니다. 이런 짓들을 "유대인들", 특
히 옛날의 유대인들은 전혀 하지 않았는데, 켈수스는 그들을 "매우 거
룩하다"고 하지 않을 뿐더러, "머지않아 멸망하게 되어 있다"라고 말합
니다. 이 운명을 켈수스는 마치 무슨 선견자처럼 통고하는데, 유대인들
을 위한 하느님의 구원 계획 전체와 예부터 이어져 오는 그들의 칭송할
만한 삶의 방식은 보지 못하고 있습니다. 그리고 "유대인들의 잘못으
로 다른 민족들이 구원을 받게 되었고" "그들의 잘못으로 세상이 풍요
로워졌으며, 그들의 실패로 다른 민족들이 풍요로워졌다"(로마 11,11-12
참조)는 것, 그러나 "다른 민족들의 수가 다 차면, 온 이스라엘이 구원을
받게 되리라"(로마 11,25-26 참조)는 것도 켈수스는 이해하지 못하고 있습
니다.

---

187   참조: 『켈수스 반박』 3,17.

188   참조: 『켈수스 반박』 5,27(페르시아인들); 5,34(인도인들)

81. 켈수스가 어떻게 하느님에 관해 "모든 것을 알고 있는 그 신이 자기 아들을 악한 인간들에게 파견하면서, 그들이 그에게 악행을 저지르고 또 처벌하리라는 것을 몰랐다"라고 말할 수 있는지 나도 모르겠습니다. 그는 의도적으로 우리의 가르침을 잊어버린 체하는 것으로 보이거니와, 이 가르침에 따르면 예수 그리스도께서 겪으셔야만 했던 모든 고난은 예언자들이 하느님의 영 안에서 미리 보았고 또 예고했던 것입니다(루카 24,26-27 참조). 이 가르침과 "그 신은 자기 아들을 악한 인간들에게 보내면서, 그들이 그에게 악행을 저지르고 또 처벌하리라는 것을 몰랐다"라는 켈수스의 주장은 양립할 수 없습니다. 그러나 켈수스는 또 즉시 "그리스도인들이 자신들을 변호하기 위해, 그런 일이 오래전에 예고되었다고 꾸며 대고 있다"고 노골적으로 말합니다.

아무튼 제6권의 분량이 충분히 많아졌기에, 여기서 우리의 상론을 끝맺고 하느님의 도우심으로 제7권을 시작하려고 합니다. 켈수스는 자기 책에서 예언자들이 예수님에 관한 이 모든 일을 예고했다는 우리의 주장을 공박할 수 있다고 믿고 있습니다. 그의 공박이 매우 길고 두서없어, 더 상세하고 긴 반박이 필요합니다. 그래서 우리는 책 분량 때문에 어쩔 수 없이 상론한 내용을 축약하거나, 제6권이 적당한 분량을 넘어 계속 늘어나도록 놔두지 않고 여기서 마무리하겠습니다.

제7권

1. 존경하는 암브로시우스 형제여, 앞선 제6권에서 우리는 그리스도교에 대한 켈수스의 비난을 힘을 다해 반박했습니다. 가능한 한 어떠한 비난도 검증하지 않은 채 넘어가지 않았고, 우리가 할 수 있는 반박은 결코 게을리하지 않았습니다. 우리는 켈수스가 비난하는 바로 예수 그리스도를 통해, 그분은 "진리"이시기에(요한 14,6 참조), 거짓을 반박하는 논거들이 "우리 마음을 비추게" 해 주시기를(2코린 4,6 참조) 하느님께 간청하면서, 이제 제7권을 시작합니다. 또한 우리는 "당신의 진리로 그들을 멸망시키소서"(시편 54,7)라는 저 예언자의 간청도 되잡습니다. 과연 진리를 거스르는 그들의 언설은 오히려 하느님의 진리에 의해 멸망하거니와, 그러고 나면 모든 혼란에서 벗어난 이들은 "제가 기꺼이 당신께 제물을 바치오리다"(시편 54,8)라고 말할 수 있으며, 온 우주의 하느님께 연기 나지 않는 영적 제물을 드릴 수 있습니다.

2. 이제 켈수스는 그리스도 예수님에게서 이루어진 일들이 유대교 예언자들에 의해 이미 예고되었다는 우리의 가르침을 공박하는 것을 자신의 과업으로 삼고 있습니다.[1] 우리는 우선 켈수스의 출발점을 검증하고자 합니다. 그는 유대인들의 하느님과 다른 신을 내세우는 자들은

자기의 반론에 대해 도무지 응수하지 못하며, 반면 유대인의 하느님과 동일한 하느님을 고수하는 우리는 그러나 스스로를 변호하기 위해 그리스도에 관한 예언들로 도피한다고 생각합니다. 이에 관해 켈수스는 이렇게 말합니다. "그들이 어떤 변명거리를 찾아내는지 살펴보자. (유대인들의 신과) 다른 신을 내세우는 자들은 변명거리를 전혀 찾아내지 못한다. 그러나 동일한 신을 공경하는 이들은 물론 저 영리한 말을 노상 반복하니, '그 일들은 일어날 수밖에 없었다'는 것이다. 그리고 그 증거는 '그 일들이 이미 오래전에 예언되었다'는 것이다." 이에 대해 우리는 이렇게 응수하겠습니다. 켈수스가 바로 앞에서[2] 예수님과 그리스도인들에 관해 언급한 내용은 근거가 매우 빈약해서, 다른 신을 내세우고 또 그래서 무도하게 처신하는 자들조차도 켈수스의 말에 맞서 아주 쉽게 반론을 제기할 수 있습니다. 그리고 (믿음이) 약한 이들에게 그릇된 가르침을 인지하는 계기를 제공하는 것이 부절적하지만은 않다면, 우리 자신이 "다른 신을 내세우는 자들"은 켈수스의 언설에 맞서 스스로를 변호할 수 있는 논거들을 가지고 있지 않다는 그의 주장이 거짓임을 입증했을 것입니다. 그러나 우리는 이제 단지 예언자들과 관련해서만 우리 자신을 변호하고, 또 그로써 우리가 앞에서[3] 상술했던 것을 보충하고자 합니다.

---

1 구약성경과 신약성경이 서로 의미를 비추어 준다는 것에 관해서는 참조: 『켈수스 반박』 7,1-25; P.J. Gorday, Moses and Jesus in Contra Celsum 7,1-5: Ethics, History and Jewish-Christian Eirenics in Origen's Theology: *Origen of Alexandria. His World and his Legacy* (hrsg. von C. Kannengiesser/ W. L. Petersen = CJAn 1), Notre Dame, Ind. 1988, 313-336.

2 참조: 『켈수스 반박』 6,72-75.78.

3 참조: 『켈수스 반박』 1,35-37; 2,28-29.37; 3,2-4; 6,19-21.

3. 이제 켈수스는 이렇게 말합니다. "피티아, 도도나의 여사제들, 클라로스의 신, 브란코스인들의 경우, 아몬 신전에서,⁴ 그리고 수많은 다른 선견자들이 예언한 것들 — 이것들로 말미암아 온 세상에 도시들과 거주지들이 건설되었음이 확실하거니와⁵ — 을 그들은 하찮은 것으로 여긴다. 그러나 그들은 유대아 지방 사람들이 그들 방식으로, 그리고 오늘날에도 페니키아와 팔레스티나⁶ 주민들이 말하곤 하는 방식으로, 말했거나 말하지 않은 것은, 찬탄할 만하고 폐기될 수 없는 것으로 여긴다." 우리는 켈수스가 방금 열거한 "피티아"를 비롯한 신탁 장소들에 관한 견해들을 반박하는 데 이용할 수 있는 적지 않은 구절들을 아리스토텔레스와 그의 학파 철학자들의 글에서 가져올 수 있다는 사실을 언급해 두고자 합니다. 또한 사람들은 이 주제에 관한 에피쿠로스와 그의 동조자들의 언명들을 제시하면서, 온 그리스가 수용·경탄하는 그런 신탁들을 배척하는 그리스인이 적지 않다는 사실도 밝힐 수 있을 것입니다.⁷

---

4   피티아는 델피의 아폴론 신전의 여사제이자 예언녀다(카스탈리아). 도도나는 에피루스에 있는 가장 오래된 제우스 신탁 장소다. 클라로스는 이오니아 지방에 아폴론 신전이 있는 장소이고, 그래서 아폴론의 별명이다(클라리오스). 브란코스인들은 밀레토스 부근 디디마의 신탁 장소의 좌장인 브란코스의 후예들이다; 아몬은 리비아 지역에서 제우스를 부르는 이름이다. 참조:『켈수스 반박』5,34.

5   참조:『켈수스 반박』8,45.

6   참조:『켈수스 반박』7,9.

7   참조:『켈수스 반박』8,45. 아리스토텔레스에 관해서는 참조: 위-아리스토텔레스『세계』4,395b; 신탁은 땅속에서 솟아 나오는 증기(안개/연기)를 신탁을 전하는 자가 흡입함으로써 산출된다(참조: 카이사리아의 에우세비우스『복음의 준비』4,2,13-14). 점복술을 배척한 에피쿠로스『단편』395에 관해서는 참조: 키케로『신의 본질』2,162;『점술』2,40; 이교 측의 신탁 비판을 그리스도교 호교가들이 수용한 것에 관해서는 참조: G. Dorival, L'apologétique chrétienne et la culture grecque: *Les apologistes chrétiens et la culture grecque* (hrsg. von B. Pouderon/ J. Doré = ThH 105), Paris 1998, 445-446.

제7권

우리는 피티아의 응답이나 그 밖의 신탁들이 신의 영감을 받은 것처럼 인간이 꾸민 것은 아니라는 것은 인정할 수도 있을 것입니다. 그러나 사람들이 신탁들의 진정성을 인정한다 하더라도, 우리는 그 신탁들을 이런저런 신들에게서 비롯하는 것으로 반드시 시인해야만 하는지, 아니면 반대로 어떤 악한 다이몬들이나 영들의 작용으로 보아야 하는지를, 사안들을 진실 사랑의 마음으로 탐구하는 이들이 밝혀낼 수 있는지 알아보고자 합니다. 인류에게 적의를 품고 있는 그런 다이몬이나 영들은 인간 영혼의 고양과 덕으로 가는 길에서의 진전과 참된 하느님 공경의 회복을 방해하고자 합니다.[8] 아무튼 그 신탁의 탁월함과 명성이 다른 신탁들보다 월등하다고 여겨지는 피티아 예언녀가 카스탈리아 동굴의 갈라진 틈 위에 앉아 자신의 생식기로 영을 받아들이고는,[9] 영으로 충만하여 존중해야 마땅한 거룩한 신탁을 선포한다는 보고가 전해 옵니다. 여기서 그 영의 정결하지 않고 거룩하지 않은 특성이 분명히 드러나지 않는지 숙고해 보십시오. 영이 여자 생식기보다 훨씬 정결한 눈에 보이지 않는 미세한 피부 구멍을 통해 예언녀의 영혼으로 스며들어가지 않고, 단정한 인간이라면 만지는 것은 말할 것도 없고 보아서도 안 되는 신체 부분을 통해 영혼으로 올라간다니 말입니다. 그런데 이런 현상이 한두 번도 아니고 ─ 한두 번이라면 견뎌 낼 만도 하려니와 ─ 사람들이 그녀가 아폴론의 작용으로 예언을 한다고 믿을 때마다 일어난다고 합니다.[10]

---

8   이어지는 단락들에서의 신탁 비판에 관해서는 참조: T. Sardella, *Prognōsis e mantikē in Origene: Aug. 29* (1989) 302-306.

9   참조: 『켈수스 반박』 3,25와 각주 46.

10   플라톤 『티마이오스』 71; 『파이드로스』 244가 이미 그렇게 보았다.

그러나 이른바 그 예언녀를 무아경과 미친 듯한 상태에 빠지게 하여 완전히 제정신이 아니게 만드는 것도, 거룩한 영의 작용이 아닙니다. 왜냐하면 거룩한 영에 사로잡힌 사람은, 신탁을 통해 조화롭고 자연스러운 삶에 도움이 되는 교시를 얻으려는 여느 인간보다 훨씬 먼저, 신과 합일함으로써 자신의 유익이나 이득을 위한 도움을 받고, 특히 그 시간에 아주 명확한 통찰력을 지니고 있을 터이기 때문입니다.

4. 그러므로 우리는 성경의 언명들에 근거하여, 유대교 예언자들은 예언에 도움이 되도록 하느님 영의 비추임을 받았으며, 또한 어떤 숭고한 존재가 자신을 찾아왔음을 체험했다는 것을 입증할 수 있습니다. 그리고 그들의 영혼이, 이렇게 말해도 되려니와, 이를테면 하느님 영에 의해 "건드려짐"으로써, 그들 오성의 통찰력이 더 명확해지고 그들 영혼의 혜안이 더 예리해졌습니다. 그뿐 아니라 그들의 몸 역시 이제는 덕성스러운 삶에 전혀 장애가 되지 않았으니, 그 몸이 "육의 관심사"(로마 8,6-7)에 무관심해졌기 때문입니다. 과연 우리는 하느님의 영께서 "육의 행실"(로마 8,13)을, 그리고 하느님을 거역하는 "육의 관심사"에서 비롯하는 적개심을 죽이셨다고 확신하고 있습니다.

그러나 피티아 예언녀가 신탁을 선포하는 동안 무아경에 빠져 전혀 제정신이 아니라면, 인간의 오성과 사고력에 어둠을 쏟아붓는 그 영은 어떤 부류의 것이라고 해야 하겠습니까? 적지 않은 그리스도인들이 마술이나 의술의 이런저런 수단을 이용하지 않고 오로지 기도와 간단한 악령 축출 문구 그리고 단순한 사람들도 사용할 수 있는 여러 방법을 통해, 병자들에게서 쫓아내는 다이몬들도 이런 부류의 영이 아니겠습니까? 그런데 그런 일을 해내는 사람들은 대체로 교육을 많이 받지 못한 이들이거니와, 여기서 그리스도의 말씀에 내재하는 은총이 다이몬들의 하찮음과 무력함을 실증한다는 것이 뚜렷이 드러납니다. 사실 다이몬들을 굴복시키고 인간의 영혼과 몸에서 쫓아내기 위해, 자신의 신앙을 합리적으로 확증할 수 있는 학식 있는 사람이 꼭 필요한 것은 전혀 아닙니다.[11]

5. 아무튼 실제로 그리스도인들과 유대인들에게서만이 아니라, 많은 그리스인들과 다른 민족들에게서도 인간의 영혼은 몸에서 분리된 후 존속한다는 믿음이 지배적입니다. 그리고 죄악이라는 납 찌꺼기의 무게 때문에 무거워지지 않은 순수한 영혼은 이승의 상스러운 몸과 그것과 결부된 오염을 떠나 더 순수하고 정기精氣(에테르)적인 몸들의 영역으로 둥실 떠오르는[12] 반면, 죄악 때문에 땅으로 끌어내려져 한 번도 편한 숨을 쉬지 못하는 타락한 영혼은 이 땅에서 이리저리 헤매며 떠도는데, 어떤 것은 "무덤가에서"— 여기서 "그림자 같은 영혼들의 환영이 목격되었다"[13]고 합니다 — 또 어떤 것은 그냥 여기저기를 떠돈다는 것을 이성이 밝혀 주고 있습니다. 그런데 특정한 마술이나 주문 때문이든, 자신의 죄악 때문이든, 모든 시대에 걸쳐 이런저런 건물이나 장소에 붙박여 있어야 하는 영들은 어떤 부류라고 해야 하겠습니까? 아무튼 이성은 그런 영들은 악한 존재로 여기라고 요구하니, 그것들이 그 자체로는 윤리적으로 선하지도 악하지도 않은 예지 능력을 인간을 미혹하는 데, 또 그들이 하느님과 깨끗하고 바른 하느님 공경을 저버리게 하

---

11   참조:『켈수스 반박』1,6.

12   참조: 플라톤『파이드로스』246b-247c;『국가』519b.

13   참조: 플라톤『파이드로스』81c-d;『켈수스 반박』2,60과 각주 82.

는 데 이용하기 때문입니다. 그런 존재들의 삿됨과 저열함은, 그것들의 몸이 제물의 굳기름 태우는 연기와 피와 번제물을 좋아한다는, 이를테면 거기서 삶의 기쁨을 찾는다는 사실에서 뚜렷이 드러납니다. 이는 타락한 인간들이 관능적인 몸 밖의 정결한 삶에 대한 갈망을 전혀 느끼지 않고, 오히려 감각적 즐거움을 추구하기 위해 오로지 이승의 몸 안에서의 삶에만 몰두하는 것과 비슷합니다.

델피의 아폴론이 그리스인들이 믿는 것처럼 정말로 신이라면,[14] 아폴론은 자신의 예언자로 누구를 선택해야 했을까요? 우선 지혜로운 남자여야 마땅했겠고, 그런 사람이 없었다면, 적어도 지혜로 가는 길에서 진척이 있는 사람을 선택해야 마땅했을 것입니다. 그런데 아폴론은 어째서 자신의 신탁을 남자가 아니라 여자를 통해 전해 주고자 했을까요? 만일 아폴론이 남성은 이용할 수 없었거나 아니면 다른 무엇보다 여성 생식기를 좋아했기 때문에 여성을 선호했다면, 그는 자기 뜻의 통지를 위해 여느 여자가 아니라 처녀를 선택했어야 하지 않았을까요?

6. 그리스인들이 경탄하는 그 피티아의 신이 신의 영감을 받기에 합당하다고 여긴 인간은, 그리스인들이 생각하는 것과는 달리, 현인도 아니었고, 아예 남자도 아니었습니다. 그리고 여성 중에서도 처녀나 철학을 통해 값진 지식을 습득한 지혜로운 여인도 아니었고, 교육받지 못한 평범한 여자였습니다. 아마도 수준 높은 인간들은 아폴론의 영감이 작용하기에는 너무 빈틈이 없었던 것 같습니다. 다른 한편 아폴론이 참으로 신이었다면, 자신의 예지를 인간들의 회개와 치유와 도덕적 향상을

14　예증들에 관해서는 참조: H.Y. Gamble, Euhemerism and Christology in Origen: Contra Celsum III 22-43: VigChr 33 (1979) 23과 각주 25.

불러일으키는 이른바 미끼로 사용했어야 합니다. 그런데 아폴론에 관한 그런 이야기는 전혀 전해 오지 않습니다. 비록 아폴론이 소크라테스를 모든 인간 가운데 가장 지혜로운 자라고 말했다지만,[15] 에우리피데스와 소포클레스에 관한 언급을 덧붙임으로써, 자신의 칭송을 별것 아니게 만들었습니다. "소포클레스는 지혜롭지만, 에우리피데스는 더 지혜롭다." 아폴론이 그가 지혜롭다고 표현한 이 비극 작가들보다 소크라테스를 — 이들은 무대와 합창대석에서 하찮은 상을 받기 위해 서로 싸우고 관객들에게 때로는 비애와 탄식을, 때로는 상스러운 폭소를 불러일으키는데, 후자는 익살극이 겨냥하는 것입니다[16] — 더 수준 높다고 여긴 사실은, 소크라테스가 자신의 품위와 진리 사랑과 철학 때문에 그런 인정과 칭송을 받은 것은 전혀 아니었다는 것을 알려 줍니다. 아폴론이 소크라테스를 모든 인간 가운데 가장 지혜로운 이라고 선언한 것은, 아마도 그의 철학(지혜에 대한 사랑) 때문이라기보다는, 그가 자기와 그 밖의 영적 존재들에게 바친 제물과 굳기름 태우는 연기 때문이었을 것입니다.

사실 다이몬들이 제물을 봉헌하는 사람들의 간청을 들어주는 것은, 그들의 덕행 실천 때문이 아니라 봉헌물 때문인 것으로 여겨집니다. 작가들 가운데 으뜸인 호메로스는 그런 일에 관해 서술하고, 제물 봉헌자의 소원을 이루기 위해 다이몬을 움직이는 데 매우 유용한 방법에 관한 정보를 제공하면서, 크리세스를 등장시킵니다. 크리세스는 몇 개의 화관과 황소와 염소의 넓적다리를 제물로 바치고, 자기 딸을 위해 그리

---

15   참조: 플라톤 『변론』 21a.

16   아테네의 전형적인 연극 경연 대회는 매번 세 편의 비극과 이어지는 한 편의 익살극으로 이루어졌고, 그래서 비극 작가들은 희극 장르에서도 자신의 능력을 입증해야만 했다.

스인들을 거슬러 기도했던 바를 얻었으니, 그리스인들은 전염병 때문에 할 수 없이 그에게 딸 크리세이스를 돌려주었습니다.[17] 나는 호메로스 글의 숨겨진 의미에 관해 어떤 피타고라스학파 사람[18]이 쓴 책을 읽은 것을 기억하고 있습니다. 크리세스가 아폴론에게 기도했고 아폴론이 그 기도를 들어주어 그리스인들에게 전염병을 보냈다는 것은, 호메로스가 이런저런 악한 다이몬들의 존재를 알고 있었다는 사실을 가르쳐 주거니와, 그 다이몬들은 제물이 탈 때 올라가는 연기를 좋아했고, 그 보상으로 제물 봉헌자가 청하는 다른 인간들의 파멸을 이루어 주었습니다.

"씻지 않은 발로 땅바닥에서 잠을 자는" 예언자들이 머무르는 "겨울 같은 도도나를 관장하는 신"[19] (곧 제우스) 역시 자신의 예언을 전달하기 위해, 켈수스가 말했듯이, 남자는 물리치고 "도도나의 예언녀들"을 이용했습니다. 아무튼 이렇듯 어슷비슷한 신탁 전달자들이 "클라로스"에, "브란코스인들" 경우에, "아몬 신전"에, 또 이 세상 곳곳에 존재하니, 거기서 작용하는 존재가 신들인지 이런저런 다이몬들인지를 무엇에 근거해서 입증해야 하겠습니까?

7. 유대교 예언자들에 관해 말하자면, 그들 가운데 더러는 예언의 은사와 하느님의 영감을 받기 전에 이미 지혜로웠고, 또 더러는 예언직 소명을 통해 비로소 영적 비추임을 받고 지혜로운 사람이 되었습니다. 그 예언자들은 하느님의 영을 받고 하느님이 불어넣어 주시는 예언을 선

---

17   참조: 호메로스『일리아스』1,34-53.

18   해당 작품이 확인되지는 않았지만, 아마도 누메니오스일 것이다.

19   호메로스『일리아스』16,234-235.

포하기 위해 섭리에 의해 선택되었으니, 과연 그들은 엄청난 확고함, 솔직함 그리고 죽음이나 이런저런 위험 따위를 전혀 두려워하지 않는 의연함으로 특징지어지는 비길 데 없는 삶을 살았습니다.[20] 만유를 주재하시는 하느님의 예언자들이 그런 특성들을 뚜렷이 보여 주어야 하는 것은 이성의 요구이기도 하거니와, 이에 견주면 안티스테네스와 크라테스와 디오게네스의 의연함은 애들 장난처럼 보입니다.[21] 예언자들은 열정적으로 진리를 선포하고 죄인들을 대놓고 꾸짖었기 때문에, "돌에 맞아 죽기도 하고 톱으로 잘리기도 하고 칼에 맞아 죽기도 하였습니다. 그들은 궁핍과 고난과 학대를 겪으며 양 가죽이나 염소 가죽만 두른 채 돌아다녔습니다. 그들에게는 세상이 가치 없는 곳이었습니다. 그래서 광야와 산과 동굴과 땅굴을 헤매고 다녔습니다"(히브 11,37-38). 그러면서 그들의 눈길은 언제나 하느님을, 그리고 "하느님의 보이지 않는 본성"(로마 1,20)을 향하고 있었거니와, 이것은 감각적으로 인지할 수 없으며 그래서 "영원"합니다(2코린 4,18 참조).

예언자 한 사람 한 사람의 삶은 성경에 기록되어 있습니다. 지금 우리의 설명을 위해서는 모세 — 율법서에 기록되어 있는 예언들 가운데에는 그에게 소급되는 것도 있습니다 — 의 삶, 자신의 이름을 단 예언서에 묘사되어 있는 예레미야 삶 그리고 온갖 심신 단련을 견뎌 내고 삼 년 동안 "알몸과 맨발로" 돌아다닌(이사 20,2-3 참조) 이사야의 삶을 지적하는 것으로 충분하다고 하겠습니다. 그 밖에 고기 섭취를 단념했기에 채소와 물만 먹고 마셨던 다니엘과 그의 동료들(다니 1,11-16 참조) 같

---

20 참조: 오리게네스 『예레미야서 강해』 15,1.

21 그리스 견유학파 철학자 중 가장 저명한 세 대표자다. 안티스테네스가 창시자다. 크라테스와 디오게네스에 관해서는 참조: 『켈수스 반박』 2,41 (무소유에 대한 그들의 사랑의 사례를 제시함).

은 젊은이들의 엄격한 삶도 주목하십시오. 또한 당신이 할 수 있다면, 아주 먼 옛날 노아가 예언을 했을 때(창세 9,25-27 참조), 그리고 이사악이 아들에게 예언하며 축복했을 때(창세 27,27-29 참조), 또 야곱이 열두 아들에게 "너희는 모여들 오너라. 뒷날 너희가 겪을 일을 내가 너희에게 일러 주리라"(창세 49,1)라고 말했을 때의 일들도 숙고해 보십시오. 이 사람들과 "수많은 다른 이들"이 하느님 이름으로 예언을 했고, 또한 예수 그리스도와 관련되는 일들도 예고했습니다. 그런 까닭에 우리는 "피티아, 도도나의 여사제들, 클라로스의 신, 브란코스인들의 경우, 아몬 신전에서, 그리고 수많은 다른 선견자들이 예언한 것들을 하찮은 것으로" 여깁니다. 이와는 달리 우리는 "유다 지방 사람들"이 예언한 것은 찬탄하니, 그들의 엄격하고 의연하고 거룩한 삶이 하느님의 예언을 새로운 방식으로 전해 주었던 하느님 영을 영접하기에 합당했다는 것을 알고 있기 때문이거니와, 이 방식은 다이몬들의 작용에서 유래하는 신탁과 전혀 공통점이 없습니다.

8. 그런데 켈수스가 "유대아 지방 사람들이 그들 식으로 말한 것"이라는 말에 왜 "또는 말하지 않은 것"이라는 말을 덧붙였는지 나는 모르겠습니다. 아마도 그는, 아무래도 의심스러워서, 그들이 말하지 않은 것도 예언서에 기록되었을 수 있다고 주장하는 것 같습니다. 그러나 켈수스는 연대年代에 유의하지 않았고, 또 그 사람들은 아주 오래전부터 수많은 예언을 했으며, 그리스도의 오심에 관해서도 언명했다는 것을 알지 못했습니다. 아무튼 켈수스는 새삼 옛날 예언들을 깎아내리려는 의도로, "그들은 … 오늘날에도 페니키아와 팔레스티나 주민들이 말하곤하는 방식으로" 예언을 했다고 말합니다. 그러나 그는 유대교와 그리

스도교 가르침과 거리가 먼 사람들을 두고 하는 말인지, 아니면 유대교 내부에서 예언자들 어법으로 예언적 언명을 하는 사람들을 두고 하는 말인지 분명히 밝히지 않습니다. 켈수스가 어떤 의미로 말하든, 우리는 그의 주장이 진실이 아님을 밝힐 수 있습니다. 사실 우리 신앙과 거리가 먼 사람들은 예언자들이 이룬 일에 견줄 만한 일을 전혀 실행하지 못했으며, 또 예수님께서 오신 이후에는 유대인들 가운데 예언자가 출현했다는 보고가 최근에는 없습니다. 유대인들이 하느님을 거슬러 그리고 자기네 예언자들이 예고한 분을 거슬러 악행을 저질렀기 때문에, 성령께서 그들을 떠나 버리셨다는 것이 많은 사람의 일치된 견해입니다. 성령의 활동의 증거는 예수님의 전교 활동 시작과 그분 승천 이후 많이 또 뚜렷이 나타났으나, 그 이후에는 감소했습니다. 하지만 지금도 성령 활동의 자취는 영혼이 로고스에 의해, 그리고 그분 가르침에 부합하는 삶의 실천을 통해 정화된 소수의 사람들에게서 발견됩니다. 과연 "가르침을 주는 거룩한 영은 거짓을 피해 가고, 미련한 생각을 꺼려 떠나가 버립니다"(지혜 1,5).

9. 그러나 켈수스는 또 자신이 "페니키아와 팔레스티나에서의 예언 방식에 관해 들어서 정확히 알게 되었기 때문에, 그것에 관해 언급하려 한다"라고 약속합니다. 그래서 우리는 이 문제도 살펴보고자 합니다. 그는 우선 "예언에는 여러 유형이 있다"라고 말하는데, 그것들이 무엇인지는 물론 알려 주지 않습니다. 사실 켈수스는 전혀 그럴 능력이 없으며, 그저 허풍을 떨고 싶을 뿐입니다. 아무튼 우리는 켈수스가 어떤 유형을 "이 지역 사람들에게서 가장 완전한 것"으로 지칭하는지 알아보겠습니다. 그는 말합니다. "명망도 이름도 없는 많은 사람이 신전 안

팎에서, 아주 경박하게 그리고 아주 하찮은 동기로, 자신이 신탁을 통고하는 듯이 행동한다. 도시나 군부대 부근을 떠돌고 구걸하면서 그렇게 행동하는 자들도 있다. 하나같이 언제라도 다음과 같은 신탁을 쏟아 낼 태세가 되어 있는 듯하다. '나는 신이다, 신의 아들이다, 거룩한 영이다. 나는 이제 여기에 왔다. 왜냐하면 곧 세상은 멸망하고, 오 인간들아, 너희는 너희의 불의 때문에 파멸할 터이기 때문이다. 그러나 나는 너희를 구하고자 한다. 그리고 너희는 내가 하늘 군대와 함께 다시 오는 것을 보게 될 것이다. 복되다, 지금 나를 공경하는 사람! 다른 모든 자에게는, 도시와 시골에도, 내가 영원한 불을 퍼부을 것이다. 어떤 징벌이 자신을 기다리고 있는지 모르는 인간들은 헛되이 후회하고 탄식하게 될 것이다. 그러나 나를 믿은 인간들은 내가 영원히 지켜 줄 것이다."[22] 이어서 켈수스는 또 말합니다. "그들은 이렇게 주제넘은 위협적 언사를 내뱉고는, 수수께끼 같고 맥락 없고 전혀 모호한 말들을 덧붙이는데, 그 의미는 분별 있는 인간이라면 도무지 알아낼 수 없을 것이다. 그런데 그 말들은 바로 어슴푸레하고 몽롱하기 때문에, 멍청이나 사기꾼에게는 제멋대로 써먹을 수 있는 가능성을 제공해 준다."

10. 켈수스가 올바른 마음으로 비판하려 했다면, 예언들의 본문을 정확히 인용했어야 했습니다. 그랬어야 그 예언에서 화자가 전능하신 하느님인지, 아니면 하느님의 아들이나 거룩한 영인지 등을 밝힐 수 있었

---

22 사모사타의 루키아누스(기원후 2세기)가 확실한 역사적 사실에 근거하여 기술하는 바에 따르면, 아보누테이코스의 알렉산드로스와 페레그리누스 프로테우스 같은 떠돌이 예언자들이 시리아와 팔레스티나에 있었다. 켈수스는 내용상으로 그리스도교의 복음 선포를 패러디하고 있다. 물론 몬타누스파 예언자들을 암시하는 것일 수도 있다.

을 것입니다. 이런 식으로 켈수스는 예언적 언명들을 공박하고, 그 언명들은 하느님의 영감을 받은 게 아님을 밝히는 데 힘써야 했습니다. 사실 하느님의 영감을 받은 예언들의 내용은 죄인들의 회개, 당시 상황에 대한 비판, 그리고 장차 일어날 일들에 대한 예고입니다. 그래서 당시 사람들도 예언들을 기록하여 보존했으니, 후손들도 그것을 읽고 하느님 말씀으로 찬탄하도록, 또 질책하고 회개를 촉구하는 말씀으로부터 유익함을 끌어낼 뿐 아니라, 미래에 대한 예언의 실현으로부터는, 이 예언을 한 것은 하느님의 영이었다는 확신을 얻도록 하려는 것이었습니다. 또 그리하여 율법과 예언자들의 진리를 확신하는 그들이 앞으로도 계속 로고스를 따라 하느님 마음에 드는 삶을 살아가도록 하려는 것이었습니다.

예언자들은 하느님 뜻에 충실하게 어떠한 것도 숨기지 않고, 듣는 이들이 도덕적 향상에 유익하고 도움 되는 것으로 곧장 인식할 수 있는 내용을 언명했습니다. 그러나 신비롭고 비밀스러우며 보통 사람의 이해력을 벗어나는 진리에 대한 직관을 담고 있는 내용은 모두 "수수께끼"(민수 12,8; 잠언 1,6; 참조: 1코린 13,12), "우의"(갈라 4,24) 그리고 이른바 "잠언과 비유"(잠언 1,6) 또는 "금언"을 통해 표현했습니다. 그렇게 함으로써 덕과 진리를 위해 어떠한 수고도 마다하지 않고 기꺼이 감당하는 사람들이 그 의미를 탐구하고 발견하여, 이성의 요구에 맞게 적용하게끔 했던 것입니다. 그러나 우리의 고상한 켈수스는 자신이 예언자들의 그런 말씀을 이해하지 못하는 것이 화가 나서, 그 말씀을 이렇게 비방했습니다. "그들은 이렇게 주제넘은 위협적 언사를 내뱉고는, 수수께끼 같고 맥락 없으며 전혀 모호한 말들을 덧붙이는데, 그 의미는 분별 있는 인간이라면 도무지 알아낼 수 없을 것이다. 그런데 그 말들은 바로 어슴푸레하고 조리가 맞지 않기 때문에, 멍청이나 사기꾼에게는 제멋대로 써먹을 수 있는 가능성을 제공해 준다." 내가 보기에 켈수스는 못된 의도로 이 말을 했으니, 예언과 맞닥뜨린 사람들이 그것을 탐구하여 의미를 찾아내려는 것을 어떻게든 방해하려고 하기 때문입니다. 그의 행태는 어떤 사람에게 가서 미래를 예고해 주는 예언자에 관해 다음과 같이 말한 자와 똑같습니다. "그 미친 녀석이 왜 그대에게 왔소?"(2열왕 9,11).

11. 지금 켈수스가 거짓을 말하고 있다는 것 그리고 예언들은 하느님의 영감을 받았다는 것을 입증해 줄 수 있는 근거들이 — 우리의 지적 능력으로 파악하기는 매우 어렵습니다마는 — 확실히 있습니다. 이 입증을 우리도 이사야와 에제키엘 그리고 열두 소예언자들 가운데 몇 명의, 켈수스에 따르면 "맥락 없고 전혀 모호한 말"을 주석할 때, 능력껏 시도한 바 있습니다.[23] 그리고 하느님께서 당신이 뜻하실 때 우리에게 당신 말씀에 대한 더 깊은 이해를 선사하시면, 이 저자들에 관한 이미 완성된 작품에 나머지 저자들에 관한 작품 또는 최소한 우리가 그때 설명할 수 있을 내용에 관한 작품을 추가할 것입니다. 그러나 성경을 연구하고자 하는 다른 사람들 역시, 이해력이 있다면, 성경의 많은 구절이 실제로 "모호"하지만, 켈수스의 주장처럼 "조리가 맞지 않은" 것은 아니기 때문에, 그 의미를 찾아낼 수 있을 것입니다. 그러나 "멍청이나 사기꾼"은 언명된 내용에 대한 명백한 해석을 제시하거나, 그것을 "제멋대로 써먹지"는 못할 것입니다. 참으로 그리스도 안에서 지혜로운 사람들만이 "영적인 것을 영적인 것으로 비교하고"(1코린 2,13 참조) 성경

---

23   244~246년에 카이사리아에서 저술된 『열두 소예언서 주해』는 지금은 보존되어 있지 않다. 이에 관해서는 참조: 카이사리아의 에우세비우스 『교회사』 6,36,2.

저자들의 어법으로부터 찾아낸 설명들을 정돈함으로써, 예언자들이 감춘 듯이 표현한 내용의 총체적 연관성을 밝힐 수 있을 것입니다.

"내가 그런 사람들의 말을 직접 들었다"는 켈수스의 주장을 믿어서는 안 됩니다. 왜냐하면 켈수스 시대에는 옛 예언자들과 견줄 만한 예언자들이 전혀 출현하지 않았기 때문입니다. 그렇지 않았다면 사람들이 옛 예언자들의 예언처럼 그들의 예언도 믿고 경탄하여 기록을 했을 것입니다. 켈수스는 다음과 같이 주장하는데, 내가 보기에는 명백한 거짓말입니다. 그는 자기가 "직접 말을 들은 자칭 예언자들이" 자신의 공박으로 "궁지에 몰리자, 나에게 자신들의 부족함을 자백했고 또 자신들의 애매모호한 언설도 자기네가 꾸며 낸 것이라고 인정했다". 그렇다면 켈수스는 자신이 "직접 말을 들었다"는 그들의 이름을 밝혀 ― 과연 그가 실제로 이름을 델 수 있을까요? ― 그 이름들을 토대로, 능력과 전문 지식 있는 비판자들로 하여금 그의 주장이 진실인지 거짓인지를 판단하게 해야 할 것입니다.

12. 또한 켈수스는 다음과 같이 생각하고 있습니다. "예언자들의 예고에 근거하여 그리스도의 가르침과 인격을 옹호하는 자들은 신적 존재에 관한 언명이 수준이 낮거나 수치스럽거나 불결하거나 혐오스럽게 여겨져도 이에 대해 아무 말도 하지 못한다." 그러고는 마치 자신의 공박에 맞서 누구도 변론할 수 없다는 듯이, 앞에서 언급한 사람들이 자기에게 했다는 자백으로부터 일련의 추론을 멋대로 전개합니다. 그러나 우리는 성경에 따라 살고자 하는, 그리고 "지각없는 자에게 지식은 조리없는 말과 같다"(집회 21,18)는 말씀을 이해한, 또 "여러분이 지닌 희망에 관하여 누가 물어도 대답할 수 있도록 언제나 준비해 두십시오"

(1베드 3,15)라는 말씀을 읽은 사람들은, 그저 그런 일들은 "이미 예고되어 있었다"는 주장으로 도피하지 않는다는 사실을 알아야 합니다. 오히려 이들은 외견상의 모순들을 해결하고, 또 성경의 언명들은 "수준이 낮거나 수치스럽거나 불결하거나 혐오스러운" 것은 전혀 포함하고 있지 않으며, 성경을 올바로 이해하지 못하는 자들만 그런 외견상의 모순을 곧이곧대로 받아들인다는 사실을 똑똑히 보여 주려고 애씁니다. 켈수스는 예언자들의 말씀에서 자신에게 "수준이 낮거나 수치스럽거나 불결하거나 혐오스럽게" 여겨지는 것들을 실제로 발견할 수 있었다면, 제시했어야 합니다. 그랬다면 그의 주장이 조금은 인상적이었을 터이고, 그의 의도 달성에도 효과적이었을 것입니다. 그러나 켈수스는 그런 구절은 하나도 제시하지 않았고, 오히려 으르대는 태도로 그런 구절이 성경에 나온다고 단언하고 있으니, 성경을 거슬러 거짓 비난을 퍼뜨리고 있는 것입니다. 그런 헛된 말의 끊임없는 메아리에 맞서, 예언자들의 언명에는 "수준이 낮거나 수치스럽거나 불결하거나 혐오스러운" 것이 전혀 없음을 밝히기 위해 무슨 변론을 한다는 것 자체가 분별없는 짓이라고 하겠습니다.

13. "그 신은 아주 수치스러운 일을 하거나 겪으며, 악에 이용될 수도 있다"라는 켈수스의 생각도 진실이 아닙니다. 그런 일은 "예고"되어 있지 않기 때문입니다. 그런데도 켈수스가 "그 신은 악에게 이용될 수도 있으며, 아주 수치스러운 일을 하거나 겪는다고 예고되어 있다"라고 주장한다면, 그는 예언서에서 해당 구절들을 제시하고, 자기 말을 듣는 사람들의 귀를 공연히 더럽히지 말았어야 합니다. 그리스도께서 무슨 "고난을 겪으실"지는 물론 예언자들이 예고했고, 또 그분이 그런 고난

을 겪게 되는 이유도 언명했습니다. 또한 하느님께서도 당신의 그리스도께서 고난을 겪으시리라는 것을 알고 계셨습니다. 그런데 어째서 이것이, 켈수스가 주장하듯 "아주 혐오스럽고 불결한 일"이라는 것입니까? 아무튼 그는 그리스도께서 겪어 내신 일이 "아주 혐오스럽고 불결한" 것이었음을 우리에게 깨우쳐 주려는 듯이 이렇게 말합니다. "도대체 신이 양고기를 먹고[24] 쓸개즙과 식초를 마셨다면, 오물 섭취와 무엇이 다른가?" 그러나 우리 견해에 따르면 "하느님"께서는 "양고기를 드시지" 않으셨습니다. 양고기를 드신 분은 예수님이었으니, 그분은 몸을 지니고 계셨기 때문입니다. 또한 "쓸개즙과 식초"에 관한 예언자 말씀은 다음과 같습니다. "그들은 저에게 음식으로 쓸개즙을 주고, 목말라 할 때 식초를 마시게 하였습니다"(시편 69,22). 이에 관해 우리는 앞에서[25] 이미 언급한 바 있는데, 지금 켈수스 때문에 또다시 말하지 않을 수 없게 되었습니다. 사실 진리의 말씀을 박해하는 자들은 그들의 악행이라는 "쓸개즙"과 죄악으로 쏠림이라는 "식초"를 하느님의 그리스도께 언제나 마시게 하지만, "그분께서는 맛을 보시고서는 마시려고 하지 않으셨습니다"(마태 27,34).

14. 이어서 켈수스는 예언자들의 예고 때문에 예수님을 구원자로 여기는 이들의 신앙을 파괴하려는 의도로, 이렇게 말합니다. "자 그럼, 위대한 신이, 아주 노골적으로 말해서, 노예 노릇을 하거나 병이 들거나 죽을 것이라고 예언자들이 예고했다면, 그런 일들이 예고되었기 때문에

---

24 파스카 어린 양 고기 먹는 것을 암시한다. 참조:『켈수스 반박』1,70.

25 참조:『켈수스 반박』2,37.

신은 필연적으로 죽거나 병 들거나 노예 노릇을 해야 하며, 그로써 신이 죽은 후 사람들이 그가 신이었다는 것을 믿게 된다는 것인가? 그러나 예언자들은 그런 일은 결코 예고하지 않을 터이니, 그런 따위는 저열하고 독신瀆神적이기 때문이다. 요컨대 우리는 예언자들이 예고를 했는가 아닌가를 따져서는 안 되고, 오히려 신의 행위가 합당하고 훌륭한가를 살펴보아야 한다. 우리는 수치스럽고 저열한 일은, 온 세상이 무아경에 빠져 예고하는 것처럼 보일지라도, 믿지 말아야 한다. 요컨대 이 자(곧 예수님)가 신으로서 그런 일들을 겪었다는 주장이, 경건한 신앙과 어찌 조화될 수 있는가?"

이 말로 미루어 보건대, 켈수스는 예언자들이 예수님에 관해 예고했다는 논증이 듣는 이들에게 강력한 설득력을 지닌다는 사실을 인식했고, 그런 까닭에 그럴 듯한 다른 근거를 내세워 그리스도교의 가르침을 파괴하려 시도하는 것 같습니다. 그래서 "요컨대 우리는 예언자들이 예고를 했는가 안 했는가를 따져서는 안 된다"라고 말합니다. 켈수스가 참으로 예언자들의 언명을 궤변이 아니라 실질적 근거들을 내세워 반박하고자 했다면, 예언자들이 예고하지 않았다는 것을 입증하거나, 또는 그리스도에 관한 그들의 예언이 예고대로 실현되지 않았다는 것을 입증했어야 합니다.[26] 그리고 자신이 적절하다고 여기는 논거도 추가했어야 합니다. 그랬다면 우리가 예수님과 관련시키는 예언들의 내용이 무엇인지, 그리고 우리의 예언 해석이 그릇되었음을 입증하려는 그의 시도가 어느 정도 성공적인지가 드러났을 것입니다. 또 한편으로는 우리가 예언자들의 예고에 근거하여 예수님에 관한 가르침을 옹호

---

26 『켈수스 반박』 7,14-15의 논증 구조에 대한 논리학적 측면(이중적인 조건법적 삼단논법)에서의 분석을 다음에서 볼 수 있다.

하는 것을 켈수스가 정당한 수단을 사용하여 논박하는지, 아니면 그가 부끄러움도 모르고, 마치 진리란 없다는 듯이, 명백한 진리를 왜곡하려는 것이 들통나는 것도 사람들이 확인할 수 있었을 것입니다.

15. 켈수스는 주관적 가정假定에 따라, 신(하느님)과 관련하여 이런저런 일은 생각도 할 수 없고 합당하지도 않다고 전제하며, 그래서 이렇게 말합니다. "모든 것을 주재하는 신에 관해 그런 일들이 예고되었다고 해서, 그대로 믿어야 한다는 것인가?" 그리고 그는 예언자들이 하느님 아들에 관해 실제로 예고했다 하더라도, 그가 반드시 예고한 대로 수난하거나 행동하리라고 믿는 것은 불가능하다는 것을 추론할 수 있다고 생각합니다. 이에 대해 다음과 같이 말해야겠습니다. 켈수스의 주관적 가정은 자가당착이니, 모순적 결론짓기로 귀결되는 전제들을 기정사실로 간주하고 있습니다. 이는 다음 사실에서 입증됩니다. 만유를 주재하시는 하느님의 참예언자들이 "하느님께서 노예 노릇을 하거나 병이 들거나 죽을 것이다"라고 말한다면, 이런 일들이 하느님에게 일어날 것이니, 위대한 하느님의 참예언자들은 반드시 진실을 말할 수밖에 없기 때문입니다. 그러나 다른 한편 만유를 주재하시는 하느님의 참예언자들이 이런 일들을 예고하더라도, 그들이 말하는 일이 하느님에게 일어나지 않을 수도 있으니, 본성상 불가능한 것은 진실일 수가 없기 때문입니다. 이렇게 두 가지 전제가, 이른바 두 개의 조건적 명제의 삼단논법[27]을 통해, 상충되는 결론으로 귀결되면, 두 전제 중 첫째를 바로잡아야 하는데, 이번 경우에는 "예언자들이 위대한 하느님께서 노예 노

---

27 참조: 섹스투스 엠피리쿠스 『수학자』 2,3; SVF 2,248.

릇을 하거나 병이 들거나 죽을 것이라고 예고한다"가 그것입니다. 그
렇다면 "예언자들이 위대한 하느님께서 노예 노릇을 하거나 병이 들거
나 죽을 것이라고 예고하지" 않았다는 결론이 이끌어 내어지는데, 이
결론은 다음과 같은 방식으로 도출됩니다. 첫째 명제가 진실이면, 둘째
명제도 진실이다. 첫째 명제가 진실이면, 둘째 명제는 진실이 아니다.
그러므로 첫째 명제도 진실이 아니다.

스토아학파 사람들은 이 문제에서 이런 예를 제시합니다. 당신이 죽
은 것을 당신이 안다면, 당신은 죽은 것이다. 당신이 죽은 것을 당신이
안다면, 당신은 죽은 것이 아니다. 여기서 다음과 같은 결론이 도출됩
니다. 요컨대 당신은 당신이 죽었다는 것을 알지 못한다. 그리고 그들
은 전제들을 논증합니다. 당신이 죽었다는 것을 당신이 안다면, 당신이
아는 것은 진실이다. 요컨대 당신이 죽었다는 것은 진실이다. 그리고
당신이 죽었다는 것을 당신이 안다면, 당신이 죽었다는 것을 당신이 안
다는 것은 진실이다. 그러나 죽은 자는 아는 것이 아무것도 없기 때문
에, 당신이 죽었다는 것을 당신이 안다면, 당신은 죽지 않았다는 것이
분명하다. 그리고 앞에서 말했듯이, 이 두 가지 전제로부터, 당신이 죽
었다는 것을 당신은 알지 못한다는 결론이 도출됩니다. 이와 같은 것이
우리가 앞에서 글자 그대로 인용한 켈수스의 가정에도 해당됩니다.

16. 그러나 우리가 그 가정에서 인용한 내용은 예수님에 관한 예언들
과 전혀 관계가 없습니다. 이를테면 예언자가 죽음을 감수하신 분에 관
해 "그에게는 우리가 우러러볼 만한 풍채도 위엄도 없었으며, 우리가
바랄 만한 모습도 없었다. 사람들에게 멸시받고 배척당한 그는 고통의
사람, 병고에 익숙한 이였다. 남들이 그를 보고 얼굴을 가릴 만큼 그는

멸시만 받았으며 우리도 그를 대수롭지 않게 여겼다”(이사 53,2-3)라고 말했을 때, “하느님”이 십자가에 처형되시리라고 예고한 것이 아닙니다. 요컨대 인간적인 고난을 겪은 분은 인간이었음을 예언자들이 얼마나 분명히 말했는지 주목해야 합니다. 또한 당신에게서 죽어야 할 것은 인간임을 정확히 알고 계셨던 예수님 자신도 당신의 목숨을 노리던 자들에게 이렇게 말씀하십니다. “그런데 너희는 지금, 하느님에게서 들은 진리를 너희에게 이야기해 준 인간인 나를 죽이려고 한다”(요한 8,40). 사람들이 그분을 인식했던 이 “인간” 안에 신적인 존재가 내재하셨으니, 바로 하느님의 외아드님이자 “모든 피조물의 맏이”(콜로 1,15)였거니와, 그 존재가 이렇게 말씀하셨습니다. “나는 길이요 진리요 생명이다”(요한 14,6). 그리고 “나는 문이다”(요한 10,9). 또한, “나는 하늘에서 내려온 살아 있는 빵이다”(요한 6,51). 그분의 이 본질에 관해 우리는 예수님 안에서 인식되는 인간에 관해서와는 전혀 다르게 말을 해야 할 것입니다.

그런 까닭에 체계적 교육을 전혀 받지 못한 아주 단순한 그리스도인일지라도 “진리”나 “생명”이나 “길”이나 “하늘에서 내려온 살아 있는 빵”이나 “부활”이 죽었다고는 결코 말하지 않을 것입니다. 과연 인간 안에, 예수님 안에 모습을 드러내셨던 존재께서 자신을 “부활”이라고 지칭하셨고, “나는 부활이다”(요한 11,25)라고 가르치셨습니다. 우리 가운데 그 누구도 “생명”이 죽었다고, 또는 “부활”이 죽었다고 말할 만큼 분별없지 않습니다. 켈수스의 가정은 우리가 “예언자들이 하느님께서”, 로고스께서, 또는 진리나 생명이나 부활이, 또는 하느님의 아들이 자칭하시는 그 밖의 그 무엇이 “죽을 것이다”라고 예고했다고 주장했을 경우에만, 정당하다고 할 것입니다.

17. 앞에서 우리가 인용한 켈수스의 말 가운데 한 구절만은 진실이니, "그러나 예언자들은 그런 일은 결코 예고하지 않을 터이니, 그런 따위는 저열하고 독신瀆神적이기 때문이다"입니다. 그런데 이 말이 "위대한 신이 노예 노릇을 하거나 죽을 것이다"라는 말과 다른 점이 무엇입니까? 아무튼 예언자들이 예고한 내용, 곧 하느님 본질의 "광채"와 "모상"(지혜 7,26; 히브 1,3)이 인간의 형체를 취하시는 예수님의 거룩한 영혼 속에 들어와 그 형체와 함께 살게 되리라는 것, 그리하여 인간 세상에서 가르침을 널리 펴시리라는 것은 하느님에게 "합당"합니다. 그 가르침은 그것을 자기 영혼 속에 받아들이고 또 온 우주의 하느님을 자신의 임으로 삼으려는 마음을 품는 모든 사람 또한 인간의 몸과 영혼 안에 사시게 될 로고스 하느님의 힘을 자신 안에 간직하는 모든 사람을 궁극 목표로 이끌어 줍니다. 그런데 이 하느님의 광채는 그런 사람들에게만 국한되어 있지 않으니, 우리는 이 광채의 원천인 빛, 곧 하느님 로고스가 다른 곳에서는 어디에도 발견되지 않는다고 생각해서는 안 됩니다.

예수님의 활동들은 — 그분 안의 신성에 의해 실행되었다고 우리는 생각하거니와 — 거룩하며, 신성에 관한 표상과 상충되지 않습니다. 물론 예수님은 한 인간이었으나, 로고스와 진리를 온전히 체화體化하심으로써, 다른 모든 인간보다 훨씬 뛰어나셨고 또한 온 인류를 위해, 아니 이성을 부여받은 존재들을 위해 모든 일을 실천하는 사람이 겪어야만 하는 일을 지혜롭고 완전한 인간으로서 겪어 내셨습니다.[28] 그리고 그 인간이 죽었다는 것, 또 그의 죽음은 사람이 참하느님 공경을 위해 어떻게 죽어야 하는가를 보여 주는 본보기일 뿐 아니라, 그 죽음으로 악

---

28 오리게네스가 시간의 종말에 악마도 구원되는가 하는 난제를 숙고했는가 하는 문제에 관해서는 오리게네스 『원리론 』3,6,5와 이 구절에 대한 각주 참조.

의 폐기, 온 세상을 지배하고 있는 악마의 파멸(참조: 히브 2,14; 1요한 5,19; 묵시 12,9)이 성공적으로 시작되었고 또 계속된다는 것은 결코 터무니없는 일이 아닙니다. 악마 파멸의 표지는 바로 다음과 같은 인간들이니, 이들은 예수님의 오심 덕분에 곳곳에서, 자신들을 지배하고 있던 마귀들에게서 벗어났고, 이 마귀 종살이에서의 해방 이후 자신을 하느님께 바쳤으며, 또 그분께 힘을 다해 나날이 더욱 바르고 깨끗해지는 공경을 바치고 있습니다.

18. 이어서 켈수스는 이렇게 말합니다. "그들은 아직도 이 문제를 깊이 생각해 보지 않는다는 말인가? 유대인들의 신의 예언자들이 그자가 신의 아들이 되리라 예고했다면, 어떻게 그 신이 사람은 부유하게 되고(신명 28,11-12 참조) 지배하고(창세 15,7 참조) 번성하여 땅을 가득 채워야 하고(참조: 창세 8,17; 9,1.7 등), 모세가 말하듯 신 자신도 유대인들이 보는 앞에서 그랬듯이(참조: 탈출 34,11; 신명 29,1), 적들을 하나도 빠짐없이 종족 전체를 죽여야 한다고(참조: 탈출 17,13-16; 민수 21,34-35; 신명 25,19) 모세를 통해 율법으로 명령할 수 있었는가? 게다가 만일 유대인들이 그대로 하지 않으면, 적이 당하는 것과 똑같은 일을 당하게 하겠다고 노골적으로 협박까지 하지 않았는가?(참조: 신명 1,26-45; 7,4; 9,14; 28,15-68). 그러나 그 신의 아들, 나자렛 사람은 그런 율법과 반대되는 법을 규정했으니, 부자는 그의 아버지 집에 들어갈 수 없고, 권세를 좋아하는 자나 지혜와 명예를 자부하는 자도 그렇다고 한다(참조: 마태 19,24; 20,25-27; 11,25). 사람은 까마귀처럼 양식과 곳간 걱정을 해서는 안 되고, 나리꽃처럼 옷 걱정을 해서는 안 되며(참조: 마태 6,25-29; 루카 12,24.27), 자기를 한 차례 때린 자에게 한 차례 더 때리라고 자신을 내주어야 한다(참조: 마태 5,39; 루

카 6,29). 과연 누가 거짓말을 하고 있는 것인가? 모세인가 예수인가? 아니면 그 아버지가 예수를 사자로 파견할 때, 자신이 모세에게 명령했던 것을 잊어버린 것인가? 아니면 마음을 고쳐먹고 자기 자신의 율법을 폐기했고 그래서 완전히 반대되는 명령들을 주어 파견한 것인가?"

"나는 모든 것을 알고 있다"고 자부하는 켈수스는 성경 이해와 관련하여 아주 어리석은 오류에 빠져 있으니, 율법과 예언서에 표현의 문자적 의미를 넘어서는 더 깊은 의미는 없다고 판단하고 있습니다. 그는 로고스께서 올바로 살아가는 인간들에게 물질적인 "부유함"에 관한 그렇게 황당한 약속은 결코 하시지 않으리라는 것을 간과하고 있습니다. 이는 매우 의로운 인간들이 극도의 가난 속에 살았다는 사실에서 알 수 있습니다. 과연 깨끗하고 바른 삶을 살았기에 하느님의 영을 받은 예언자들은 "궁핍과 고난과 학대를 겪으며 양가죽이나 염소 가죽만 두른 채 돌아다녔습니다. 그들에게는 세상이 가치 없는 곳이었습니다. 그래서 광야와 산과 동굴과 땅굴을 헤매고 다녔습니다"(히브 11,37-38). 사실 시편 저자가 말하듯, "의인의 불행은 수없이 많습니다"(시편 34,20).

켈수스가 모세의 율법을 실제로 읽었다면, 그는 율법에 충실한 이들에게 하신 "너희가 많은 민족들에게 꾸어 주기는 하여도 꾸지는 않을 것이다"(신명 15,6; 28,12)라는 언명을, 짐작건대 의인이 "눈먼 부富"[29]를 아주 많이 소유하게 되어, 남아도는 재산으로 유대인들에게만이 아니라, 그리고 한 민족에게만이 아니라 두세 민족에게도, 아니 "많은" 민족에게도 돈을 빌려줄 수 있으리라는 약속의 의미로 이해했을 것입니다. 의인이 율법에 따라 자신의 의로움에 대한 보상으로 받아서 소유하는 재

29　참조: 플라톤 『법률』 631c; 『켈수스 반박』 1,24; 7,21.

산이 얼마나 많아야 "많은 민족에게 돈을 빌려줄" 수 있을까요? 이런 해석으로부터는 또한 의인은 결코 돈을 빌릴 필요가 없다는 결론이 나오는데, 이는 성경에 "너희가 돈을 꾸지는 않을 것이다"라고 쓰여 있는 바와 같다고 하겠습니다. 그런데 유대 민족이 자기네 입법자 모세가 켈수스 생각처럼 거짓말쟁이라는 것을 분명히 알았다면, 그렇게 오랜 세월 동안 줄곧 모세가 명령한 하느님 공경에 충실했을까요? 아무튼 "많은 민족에게 돈을 빌려줄" 수 있을 만큼 크게 부유했던 사람에 관한 보고는 전혀 없습니다. 그러나 유대인들이 율법을 켈수스가 생각하는 의미로 이해하는 것을 배워 율법의 약속이 거짓임을 분명히 인식했다면, 그러고도 율법을 위해 열정적으로 헌신했으리라는 것은 전혀 신빙성이 없습니다.

누군가 성경이 보고하는 이 민족의 죄악들을, 유대인들은 율법을 필경 거짓스러운 것으로 여겨 거부하고 무시했다는 증거로 제시하고자 한다면, 이에 대해 이렇게 응수해야겠습니다. 우리는 온 유대 민족이, 성경에 쓰여 있듯이, 하느님 앞에서 죄악을 저지른 후 개과천선하고 율법에 규정된 하느님 공경으로 돌아섰던 시기들도 유념해야 합니다.

19. 또한 율법이 유대인들에게 "너희가 많은 민족들을 다스리기는 하여도, 그들이 너희를 다스리지는 못할 것이다"(신명 15,6; 28,12)라고 약속할 뿐 더 깊은 의미를 전혀 시사하지 않는다면, 유대 민족은 율법의 약속들을 분명히 부인했을 것입니다. 그런데 켈수스는 온 세상이 히브리인의 후손들에 의해 가득 차게 되리라는 것을 암시하는 이런저런 성경의 언명을 다른 말로 에둘러 표현합니다. 이 암시는, 역사적으로 고찰하건대, 하느님께서 유대인들에게 은총을 약속하셨을 때가 아니라, 예

수님의 오심 이후 하느님께서 유대인들에게 진노하셨을 때 실현되었습니다. 그러나 유대인들에게 "너희는 적들을 학살하게 될 것이다"라는 약속이 언명되었다면, 이에 대해서는 이렇게 말해야 합니다. 이 구절을 꼼꼼히 읽고 그 표현을 면밀히 고찰하는 사람은, 문자적 이해는 불가능하다는 것을 인정할 수밖에 없을 것입니다. 지금으로서는 시편 저자가 의인으로 하여금 특히 다음과 같이 말하게 한 구절을 인용하는 것으로 충분하겠습니다. "저는 나라의 모든 악인들을 아침마다 죽이리니, 나쁜 짓 하는 자들을 모두 주님의 성읍에서 잘라 내기 위함입니다"(시편 101,8). 여기서 화자의 말마디와 마음가짐에 유의하면서, 화자가 앞 구절에서 자신의 선행들 — 관심 있는 사람은 누구나 쉽게 찾아 읽을 수 있습니다 — 을 열거한 다음, 하루 중 다른 시간이 아니라 굳이 "아침"에, "나라의 모든 악인들을 죽여" 더는 살아남지 못하게 하고 또 "나쁜 짓 하는 자들을 모두" 예루살렘에서 "잘라 내"겠다는 구절을 과연 문자적 의미로 덧붙였겠는지 숙고해 보십시오. 이런 언명은 율법서에서도 많이 발견할 수 있으니, "우리는 … 남자, 여자, 아이 할 것 없이 성읍 주민들을 모조리 전멸시켜, 생존자를 하나도 남기지 않았다"(신명 2,34; 민수 21,35) 같은 구절들입니다.

20. 켈수스는 또한 "유대인들이 율법에 순종하지 않으면, 그들이 적에게 행했던 것과 똑같은 일을 당하게 될 것이라고 그들에게 예고되었다"라고 말합니다. 켈수스가 이 말에 무엇인가 덧붙이면서 이른바 그리스도의 가르침과 율법의 대립을 우리에 대한 공격에 이용하기 전에, 먼저 그의 말에 대해 언급해야겠습니다. 요컨대 우리는 율법은 이중의 의미, 곧 문자적 의미와 영적 의미를 가지고 있다는 사실을 강조하거니

와, 이는 우리의 몇몇 선배들이 가르쳤던 것이기도 합니다.[30] 그리고 율법의 문자적 의미에 관해서는 우리보다 오히려 하느님 자신이 더 많이 언급하시니, 당신 예언자들 중 한 사람을 통해 이렇게 말씀하십니다. "나는 또 그들에게 좋지 않은 규정들과 지켜도 살지 못하는 법규들을 주었다"(에제 20,25). 그러나 영적 의미에서 이해된 율법은 동일한 예언자가 하느님의 이름으로 "좋은 규정들과 법규들"이라고 지칭합니다(에제 20,11 참조). 아무튼 동일한 예언자가 동일한 대목에서 자가당착에 빠져 있지 않다는 것은 분명합니다. 이 예언자와 같은 정신으로 바오로도 "문자는 사람을 죽이고, 영은 사람을 살립니다"(2코린 3,6)라고 언명하는데, "문자"는 문자적 의미와 같은 말이고, "영"은 영적 의미와 같은 말입니다. 사실 우리는 바오로에게서도 에제키엘 예언자에게서 보는 것과 같은 이른바 모순적인 언명들을 발견할 수 있습니다. 과연 에제키엘이 한편으로는 "나는 또 그들에게 좋지 않은 규정들과 지켜도 살지 못하는 법규들을 주었다"라고 말하고, 다른 한편으로는 "나는 그들에게, 누구나 그대로 지키기만 하면 살 수 있는 좋은 규정들을 주고 좋은 법규들을 알렸다"(에제 20,11) — 앞 문장과 동일한 중요성을 지니고 있는 문장입니다 — 라고 말하듯이, 바오로도 율법의 문자적 해석을 비판하고자 하는 구절에서 "돌에 문자로 새겨 넣은 죽음의 직분도 영광스럽게 이루어졌습니다. 그래서 곧 사라질 것이기는 하였지만 모세의 얼굴에 나타난 영광 때문에, 이스라엘 자손들이 그의 얼굴을 쳐다볼 수 없었습니다. 그렇다면 영의 직분은 얼마나 더 영광스럽겠습니까?"(2코린 3,7-8)라고 말합니다. 그런가 하면 바오로는 율법을 찬탄하고 칭송하는 구절

---

30   특히 참조: 필론『세부 규정』1,287 등.

에서는 율법을 "영적"이라고 합니다. "우리가 알고 있듯이, 율법은 영적인 것입니다"(로마 7,14). 또한 율법은 "선하다"고 말합니다. "그러나 율법은 거룩합니다. 계명도 거룩하고 의롭고 선한 것입니다"(로마 7,12).

21. 요컨대 율법의 본문이 의인들에게 "부"를 약속한다면, 켈수스는 "사람을 죽이는 문자"에 따라, 이 약속은 "눈먼 부"를 의미한다는 견해를 지니고 있다고 하겠습니다. 이와는 달리 우리는 이 약속을 사람이 "모든 가르침과 모든 지식에서 풍요롭다"(1코린 1,5 참조)는 의미에서 "통찰력이라는 부"[31]와 관련지으며, 또한 그래서 "현세의 부자들에게 오만해지지 말고, 또 안전하지 못한 재물에 희망을 두지 말고, 우리에게 모든 것을 풍성히 주시어 그것을 누리게 해 주시는 하느님께 희망을 두라고 지시"합니다(1티모 6,17-19 참조). 과연 솔로몬에 따르면 참된 재화인 "부"는 "사람의 목숨을 보장해 주고" 이와 반대되는 가난은 죽음을 가져오니, "가난한 이는 협박의 힘을 견뎌 내지 못하기" 때문입니다(잠언 13,8 참조).

"통치권"에 관한 언명도 우리가 "부"에 관한 언명을 해석한 것과 동일한 방식으로 해석해야 합니다. 이 통치권을 통해 의인 "한 사람이 천 명을 쫓을 수 있고, 두 사람이 만 명을 도망치게" 할 수 있습니다(신명 32,30 참조). 그런데 이것이 실제로 부에 관한 언명의 의미라면, 이것은 "모든 가르침과 모든 지식에서 풍요롭고" 모든 지혜와 모든 선행에서 부유한 사람은 자신의 그 부를 "모든 민족에게 빌려줄" 것이라는 하느님의 약속(참조: 신명 15,6; 28,12)과 부합하지 않는지 숙고해 보십시오. 그

---

31   플라톤 『법률』 631c.

렇게 바오로도 "예루살렘에서 일리리쿰까지 이르는 넓은 지역에 그리스도의 복음을 선포하는 일을 완수"(로마 15,19)함으로써, 자기가 찾아간 모든 민족에게 자신의 부를 빌려주었던 것입니다. 그리고 그에게 계시를 통해 하느님의 비밀들이 알려졌고 그의 영혼이 로고스의 신성으로 비추임을 받았기에, 바오로 자신은 아무것도 남에게서 빌릴 필요가 없었고 어떤 다른 인간에게 가르침을 전해 받을 까닭도 없었습니다(갈라 1,11-12 참조). 이런 방식으로 바오로는 "너희가 많은 민족들을 다스리기는 하여도, 그들이 너희를 다스리지는 못할 것이다"(신명 15,6; 28,12)라는 말씀에 따라, 로고스의 통치권을 통해 이민족들을 그리스도 예수님의 가르침에 복종시키고 그들을 다스렸으나, 그 자신은 결코 인간들에게, 마치 그들이 자신보다 우월한 듯, 굴복하지 않았습니다(갈라 2,5 참조). 그리고 이런 의미에서 "그는 이 세상도 가득 채웠습니다".

22. 또한 우리가 "학살"에 관한 성경의 언명과 모든 것에 대한 의인의 지배에 관한 언명을 설명해야 한다면, 다음과 같이 말해야 합니다. "나라의 모든 악인들을 아침마다 없애리니, 나쁜 짓 하는 자들을 모두 주님의 성읍에서 잘라 내기 위함입니다"(시편 101,8)라는 구절에서 화자는 "관심사가 하느님 적대함"인 "육"(로마 8,7 참조)을 상징적으로 "나라"라 부르고, 그 안에 "하느님의 성전"(1코린 3,16-17 참조)이 세워져 있는 자신의 영혼을 "주님의 성읍"이라 표현하는데, 그 영혼은 하느님에 관한 올바른 생각과 표상을 지녔고 또 그 영혼을 보는 모든 이가 찬탄하기 때문입니다. 그리하여 "의로움의 태양"(말라 3,20)의 빛이 그의 영혼을 비추자마자, 그는 그 빛으로부터 이를테면 큰 힘과 원기를 얻고 또 그로써 "나라의 악인들"로 지칭된 "육의 관심사"를 파기하며 또한 자신의 영혼

안에 세워진 "주님의 성읍"에서 "모든 나쁜 짓"과 진리를 거스르는 모든 충동을 "잘라 냅니다".

이런 의미에서 의인들은 또한 모든 적의 목숨을, 곧 죄악에서 비롯하는 모든 것의 생명을 파괴합니다. 그리하여 "미숙한 어린것"도, 곧 막 생겨난 죄악도 결코 그냥 남겨 두지 않습니다. 우리는 시편 제137편의 언명도 이런 의미로 이해합니다. "바빌론의 딸아, 너 파괴자야! 행복하여라, 네가 우리에게 행한 대로 너에게 되갚는 이! 행복하여라, 네 어린것들을 붙잡아 바위에다 메어치는 이!"(시편 137,8-9). "바빌론 ― 이 이름은 "혼돈"을 의미합니다[32] ― 의 어린것들"은 영혼 안에 이제 막 싹터 자라나는 어지러운 악한 상념들입니다. 그것들을 제압하여 그 머리를 로고스의 확고함과 견실함에 대고 깨뜨려 부수는 사람은, "바빌론의 어린것들"을 "바위에다 메어치는" 것이며, 그래서 "행복"하다는 것입니다. 요컨대 하느님께서는 죄악의 소행을 하나도 남김없이 모조리 죽이라고, "적들을 하나도 빠짐없이 아예 종족 전체를 죽이라"[33]고 명령하시거니와, 이것은 예수님의 선포와 어긋나는 것을 가르치시는 것이 결코 아닙니다. 그리고 하느님께서는 "감추어진" 유대인인들(로마 2,29 참조)[34] 보는 앞에서, 원수들, 곧 죄악에서 비롯하는 모든 소행의 절멸을 실행하십니다. 그리고 이것이 의미하는 바는, 율법과 하느님 말씀에 순종하지 않는 자들은 원수들과 마찬가지가 되어 죄악에 절어진 결과, 하

32　참조: 오리게네스『여호수아기 강해』15,3.

33　참조:『켈수스 반박』7,18.

34　감추어진 유대인들, 곧 "속으로 유대인인 사람들"(로마 2,28-29 참조)은 겉으로 유대인인 사람들과 대비되는 그리스도인들이다. 참조: 오리게네스『원리론』4,3,6;『요한 복음 주해』1,1,259; 13,103.

느님 말씀에서 떨어져 나간 자들이 마땅히 겪어야 하는 일을 겪어야만
한다는 것입니다.

23. 지금까지 한 말로 분명해지는 사실은, "나자렛 사람" 예수님은 우
리가 앞에서 인용한 부와 부를 버린 사람들에 관한 언명들과 상충되는
지시를 내리시지 않았다는 것입니다. 그분께서 부자는 하느님 나라에
들어가기 어렵다고 말씀하셨는데(마태 19,23 참조), 우리는 이 말씀에서
"부자"를 부에 얽매이고 재산이라는 가시덤불 때문에 복음의 씨앗이
열매를 맺는 데 방해받는(마태 13,22 참조) 사람으로 단순히 이해하거나,
그릇된 교설에 "부유"한 사람으로, "그릇된 길을 걷는 부자보다 가난해
도 흠 없이 걷는 이가 낫다"(잠언 28,6)라는 잠언 구절 속의 부자로 이해
할 수 있을 것입니다.

한편 켈수스는 "너희 가운데에서 첫째가 되려는 이는 모든 이의 종
이 되어야 한다"(마태 20,27; 참조: 루카 22,26), "다른 민족들의 통치자들은
백성 위에 군림한다"(마태 20,25; 참조: 루카 22,25), "민족들에게 권세를 부
리는 자들은 자신을 은인이라고 부르게 한다"(루카 22,25)라는 성경 구절
들로부터 예수님이 권력욕을 차단하고자 하셨다고 추론한 것 같습니
다. 그러나 이 구절들이 "너희가 많은 민족을 다스리기는 하여도, 그들
이 너희를 다스리지는 못할 것이다"(신명 15,6; 28,12)라는 약속과 상충된
다고 보아서는 안 됩니다. 특히 이 구절들을 우리가 제시한 해석에 따
라 이해한다면 더욱 그렇습니다.

이어서 켈수스는 지혜에 관해 언급하면서 "예수는 지혜로운 자는 아
버지에게 가까이 나아가지 못한다고 가르친다"라고 잘못 생각하고 있
습니다. 우리는 그가 가리켜 말하는 지혜로운 자가 어떤 사람인지 그에

게 묻고자 합니다. 켈수스가 말하는 지혜가 "하느님께는 어리석음"인 이른바 "이 세상의 지혜"(1코린 3,19 참조)라면, 우리 역시 그런 의미에서 지혜로운 자는 아버지께 가까이 나아가지 못한다고 언명할 것입니다. 그러나 "지혜"를 그리스도로 이해한다면 — 사실 "그리스도는 하느님의 힘이시며 하느님의 지혜이십니다"(1코린 1,24) — 우리는 이런 의미에서 지혜로운 이는 아버지께 나아갈 수 있다고 말할 뿐 아니라, "성령을 통하여 지혜의 말씀의 은사를 받은"(1코린 12,8 참조) 이는 이런 특질을 보여 주지 못하는 사람들보다 훨씬 뛰어나다고 주장합니다.

24. 그 밖에 우리는 인간들의 "명예욕"은 예수님의 가르침에서만이 아니라 구약성경에서도 금지되어 있다고 말합니다. 과연 예언자들 가운데 한 사람은, 자신이 죄에 옭아 매이면 스스로를 저주하는데, 자기 삶에서 얻은 명예를 가장 큰 재앙이라 말합니다. "주 저의 하느님, 만일 제가 그런 짓을 했다면, 만일 제 손에 불의가 있다면, 만일 제가 친구에게 악을 저지르고 원수를 빈털터리 되게 강탈했다면, 원수가 저를 뒤쫓아 붙잡고 제 목숨을 땅에다 짓밟으며 제 명예가 흙먼지 속에 뒹굴게 하소서"(시편 7,4-6).

그러나 "목숨을 부지하려고 무엇을 먹을까, 무엇을 마실까, 또 몸을 보호하려고 무엇을 입을까 걱정하지 마라. … 하늘의 새들을 눈여겨보아라. 그것들은 씨를 뿌리지도 않고 거두지도 않을 뿐 아니라 곳간에 모아들이지도 않는다. 그러나 하늘의 너희 아버지께서 그것들을 먹여 주신다. 너희는 그것들보다 더 귀하지 않으냐?"(마태 6,25-26과 병행 구절), "너희는 왜 옷 걱정을 하느냐? 들에 핀 나리꽃이 어떻게 자라는지 지켜보아라"(마태 6,28과 병행 구절) 등등의 언명들 역시, 의인들은 배불리 먹으리라는 율법의 은총 약속들(레위 26,5 등 참조)과 "의인은 배불리 먹지만, 악인의 배는 허기가 진다"(잠언 13,25)라는 솔로몬의 금언과 상충되지 않습니다. 요컨대 율법의 약속들은 분명히 영혼의 양식을 가리켜 말하고 있다는 것을 유의해야 하거니와, 이 양식은 (육체와 영혼으로) 합성된 인간을 먹여 기르는 게 아니라, 영혼만을 부양하도록 정해진 것입니다. 복음서의 훈계로부터는 필경 더 깊은 의미를 길어 낼 수 있지만, 좀 더 단순한 의미도 이끌어 낼 수 있습니다. 사람은 먹을 것과 입을 것 걱정으로 자기 영혼을 불안하게 해서는 안 되고, 단순 소박하게 살아가면서 꼭 필요한 것에만 마음을 쓰면, 하느님께서는 그런 것들도 마련해 주시리라는 확신을 지녀야 합니다.

25. 이제 켈수스는 "사람은 자기를 한 차례 때린 자에게 한 차례 더 때리라고 자신을 내주어야 한다"라는 지시도 언급하는데, 이 복음서의 언명과 외견상 상충되는 율법 구절은 제시하지 않습니다. 이에 대해 우리는 다음과 같이 말하고자 합니다. 우리는 옛 사람들에게 "눈은 눈으로, 이는 이로"(탈출 21,24)라고 언명되었다는 사실을 알고 있으며, 또 "그러나 나는 너희에게 말한다. 네 뺨을 때리는 자에게 다른 뺨마저 내밀어라"(참조: 루카 6,29; 마태 5,38-39)라는 말씀도 읽었습니다. 그러나 켈수스는, 내가 짐작하기에, 복음서의 하느님과 율법의 하느님을 구별하려는 자들의 영향으로 이런 일들을 내세우는데, 이에 대해 "네 뺨을 때리는 자에게 다른 뺨마저 내밀어라"라는 명령을 구약성경도 알고 있다고 반박해야겠습니다. 더 정확히 말하면, "예레미야의 애가"에 이렇게 쓰여 있습니다. "젊은 시절에 멍에를 메는 것이 사나이에게 좋다네. 그는 홀로 말없이 앉아 있어야 하니, 그분께서 그에게 짐을 지우셨기 때문이네

… 그는 자신을 때리는 이에게 뺨을 내주며 수치를 가득히 받아야 하
네"(애가 3,27-29). 그러므로 복음서는, 뺨 때리기에 관한 언명을 글자 그
대로 이해한다 하더라도, 율법의 하느님 명령과 상충되는 것을 명령한
것이 전혀 아닙니다. 그러니 모세와 예수님 두 분 가운데 누구도 "거짓
말"을 하지 않으며, "아버지께서 예수님을 사자로 파견하실 때, 당신이
모세에게 명령하셨던 것을 잊으신" 것도 아닙니다. 또한 "하느님께서
마음을 고쳐먹고, 당신 자신의 율법을 폐기하시고, 완전히 반대되는 명
령들을 주어 파견하신" 것도 아닙니다.

26. 여기서 예전에 유대인들이 모세 율법에 따라 실천했던 삶의 방식
과 지금 그리스도인들이 예수님 가르침에 따라 올바로 실행하고자 하
는 삶의 방식의 차이를 간략하게 언급하는 것이 필요하다면, 우리는 이
렇게 말하겠습니다. 모세 율법을 글자 그대로 지키는 것은 로마 지배
아래 있는 이민족들의 의무와 조화될 수 없었고, 다른 한편으로 유대인
들이 전에는 — 가정하여 말해서 — 만일 복음에 의해 규정된 삶의 방
식을 따르고자 했다면, 그들의 전통적 삶의 방식을 깨뜨리지 않고 유지
하는 것이 불가능했습니다. 아무튼 그리스도인들은 모세 율법이 규정
하는 대로 적들을 섬멸하고 율법 위반자들에게 화형이나 투석형을 선
고·집행할 수 없었을 것입니다. 실제로는 유대인들도 지금은, 바란다
하더라도, 율법 위반자들에게 그런 형벌을 집행할 수 없습니다. 반면
유대인들이 자기네 국가 체제와 영토를 가지고 있던 시대에, 사람들이
그들에게서 적들을 공격하고 조국과 자기네 전통을 위해 전쟁을 벌이
고 살인자와 간통자 같은 범법자들을 사형 등으로 처벌하는 권한을 박
탈하고자 했다면, 유대인들은 적들이 침략해 왔을 때 완전히 멸망했을

것이니, 자신들의 율법 때문에 허약해져 적에 맞서 방어하는 데 방해를 받았을 터이기 때문입니다. 아무튼 예전에는 율법을, 그러나 지금은 그리스도의 복음을 주신 섭리는 유대교가 더 이상 존립하는 것을 원하지 않으셨으니, 그들의 도성과 성전을 파괴하고 율법에 규정된 제사와 종교 관습들이 거행되던 성전 예배를 폐기하셨습니다. 그리고 그 섭리가 유대교의 존립을 더 이상 원하지 않으셨기에 그 외적 형태들을 파괴하셨듯이, 이제는 그리스도교를 성장케 하시어, 예수님 가르침의 전파에 대한 온갖 방해가 온 세상에서 저질러졌음에도, 나날이 추종자의 수가 늘어나게 해 주셨고(사도 2,47 참조), 또 담대하게 선포하는 용기도 선사해 주셨습니다. 과연 이방인들도 예수 그리스도의 가르침의 축복을 받게 하시는 것이 하느님의 뜻이었기에, 그리스도인들을 적대하는 모든 인간적 계획은 헛수고로 돌아갔으며, 그리스도인들이 곳곳에서 민족들의 임금들과 권력자들에 의해, 그리고 유대인 공동체들에 의해 심하게 억압을 받을수록, 그들의 수는 그만큼 더 늘어났고 "더욱더 강해졌습니다"(탈출 1,7).

27. 이어서 켈수스는 "신"에 관한 견해를 실없이 길게 제시하는데, 그 견해가 마치 우리의 주장인 것처럼 말합니다. "그 신은 본래 몸체, 그것도 인간과 비슷한 몸체다."[35] 켈수스의 의도는 우리가 주장하지도 않은 표상을 공박하고자 하는 것이기 때문에, 거기에 대해 무슨 해명이나 되반박을 한다는 것은 쓸데없는 짓이라고 하겠습니다. 만일 우리가 하느님에 관해 정말 그런 주장을 했고, 켈수스가 그것에 대해 자기 입

---

[35] 참조: 『켈수스 반박』 6,63과 각주 152.

장을 밝히는 것이라면, 우리는 그의 언명을 제시하고 우리의 견해를 밝히면서 그에게 반박해야 마땅할 것입니다. 그러나 켈수스가 그런 표상을 아무에게서도 듣지 않고 스스로 꾸며 냈거나, 아니면 들었다 하더라도, 성경의 언명 의도를 이해하지 못하는 어떤 우직하고 무식한 사람들에게서 들었다면, 우리는 꼭 필요하지도 않은 논증에 애쓸 까닭이 없습니다. 아무튼 성경은 하느님은 비물질적이시라고 분명하게 확언하고 있습니다. 그런 까닭에 "아무도 하느님을 본 적이 없습니다"(요한 1,18). 그리고 "모든 피조물의 맏이"께서는 "보이지 않는 하느님의 모상"(콜로 1,15)이라고 불리시거니와, 이는 "비물질적"이라는 말과 같은 의미입니다. 그러나 우리는 또한 앞에서[36] 하느님의 본질에 관해 꽤 자세히 다루면서, "하느님은 영이시다. 그러므로 그분께 예배를 드리는 이는 영과 진리 안에서 예배를 드려야 한다"(요한 4,24)라는 언명을 어찌 이해해야 하는지 탐구한 바 있습니다.

28. 켈수스는 우리가 주장했다는 하느님에 관한 표상을 비난한 다음, "당신들은 (죽고 난 뒤) 어디로 간다고 생각하는가? 그리고 어떤 희망을 지니고 있는가?"라고 우리에게 묻습니다. 그리고 마치 우리의 대답인 것처럼, 스스로 대답을 꾸며 이렇게 말합니다. "어떤 다른 세상으로, 이 세상보다 나은 세상으로." 그러고는 이어서 다음과 같이 말합니다. "옛날의 거룩한 남자들은 지극히 복된 영혼들의 지극히 복된 삶에 관해 보고했다. 어떤 이들은 그곳을 '복된 이들의 섬'[37]이라고, 또 어떤 이

---

[36]   참조:『켈수스 반박』6,70.

[37]   전쟁에서 죽은 이들의 체류지다. 참조: 헤시오도스『노동과 나날』171; 플라톤『향연』179a; 180b. 핀다로스『올림피아 송가』2,70-71.

들은 '엘리시온 평원'이라고 불렀는데, 거기서 이승의 고통에서 해방된다고 사람들은 생각했다. 이는 호메로스도 말하는 바다. '과연 엘리시온 평원과 이 땅 끝으로 신들이 너를 보내 줄 터이니 … 그곳에서 삶은 아주 가뿐하지.' 영혼은 불사한다고 여기는 플라톤은 영혼들이 그리로 보내지는 그 자연을 명확히 '땅'이라 지칭하고, 이렇게 말했다. '그 땅은 아주 거대한 형성물이니, 우리는 그것의 한 작은 부분인 여기에서, 파시스로부터 헤라클레스 기둥(곧 지브롤터 해협)까지 이곳에서, 마치 개미나 개구리들이 늪 하나를 에워싸고 있듯이, 바다(지중해)를 둘러싸고 살고 있고, 다른 많은 이들은 어슷비슷한 다른 많은 장소에서 살고 있다. 이 땅을 빙 둘러 곳곳에는 가지각색의 형태와 크기의 동굴들이 있는데, 물과 안개와 공기가 함께 그리로 흘러들어 갔다. 그러나 순수한 땅 자체는 순수한 하늘에 존재한다.'[38]"

요컨대 켈수스는 이 세상보다 훨씬 나은 "다른 세상"에 관한 우리의 표상은 이런저런 "옛날의 거룩한 남자들"에게서, 특히 『파이돈』에서 "순수한 하늘에 존재하는 순수한 땅"에 관해 사색한 "플라톤"에게서 빌려 온 것이라고 추측하고 있습니다. 그러나 켈수스는 그리스어 알파벳[39]보다 훨씬 연대가 오래된 모세가 이미, 하느님께서 당신 율법에 따라 사는 이들에게 거룩한 땅을, "저 좋고 넓은 땅, 젖과 꿀이 흐르는 땅"(탈출 3,8)을 주시리라 약속하셨다고 기록한 것을 놓치고 있습니다. 그런데 이 "좋은 땅"은, 상당수 사람들이 생각하는 것과는 달리, 아담의 죄 때문에 애당초 저주를 받은 이 땅에 존재하는 유대아 지방을 가리키는

---

38   플라톤 『파이돈』 109a-b.

39   참조: 『켈수스 반박』 4,21; 6,7.43.

것이 아닙니다. 과연 "땅은 너 때문에 저주를 받으리라. 너는 사는 동안 줄곧 고통 속에서 땅을 부쳐 먹으리라"(창세 3,17)라는 언명은 온 땅에 해당되거니와, "아담 안에서 죽는 모든 인간"(1코린 15,22 참조)은 "고통 속에서", 곧 무진 애를 써서 일을 해야 그 땅으로부터 먹을 것을 얻을 수 있으며, 이 일은 "사는 동안 줄곧" 계속됩니다. 그리고 온 땅이 저주를 받았기 때문에, 땅은 아담 안에서 낙원에서 추방된 인간이 사는 동안 줄곧 "가시덤불과 엉겅퀴를 돋게 하고" 모든 인간은 "자신이 나온 흙으로 돌아갈 때까지" "얼굴에 땀을 흘려야" 양식을 구해 먹을 수 있습니다(창세 3,18-19 참조). 이 대목 전체는 복합적인 의미를 내포하고 있는데, 그 의미를 분명히 파악하기 위해서는 상세한 논구가 필요합니다. 그러나 지금으로서는 이상의 간략한 언급으로 만족하기로 하겠으니, 우리의 목적은 다만 하느님께서 의인들에게 약속하시는 "좋은 땅"이 유대아 지방을 의미한다는 그릇된 견해를 반박하는 것이기 때문입니다.

29. "아담"의 소행 때문에, "아담 안에서 죽는 모든 인간"의 소행 때문에 참으로 온 땅이 저주를 받았다면, 이 저주는 땅의 모든 부분에 해당되고 거기에는 유대아 지방도 포함된다는 것은 분명합니다. 그러므로 "좋고 넓은 땅, 젖과 꿀이 흐르는 땅"(탈출 3,8)이 유대아 지방일 수는 없습니다. 비록 유대아 지방과 예루살렘이 상징적으로는 "천상 예루살렘"이 있는 순수하고 "좋고 넓은 땅"의 한 "그림자"로 표현될 수 있지만 말입니다(참조: 히브 8,5; 10,1; 12,22). 이 천상 예루살렘에 관해서는 "그리스도와 함께 다시 살아나, 저 위에 있는 것을 추구하는"(콜로 3,1) 사도가 논하면서, "유대인들의 신화"(티토 1,14)에서 벗어난 의미를 찾아냈으니 이렇게 말합니다. "그러나 여러분이 나아간 곳은 시온산이고 살아 계

신 하느님의 도성이며 천상 예루살렘으로, 무수한 천사들의 축제 집회와 하늘에 등록된 맏아들들의 모임이 이루어지는 곳입니다"(히브 12,22).

모세가 말한 "좋고 넓은 땅"에 관한 우리의 설명이 거룩한 영의 언명 의도와 어긋나지 않는다는 것을 확신하고 싶은 사람은, 모든 예언서를 주의 깊게 읽어 보기 바랍니다. 그들의 가르침에 따르면, 예루살렘에서 떨어져 나가 길 잃고 헤매던 사람들이 문득 예루살렘으로 다시 돌아오고, 그 "하느님의 거처와 도성"에 다시 터 잡고 살게 될 것입니다. 과연 성경에 이렇게 기록되어 있습니다. "거룩한 평화 안에 그분의 거처가 마련되었네"(시편 76,3), "주님은 위대하시고 드높이 찬양받으실 분이시다. 우리 하느님의 도성, 당신의 거룩한 산에서. 아름답게 솟아오른 그 산은 온 누리의 기쁨이라네"(시편 48,2-3).

지금으로서는 의인들의 땅에 관한 시편 제37편의 구절들을 인용하는 것으로 충분하겠습니다. "주님께 희망을 두는 이들은 땅을 차지하리라 … 가난한 이들은 땅을 차지하고 큰 평화로 즐거움을 누리리라. … 그분의 복을 받은 이들은 땅을 차지하리라. … 의인들은 땅을 차지하여 언제까지나 그 위에 살리라"(시편 37,9.11.22.29). "순수한 하늘에 있는 순수한 땅"의 존재가 같은 시편의 "너는 주님께 바라고 그분의 길을 따라라. 그분께서 너를 들어 올려 땅을 차지하게 하시리라"(시편 37,34)라는 말씀을 이해할 수 있는 사람들에게 뚜렷이 보이지 않는지 숙고해 보십시오.

30. 내가 생각하기에, 플라톤은 이 땅에서 귀중하게 여기는 보석들 — 그에 따르면 더 나은 땅의 보석들이 반사된 이미지입니다[40] — 에 관한 표상 역시 하느님 도성에 관한 이사야서의 다음 구절에서 빌려 온 것

같습니다. "보라, 내가 석류석을 너의 주춧돌로 놓고 청옥으로 너의 기초를 세우리라. 너의 성가퀴들을 홍옥으로, 너의 대문들을 수정으로, 너의 성벽을 모두 보석으로 만들리라"(이사 54,11-12). 플라톤의 언설을 좀더 면밀하게 해석하는 사람들은 그의 신화적 표상을 우의(알레고리)적 의미로 설명합니다. 아무튼 우리 추측으로는 플라톤도 차용한 예언자의 말씀들을, 하느님의 감화로 예언자들과 닮은 삶을 살고 성경 연구에 모든 시간을 쏟는 이들이 바른 삶의 방식과, 하느님의 비밀을 알고 싶은 욕구로 합당한 준비를 갖춘 사람들에게 해석해 줄 것입니다.[40]

우리의 과제는 거룩한 땅에 관한 우리 가르침이 그리스 저자들이나 플라톤에게서 표절한 것이 아님을 뚜렷이 밝히는 것이었습니다.[41] 오히려 아주 옛날 사람인 모세는 말할 것도 없고 대부분의 예언자들보다도 후대인인 이 저자들이 이런저런 사람들에게서 이 주제에 관한 모호한 암시를 주워듣고 오해했거나, 아니면 성경을 읽고는 표절을 하여 "더 좋은 땅"에 관해 비슷한 언명을 한 것 같습니다. 한편 하까이는 "마른 땅"이 그 땅과는 다른 것임을 분명히 밝히고, 우리가 살고 있는 세상을 "마른 땅"이라고 부릅니다. 그는 이렇게 말합니다. " — 정녕 만군의 주님께서 이렇게 말씀하신다. — 머지않아 나는 다시 하늘과 마른 땅, 바다와 물을 뒤흔들리라"(하까 2,6).

31. 켈수스는 『파이돈』에 쓰여 있는 플라톤의 신화 설명은 다음 기회로 미루면서, 이렇게 말합니다. "플라톤이 이 말로써 표현하고자 하는 것

---

40 참조: 플라톤 『파이돈』 110d-e.
41 표절 비난에 관해서는 참조: 『켈수스 반박』 해제 92-93.

은 아무나 쉽게 통찰하지 못하며, 그의 다음과 같은 말들의 의미를 이해할 수 있는 사람들만이 통찰한다. '우리의 약함과 느림 때문에, 우리는 대기권의 경계까지 전진할 수 없다.' '그리고 인간의 본성이 그것을 직접 보는 것을 견뎌 낼 수 있다면, 본성은 그곳에 참하늘과 참빛이 존재한다는 사실을 통찰할 것이다.'[42]"

아무튼 우리는 켈수스와 달리, 지금의 논구에서 "거룩하고 좋은 땅"과 그 안에 있는 "하느님의 도성"에 관한 우리의 견해를 분명히 밝히는 것이 꼭 필요하다고 여기지 않고, 이 일을 예언자들에 관한 주석에 미루겠습니다. 사실 우리는 이미 시편 제46편과 제48편에 대한 주석에서 "하느님의 도성"에 관해 부분적으로는 우리 능력껏 설명을 했습니다.[43] 아무튼 아주 오래된 모세와 예언자들의 책은 모든 참된 실재들은 우리가 이 세상에서 아주 일반적으로 사용하는 명칭들과 동일한 명칭들을 가지고 있다는 것을 알고 있습니다. 그래서 예를 들어 "참빛"(1요한 2,8)이 존재하고, "궁창"과 다른 "하늘"이 존재하며(창세 1,6-8 참조), 또 우리가 보는 태양과는 다른 "의로움의 태양"(말라 3,20)이 존재합니다. 그리고 성경은 통상 이 실재들을 참으로 실재하지는 않는 감각적으로 인지할 수 있는 사물들과 대비하여 언급합니다. 예를 들어 "하느님께서 하시는 일은 모두 진실하다"(다니 4,34)라고 언명하면서, "하느님께서 하시는 일"은 참으로 실재하는 것들과 관련시키고, 이른바 "그분 손이 하시는 일"(시편 102,26 참조)은 좀 하찮은 사물들과 관련짓습니다. 그래서 성경은 이사야를 통해 사람들을 질책하면서 이렇게 말합니다. "그들은 주님이

---

42   플라톤 『파이돈』 109e-110a.

43   보존되어 있는 오리게네스의 단편들에는 이 주제에 관한 논구가 포함되어 있지 않다.

이루신 일에는 관심도 기울이지 않고, 주님의 손이 이루신 일에는 눈도 돌리지 않는다"(이사 5,12). 아무튼 이 주제에 관해서는 충분히 이야기했다고 하겠습니다.

32. 이어서 켈수스는 "부활"에 관한 우리의 가르침에 눈길을 돌립니다. 부활에 관해서는 "할 말이 많지만" "설명하기가 어렵습니다"(히브 5,11). 그리고 부활이 얼마나 하느님께 합당하고 숭고한 일인지를 밝히기 위해서는, 다른 어떤 가르침의 경우보다 더, 포괄적 지식을 지니고 있는 지혜로운 해석자가 필요합니다. 과연 부활은 성경이 말하는 영혼의 "천막", 의인들이 "그 속에 살면서 무겁게 짓눌려 탄식하고 있는" 천막, "벗어 버리기를 바라는 것이 아니라 그 위에 덧입기를 바라는" 천막(2코린 5,4 참조)이 일종의 싹과 싹틈의 원리[44]를 내포하고 있음을 가르쳐 줍니다. 켈수스는 이 가르침을 이해하지 못하여 비웃고 있습니다. 사실 그는 이 가르침에 관해 분별 있는 설명을 해 줄 수 없는 무지한 사람들에게서 주워들은 게 전부일 것입니다. 그러므로 우리가 이미 앞에서[45] 이 문제에 관해 설명한 내용에 다음과 같은 언명을 덧붙이는 것이 도움이 될 것입니다. 우리는 켈수스가 생각하는 것처럼 "윤회설을 잘못 알아들었기 때문에 부활이라는 표상을 주장"하는 것이 아닙니다. 오히려 우리는 본성상 비물질적이고 비가시적인 영혼은 자신이 존재하는 모든 물질적 장소에서 본성상 그 장소에 상응하는 몸이 필요하다는 것을

---

44 참조: 『켈수스 반박』 5,23과 각주 38. 오리게네스는 의식적으로 스토아학파의 전문 용어인 λόγος σπερματικός를 연상시키는 λόγος σπέρματος(씨앗으로 뿌려진 로고스) 개념을 사용하여, 1코린 15,35-58에 근거한 그리스도교의 부활 사상을 철학적으로 이해할 수 있는 통로를 열어 준다.

45 참조: 『켈수스 반박』 2,55-67; 5,18-20.57-58.

알고 있기 때문에 부활을 주장하는 것입니다.[46] 이 몸을 영혼은 이전의 몸을 "벗어 버린" 후 입습니다. 이전 몸은 영혼에게 필수적이었으나, 두 번째 상태에서는 불필요합니다. 그러나 나중에는 영혼이 이전에 입었던 몸이, 더 순수하고 정기精氣(에테르)적이고 천상적인 장소에서 영혼에게 필요한 더 나은 옷을 "덧입게" 됩니다. 또한 영혼은 출생을 통해 이 세상에 들어올 때에도, 영혼이 임산부의 태 안에 머무르는 동안 꼴을 갖추기 위해 필요했던 싸개를 "벗고" 이 땅에서의 삶에 필수적인 싸개로 갈아입었습니다.

그런 다음 이제 "지상의 천막집"이 존재하는데, 이것은 "천막"을 위해 필수적입니다. 성경 말씀은 이렇게 설명합니다. "우리의 이 지상 천막집이 허물어지면", 이 "천막"은 "사람 손으로 짓지 않은 영원한 집을 하늘에서 덧입습니다"(2코린 5,1.4 참조). 한편 "하느님의 사람들"(참조: 1티모 6,11; 2티모 3,17)은 "이 썩는 몸은 불멸을 입고, 이 죽는 몸은 불사를 입을" 것이라고 말합니다(1코린 15,53 참조). 그런데 "불멸"은 "불멸적인 것"과, "불사"는 "불사적인 것"과 다릅니다. 사실 "지혜"와 "지혜로운" 사이에, 그리고 "의로움"과 "의로운" 사이에, 또 "평화"와 "평화로운" 사이에 존재하는 관계와 동일한 관계가 "불멸"과 "불멸적인" 사이에, 그리고 "불사"와 "불사적인" 사이에도 존재합니다. "불멸과 불사를 입어야" 한다는 성경 말씀이 우리에게 무엇을 촉구하는지를 숙고하십시오. 불멸과 불사는 이를테면 이것들을 "입는" 사람의 옷 같은 기능을 하니, 이 옷에 감싸인 그 사람이 소멸하거나 죽지 않게 합니다. 우리가 굳이 이

---

46 참조: 오리게네스 『시편 제1-25편 발췌 주해』 1,5. 아래의 설명이 알려 주듯이, 오리게네스는 선재하는 영혼이 한 (에테르적인) 몸과 결합되어 있다가, 지상 현존을 시작할 때 그 몸을 벗는다고 여겼다.

렇게 상론한 것은, 우리가 말하는 "부활"이 무엇을 의미하는지 이해하지 못한 켈수스가 자신이 알지도 못하는 부활에 관한 가르침을 조롱하고 비웃기 때문입니다.

33. 우리가 부활에 관한 가르침을 내세우는 것은, 단지 우리가 하느님을 인식하고 또 뵙고 싶어 하기 때문이라고 추측하는 켈수스는 그래서 제멋대로 이런저런 말을 꾸며 내면서 이렇게 주장합니다. "그들은 사방에서 궁지에 몰리고 반박을 당하면, 마치 귀를 닫은 듯이, 언제나 다시금 똑같은 물음으로, 곧 '어떻게 우리는 하느님을 인식하고 또 그분을 뵐 수 있는가? 어떻게 우리는 그분에게 이르러야 하는가?'라는 물음으로 되돌아간다." 관심 있는 사람은 누구나, 우리는 한 물질적 장소에서의 우리 실존 때문에 하나의 몸이, 그것도 이 물질적 장소의 속성에 상응하는 몸이 필요하다는 것, 우리는 이 몸에 대한 필요 안에서, 이 "천막" 위에 앞에서 언급한 옷을 "덧입는다"(2코린 5,4 참조)는 것, 하지만 우리가 하느님을 인식하기 위해서는 몸이 전혀 필요하지 않다는 것을 알아야 합니다. 왜냐하면 하느님을 인식하는 것은 몸의 눈이 아니라 영이거니와, 이 영은 "자기를 창조하신 분의 모상에 따라"(콜로 3,10)라는 말씀의 의미를 이해하며, 또 하느님의 섭리에 의해 하느님 인식 능력을 부여받았습니다. 그리고 하느님을 인식·직관할 수 있는 것은 "깨끗한 마음"이니, 이 마음에서는 "나쁜 생각들, 살인, 간통, 불륜, 도둑질, 거짓 증언, 중상"(마태 15,19; 마르 7,21-22)이나 그 밖의 사악한 것들이 전혀 나오지 않습니다. 그래서 성경에 이렇게 쓰여 있습니다. "행복하여라, 마음이 깨끗한 사람들! 그들은 하느님을 볼 것이다"(마태 5,8). 그러나 완전히 "깨끗한 마음"을 가질 수 있기 위해서는 우리 의지의 결단만으로는 충

분하지 않기 때문에, 그런 마음을 만들어 주실 수 있는 하느님의 도우심이 필요하며, 그런 까닭에 분별 있게 기도할 줄 아는 사람은 이렇게 말합니다. "하느님, 깨끗한 마음을 제게 만들어 주소서"(시편 51,12).

34. 그러나 우리는 하느님께서 한 장소에만 계신다고 생각하지 않으며, 그래서 아무에게도 "우리는 어떻게 하느님께 가야 하는가?"라고 묻지 않습니다. 과연 하느님께서는 모든 장소를 초월하며, 그러면서도 그 모든 장소를 다 품으실 수 있습니다. 반면 하느님을 품을 수 있는 것은 아무것도 없습니다. 요컨대 "너희는 주 너희 하느님을 따라라"(신명 13,5)라는 말씀은, 우리가 몸으로 하느님에게 가야 한다고 명령하는 것이 아닙니다. 그리고 예언자가 "제 영혼이 당신께 매달리면, 당신 오른손이 저를 붙들어 주십니다"(시편 63,9)라고 기도 중에 말하는 것도 신체적 의미가 아닙니다. 그런데 켈수스는 우리가 "신을 몸의 눈으로 보고 그의 목소리를 귀로 듣고 직접 손으로 그를 만져 보기를 고대한다"고 엉터리 주장을 합니다. 우리는 성경이 "눈"이라는 낱말을 몸의 눈과 명칭만 같지 다른 뜻으로 사용하며, "귀"와 "손"도 마찬가지라는 것을 알고 있습니다. 또한 성경은, 더 인상적인 경우이거니와, "거룩한 인지"에 관해서도 말하는데, 이는 우리의 통상적 어법에서의 인지와는 다른 것입니다. 이를테면 예언자가 "제 눈을 열어 주소서. 당신 가르침의 기적들을 제가 바라보오리다"(시편 119,18), 또는 "주님의 계명은 맑아서 눈에 빛을 주네"(시편 19,9), 또는 "죽음의 잠을 자지 않도록, 제 눈을 비추소서"(시편 13,4) 라고 말한다고 해서, 아무도 하느님 가르침의 기적을 몸의 눈으로 바라볼 수 있다거나 주님의 계명이 몸의 눈에 빛을 준다고, 그리고 몸의 눈에 죽음을 가져다주는 잠이 있다고 믿을 만큼 어리석지 않습니다.

"귀 있는 사람은 들어라"(마태 11,15; 13,9 등)라는 우리 구원자의 말씀은 "거룩한" 귀와 관련된다는 것을 누구나 압니다. 그리고 주님의 말씀이 예레미야 예언자나 다른 예언자의 "손안에"(예레 26,14 참조) 있다거나 율법이 모세의 "손안에"(민수 17,5 참조) 있다고 성경이 말할 때, 또는 "나는 내 손을 빌려 주님을 찾았고, 속지 않았네"(시편 77,3 참조)라고 말할 때, 여기서 "손"은 상징적 의미로 언명되었음을 이해하지 못할 만큼 어리 석은 사람은 아무도 없거니와, 이에 관해서는 요한 역시 이렇게 말합니 다. "우리 손으로 만져 본 생명의 말씀"(1요한 1,1). 성경에서 비물질적인 숭고한 인지를 알고자 하는 사람은 솔로몬의 잠언을 귀 기울여 들을 일 입니다. "그때에 너는 … 하느님을 인지할 수 있으리라"(잠언 2,5).⁴⁷

35. 우리는 이런 방식으로 하느님을 찾아 만나고 있으니, 켈수스가 우 리를 보내려는 곳, 곧 "트로포니오스, 암피아라오스, 모프소스의 신 전"⁴⁸으로 찾아갈 까닭이 없습니다. 그는 그곳에서 사람들이 "인간 형 상의 신들을, 그것도 기만적인 환영幻影이 아니라 진짜 발현을 볼 수 있 다"고 말합니다. 그러나 우리는 그것들이 다이몬들의 환영이라는 것을 알고 있습니다. 이 다이몬들은 제물의 굳기름이 타는 연기, 피, 피어오 르는 냄새를 먹고 살며, 그런 꼴로 자신들의 욕망이 만들어 낸 감옥에 갇혀 있는데, 그 감옥을 그리스인들은 신전으로 여기지만, 우리는 그것 이 그저 사람을 속이는 다이몬들의 처소라는 것을 잘 알고 있습니다.

이어서 켈수스는 자신이 앞에서 언급했던 "인간 형상의 신들"에 관

47　참조: 오리게네스 『원리론』 1,1,9.

48　참조: 『켈수스 반박』 3,34.

해 악의적으로 언명합니다. "우리는 그 신들이, 이 사람들을 미혹한 그 자처럼 잠시 한 차례 미끄러지듯 나타났다가 사라질[49] 뿐 아니라, 원하는 인간들과 지속적으로 소통한다는 사실도 알게 될 것이다." 이 말로 미루어 볼 때, 켈수스는 죽은 이들 가운데에서의 부활 이후 당신 제자들에게 나타나셨던 예수님을 일종의 유령으로, 이를테면 그들이 볼 수 있도록 "미끄러지듯 나타났다가 사라진" 유령으로 여기고 있는 것 같습니다.[50] 이와는 달리 그가 "인간 형상의 신들"이라고 표현한 존재들은 원하는 인간들과 "지속적으로 소통을 한다"고 믿고 있습니다. 그러나 어떻게 한낱 "유령"이 사람들을 미혹하기 위해 "미끄러지듯 나타났다가 사라질" 수 있으며, 또 그렇게 과거에 한 번 나타난 후 그렇게나 엄청난 일을 불러일으키고 그렇게나 많은 인간의 영혼을 돌아오게 하고, 그들에게 사람은 장차 심판을 받을 터이므로 모든 행동을 하느님 마음에 들게 해야 한다는 확신을 불어넣어 줄 수 있겠습니까? 이른바 "유령"이 도대체 어떻게 악한 다이몬들을 쫓아내고, 그 밖에도 강력하고 중요한 결과들을 불러일으키고, 그러면서 켈수스가 말하는 "인간 형상의 신들"처럼 그저 한 특정 장소만 배정받은 게 아니라, 온 세상을 두루 가로지르며 도덕적인 삶을 살고자 하는 사람들을 자신의 신성을 통해 함께 모으고 이끌 수 있겠습니까?

36. 우리가 힘을 다해 그의 주장을 반박하리라는 것을 알고, 켈수스는

---

49 παραρρείν이라는 개념은 본래 강물이 "흘러 지나감"을 의미하는데, 여기서는 아마도 부활하신 분의 "사라짐"(사도 1,9)과 관련시키는 듯하다. Lona, Alethes Logos 189는 엠마오 사건(루카 24,13-31 참조)에 대한 암시도 들어 있을 수 있다고 본다.

50 참조: 『켈수스 반박』 2,70; 3,22.

또 이렇게 비난합니다. "그들은 다시 물을 것이다. 신을 감각적 인지를 통해 파악할 수 없다면, 어떻게 신을 인식해야 하는가? 감각적 인지 없이 신 인식이 어떻게 가능한가?" 그러고는 스스로 대답합니다. "이것은 인간의 말이 아니고, 영혼의 말도 아니며, 육의 말이다. 사실 그들은 육신을 사랑하는 가련한 인간 種이기는 하지만, 그래도 무엇인가 이해할 수 있다면, 우리의 가르침을 귀 기울여 들어야만 한다. 만일 당신들이 감각적 인지를 위한 눈을 감고 영으로 위를 바라본다면, 육을 저버리고 영혼의 눈을 뜨게 한다면, 당신들은 그렇게 해서만 신을 보게 될 것이다.[51] 그리고 당신들이 이 길의 인도자를 찾는다면, 사기꾼과 돌팔이들 그리고 환영들[52]에게 구애하는 자들을 멀리해야 한다. 당신들이 신으로 입증된 존재들을 우상이라 비방하고, 또 진짜 환영들보다 더 가련한, 아니 아예 환영도 못되고 진짜로 죽어 버린 자를 신으로 공경하고 그자와 닮은 아비를 찾는다면, 완전히 웃음거리가 될 것이다."[53]

이 말에 대해 우선 우리는 이런저런 인물들을 등장시켜 말하게 하는 켈수스의 애용 수법과 관련하여 언명해야 하겠습니다. 예를 들면 그는 우리가 "육의 부활"에 관한 가르침을 옹호하기 위해 이런저런 말을 했다고 하면서, 우리가 하지도 않은 말을 우리 입에 담습니다. 이런저런 인물을 등장시켜 말하게 하는 저자의 능력은, 그 인물의 의향과 성격을

---

51 참조: 유스티누스 『유대인 트리폰과의 대화』 3,7; 안티오키아의 테오필루스 『아우톨리쿠스에게』 2,1.

52 εἴδωλον: 켈수스는 일상 그리스어에서의 의미("환영, 유령")와 초기 그리스도교 문헌이 계승하는 성경(칠십인역 구약성경과 신약성경) 그리스어에서의 의미("우상")를 가지고 말장난을 하고 있다. 참조: Lona, Alethes Logos 408.

53 이 대목에 관해서는 참조: H. Dörrie, Die platonische Theologie des Kelsos in ihrer Auseinandersetzung mit der christlichen Theologie auf Grund von Origenes c. Celsum: *Platonica Minora* [STA 8], München 1976, 237-238.

일관되게 유지시키는 솜씨에 있습니다. 반면 그의 무능은 등장인물로 하여금 그에게 어울리지 않는 말을 하게 하는 데서 드러납니다. 예를 들어 철학적 가르침이라곤 전혀 들어 본 적이 없고 그걸 제대로 표현할 수도 없는 야만인·무식자·노예 등을 등장시켜, 저자 자신에겐 친숙할지 모르지만 등장인물은 전혀 알지 못할 것이 틀림없는 철학 이야기를 입에 올리게 하는 저자는 질책받아 마땅합니다. 거꾸로 철학자나 신적인 일에 정통하다고 여겨지는 인물을 등장시켜, 못 배워 무지하고 천박한 격정에 휩쓸리는 사람들이나 입에 올리는 말을 하게 하는 저자도 질책받아 마땅합니다. 이런 이유로 호메로스를 많은 사람이 찬탄하니, 그는 자기 작품의 주인공들 예컨대 네스토르·오디세우스·디오메데스·아가멤논·텔레마코스·페넬로페 등의 성격을 처음에 자신이 꼴지었던 대로 끝까지 유지시키기 때문입니다. 이와는 반대로 에우리피데스는 아리스토파네스의 희극에서 생뚱맞게 떠들어 대는 수다쟁이로 조롱받고 있으니, 자신이 아낙사고라스나 어떤 철학자에게서 들은 철학적 명제들을 자주 야만인 여자나 노예 등의 입에 담기 때문입니다.[54]

37. 이렇게 한 저자의 유능함과 무능함이 인물들을 등장시키는 솜씨에서 뚜렷이 드러난다면, 우리는 켈수스를 비웃을 충분한 이유가 있다고 하겠으니, 그는 그리스도인들이 전혀 하지 않는 말을 그들 입에 담기 때문입니다. 아무튼 켈수스가 등장시켜 말하게 하는 인물들이 배우지 못한 사람들이라면, 도대체 그들이 어떻게 감각적 인지와 영적 통찰

---

54 참조: 아리스토파네스 『아카르나이의 사람들』 393-401. 아낙사고라스에 관해서는 『켈수스 반박』 4,77 참조. 소피스트인 알렉산드리아의 테온(기원후 2세기)이 이미 호메로스와 에우리피데스에 관해 이런 평가를 내렸다(『준비 훈련』 1).

을 구별하고, 감관을 통해 지각할 수 있는 것과 영적으로 인지할 수 있는 것을 구별할 수 있겠으며, 또 영적 실재들을 부인하는 스토아학파 사람들처럼 "파악되는 것은, 감관으로 파악된다"고, 그래서 모든 인식은 감관적 지각에 한정된다고 단언할 수 있겠습니까? 다른 한편 켈수스가 등장시키는 인물들이 철학에 종사하면서 그리스도교의 가르침을 철학적 방식으로 논하고 또 힘을 다해 면밀히 탐구하는 사람들인 경우, 그는 그들이 마땅히 할 만한 말을 그들 입에 올리지 않습니다. 아무튼 하느님은 볼 수 없다는 것, 그리고 눈으로 볼 수 없는, 다시 말해서 오직 영적으로만 인식할 수 있는 이런저런 피조물들이 존재한다는 것을 배워 아는 사람은 누구도 "부활에 관한 가르침"을 옹호하기 위해, "하느님을 감각적 인지를 통해 파악할 수 없다면, 어떻게 하느님을 인식해야 하는가?" 또는 "감각적 인지 없이 하느님 인식이 어떻게 가능한가?"라고 말하지는 않을 것입니다. 대중은 이해하기 어렵고 지적 호기심 강한 소수만이 읽는 책이 아니라 일반인들에게 꽤 널리 알려진 한 책에 다음과 같은 말씀이 쓰여 있습니다. "세상이 창조된 때부터, 하느님의 보이지 않는 본성 곧 그분의 영원한 힘과 신성을 조물을 통하여 알아보고 깨달을 수 있게 되었습니다"(로마 1,20). 이 말씀으로부터 깨달을 수 있는 사실인즉, 이 세상에서 살아가는 인간들은 감각적으로 인지할 수 있는 사물들로부터 출발할 수밖에 없지만, 만일 영적 실재들의 본질로 날아오르고자 한다면, 감각적으로 인지할 수 있는 사물들에 머물러 있어서는 결코 안 된다는 것입니다. 또한 그리스도인들은 "감각적 인지 없이 영적 실재들을 인식하는 것은 불가능하다"라고 말하지도 않습니다.

38. 요컨대 우리는 온 우주의 하느님은 영이시라고, 또는 영과 존재를

초월하시며[55] 단순하고 비가시적이고 비물질적이시라고 주장하기 때문에, 하느님은 그 영의 "모습으로"(창세 1,26.27) 창조된 존재 이외의 다른 어떤 것을 통해서도 포착되지 않는다고 가르칩니다. 아무튼 우리는 하느님을, 바오로의 표현을 빌리자면, "지금은 거울에 비친 모습처럼 어렴풋이 보지만, 그때에는 얼굴과 얼굴을 마주 볼 것입니다"(1코린 13,12). 내가 여기서 "얼굴"이라는 낱말을 사용하지만, 아무도 이 표현 때문에 거기에 내포된 의미를 비난해서는 안 됩니다. 오히려 "우리는 모두 너울을 벗은 얼굴로 주님의 영광을 거울로 보듯 어렴풋이 바라보면서, 더욱더 영광스럽게 그분과 같은 모습으로 바뀌어 갑니다"(2코린 3,18)라는 언명에 근거하여, 이런 표현들은 감각적으로 인지할 수 있는 얼굴을 가리켜 말하는 것이 아니니, 상징적 의미로 이해해야 한다는 것을 통찰해야 합니다. 이는 우리가 앞에서[56] 상론한 "눈"이나 "귀" 같은 신체 부분들의 경우와 마찬가지입니다.

인간, 즉 몸을 이용하는 영혼,[57] "내적 인간"(로마 7,22; 2코린 4,16; 에페 3,16)으로, 또 "심령"으로도 지칭되는 영혼은 켈수스가 써 놓은 것과 같은 대답을 하지 않고 "하느님의 사람"(2티모 3,17)이 직접 가르치는 것으로 대답합니다. 과연 "영의 힘으로 육의 행실을 죽이고"(로마 8,13) "언제나 예수님의 죽음을 몸에 짊어지고 다니는"(2코린 4,10) 것을 배운, 그리고 "여러분 안에 있는 현세적인 것들을 죽이십시오"(콜로 3,5)라는 훈계

---

55 참조: 플라톤 『국가』 509b; 『켈수스 반박』 6,64와 각주 156. 오리게네스에게 있어서 이 두 언명의 양립 가능성에 관해서는 참조: M. Simonetti, Dio: *Origen. Dizinario. La cultura, il pensiero, le opere* (hrsg. von A. Monaci Castagno), Rom 2000, 119.

56 참조: 『켈수스 반박』 6,61-62; 7,34.

57 오리게네스 『원리론』 4,2,7에도 같은 말이 나온다.

를 익히 알고 또 "사람들은 살덩어리일 따름이니, 나의 영이 그들 안에 영원히 머물러서는 안 된다"(창세 6,3)라는 언명의 의미를 이해하고 "육 안에 있는 자들은 하느님 마음에 들 수 없습니다"(로마 8,8)라는 언명도 이해하며, 그래서 더 이상 "육 안에 있지 않고 영 안에 있기"(로마 8,9) 위해 모든 일을 다 하는 그리스도인은 누구도 "육의 말"을 하지 않습니다.

39. 아무튼 우리는 켈수스가 무슨 의도로 하느님을 인식하는 방법을 자신에게서 들어 보라고 우리에게 촉구하는지 살펴보고자 합니다.[58] 물론 그는 어떠한 그리스도인도 자기 말을 이해하지 못한다고 생각하며, 그래서 "그래도 그들이 무엇인가 이해할 수 있다면, 우리의 가르침을 귀 기울여 들어야만 한다"고 말합니다. 그러므로 우리는 이 철학자께서 어떤 말을 우리에게 들려주고자 하는지 살펴보겠습니다. 그런데 켈수스는 원래 의도대로라면 우리를 가르쳐야 할 터인데도, 그렇게 하지 않고 오히려 우리를 심하게 모욕합니다. 그리고 말을 시작하면서는 듣는 이들에게 호의를 표현해야 마땅할 터인데도, 오히려 죽기까지 자신의 그리스도 신앙을 부인하는 말은 한 마디도 하지 않고 온갖 형태의 학대와 악행을 기꺼이 감수하는 사람들을 "가련한 인간 종"이라고 지칭합니다. 게다가 "우리가 그리스도를 육에 따라 알았더라도, 이제 더는 그렇게 알지 않으렵니다(2코린 5,16)라고 고백하고 또, 어떠한 철학자도 자신의 철학자 외투를 결코 쉽게 벗어 버리지 못하듯이, 그리스도교를 위해 기꺼이 온몸과 생명을 바치는 우리 그리스도인들을 "육신을 사랑하는 족속"이라 부릅니다.

---

58 이 장과 다음 장에 대한 간략한 분석을 Dörrie, Platonische Theologie des Kelsos 238-240 이 제공해 준다.

아무튼 켈수스는 우리를 겨냥하여 이렇게 말합니다. "만일 당신들이 감각적 인지를 위한 눈을 감고 영으로 위를 바라본다면, 육을 저버리고 영혼의 눈을 뜨게 한다면, 당신들은 그렇게 해서만 신을 보게 될 것이다." 켈수스가 두 종류의 눈을 구별하는 것은 그리스인들에게서 빌려 온 것인데,[59] 이런 구별에 대해 이미 우리가 사상적 성찰을 했었다는 사실은 모르고 있습니다. 그래서 그에게 다음 사실을 지적해 주어야겠습니다. 모세는 천지창조에 관한 보고에서, 죄를 범하기 전의 인간들을 한편으로는 보는 존재로, 다른 한편으로는 보지 못하는 존재로 묘사합니다. 보는 존재로 묘사하는 것은 여자에 관해 이렇게 말할 때입니다. "여자가 쳐다보니 그 나무 열매는 먹음직하고 소담스러워 보였다"(창세 3,6). 보지 못하는 존재로 묘사하는 것은 뱀이 여자에게 말할 때인데, 이 말은 보지 못하는 눈을 전제하고 있습니다. "너희가 그것을 먹는 날, 너희 눈이 열리게 될 줄을 하느님께서 아셨다"(창세 3,5 참조). 다음 구절에서도 인간을 보지 못하는 존재로 묘사합니다. "그들은 그것을 먹었다. 그러자 그 둘은 눈이 열려 자기들이 알몸인 것을 알았다"(창세 3,6-7 참조). 이제 그 두 사람에게 감각적 인지의 눈이 "열렸"거니와, 이 눈은 그 전에는 의미심장하게도 감겨 있었으니, 그들이 빗나가지 않도록, "영혼의 눈"으로 보는 것이 방해받지 않도록 하기 위함이었습니다. 그러나 그때까지 열려 있던, 그리고 하느님과 그분의 낙원을 보고 기뻐했던 "영혼의 눈"이 죄의 결과로 감겼다고 나는 생각합니다.

그런 까닭에 우리에게 있는 이 두 종류의 눈을 잘 아시는 우리 구원자께서도 이렇게 언명하십니다. "나는 이 세상을 심판하러 왔다. 보지

59　참조: 플라톤 『향연』 219a; 『국가』 519b; 553d; 『소피스트』 254a; 『파이돈』 99e.

못하는 이들은 보고, 보는 이들은 눈먼 자가 되게 하려는 것이다"(요한 9,39). 여기서 그분은 "보지 못하는"이라는 표현을 통해 로고스께서 보게 해 주시는 "영혼의 눈"을 암시하시고, "보는"이라는 표현으로는 감관의 눈을 암시하십니다. 이 감관의 눈을 로고스께서 멀게 만드셨으니, 영혼이 자신에게 꼭 필요한 것을 방해받지 않고 볼 수 있게 하시려는 것이었습니다. 과연 그리스도인으로서 올바르게 살아가는 사람은 누구나 영혼의 눈이 열려 있고, 감각적 인지의 눈은 감겨 있게 됩니다. 그리고 영혼의 눈이 더 맑게 열려 있고 감각적 인지의 눈은 더 굳게 감겨 있을수록, 그 사람은 그만큼 더, 만유를 주재하시는 하느님과 그분 아드님, 로고스, 지혜 등을 바르게 통찰하고 직관합니다.

40. 우리가 살펴본 이 관점에 이어 켈수스는 또 모든 그리스도인을 겨냥하여 말을 하는데, 사실 이 말은 그리스도인들이 아니라 오히려 예수님의 가르침과 전혀 관계 없다고 공언하는 사람들에게 해당됩니다. 예를 들면 우리가 앞에서[60] 언급한, 예수님을 완전히 부인하는 배사교도나 그들과 유사한 견해를 가지고 있는 "환영들에게 구애하는 자들, 사기꾼들, 돌팔이들"의 무리, 또는 "문지기들의 이름을 힘들여 외우는 자들" 따위입니다. 그러므로 그리스도인들에 대한 켈수스의 다음과 같은 촉구는 생뚱맞은 헛말입니다. "당신들이 이 길의 인도자를 찾는다면, 사기꾼과 돌팔이들 그리고 환영들에게 구애하는 자들을 멀리해야 한다." 그는 그 "사기꾼들"이 자기와 한통속이라는 것, 자기 못지 않게 예수님과 그분의 종교를 격렬히 비방한다는 것을 모르고 있습니다. 그래

---

60   참조: 『켈수스 반박』 6,28.

서 그는 우리와 그들을 뒤섞어 뭉뚱그려 놓고는 계속 말합니다. "당신들이 신으로 입증된 존재들을 우상이라 비방하고, 또 진짜 환영들보다 더 가련한, 아니 아예 환영도 못되고 진짜로 죽어 버린 자를 신으로 공경하고, 그자와 닮은 아비를 찾는다면, 완전히 웃음거리가 될 것이다."

요컨대 켈수스는 그리스도인들이 주장하는 내용과 그런 허무맹랑한 신화를 꾸며 낸 자들이 주장하는 내용을 모르며, 오히려 그자들이 지니고 있다고 자신이 짐작하는 표상들이 우리와 관련된다고 생각하고는, 전혀 무관한 우리를 비난합니다. 이 사실은 그의 말에서 분명히 드러납니다. "그런 비열한 사기, 저 이상한 조언자 때문에, 그리고 사자獅子와 수륙양생적 존재와 나귀 형상의 다이몬들에 관한, 또 불행한 당신들이 고약한 광란 상태에서 애써 그 이름을 외우는 이런저런 거룩한 문지기들에 관한 신들린 말[61] 때문에, 당신들은 한 악한 다이몬으로부터 재앙이 닥치고 재판정에 끌려가고 십자가에 처형될 것이다." 그런데 켈수스는 사자나 나귀 형상의 다이몬들과 수륙양생적 존재를 하늘로 상승할 때의 "문지기"로 여기는 자들은 아무도 자신이 진리로 여기는 것을 위해 목숨을 바치지는 않는다는 것을 모르고 있습니다. 우리가, 어쩌면 사람들은 지나치다고 말할 수도 있을 "하느님 공경"을 위해 겪는, 십자가 처형까지 포함한 온갖 형태의 죽음을 그자들도 겪는다고 켈수스는 잘못 생각하고 있는데, 사실 그자들은 그런 고통을 전혀 알고 싶어 하지 않습니다. 오히려 켈수스는 하느님 공경을 위해 십자가 처형까지 감수하는 우리가 "사자나 나귀 형상 다이몬"과 "수륙양생적 존재"와 이런 저런 괴물들에 관한 허무맹랑한 이야기를 꾸며 냈다고 비난합니다. 요

---

[61]　참조: 『켈수스 반박』 6,30.

컨대 우리가 사자 형상의 다이몬이나 이런저런 온갖 다이몬에 관한 가
르침을 배척하는 것은 아무튼 켈수스의 비난 덕분이 아니니, 우리는 아
예 처음부터 그런 따위를 받아들인 적이 결코 없기 때문입니다. 예수님
의 가르침을 따르는 우리는 오히려 그들의 견해와 정반대되는 것을 주
장하며, 그런 까닭에 미카엘이나 앞에서 언급한 어떤 다른 천사가 그런
모습을 지니고 있다는 것을 인정하지 않습니다.[62]

41. 이제 우리는 켈수스의 뜻에 따라 "믿음직한 인도자들과 거룩한 남
자들이 없다고 아쉬워하지 않으려면", 누구를 따라야 할 것인지를 살
펴보고자 합니다. 그는 우리에게 이른바 "신의 영감을 받은 시인들과
현자들과 철학자들"에게 가라고 충고하는데, 구체적으로 이름을 대지
는 않습니다. 요컨대 켈수스는 우리에게 "올바른 인도자들을 알려 주
겠다"고 약속하지만, "신의 영감을 받은 시인들과 현자들과 철학자들"
이 누구인지 정확히 규정하지는 않습니다. 만일 켈수스가 이들 가운데
누구든 이름을 말했다면, 우리는 그가 우리가 길을 잃고 헤매게 하기
위해 진리에는 맹인인 인도자를, 또는 완전히 맹인은 아니더라도 어쨌
든 여러 면에서 진리와는 거리가 먼 인도자를 추천했다는 것을 신빙성
있게 입증해 보일 수도 있었을 것입니다. 켈수스는 오르페우스[63]나 파
르메니데스나 엠페도클레스나 호메로스나 헤시오도스 같은 사람들을
"신의 영감을 받은 시인들"로 여길지 모르겠습니다. 아무튼 그렇다면
관심 있는 사람은 누구든, 그런 "인도자들"을 따르는 이들이, 예수 그리

---

62 참조:『켈수스 반박』6,30.

63 그리스신화에 나오는 트라키아의 최고의 시인이자 음악가다.

스도의 가르침에 사로잡혀 모든 우상과 신전, 유대인들의 온갖 미신까지 버리고, 하느님의 로고스를 통해 로고스의 아버지이신 하느님만을 우러러보는 사람들보다 더 훌륭한 길을 가고 또 삶의 여러 곤경에서 더 큰 도움을 받는다는 것을 우리에게 입증해 보십시오.

켈수스의 뜻에 따라 우리가 "많은 신적 진리에 관해 귀 기울여 들어야 하는" "현인들과 철학자들"이 도대체 누구입니까? 우리가 그들의 말을 듣는다면, 우리는 물론 하느님의 종인 모세를, 그리고 온 우주의 창조주 하느님께 참된 영감을 받아 수많은 진리를 선포한 예언자들을 버려야 하고, 더구나 인류에게 진리의 빛을 비추시고 올바른 하느님 공경의 길을 가르쳐 주셨으며 ― 이 역시 그분에게 매우 중요한 일이었거니와 ― 당신 자신의 신비를 체험하지 못하는 사람이 아무도 없게 하신 예수님조차도 버려야 할 것입니다. 그분은 너무나 큰 인간 사랑으로 말미암아, 지적인 이들에게는 하느님에 관한 인식을, 영혼이 지상 사물들 너머로 고양될 수 있는 인식을 선사하셨고, 다른 한편으로는 배우지 못한 남자들과 단순한 여자들과 노예들의 미약한 이해력에 맞춰 당신을 낮추셨거니와, 이들은 모두 다른 누구도 아닌 오직 예수님에게서 도움을 받아, 이제는 이해할 수 있게 된 하느님에 관한 가르침에 따라 도덕적인 삶을 살아갈 수 있습니다.

42. 이어서 켈수스는 우리에게 제 생각에 "신론神論 분야의 매우 정통한 스승인 플라톤"에게 가라고 충고하면서, 그의 저서 『티마이오스』의 구절을 인용합니다. "이 우주의 형성자요 아버지를 발견하는 것은 매우 어렵다. 그런데 일단 발견한 그를 모든 사람에게 말로 알려 주는 것은 불가능하다."[64] 이 말에 켈수스는 다음과 같이 덧붙입니다.[65] "당신들

은 거룩한 선견자들과 철학자들이 진리의 길을 어떻게 모색하는지, 그리고 이 길을 모든 사람이 걸어가는 것은 불가능하다는 것을 플라톤이 어떻게 알았는지를 보고 있다. 그러나 지혜로운 남자들이 이름붙일 수 없는 제1존재에 관한 일정한 표상 — 이 표상은 그 존재를 다른 사물들과의 병치並置를 통해, 또는 그것들과의 구별을 통해, 또는 그것들과의 비교를 통해, 뚜렷이 제시한다[66] — 을 우리가 얻게 하기 위한 목적으로 그 길을 발견했기에, 나는 통상 말로는 표현할 수 없지만 아무튼 내가 찬탄하는 것을, 만일 완전히 육에 묶여 있고 순수한 것은 전혀 바라보지 않는 당신들이 나를 따라올 수 있다면 가르치고자 한다."

켈수스가 인용한 플라톤의 말이 숭고하고 의미심장하다는 것은 나도 부인하지 않습니다. 그러나 성경은 "한처음에 하느님과 함께 계셨던 로고스(말씀) 하느님"(요한 1,1-2 참조)께서 모든 인간에게 다가갈 수 있기 위해 "육/사람이 되셨다"(요한 1,14 참조)라고 언명하는데, 이는 "신을 일단 발견했어도, 그 신을 모든 사람에게 말로 알려 주는 것은 불가능하다"는 플라톤의 생각보다 훨씬 큰 인간 사랑의 표지가 아닌지 숙고해 보십시오. 한편 "이 우주의 형성자요 아버지를 발견하는 것은 매우 어렵다"라는 플라톤의 말은, 인간 본성이 하느님을 — 하느님께 합당

---

64 플라톤 『티마이오스』 28c. 플라톤은 이 말을 창조신 데미우르구스와 관련시킨 반면, 중기 플라톤주의자들의 해석에서는 우주의 제1원리와 관련시킨다. 그리스도교 호교론자들은 자주 이 말을 끌어대어 자연적인 하느님 인식의 가능성과 한계를 밝혔다.

65 여기서 서술하는 "구원으로의 길"에 대한 분석을 Dörrie, Platonische Theologie des Kelsos 240-244가 제공해 준다.

66 종합, 분석, 유비를 통한 방법론적 신 인식을 위해 켈수스는 알키노오스, 티루스의 막시무스, 섹스투스 엠피리쿠스 같은 중기 플라톤주의 철학자들의 문헌들을 이용한다. 그리스도교 측 문헌에 관해서는 알렉산드리아의 클레멘스 『양탄자』 5,71,2-3의 분석 참조. 켈수스에게는 유비가 가장 중요한 방법이었다.

한 방식으로, 또는 합당하지는 않더라도 어쨌든 일반 대중보다 높은 수준의 방식으로 — "발견하는" 것이 아예 불가능하지는 않음을 인정하고 있습니다.[67] 아무튼 그래서 플라톤이나 어떤 그리스인이 실제로 신(하느님)을 발견했다면, 그들은 그 신 이외의 어떤 것도 신이라 부르거나 공경하지 않을 것입니다. 또한 그 신을 저버리거나 그런 숭고한 신과 조화될 수 없는 다른 존재들과 결합시키지도 않을 것입니다. 그런데 우리는 인간 본성은, 자신이 찾는 하느님의 도움 없이는, 스스로 어떻게든 하느님을 "찾고" 또 온전한 방법으로 "발견"할 수 없다고 가르칩니다.[68] 그러나 이 하느님은 자기 능력껏 모든 일을 다 하면서 당신의 도우심이 필요하다고 고백하는 사람들에게는 당신이 발견되는 것을 허용하십니다. 그리고 당신을 나타내시기에 합당하다고 여기시는 사람들에게 당신을 계시하시는데, 하느님이 인간에 의해 자연스레 인식될 수 있는 정도로, 또 아직 몸과 결합되어 있는 인간 영혼이 하느님을 인식할 수 있는 정도로 계시하십니다.

43. 플라톤이 "우주의 형성자요 아버지를 사람이 일단 발견했더라도, 그를 모든 사람에게 말로 알려 주는 것은 불가능하다"라고 말하는 것은, 그분은 "말로 표현할 수 없고 이름 붙일 수 없다"고 주장하는 것이 아니라, 그분은 말로 표현할 수 있고, 소수의 사람에게는 "말로 알려 줄" 수 있다고 주장하는 것입니다. 그런데 켈수스는 방금 자신이 인용

---

67 여느 호교론자들과는 달리, 오리게네스는 플라톤의 『티마이오스』 28c에서 그리스도교 견해와의 부합이 아니라 오히려 첨예한 대립을 보았으니, 거기서는 기껏해야 엘리트들의 이지적인 방법을 통한 신 인식 가능성을 인정했던 반면, 그리스도교에서는 계시 원칙이 결정적이었기 때문이다.

68 참조: 『켈수스 반박』 해제 116-117.

한 플라톤의 언명을 잊어버린 것 같으니, 새삼 신은 "이름 붙일 수 없다"라고 말하고 있기 때문입니다. "그러나 지혜로운 남자들은, 이름 붙일 수 없는 제1존재에 관한 일정한 표상을 우리가 얻게 하기 위한 목적으로, 그 길을 발견했다." 그러나 우리는 하느님뿐 아니라 그분이 관장하시는 일들 역시 "말로 표현할 수 없다"고 가르칩니다. 이 사실을 알려 주는 것을 바오로는 꼭 필요하다고 여겼으니, 이렇게 말합니다. "낙원까지 들어 올려진 그는 말로 표현할 수 없는 말씀을 들었는데, 그 말씀은 어떠한 인간도 누설해서는 안 되는 것이었습니다"(2코린 12,4).[69] 바오로는 여기서 "그는 들었다"라는 표현을 "그는 이해했다"는 의미로 사용하고 있는데, 이는 "귀 있는 사람은 들어라"(마태 11,15; 13,9)라는 구절에서와 같은 의미입니다.

또한 우리는 "온 우주의 창조주요 아버지"를 "보는" 것은 "매우 어렵다"고 강조합니다. 그런데도 그분은 볼 수 있으니, 이는 "행복하여라, 마음이 깨끗한 사람들! 그들은 하느님을 볼 것이다"(마태 5,8)라는 약속 그리고 "보이지 않는 하느님의 모상"(콜로 1,15)이신 분이 하신 "나를 본 사람은 곧 아버지를 뵌 것이다"(요한 14,9)라는 확언이 가르쳐 줍니다. 분별 있는 사람이라면 누구도, 예수님께서 사람들이 볼 수 있고 감각적으로 인지할 수 있는 당신의 몸과 관련지어 이 말씀을 하셨다고 생각하지 않을 것입니다. 그렇지 않다면 "그자를 십자가에 못 박으시오! 십자가에 못 박으시오!"(루카 23,21)라고 소리친 모든 자들, 그리고 예수님의 인성에 대한 "권한"을 가지고 있던 빌라도(요한 19,10) 역시 하느님 아버지를 보았다고 해야 할 터인데, 이것이야말로 어처구니없는 생각이라 하

---

69   오리게네스에게 2코린 12,4의 의미에 관해서는 참조: Mortley, From Word to Silence 2 64-68.

겠습니다.[70] "나를 본 사람은 곧 아버지를 뵌 것이다"라는 확언을 평범한 의미로 해석해서는 안 된다는 것은, 이 확언이 "주님, 저희가 아버지를 뵙게 해 주십시오. 저희에게는 그것으로 충분하겠습니다"(요한 14,8)라는 필립보의 간청에 대해 "필립보야, 내가 이토록 오랫동안 너희와 함께 지냈는데도, 너는 나를 모른다는 말이냐? 나를 본 사람은 곧 아버지를 뵌 것이다"라는 답변으로 주신 말씀이라는 사실에서 분명히 드러납니다. 요컨대 "말씀이 육/사람이 되셨"기에(요한 1,14 참조), 우리가 하느님의 외아드님이신 하느님, "모든 피조물의 맏이"(콜로 1,15)를 어떻게 이해해야 하는지를 알듯이, 우리가 "보이지 않는 하느님의 모상"(콜로 1,15)을 보았다면, "온 우주의 창조주이자 아버지"를 어떻게 인식할 수 있는지를 알 수 있을 것입니다.

44. 이제 켈수스는 기하학자들이 "종합"이라고 지칭하는 방법인 "다른 사물들과의 병치竝置를 통해" 또는 "다른 사물들과의 구별(분석)을 통해" 또는 유비에 상응하는 "다른 사물들과의 비교를 통해" 인간은 신을 인식할 수 있으며, 또 그로써 최소한 "선善의 문지방"[71]에 이를 수 있다고 생각합니다.[72] 그러나 하느님의 로고스께서는 "아들 외에는 그리고 그가 아버지를 드러내 보여 주려는 사람 외에는 아무도 아버지를 알지 못

70　참조: 오리게네스『루카 복음 강해』1,4.

71　플라톤『필레보』64c.

72　이 세 가지 방법을 설명하기 위해 수학자들의 방법과 비교하는 것은 중기 플라톤주의에서 잘 알려져 있었다. R. Mortley, *From Word to Silence 2. The Way of Negation, Christian and Greek* (Theoph. 31), Bonn 1986, 79-82와 A.-J. Festugière, La révélation d'Hermès Trismégiste IV. *Le Dieu inconnu et la Gnose*, Paris 3. Aufl. 1954, 4 119-120의 논쟁 참조. 이 논쟁에 따르면, 기하학적 방법과의 관련짓기는 켈수스 언명에 대한 한 오해에 기인한다.

한다"(마태 11,27; 루카 10,22)라는 언명으로써, 하느님은 오로지 특정한 하느님 은총을 통해 인식된다고 선언하시거니와, 이 은총은 하늘로부터 일정한 환희를 동반하면서 영혼에 스며듭니다. 하느님 인식이 인간 본성을 초월하는 일이라는 것은 아주 당연합니다. 그래서 하느님에 관한 인간들의 표상에는 오류가 그렇게나 많은 것입니다. 그러나 하느님의 자비와 인간 사랑(티토 3,4 참조) 그리고 은총의 놀라운 작용을 통해 하느님에 대한 깨달음이 하느님 섭리에 의해 예정된 인간들에게 선사되니, 이들로 하여금 깨달은 바에 상응하여 살도록, 또한 합당한 하느님 공경을 결코 손상시키지 않도록 하기 위함입니다. 이들은 참된 하느님 공경을 전혀 모르고 그 대신 온갖 망상을 품고 있는 자들에 의해 처형장으로 끌려갈지라도, 사람들이 그들을 경멸해 마땅한 종자로 여길지라도, 참된 하느님 공경을 결코 저버리지 않습니다.

하느님께서는 자신들의 신 인식과 철학에서 얻은 신적인 일들에 관한 지식을 자부하는 사람들의 오만과 타인 경멸을 잘 알고 계셨다고 나는 믿습니다. 그런데 그들은 다른 한편으로는 전혀 배우지 못한 무지한 사람들과 마찬가지로 신상들과 신전으로, 또 이름난 밀교 제의로 달려갑니다. 그런 까닭에 "하느님께서는 지혜로운 자들을 부끄럽게 하시려고 이 세상의 어리석은 것을 선택하셨습니다"(1코린 1,27). 과연 하느님께서는 그리스도인들 가운데 아주 단순한 이들을 선택하셨거니와, 이들은 많은 철학자보다 더 바르고 더 깨끗하게 살아갑니다. 반면 이른바 지혜로운 자들은 부끄러운 줄도 모르고, 생명 없는 사물들이 마치 신이나 신의 모상인 듯 그것들과 교섭하고 있습니다.

신이나 신들에 관한 고상한 철학적 사변을 길고 지루하게 펼친 후, 신상들에게 눈길을 돌리고는 그것들에게 대놓고 기도를 하거나, 또는 그것들을 응시함을 통해 기도를, 자기 생각에 가시적이고 상징적인 것을 떠나서 올라가야 다다를 수 있다고 여기는 영적인 신에게로 올려 보내려는 자들을, 분별 있는 사람이라면 누가 비웃지 않겠습니까. 그러나 단순한 그리스도인조차도 세상 어떤 장소든 전체의 한 부분이며, 온 세상이 하느님 성전이라는 확신을 지니고 있습니다. 그는 감각적 인지의 눈을 감고 영혼의 눈을 뜨며 그렇게 온 세상을 초월했기에, "어디에서나 기도합니다"(1티모 2,8 참조).[73] 그리고 그는 천개天蓋에 머물러 있지 않고 하느님 영의 인도를 받는 사유를 통해 "하늘 위의 장소"[74]에 이르러, 이를테면 세계 밖에 존재하면서, 자신의 기도를 하느님께 올려 보내는데, 평범하고 속된 것들은 간구하지 않습니다. 왜냐하면 그는 하찮은 것들, 곧 감각적으로 포착할 수 있는 것들을 구하지 말고 오로지 숭고하고 참으로 거룩한 것들만 구하라고 예수님께 배웠기 때문입니다.[75] 이것들은 하느님의 선물로서, 하느님 곁 지복으로의 여정에 도움이 되거니와, 우리는 그분의 아드님, 로고스 하느님을 통해 이 지복에 이를 수 있습니다.

45. 우리는 우리가 실제로 그의 말을 "따라갈 수 있다면", 우리에게 "가르쳐 주겠다"고 켈수스가 약속하는 것이 과연 무엇인지 알아보고자 합

73　『켈수스 반박』에서 오리게네스는 기도를 무엇보다도 영혼의 상승 운동으로 묘사하는데, "원정"遠征이라는 철학적 도식을 넘겨받고 있다. 모든 장소에서의 기도에 관해서는 참조: 오리게네스『기도론』31,4.

74　플라톤『파이드로스』247c. 참조:『켈수스 반박』3,80과 각주 128.

75　성경에 기록되어 있지 않은 예수님 어록에 포함되어 있는 한 말씀과 관련된다. 참조:『예수 어록』86; 오리게네스는 이 말씀들을 온전히 또는 부분적으로 인용한다(참조:『기도론』2,2; 14,1;『요한 복음 주해 단편』172-173;『마태오 복음 주해』16,28-29); 또한 알렉산드리아의 클레멘스『양탄자』1, 158,3; 4, 34,6.

니다. 그런데 그는 우리가 "완전히 육에 묶여 있다"고 주장합니다. 그러나 성경은 예수님 가르침에 따라 올바르게 살아가려는 우리에 관해 "하느님의 영이 여러분 안에 사시기만 하면, 여러분은 육 안에 있지 않고 영 안에 있게 됩니다"(로마 8,9)라고 확언합니다. 그런데도 켈수스는 또 우리가 "순수한 것은 전혀 바라보지 않는다"라고 덧붙입니다. 하지만 우리는 생각조차도 악한 상념으로 더럽혀지지 않도록 애쓰고 있으며, 그래서 기도 중에 "하느님, 깨끗한 마음을 제게 만들어 주시고, 굳건한 영을 제 안에 새롭게 하소서"(시편 51,12)라고 간청하니, "깨끗한 마음으로 하느님을 뵐"(마태 5,8 참조) 수 있기 위해서입니다. 과연 깨끗한 마음만이 하느님을 볼 수 있습니다.

아무튼 우리 적수의 말은 다음과 같습니다.[76] "존재와 생성이 있다. 존재는 영(정신)으로 인식할 수 있고, 생성은 눈으로 인식할 수 있다. 진리는 존재와 결부되어 있고, 오류는 생성과 결부되어 있다. 앎은 진리와 관련되어 있고, 견해는 다른 것과 관련되어 있다. 그리고 사유력은 영적으로 인식할 수 있는 것에 필요하고, 시력은 눈으로 볼 수 있는 것에 필요하다. 영적으로 인식 가능한 것은 오성에 의해 인식되고, 가시적인 것은 눈에 의해 인식된다. 가시적 사물들의 영역에서 태양은 눈도 아니고 시력도 아니며, 눈이 보기 위한 시력의 근원인데, 이것들은 태양 덕분에 존립한다. 그리고 태양은 가시적인 사물들에게는 그것들

---

[76] 이 대목의 해석에 관해서는 참조: Dörrie, Platonische Theologie des Kelsos 244-248; 같은 저자, Platonismus in der Antike 4 329-332; M. Frede, Celsus philosophus Platonicus: ANRW 2/36,7 (hrsg. von Haase), Berlin/ New York 1994, 5204-5205. 이어지는 상론은 표준적으로 체계화된 플라톤 철학에 바탕을 두고 있는데, 이에 따르면 실재의 두 영역이 존재하니, 감각적 영역과 정신적 영역이다. 플라톤 『국가』 506b-509b의 태양 비유를 끌어들이지만 좀 변경시키니, 거기서는 선의 이데아가 태양에 견주어지는데, 여기서는 태양이 신 자체를 가리킨다.

의 보여짐의 근원이고, 감각적으로 인지될 수 있는 모든 사물들에게
는 그것들의 생성의 근원이며, 또한 태양 자체를 위해서도 태양은 그것
이 보여짐의 근원이다. 영적으로 인식할 수 있는 사물들의 영역에서의
'그 존재'도 마찬가지다. 그 존재는 오성도 아니고 인식도 아니고 앎도
아니며, 오성이 인식하는 근원이니, 이것들은 그 존재 덕분에 존립한
다. 또한 그 존재는 앎을 위해서는 인식하는 근원이다. 그리고 그 존재
는 영적으로 인식할 수 있는 모든 사물과 진리와 실재 자체를 위해서는
실재의 근원인데, 다른 한편으로는 이 모든 것을 초월하여 있지만 또한
말로 표현할 수 없는 어떤 특정한 힘을 통해 영적으로 인식될 수 있다.

이것은 이성적인 사람들에게 하는 말이다.[77] 그러나 만일 당신들도
무언가 이해할 수 있다면, 당신들에게 유익할 것이다. 그리고 인간들에
게 신적인 것을 미리 알려 주기 위해, 신에게서 한 거룩한 영이 이 세상
에 내려온다는 것을 당신들이 믿는다면, 필경 이 영은 당신들에게 이
진리들을 선포하는 바로 그 영일 것이다. 옛날 남자들은 이 영으로 충
만하여 많은 귀중한 것을 선포했다.[78] 만일 당신들이 이런 것들을 전혀
이해하지 못한다면, 그저 입 다물고 당신들의 무지를 숨길 일이며, 또
한 보는 사람들을 눈멀었다고, 달리는 사람들을 다리가 마비되었다고
말하지 마라. 사실 당신들 자신이 영혼이 마비되고 망가져 오로지 몸을
위해, 곧 죽은 것을 위해 살고 있다."

46. 우리는 우리 신앙 밖에 있는 사람들의 말이라도 타당하면 공박하

---

[77]　이어지는 결론적 촉구에 관해서는 참조: Dörrie, Platonische Theologie des Kelsos 248-
250.

[78]　영 πνεύμα에 관한 이해는 짐작건대 포세이도니오스의 영향을 받은 것 같다.

지 않으려 노력하며, 또 그들과 논쟁하거나 건전한 견해를 뒤엎으려는 의도도 없습니다. 그러나 앞에서 인용한 켈수스의 말에는 이렇게 응수해야겠습니다. 온 우주의 창조주 하느님께서는 배우지 못한 단순한 그리스도인들과 많이 배운 이지적 그리스도인들이 감사하면서, 인간들에게 참된 하느님 공경을 가르쳐 주신 "대사제"(히브 2,17; 3,1 등)를 통해 자신들의 기도를 당신께 올릴 때, 전자들의 단순한 신앙과 후자들의 이지적 공경을 모두 흐뭇해하시며 받아 주십니다.[79] 그런데 온 힘을 다해 온 우주의 하느님을 올바로 공경하고자 하는 신앙인들을 모욕하고 이들을 "마비되고 망가진 영혼들"이라 말하며, "우리가 비록 속된 세상에서 살아갈지언정, 속된 방식으로 싸우는 것은 아닙니다. 우리의 전투 무기는 속된 것이 아닙니다. 그것은 하느님 덕분에 어떠한 요새라도 무너뜨릴 수 있을 만큼 강력합니다"(2코린 10,3-4)라고 확언하기 위해 애쓰는 그리스도인들이 "오로지 죽은 육신을 위해 살아간다"고 비방하는 사람들이 있습니다. 이런 사람들은 하느님 소유가 되기를 원하는 이들을 비방함으로써 오히려 자신들의 "영혼을 마비시키는" 것이 아닌지, 또 덕성스럽게 살아가고자 하는 이들을 모욕함으로써 오히려 자신들의 "내적 인간"(로마 7,22; 2코린 4,16; 에페 3,16)을 "망가뜨리는" 것이 아닌지 반성해야 합니다. 남들에 대한 그런 비방과 모욕은 창조주께서 이성적 존재들에게 그들 본성에 맞갖게 심어 주신 속성들인 평정과 균형을 "내적 인간"에게서 앗아 가기 때문입니다. 특히 성경에서 "사람들이 욕을 하면 축복해 주고 박해를 하면 견디어 내고 중상을 하면 좋은 말로 응답"(1코린 4,12-13)하라고 배워 실천에 옮기는 사람들은 자기 영혼

---

79   참조: 『켈수스 반박』 5,4.

의 발걸음을 좁지만 바른 길로 이끌고 온전한 영혼을 깨끗이하고 좋은 상태로 향상시킵니다. 이들은 단지 말의 차원에서만 "존재"를 "생성"과 분리하고 "영적으로 인식할 수 있는 것"을 "가시적인 것"과 갈라놓으며 "진리"는 "존재"와 결부시키고 "생성과 결부된 오류"는 어떻게 해서든 피하는 게 아니라, 실제 차원에서, 자신들이 배웠듯이, "생성" 영역에 속하는 "가시적"인, 또 그래서 "일시적"인 사물들을 중시하지 않고, 더 숭고한 것, 사람들이 필경 "존재"라고 지칭하고자 하는 것, 또는 오직 영적으로만 인식될 수 있기에 "비가시적"인 것, 또는 그 본성이 감각적 인지를 벗어나 있기에 "보이지 않는 것"(2코린 4,18)을 중시합니다.

이런 방식으로 예수님의 제자들은 "생성" 영역에 속하는 것들도 눈여겨보면서, 그것들을 영적으로 인식할 수 있는 실재들의 본성을 통찰하기 위한 이를테면 사다리로 이용합니다. 과연 "하느님의 보이지 않는 작품들",[80] 곧 "영적으로 인식할 수 있는 실재들"은 "세상이 창조된 때부터 … 조물을 통하여 알아보고 깨달을 수 있게 되었습니다"(로마 1,20 참조). 그리고 그들은 이 세상의 조물들로부터 하느님의 보이지 않는 작품들에로 상승하면, 거기에 머물러 있지 않습니다. 오히려 그 실재들을 충분히 이해하고 체화體化한 다음, 하느님의 "영원한 힘과 신성"(로마 1,20)에로 치솟아 오릅니다. 또한 그들은 인간을 사랑하시는 하느님께서 "진리"와 "하느님에 관하여 알 수 있는 것"을 당신께 몸바친 사람들에게만이 아니라, 참된 종교와 하느님 공경 밖에 있는 이들 가운데

80　참조:『켈수스 반박』 3,47; 6,59; 7,7. 여기에는 τὰ ἀόρατα (αὐτοῦ) (로마 1,20)에 대한 오리게네스의 독특한 해석이 제시되어 있다. 곧 하느님의 "보이지 않는 본성"이 아니라 "보이지 않는 작품들", 곧 영적 피조물들(영혼, 천사들)로 해석하고 있다. 같은 해석이 오리게네스『로마서 주해』 1,17에도 나온다.

상당수 사람들에게도 "명백히 계시해 주셨다"는 것을 알고 있습니다
(로마 1,19 참조). 그러나 하느님 섭리에 의해 그렇게 숭고한 실재들에 대
한 통찰로 상승했던 사람들 가운데 적지 않은 이들이 통찰한 바에 따라
살지 않고 하느님을 모욕하며 "불의로 진리를 억누르고" 있습니다(로마
1,18 참조). 그들은 그렇게 숭고한 실재들을 통찰했기에 오히려, 하느님
께 변명하고 용서받을 여지가 전혀 없습니다(로마 1,20 참조).

47. 아무튼 성경은, 켈수스가 제시하는 관념들을 받아들이고 그것을
토대로 철학을 하는 이들은 "하느님을 알면서도 그분을 하느님으로 찬
양하거나 그분께 감사를 드리기는커녕, 오히려 생각이 허망하게 되었
고" 또한 하느님께서 그들에게 계시해 주신 진리들을 통찰하는 밝은
빛을 받았으면서도 금세 그들의 "우둔한 마음이 어두워졌다"고 증언하
고 있습니다(로마 1,21 참조).

요컨대 우리는 "지혜롭다고 자처하는" 이들이 실제로는 큰 "바보"임
을 스스로 뚜렷이 실증하는 사례들을 볼 수 있으니, 그들은 철학자들
의 학교에서 신과 영적 실재들에 관해 매우 고상한 강의를 한 다음, "불
멸하시는 하느님의 영광을 썩어 없어질 인간과 날짐승과 네발짐승과
길짐승 같은 형상으로 바꾸어 버립니다"(로마 1,22-23 참조). 그래서 그들
은 또한 섭리에 의해 버림을 받았으니, 하느님이 계시해 주신 진리들에
따라 살지 않고 오히려 "마음을 욕망으로 더럽히고" 수치스럽고 방자
한 행동들 속에 "자기들의 몸"을 굴리고 있기 때문입니다. 과연 그들은
"하느님의 진리를 거짓으로 바꾸어 버리고, 창조주 대신 피조물을 받
들어 섬깁니다"(로마 1,24-25 참조).

48. 그러나 그들에게 무식하다고 경멸당하고, 단지 하느님을 믿기 때문에 바보요 노예라 불리는(1코린 1,26-28 참조) 이들은 오히려 예수님의 가르침을 받아들였기에, 부도덕과 부정不淨과 성행위에서의 어떠한 수치스러운 짓도 아주 멀리합니다. 그래서 이들 가운데 많은 사람은 어떠한 성행위도 혐오하는 완전한 사제들의 방식에 따라 성적인 측면에서만이 아니라 모든 면에서 자신을 온전히 정결하게 지킵니다. 아테네인들 가운데에 봉헌 사제가 있는데, 사람들은 그 사제가 성적 욕구를 자기 뜻대로 제어할 수 있다고 믿지는 않습니다. 그래서 그 사제는 (사제의) 정결에 관한 아테네인들의 통상적 관념에 따라, 자기 성기에 독미나리즙을 바르고 나서야, 아테네인들의 전통적 종교 예식을 거행할 수 있을 만큼 정결하다고 간주됩니다.[81] 그러나 그리스도인들은 하느님을 정결하게 섬기기 위해 독미나리즙 따위가 필요하지 않다는 것을 사람들은 알 수 있을 것입니다. 그리스도인들은 마음에서 온갖 욕정을 몰아내고 하느님께 기도를 봉헌하기 위해, 독미나리즙 대신 하느님 말씀이면 충분합니다. 이른바 이런저런 신들을 숭배하는 무리에서 아주 소수의 처녀들이, 사람들의 감시와 보호를 받는지 아닌지 모르겠지만 — 이 문제를 조사하는 것은 지금 우리의 과제가 아닙니다 — 신을 섬기기 위해 언제나 정결한 상태를 유지한다고 사람들은 믿고 있습니다.[82] 그러

---

81 엘레우시스 밀교 사제들에 관한 이야기다. 오리게네스는 짐작건대 히폴리투스 『모든 이단 반박』 5,8,40에서 얻은 지식과 관련짓는다. 히폴리투스는 그 사제들이 독미나리즙으로 자기 성기를 사용 불가능하게 만든다고 보고한다. 키벨레 밀교 내부에서 실행하는 거세는 아테네인들에게서는 금지되어 있었다.

82 예로 베스타 여신의 여사제들을 들 수 있다. 필론 『관상 생활』 68에 따르면, 그리스의 여사제들은 강제로 정결을 지켜야 했다. 암브로시우스 『편지』 73(18), 11-12에 따르면 베스타의 여사제들은 단지 경제적 동기로 정결을 지켰고, 프루덴티우스 『심마쿠스 반박』 2,1064-1113에 따르면 강제로 지켰다.

나 온전히 처녀로 살고 있는 그리스도인 여성들은 사람들의 칭송을 받기 위해서나 보상과 돈을 위해, 또는 헛된 명예를 위해 그렇게 사는 것이 아닙니다. 오히려 좀 더 온전히 "하느님을 알아 모시고" 하느님의 도우심으로 "올바른 정신과 온당한 행위"[83]를 보존하고, 그리하여 모든 의로움과 선으로 충만해지고자 결심했기 때문에 그렇게 사는 것입니다(로마 1,28-29 참조).

49. 내가 이런 말을 한 것은, 그리스인들의 소중한 관념들을 독선적으로 비판하고 건전한 가르침들을 공박하려는 것이 아니라, 그것들보다 더 중요하고 숭고한 것들을 거룩한 남자들과 하느님의 예언자들과 예수님의 사도들이 언명했다는 사실을 밝히려는 것입니다. 이 진리들은 그리스도교에 대한 완전한 지식을 얻고자 하는, 그리고 "의인의 입은 지혜를 자아내고, 그의 혀는 올바른 것을 말한다. 자기 하느님의 가르침이 그의 마음에 있어, 그 걸음이 흔들리지 않는다"(시편 37,30-31)는 것을 아는 이들이 탐구하고 있습니다. 그러나 배우지 못했기 때문에, 또는 단순하기 때문에, 또는 아무도 그들에게 이성적인 하느님 공경을 촉구하지 않았기 때문에 이런 진리들을 깊이 파고들지 않지만, 만유를 주재하시는 하느님과 그분의 외아드님이신 로고스 하느님을 믿는 그리스도인들에게서도 상당히 훌륭한 거룩함과 진지함과 순수함과 정직함이 자주 발견됩니다. 반면 "지혜롭다고 자처하는" 자들(로마 1,22 참조)은 그런 덕성들을 체득하지 못했고, 오히려 소년들과 자연을 거스르는 패륜을 범하고 "남자들이 남자들과 파렴치한 짓을 저지릅니다"(로마 1,27).

---

83   이방인들의 비정상적인 윤리와의 대비를 강조하기 위한 바오로의 말장난이다(로마 1,28 참조). 오리게네스는 이 말장난을 처녀로 살아가는 그리스도인들에게 긍정적 의미로 사용한다.

50. 그런데 켈수스는 어떻게 "오류는 생성과 결부되어 있다"는 것인지 분명히 설명하지 않았고 또 자기 견해도 정확히 밝히지 않았기 때문에, 우리는 그의 견해와 우리 가르침을 비교 판단할 수가 없습니다. 아무튼 예언자들은 우리에게 "생성"이라는 주제에 관해 암시적으로 의미심장한 가르침을 줍니다. 그들은 갓 태어난 아기일지라도 죄에서 깨끗하지 않기 때문에, 제물을 바쳐야 한다고 말합니다(레위 12,6 참조).[84] 그리고 덧붙여 말합니다. "정녕 저는 죄 중에 태어났고, 허물 중에 제 어머니가 저를 배었습니다"(시편 51,7). 또 언명합니다. "악인들은 어미 배에서부터 변절하고, 거짓말쟁이들은 어미 품에서부터 빗나간다"(시편 58,4).

이렇게 우리의 현자들은 "감각적으로 인지할 수 있는 사물들"의 본성 전체에 관해 경멸하며 언명합니다. 그래서 물질 세계를 "허무하다"고 합니다. "피조물이 허무의 지배 아래 든 것은 자의가 아니라 그렇게 하신 분의 뜻이었습니다. 그러나 그것은 희망을 간직하고 있습니다"(로마 8,20). 코헬렛도 말합니다. "허무로다, 허무! 모든 것이 허무로다!"(코헬 1,2). "모든 것이 허무로다, 살아 있는 모든 사람도"(시편 39,6 참조)라고 말하는 시인처럼 이 세상 안에서 인간 영혼의 삶을 경멸하는 사람이 또 누가 있겠습니까? 그는 이 세상 안에서의 영혼의 삶과 이 세상 밖에서의 삶의 차이에 관해 꽤 확실히 알고 있으며, 그래서 "삶이 곧 죽음이 아닌지, 죽음이 곧 삶이 아닌지 도대체 누가 알겠는가?"[85]라고 말하지도 않습니다. 오히려 태연하게 진리를 언명합니다. "정녕 저희 영혼은

---

[84] 이 성경 구절은 오리게네스『로마서 주해』5,9;『레위기 강해』8,3;『루카 복음 강해』14,5-6 에서 유아 세례를 정당화하기 위해 내세워진다. 그러나 오리게네스는 정화의 필요성을 원죄와 관련시키지 않고, 부모의 생식 행위에서 비롯하는 오점汚點과 관련시킨다.

[85] 에우리피데스『단편』638. 플라톤『고르기아스』492e에 인용되었음.

먼지 속에 쓰러져 있습니다"(시편 44,26). "당신께서 저를 죽음의 먼지 속에 앉히셨습니다"(시편 22,16). 동일한 사상이 다음 구절들에도 담겨 있습니다. "누가 이 죽음에 빠진 몸에서 나를 구해 줄 수 있습니까?"(로마 7,24); "그리스도께서는 … 우리의 비천한 몸을 당신의 영광스러운 몸과 같은 모습으로 변화시켜 주실 것입니다"(필리 3,21). 한편 어떤 예언자는 "당신께서는 저희를 부수시어, 고통과 가책의 장소로 만드셨습니다"(시편 44,20)라고 말하는데, "고통과 가책의 장소"는 아담, 곧 인간이 자신의 죄악 때문에 낙원에서 쫓겨난 뒤 오게 된, 여기 이 세상을 의미합니다. "우리가 지금은 거울에 비친 모습처럼 어렴풋이 보지만, 그때에는 얼굴과 얼굴을 마주 볼 것입니다"(1코린 13,12)라고, 또 "우리가 이 몸 안에 사는 동안에는 주님에게서 떠나 살고 있으며" 그래서 "이 몸을 떠나 주님 곁에 사는 것이 낫다고 생각합니다"(2코린 5,6.8)라고 말하는 저자가 영혼의 다양한 삶에 관해 얼마나 깊은 성찰을 했는지 주목하십시오.

51. 지금까지 우리가 한 말로 우리 주장의 정당성이 충분히 입증되었다면, 켈수스를 거슬러 그런 가르침은 우리가 훨씬 앞서 언명했다는 사실을 명시하기 위해 더 많은 성경 구절을 제시할 필요가 있겠습니까? 그러나 여기서 켈수스는 또 다음과 같은 주장을 내세웁니다. "인간들에게 신적인 것을 미리 알려 주기 위해, 신에게서 한 거룩한 영이 이 세상에 내려온다면, 필경 이 영은 당신들에게 이 진리들을 선포하는 바로 그 영일 것이다. 옛날 사람들은 이 영으로 충만하여 많은 귀중한 것을 선포했다." 그러나 켈수스는 우리가 상세히 설명한 진리들에는 차이가 있다는 사실을 알지 못하고 있습니다. 과연 우리는 하느님에 관해 이렇게 말합니다. "당신 불멸의 영이 만물 안에 들어 있기에, 주님 당신께서

는 탈선하는 자들을 적절히 꾸짖으십니다"(지혜 12,1-2 참조). 그러나 우리는 특히 "성령을 받아라"(요한 20,22)라는 언명은 "너희는 며칠 뒤에 성령으로 세례를 받을 것이다"(사도 1,5)라는 언명보다 더 풍요로운 성령 전달을 암시하고 있다는 것도 강조합니다.

그러나 이런 사실을 면밀히 숙고하고, 또한 상당히 오랜 기간에 걸쳐 진리에 대한 이해와 어느 정도의 하느님 인식을 획득하는 사람들과, 온통 하느님으로 충만하여 언제나 하느님과 결합되어 있으며 또 끊임없이 하느님 영의 부추김을 받는 사람들의 차이를 통찰하는 것은 "매우 어려운" 일입니다. 만일 켈수스가 이 문제를 탐구하여 이해했다면, 우리를 무지하다고 비난하지 않았을 것이고, 또 사람들이 신상을 만드는 데 사용하는 속된 기법에서 경건한 신 공경이 표현된다고 믿는 이들을 우리가 "눈멀었다"라고 말하는 것을 비난하지도 않았을 것입니다. 사실 "영혼의 눈"으로 보는 사람은 자신의 눈길을 언제나 온 우주의 창조주께 향하게 하고 모든 기도를 그분께 올려 보내며, 또 우리의 생각조차도 꿰뚫어보시는 하느님이 내려다보시는 가운데 모든 일을 하도록 자신을 이끄는 방식으로만 하느님을 공경합니다.

그러므로 우리는 스스로 보기를 원하며, 또 눈먼 이들이 하느님의 로고스께 나아가고 자신의 무지 때문에 못 보게 된 영혼의 눈의 시력을 되찾게 될 때까지 그들의 "인도자"가 되기를 원합니다. 그리고 우리 삶의 실천이 당신 제자들에게 "너희는 세상의 빛이다"(마태 5,14)라고 말씀하신 분께 합당하다면, 그리고 "빛이 어둠 속에서 비치고 있다"(요한 1,5)라고 가르치시는 로고스께 합당하다면, 우리 또한 어둠 속에서 살고 있는 이들을 위한 "빛"이 되고, 어리석고 미성숙한 이들을 가르치게 될 것입니다.

52. 이른바 신전들이 실제로 거룩한 장소인 양 그리로 달려가는, 또 속된 장인의 작품은 결코 성물聖物일 수가 없다는 것을 깨닫지 못하는 자들을 우리가 "영혼의 발이 마비되고 망가졌다"고 표현한다고 해서, 켈수스가 성난 반응을 보여서는 안 될 것입니다. 아무튼 예수님 가르침에 따라 하느님을 섬기는 이들은 목표점에 이를 때까지 달려가거니와, 그런 다음 굳건하고 참된 확신을 지니고 이렇게 말할 수 있습니다. "나는 훌륭히 싸웠고 달릴 길을 다 달렸으며 믿음을 지켰습니다. 이제는 의로움의 화관이 나를 위하여 마련되어 있습니다"(2티모 4,7-8). 그렇게 달려가는 우리는 모두 "목표가 없는 것처럼 달리지 않으며" 또한 죄악과 맞서 싸울 때에도 "허공을 치는 것처럼" 헛짓을 하지 않습니다(1코린 9,26 참조). 오히려 "공중을 다스리는 지배자, 곧 지금도 순종하지 않는 자들 안에서 작용하는 영을 따라 살아가는"(에페 2,2) 자들의 급소를 공략합니다. 켈수스는 우리가 "죽은 몸을 위해 살아간다"라고 주장하지만, 우리는 "여러분이 육에 따라 살면 죽을 것입니다. 그러나 영의 힘으로 몸의 행실을 죽이면 살 것입니다"(로마 8,13)라는 훈계를 들었으며, 또 "우리는 영으로 사는 사람들이므로 영을 따라갑시다"(갈라 5,25)라는 언명도 알고 있습니다. 그러므로 우리는 우리가 죽은 몸을 위해 살아간다고 주장하는 자의 거짓을 우리의 행실을 통해 실증할 수 있습니다.

53. 이렇게 우리가 힘을 다해 반박하자, 켈수스는 또 이렇게 말합니다. "당신들은 혁신적인 것을 도입하는 데 그렇게 안달이니, 당신들의 그 열정을 영웅적으로 죽었고 그래서 신화의 주인공이 될 수 있었던 인물들 가운데 한 사람에게로 옮기는 것이 훨씬 좋지 않았겠는가. 그런데 헤라클레스와 아스클레피오스와 이름난 옛 영웅들이 당신들 마음에

들지 않았다면, 두루 인정하듯이 경건한 영을 지니고 있었으나 포악한 죽임을 당한 오르페우스를 택할 수 있었을 것이다.[86] 그러나 아마도 오르페우스는 이미 다른 이들이 먼저 채 간 것 같다. 그렇다면 당신들은 아낙사르코스를 선택할 수 있었을 것이다. 아낙사르코스는 절구 속에 던져져 아주 잔학하게 짓찧어졌지만, 그 형벌 자체를 아예 경멸했으니, 이렇게 말했다. '으깨어라, 아낙사르코스의 가죽 부대를 으깨어라. 그런다고 해도 아낙사르코스 자체는 으깨지 못할 터이니!'[87] 이것은 참으로 거룩한 영의 언명이다. 그러나 이 사람 역시 몇몇 자연철학자[88]가 당신들보다 먼저 자기네 지도자로 삼았다. 그렇다면 에픽테토스도 있지 않았는가? (노예였던) 그는 주인이 자기 다리를 찌그러뜨릴 때, 부드럽게 미소지으며 태연자약하게 이렇게 말했다. '당신은 그것을 부러뜨려 하는군요.' 그리고 다리가 부러진 후엔 이렇게 말했다. '당신이 그것을 부러뜨리려 한다고 내가 말하지 않았습니까?'[89] 당신들의 신도 처벌받

86　헤라클레스는 하늘에서 번개가 내리치는 동안 화형 장작더미로부터 구름을 타고 올림포스 산으로 올라갔고, 거기서 불사의 존재들 가운데 받아들여졌다. 아스클레피오스는 죽은 이들을 되살렸다는 이유로 제우스에게 번개를 맞아 죽었다. 오르페우스는 주신酒神 바쿠스를 시중드는 광란하는 무녀巫女들에게 찢겨 죽었다.

87　아브데라의 아낙사르코스는 데모크리토스학파에 속했는데 회의론의 창시자로 여겨진다(피론의 스승이기도 함). 그는 키프로스의 폭군 니코크레온(『켈수스 반박』7,54의 아리스토크레온)에게 죽을 때까지 고문당하는 형을 받았다. 인용한 그의 말에 관해서는 참조: 디오게네스 라에르티오스『유명한 철학자들의 생애와 사상』9,59-60; 키케로『투스쿨란의 대화』2,52; 플루타르코스『도덕론』449E; 알렉산드리아의 클레멘스『양탄자』4,56,4. 아낙사르코스는 죽기까지 스토아적인 평정을 유지했고 "복된 자"라는 이름을 얻었다. 그리스도인들은 더러 명예를 탐하는 자로 그를 혹평했다(참조: 타티아누스『그리스인들에 대한 연설』19,3).

88　아마도 에트나 화산에 뛰어들 터인 엠페도클레스 등을 가리키는 것 같다.

89　스토아학파인 에픽테토스는 다리 불구의 원인을 언급하지 않았다. 참조: 아리아노스『에픽테토스 어록』1,8,14; 16,20. 켈수스가 제시하는 일화는 여기서 처음으로 등장한다. 10세기 비잔틴의 백과사전『수다』의 에픽테토스 항목에서는 그의 신체 손상이 류머티즘 때문이라고 한다.

을 때 이 같은 말을 했는가? 당신들은 오히려 당신네 가운데 적지 않은 자들도 찾아가 조언을 구하는 시빌라를 신의 아이로 받들고 당신들의 지도자로 삼아야 했을 것이다.[90] 그런데 당신들은, 당신네 책에 신성모독적인 내용을 마구잡이로 변조 삽입할 수는 있지만, 결국은 아주 평판 나쁜 삶을 살다가 실로 비참한 죽임을 당한 자를 신으로 내세우고 있다! 그러나 그자보다는 '호박 넝쿨 아래 있던'(요나 4,6 참조) 요나[91]나 사나운 짐승들에게서 벗어난 다니엘(다니 6,17-23 참조), 또는 더 이름난 기적 이야기가 당신들에게 훨씬 쓸모 있지 않았겠는가?"

54. 켈수스는 우리에게 "헤라클레스"를 제시하면서, 그에 관한 기억할 만한 언명을 인용하고 또 헤라클레스가 옴팔레에게서 치욕적인 노예 살이[92]를 한 일을 변명하고는, 그래도 그가 신으로 공경받을 만하다는 것을 입증하고 싶어 합니다. 그러나 헤라클레스는 농부의 황소를 강도 처럼 빼앗아 잡아먹었고, 그 농부가 밥을 먹을 때마다 자신에게 저주를 퍼붓는 것을 즐겼으며, 그래서 오늘까지도 헤라클레스의 다이몬이 받는 제물에는 특정한 저주 문구가 동반된다고 사람들이 이야기하고 있습니다.[93] 이어서 켈수스는 우리에게 "아스클레피오스"에 관해 한 번

---

90 시빌라는 그리스도인들에 의해 오래된 전승의 대표자로 자주 인용되었다. 참조: 유스티누스 『첫째 호교론』 20,1; 44,12; 알렉산드리아의 클레멘스 『양탄자』 1,70,4; 108,1. 시빌라파라고 자칭했던 그리스도인들에 관해서는 『켈수스 반박』 5,61; 이교 측의 변조 비난에 관해서는 락탄티우스 『거룩한 제도』 4,15,26; 『켈수스 반박』 해제 99-101 참조.

91 아마도 요나가 고래 배 속에서 기적적으로 살아남은 일(요나 3장 참조)을 암시하는 것 같다.

92 참조: 『켈수스 반박』 3,22와 각주 37.

93 참조: 아폴로도로스 『도서관』 2,7,7; 필로스트라토스 『형상들』 2,24. 이 헤라클레스 전설은 로도스 섬에서 거행하는 헤라클레스 숭배 예식과 관련되어 있다.

더 이야기하라고 부추기지만, 우리는 이미 앞에서[94] 그에 관해 언급했기에, 그것으로 만족하고자 합니다. 또한 켈수스는 "오르페우스"에게 찬탄하면서, "그는 두루 인정하듯이 경건한 영을 지니고 있었다"고 강조하는데, 오르페우스가 과연 훌륭한 삶을 살았습니까? 나는 지금 켈수스가 단지 우리와의 논쟁의 빌미를 얻기 위해, 그리고 예수님을 깎아내리기 위해 오르페우스를 칭송하는 게 아닌지 의심스럽습니다. 만일 켈수스가 신들에 관한 오르페우스의 신성모독적인 글을 읽었더라면, 그것을 던져 버리지 않았을까 의문이 듭니다. 그의 글은 호메로스의 서사시들보다도 더, 잘 정돈된 국가에서는 치워 버려야 마땅하기 때문입니다.[95] 과연 오르페우스는 호메로스보다 훨씬 더 고약하게, 이른바 신들에 관한 일을 이야기했습니다.[96]

"아낙사르코스"는 키프로스의 폭군 아리스토크레온에게 "으깨어라, 아낙사르코스의 가죽 부대를 으깨어라!"라고 말했으니, 영웅적으로 처신했다고 하겠습니다. 그러나 그것이 그리스인들이 알고 있는, 아낙사르코스에게 경탄할 만한 유일한 일입니다. 그러나 그 일이, 켈수스가 판단하듯, 적지 않은 사람에게는 아낙사르코스를 그 의연함 때문에 존경할 충분한 이유가 되겠지만, 그를 신으로 선언해야 한다는 것은, 아무래도 터무니없는 일이라 하겠습니다. 또한 켈수스는 우리에게 "에픽테토스"를 제시하는데, 그의 도량 넓은 말에 찬탄하기 때문입니다. 하지만 에픽테토스가 다리 부러질 때 한 그 말은, 켈수스는 전혀 믿지 않는 예수님의 놀라운 행동 및 말씀과는 비교할 수 없는 성질의 것입니

---

94   참조: 『켈수스 반박』 3,22-25.

95   플라톤 『국가』 379c-d를 암시한다. 참조: 『켈수스 반박』 4,36.

96   오르페우스에 관해서는 참조: 『켈수스 반박』 1,17.

다. 왜냐하면 그리스도의 말씀은 하느님의 능력으로 발설되었고, 그래
서 오늘에 이르기까지 단순한 사람들만이 아니라, 많은 식자층도 회개
로 이끌기 때문입니다.

55. 그러나 켈수스가 그렇게 유명한 남자들을 여럿 꼽은 후, "당신들의
신은 처벌받을 때 이런 말을 했는가?"라고 묻기 때문에, 우리는 이렇게
답변하겠습니다. 채찍질과 갖가지 모욕을 당하실 때 예수님의 침묵(마
태 26,63 참조)은 — 예수님의 기적들을 변조 없이 고스란히 명시하고, 또
채찍질 등을 당하시는 동안 그분의 침묵을 그 기적들에 포함시킨, 진실
을 사랑하는 남자들의 통찰력 있는 보고를 켈수스가 참으로 믿기를 바
라거니와 — 곤경에 처한 그리스인들이 했던 그 어떤 언명보다 훨씬 큰
의연함과 자기 제어를 실증한 것입니다. 과연 사람들이 예수님을 조롱
하고 진홍색 외투를 입히고 머리에 가시관을 씌우고 손에 왕홀 대신 갈
대를 들렸을 때에도, 그분은 숭고한 온유함을 유지하셨으며, 감히 당신
에게 그렇게 무도한 짓을 저지르는 자들에게 저급하거나 노여워하는
말을 한 마디도 하지 않으셨습니다(참조: 마태 27,14.28-29.39).[97]

그러므로 예수님께서 "아버지, 하실 수만 있으시면 이 잔이 저를 비
켜 가게 해 주십시오. 그러나 제가 원하는 대로 하지 마시고, 아버지께
서 원하시는 대로 하십시오"(마태 26,39)라고 기도하신 것은 저급한 비겁
함 때문이었다고 어떤 사람들이 생각하는 것은, 채찍질을 당하시는 동
안 의연하게 침묵하고 조롱하는 자들이 당신에게 저지른 온갖 짓을 온
유하게 참아 견디신 분의 특성과는 전혀 맞지 않습니다. 그 기도는 "이

---

97   참조: 『켈수스 반박』 서론 1; 2,59.

잔"이라고 표현한 일을 제거해 주십사는 간청으로 여겨지지만, 이는 깊은 의미를 담고 있으며, 이에 관해 우리는 다른 글[98]에서 상세히 탐구·설명했습니다. 아무튼 그 기도 역시, 단순히 말뜻만으로 이해하더라도, 하느님께 합당한 경건한 마음으로 발설되지 않았는지를 주의 깊게 살펴보십시오. 사실 어떠한 인간도 고난을 바랄 만한 것으로 여기지 않으며, 상황에 내몰려 자신의 바람과는 반대로 어쩔 수 없이 고난을 겪게 됩니다. 하지만 "그러나 제가 원하는 대로 하지 마시고, 아버지께서 원하시는 대로 하십시오"라는 말씀은, 피할 수 없는 일을 마지못해 따라가는 사람의 언설이 아니라, 자신에게 닥친 일을 기꺼이 받아들이는, 섭리에 의해 결정된 고난을 끌어안는 사람의 언명입니다.

56. 그런 다음 켈수스는 ─ 나는 그의 의도를 도무지 모르겠습니다만, 어쨌든 ─ 생뚱맞게도 우리가 예수님보다는 "오히려 시빌라를 신의 아이"로 선언하기를 원합니다. 그리고 증거는 전혀 제시하지 않으면서, 우리가 성경에 "신성모독적인 내용들을 마구잡이로 변조·삽입했다"고 주장합니다.[99] 만일 켈수스가 오래된 사본일수록 더 원문에 충실한 본문을 제공하며 그가 추측하는 "변조·삽입"된 내용이 포함되어 있지 않다는 것을 밝혔다면, 우리가 변조·삽입했다는 것을 입증할 수 있었을 것입니다. 그러나 그는 아무것도 입증하지 못했고, 우리가 "신성모독적"인 내용을 끼워 넣었다는 것도 밝히지 못했습니다. 그런 다음 켈수스는 다시금, 두 번째도 세 번째도 아니고 이미 자주 그랬듯이, 예수

---

98 참조: 오리게네스 『순교 권면』 29; 『마태오 복음 주해』 92.
99 참조: 『켈수스 반박』 해제 101-103.

님의 "삶"에 "아주 평판이 나빴다"라는 딱지를 붙이는데, 역시 그분 삶의 개별적 행위들을 구체적으로 거론하지는 않습니다. 그런즉 이런 말로써 켈수스는 입증되지 않은 주장을 내세울 뿐 아니라, 아예 자신이 전혀 모르는 분을 비방하고 있습니다. 만일 켈수스가 자신에게 아주 평판 나쁘게 보였던 예수님 삶의 구체적 행위들을 제시했다면, 우리는 그 행위 하나하나에 관해 그와 논쟁할 수 있었을 것입니다. 또한 켈수스는 예수님이 "실로 비참한 죽임을 당했다"고 비난하는데, 그렇다면 사람들은 소크라테스나 바로 앞에서 언급했던 아낙사르코스, 그리고 수많은 다른 이들에 관해서도 똑같이 말할 수 있을 것입니다. 예수님의 죽음만 실로 비참하고, 그 사람들의 죽음은 그렇지 않다는 것입니까? 여기서도 우리는 켈수스의 의도는 오로지 예수님 비방이라는 사실을 알 수 있거니와, 그가 이렇게 하는 것은, 내가 믿기로는, 어떤 (악한) 영의 부추김을 받았기 때문입니다. 그런데 (악한) 영들은 예수님에 의해 제압되고 쫓겨나 더는 제물의 굳기름 타는 연기와 피를 먹고 살지 못하게 되었고,[100] 만유를 주재하시는 참하느님을 우러르는 대신 세상 곳곳의 신상神像들에서 신을 찾아 헤매는 자들이나 속여 먹고 있습니다.

57. 이어서 켈수스는, 필경 자기 책을 어떻게든 가득 채울 요량인지, 우리가 예수님보다는 오히려 "요나를 신으로" 여기기를 바랍니다. 이로써 그는 단 하나의 도성, 곧 니네베에만 회개를 설교한 요나를, 온 세상에 회개를 촉구하시고 또 요나보다 훨씬 큰 성공을 거두신 예수님보다 윗자리에 놓고 있습니다. 켈수스는 우리에게 기적적으로 사흘 낮과 사

---

100   참조: 『켈수스 반박』 3,28; 7,6.35.

흘 밤을 바다 괴물의 배 속에서 지낸(요나 2,1 참조) 한 인간을 신으로 인정하라고 부추깁니다. 하지만 켈수스는 인간들을 위해 기꺼이 돌아가신 분, 하느님께서 예언자들을 통해 증언하신 분, 하늘과 땅에서 엄청난 일을 이루신 분께 온 우주의 하느님 다음가는 공경을 바치는 것이 마땅하다고 여기지 않습니다.[101] 요나가 바다 괴물에게 삼켜진 것은, 하느님께서 명령하신 것을 설교하지 않으려고 도망했기 때문입니다. 그러나 예수님께서는 하느님이 뜻하신 것을 가르치신 후, 인간들을 위해 기꺼이 죽음을 받아들이셨습니다.

이어서 켈수스는 우리가 예수님보다 오히려 사자굴에서 벗어난 다니엘(다니 6,11-29 참조)을 공경해야 한다고 말합니다. 그러나 예수님께서는 모든 적대적 권세들의 광란을 짓밟으셨고, 우리에게 "뱀과 전갈을 밟고 원수의 모든 힘을 억누르는 권한"(루카 10,19)을 주셨습니다. 켈수스는 다른 사람들을 더 이상 내세우지 못하게 되자, 마지막으로 그들보다 "더 이름난 기적 이야기들"을 덧붙이는데, 그는 이런 말로써 요나와 다니엘도 함께 모욕하고 있는 것입니다. 아무튼 켈수스 안에 살고 있는 (악한) 영은 의로운 이들에 관해 좋은 말을 할 줄 도무지 모릅니다.

58. 이제 우리는 켈수스의 다음 말을 살펴보고자 합니다. "그들은 사람이 공격자에게 맞서 자신을 방어해서는 안 된다는 계명도 가지고 있다. '그가 네 뺨을 때리거든, 다른 뺨도 내밀어 주어라'(루카 6,29 참조).[102] 이 원칙 역시 오래되었고, 이미 일찍이 탁월하게 정식화되었다. 그런데 그

---

101 참조: 『켈수스 반박』 5,39; 6,61.

102 켈수스는 『켈수스 반박』 7,18에서 이 명령을 이미 인용했는데, 논증 맥락은 달랐다. 거기서는 이 명령이 모세 율법과 예수 가르침의 어긋남을 입증하는 증거로 제시되었다.

들이 이 원칙을 투박한 형태로 다시 표현했다. 과연 플라톤은『크리톤과의 대화』에서 소크라테스로 하여금 이렇게 말하게 한다. '요컨대 어떠한 상황에서도 사람은 불의를 행하면 안 되는가? 결코 안 된다. 그렇다면 사람은 어떠한 상황에서도 불의를 행하면 안 되기 때문에, 대중이 생각하듯이 불의를 불의로 갚아서도 안 되는가? 분명히 안 된다. 자, 크리톤이여, 사람은 악을 행해도 되는가, 안 되는가? 사람은 필경 악을 행해서는 안 된다. 소크라테스여, 그럼 무엇인가? 사람이 당하는 악을 악으로 갚는 것은, 대중이 말하듯 정당한가 아니면 정당하지 않은가? 결코 정당하지 않다! 인간에게 악을 행하는 것은 불의를 행하는 것과 필경 다르지 않기 때문이다. 그대 말이 옳다. 요컨대 사람은 어떤 인간에게 많은 악행을 당해야 한다 하더라도, 그에게 불의로 보복해도 악을 행해도 안 된다.'[103] 플라톤은 이렇게 말하고 다시 또 말한다. '그러므로 그대는 나에게 찬동하여 나와 견해를 함께할 것인지, 그리고 우리가 공동의 탐구에서, 불의를 행하거나 불의를 되갚음하거나, 사람이 악행을 당할 때 자신도 악을 행함으로써 자신을 지키는 것은 결코 정당하지 않다는 데에서 출발할 수 있을지 깊이 숙고하라. 아니면 그대는 탐구를 포기하고 이 원칙에 찬동하지 않을 것인지 숙고하라. 그런데 나에게는 이 견해가 이미 오래전부터 참된 것으로 여겨졌고, 지금도 그렇다.' 요컨대 플라톤은 이 견해를 옳다고 인정했는데, 이 견해는 이미 일찍이 거룩한 남자들이 주장했던 것이다. 그런데 다른 학설들과 마찬가지로 이 견해 역시 그들이 변조하여 다시 제시하고 있으니,[104] 앞에서 언급한

---

103   플라톤『크리톤과의 대화』49b-e.

104   참조:『켈수스 반박』6,15-16.

것으로 충분하다고 하겠다. 그 밖의 사례들을 찾아보고자 하는 사람은, 이 사실을 알게 될 것이다.”

59. 켈수스는 우리 가르침의 진리를 직관할 수 없기 때문에, 지금의 문제를 비롯한 온갖 문제를 두루뭉술 싸잡아 언급하면서, 우리 가르침은 그리스인들도 언명했다고 주장하는데, 이에 대해 다음과 같이 말해야겠습니다. 이 가르침이 유익하고 내용이 합당하다면, 또 이 가르침이 플라톤이나 어떤 그리스 현인에게서, 또는 모세나 어떤 유대인 예언자에게서, 또는 그리스도인들이 기록한 예수님이나 그분 사도들의 말씀에서 발견된다면, 유대인이나 그리스도인이 배우는 이 가르침을 그리스인들도 언명했다는 사실 때문에 비방해서는 안 됩니다. 특히 유대인들의 문헌이 그리스인들의 문헌보다 더 오래되었다는 사실이 입증된 경우에는 더욱 그렇습니다. 한편 동일한 가르침이 그리스어의 멋진 문체로 표현되었을 때, 그것을 유대인이나 그리스도인들의 소박하고 단순한 표현보다 무조건 더 훌륭하다고 여겨서도 안 됩니다. 물론 예언자들이 우리에게 남긴 책들은 본디 유대인들의 히브리어로 기록되었고, 그 언어 고유의 정교한 구성을 보여 주고 있습니다.

그런데 실상은 역설적으로 보이기도 하니, 동일한 가르침이 오히려 유대인들의 예언자들이나 그리스도인들의 문헌에서 더 훌륭하게 표현되어 있다는 것입니다. 이 사실을 음식과 그 조리調理를 예로 들어 입증하고자 합니다. 먹는 이에게 힘을 주는 건강에 좋은 음식, 그러나 미식에는 영 익숙하지 않은 농부와 노동자와 가난한 사람들 입맛에는 도무지 맞지 않고 부자와 섬세한 사람들 입맛에만 맞는 이런저런 첨가물과 양념을 곁들여 조리한 음식을 떠올려 보십시오. 이번에는 그런 미식가

들 입맛에 맞추어 조리하지 않고, 가난한 사람과 농부들을 비롯한 대다
수 사람들이 익숙하게 즐겨 먹는 방식으로 조리한 음식을 떠올려 보십
시오. 이제 우리는 앞의 방식으로 조리된 음식은 미식가들 건강 증진에
만 도움이 되고 대중은 아무도 입을 대지 않는 반면, 다른 방식으로 조
리된 음식은 대중에게 건강과 힘을 선사한다는 것을 인정할 수 있을 것
입니다. 우리가 공공의 유익을 고려한다면, 어떤 방식으로 조리하는 사
람들에게 찬동해야 하겠습니까? 상류 계층 미식가들에게 유익하도록
조리하는 사람들이겠습니까, 아니면 대중을 위해 조리하는 사람들이
겠습니까? 마찬가지로 우리는, 바로 인간에 대한 사랑과 연대감에 근
거하여, 대중의 건강을 보살피는 의사가 소수의 건강을 돌보는 의사보
다 사회 전체에 분명히 더 도움이 된다고 생각하지 않을 수 없습니다.

60. 우리가 이 예를 이해했다면, 이제 이것을 이성을 부여받은 존재들
의 영적 음식의 성질에 적용해야 합니다. 플라톤과 그 밖의 그리스 현
자들 그리고 그들의 멋진 표현은 식자층만 배려하고 대중은 무시하는
의사들과 같지 않은지 숙고해 보십시오. 반면 언설의 정교한 구성과 ―
성경의 표현을 빌리자면 ― "인간의 지혜"(1코린 2,5)와 "육에 따른 지혜"
(1코린 1,26; 2코린 1,12)를 멀리하는 유대교 예언자들과 예수님 제자들은,
영적 음식이 똑같이 건강에 유익한 성질을 지니도록 애쓰면서도, 그것
을 대중이 이해할 수 있고 그들의 언어에 낯설지 않은 표현 방식으로
조리하고 차려 내어, 그들이 그것을 거부하지 않도록 배려하는 사람들
과 닮았다고 하겠습니다. 이른바 영적 음식이 그것을 먹는 사람에게 실
제로 인내와 온유함을 불러일으키는 것이 목적이라면, 인내심 있고 온
유한 많은 대중을 새롭게 만들어 내는 언설이, 손가락으로 꼽을 수 있

을 정도로 아주 소수의 사람들을 인내와 온유함을 지니게 만드는 언설보다 더 훌륭하게 조리된 것이라고 할 수 있지 않겠습니까?[105]

만일 그리스인 플라톤이 이집트어나 시리아어를 말하는 사람들에게 훌륭한 가르침으로 도움을 주고자 한다면, 계속 그리스어로 말하며 이집트인들과 시리아인들에게 유익한 내용을 알려 주는 일을 포기하기보다는, 앞으로 자신의 가르침을 듣게 될 사람들을 향상시키기 위해 그들의 언어를 배우는 — 그리스인들의 표현에 따르면, 야만족 언어를 말하는 — 준비를 할 것입니다. 마찬가지로 그리스 학문 교육을 받은 사람들만이 아니라 그 밖의 사람들도 배려하는 신적 본성은 청자 대중의 무식함에 맞추어 자신을 낮추고 그들에게 익숙한 표현을 통해 그들이 기꺼이 귀 기울여 듣고자 하는 마음을 가지게 합니다. 과연 이 무식한 대중은 일단 그렇게 인도를 받고 나면, 곧잘 성경에 숨어 있는 좀 더 깊은 사상들도 파악하는 데 열정을 쏟곤 합니다. 성경의 많은 내용이 얼핏 보았을 때보다 더 깊은 의미를 지니고 있다는 것을, 단순한 성경 독자들도 필경 분명히 알 수 있게 됩니다. 그러나 이 더 깊은 의미는 성경 가르침 탐구에 몰두하는 사람들에게만 활짝 열리며, 또한 성경 가르침 탐구에 투자된 시간에, 그리고 그 가르침을 삶에 실천하고자 한 열정에 상응하여 활짝 열립니다.

61. 요컨대 예수님께서 "네 뺨을 때리는 자에게 다른 뺨도 내밀어 주어라"(루카 6,29), "너를 재판에 걸어 네 속옷을 가지려는 자에게는 겉옷까지 내주어라"(마태 5,40)라고, 켈수스가 말하듯이 "투박한 형태로" 언명

220

하셨다는 것은 분명한 사실입니다. 그러나 예수님께서 이런 표현 방식의 가르침으로써, 플라톤이 『크리톤과의 대화』로써 실행한 것보다 더 많은 유익함을 인간들의 삶에 가져다주셨다는 것도 분명한 사실입니다. 사실 플라톤의 말은 무식한 사람들은 도무지 이해할 수 없으며, 전반적인 교양을 갖춘 사람들도 고상한 그리스 철학을 배우기 전에는 무진 애를 써야만 이해할 수 있습니다. 또한 우리는 앞에서 언급한 "인내"의 참뜻은 표현의 단순함 때문에 변질되지 않는다는 것, 오히려 켈수스는 여기서도 성경 말씀을 비방하고 있다는 것을 통찰해야 합니다. 과연 그는 이렇게 말하고 있습니다. "다른 가르침들과 마찬가지로 이 견해 역시 그들이 변조하여 다시 제시하고 있다. … 그 밖의 사례들을 찾아보고자 하는 사람은, 이 사실을 알게 될 것이다."

62. 우리는 켈수스의 이어지는 말도 고찰하고자 합니다. "이제 다른 문제로 넘어가자. 그들(곧 그리스도인들)은 신전, 제단, 신상들의 꼴을 차마 보아 넘기지 못한다.[106] 이는 스키타이인들, 유목 종족인 리비아인들, 신을 아예 모르는 세르인들 그리고 종교와 율법이 없는 그 밖의 민족들도 마찬가지다.[107] 페르시아인들도 이런 견해를 가지고 있다는 것을 헤로도토스가 다음과 같은 말로 보고한다. '페르시아인들에게는, 내가 알기에는, 자기네 법에 따라 신상과 제단과 신전을 세워서는 안 된다는 관습이 있다. 그런데도 그렇게 하는 자들은 그 어리석은 짓을 비난받

---

[106]　참조: 미누키우스 펠릭스 『옥타비우스』 8,4. 이어지는 논증에 관해서는 Fédou, *Christianisme* 300-610 참조.

[107]　참조: 스키타이인들에 관해서는 헤로도토스 『역사』 4,59, 유목 종족인 리비아인들에 관해서는 헤로도토스 『역사』 4,188. 세르인들은 오늘날의 중국 주민들이다.

는다. 내가 보기에 그 이유는, 페르시아인은 그리스인처럼 신들이 인간 모습을 지니고 있다는 생각을 해 본 적이 없는 데 있는 것 같다.'[108] 사실 헤라클레이토스도 대략 다음과 같이 말한다. '거기서 사람들은, 마치 건물과 수다를 떨듯이, 신상들에게 기도하는데, 신들과 반신半神들이 실제로 무엇인지는 알지 못한다.'[109] 요컨대 그들(곧 그리스도인)이 헤라클 레이토스보다 더 지혜로운 어떤 것을 우리에게 가르친다는 것인가? 헤 라클레이토스는 어쨌든 '신들과 반신들이 실제로 무엇인지' 알지 못하 면서 신상들에게 기도하는 것은 어리석은 짓임을 매우 비밀스러운 말 로 암시하고 있다. 이것은 헤라클레이토스의 견해다. 그러나 그들(곧 그 리스도인)은 신상들을 아주 노골적으로 경멸한다. 그 이유가 신상들은 이런저런 장인들이 돌과 나무와 청동으로 만들어 낸 것이고 그래서 신 일 수 없다는 것이라면, 그건 가소로운 분별심이다. 아주 유치한 인간 이 아니라면 누가 그것들을 봉헌물이나 신들의 상이 아니라 신들 자체 로 여기겠는가?[110] 그러나 그들이 페르시아인들 생각처럼 신은 인간이 표상하는 것과는 다른 형상을 지니고 있으므로 신적 본질의 묘사는 아 예 용인되어서는 안 되기에 신상들을 그렇게 경멸하는 것이라면, 그들 은 스스로 '신이 자기 모상으로, 자신과 비슷하게 사람을 창조했다'(창세 1,26-27 참조)라고 말할 때, 졸지에 자기모순에 빠져 버린다. 아무튼 그들 은 이 신상들이 이런저런 존재들을 공경하기 위해 만들어졌다는 ― 신 상과 존재가 동일한 모습이든 아니든 간에 ― 것은 인정한다 하더라도,

---

108   헤로도토스 『역사』 1,131.

109   헤라클레이토스 『단편』 B 5.

110   이 신상 공경 옹호에 관해서는 참조: Fédou, *Christianisme* 305-310; Cook, *Interpretation of the Old Testament* 91-94; Fiedrowicz, Apologie 238.

신상들이 봉헌된 존재들은 신들이 아니라 다이몬들이며, 신을 섬기는 사람은 누구도 다이몬들을 숭배해서는 안 된다고 선언할 것이다."

63. 이에 대해 다음과 같이 대답하겠습니다. "스키타이인들과 유목 종족인 리비아인들" 그리고 켈수스의 주장에 따르면 "신을 아예 모르는 세르인들과 종교와 율법이 없는 그 밖의 민족들" 그리고 "페르시아인들"조차 "신전과 제단과 신상들의 꼴을 차마 보아 넘기지 못하"는데, 이 민족들이 그런 것들을 용인하지 않는 이유와 우리가 용인하지 않는 이유가 동일한 것은 아닙니다. 요컨대 신전과 제단과 신상들을 차마 보아 넘기지 못하는 사람들이 어떤 원칙을 그런 행동의 출발점으로 삼고 있는지 검증해야 합니다. 그러면 그들이 합당한 원칙에 따라 그렇게 행동한 경우에는 그들을 칭송하고, 그릇된 원칙에 따라 행동한 경우엔 그들을 비난할 수 있을 것입니다.

사실 동일한 행동이 상이한 원칙들에서 비롯하는 것은 있을 수 있는 일입니다. 예를 들어 키티온의 제논의 (스토아)학파에 속하는 철학자들은 간통을 삼가고, 에피쿠로스학파 철학자들도 그렇게 하지만, 전혀 교육받지 못한 사람들도 상당수가 그렇게 합니다. 그런데 그렇게 많은 사람이 간통을 삼가도록 하는 동기가 서로 다름에 주목해야 합니다. 첫째 학파 철학자들은 공공의 유익을 고려하며, 또한 법에 의해 이미 다른 남자와 결합한 여자를 유혹하여 그 남자의 가정을 파괴하는 것은 이성적 존재의 본성을 거스르는 짓이기 때문에 간통을 피합니다.[111] 에피

---

111 G. Dölger[Origenes über die Beurteilung des Ehebruchs in der Stoischen Philosophie: AuC 4 (1936) 284-287]에 따르면, 오리게네스는 특히 아리아노스 『에픽테토스 어록』 2,4에 제시된 후기 스토아학파의 가르침을 내세우고 있다.

쿠로스학파 사람들이 간통을 삼가는 것은 그런 이유 때문이 아니라, 오히려 쾌락을 최고선으로 여기기 때문입니다. 이를테면 그들은 간통의 쾌락에 굴복한 남자는 그로 인해 오히려 다른 많은 쾌락의 길을 막는 온갖 장애에 맞닥뜨리게 된다는 것, 그리고 때로는 징역형이나 추방 나아가 죽임을 당할 수도 있다는 것, 또 이미 그 전에 흔히는 여자의 남편과 그의 충실한 종들이 집을 비우는 순간을 노려야 하는 위험을 무릅써야 한다는 것을 고려하지 않을 수 없기 때문에 간통을 자제하는 것입니다.[112] 요컨대 남편이나 집안사람들 또는 간통이 들통나면 자신을 악평할 사람들이 눈치 채지 않게 간통을 할 수 있다면, 에피쿠로스학파 사람은 쾌락을 위해 간통을 저지를 것입니다. 그러나 무식한 사람들 역시 기회가 있는데도 간통을 저지르지 않는 경우, 이는 법이 위협하는 형벌에 대한 두려움 때문에 간통을 단념하는 것이지 더 많은 쾌락을 향유하기 위해서가 아니라는 것이 종종 밝혀지고 있습니다. 그러므로 간통 억제가 외견상으로 동일하게 보여도 참으로 동일하지는 않으며, 자제하는 인간들의 동기들은 서로 다르다는 것에 유의해야 합니다. 이 자제는 건전한 원칙에서 비롯할 수도 있고, 에피쿠로스학파 사람들과 무식한 사람들의 경우처럼 저열하고 교활한 동기에서 비롯할 수도 있습니다.

64. 간통 억제의 행태가 겉으로는 똑같아 보여도 원칙과 동기의 관점에서는 서로 매우 다르다는 것이 밝혀진 것처럼, "신전과 제단과 신상들"에서 신을 공경하는 것을 "차마 보아 넘기지 못하는" 사람들의 행태도 마찬가지입니다. "스키타이인들이나 유목 종족인 리비아인들이나

---

112 참조: 에피쿠로스 『단편』 535; 51.

신을 모르는 세르인들이나 페르시아인들"이 그런 사물들을 배척하는 동기와, 그리스도인들과 유대인들이 그런 신 공경을 배척하는 결정적 동기는 다릅니다. 사실 방금 언급한 민족들 중 어떤 민족도 마땅히 신에게 바쳐져야 할 공경이 그렇게 형상화된 물질로 옮겨지고 낮춰지고 비하되는 것을 꺼리기 때문에, 신전과 제단과 신상을 혐오하는 것이 아닙니다. 또한 그들은 그런 형상으로 그런 장소에 눌러붙은 다이몬들이, 특정한 주문을 통해 불려 내지거나 스스로 알아서 이런저런 장소를 점유하고 거기서 봉헌되는 제물을 게걸스레 받아먹고 또 무도한 인간들과 짝짜꿍이 되어 무도한 욕구를 충족시킨다고 확신하기 때문에 그것들을 혐오·배척하는 것도 아닙니다.[113] 그러나 그리스도인들과 유대인들은 다음의 명령들 그리고 유사한 많은 언명들에 따라 행동합니다. "너희는 주 너희 하느님을 경외하고 그분만을 섬겨야 한다"(신명 6,13). "너에게는 나 말고 다른 신이 있어서는 안 된다. 너는 위로 하늘에 있는 것이든, 아래로 땅 위에 있는 것이든, 땅 아래로 물속에 있는 것이든 그 모습을 본뜬 어떤 신상도 만들어서는 안 된다. 너희는 그것들에게 경배하거나, 그것들을 섬기지 못한다"(탈출 20,3-5).[114] "주 너의 하느님께 경배하고 그분만을 섬겨라"(마태 4,10; 루카 4,8; 신명 6,13). 그런 까닭에 그리스도인들과 유대인들은 "신전과 제단과 신상"을 멀리할 뿐 아니라, 온 우주의 하느님에 관한 자신들의 표상을 그런 따위의 신성모독을 통해 더럽히지 않기 위해, 불가피한 경우에는 죽음조차도 마다하지 않습니다.

---

113 이 다이몬들의 작용에 관한 상세한 묘사는 참조: 아테나고라스 『그리스도교인을 위한 청원』 26-27.

114 신상 금지의 의미에서의 둘째 계명 해석에 관해서는 참조: 오리게네스 『에페소서 주해』 6,1-3.

제7권

65. 우리는 이미 앞에서[115] "페르시아인들"은 "신전을 세우지 않지만" "태양"과 하느님의 그 밖의 작품들은 "공경한다"고 말했습니다. 그런 공경도 우리에게는 금지되어 있으니, 우리는 "창조주 대신 피조물을 섬겨서는 안 된다"(로마 1,25 참조)고 배웠기 때문입니다. 오히려 우리는 "피조물도 멸망의 종살이에서 해방되어, 하느님의 자녀들이 누리는 영광의 자유를 얻으리라"(로마 8,21)는 것을, "피조물은 하느님의 자녀들이 나타나기를 간절히 기다리고 있다"(로마 8,19)는 것을, "피조물이 허무의 지배 아래 든 것은 자의가 아니라, 그렇게 하신 분의 뜻이었다"(로마 8,20)는 것을 알아야 합니다. 요컨대 우리는 "멸망의 종살이"와 "허무의 지배" 아래 있으면서 그런 상태를 더 나은 미래에 대한 "희망"으로 견뎌 내고 있는 피조물들이, 우리의 공경에서 하느님 — 사실은 아무것도 필요하지 않으십니다(사도 17,25 참조) — 이나 "모든 피조물의 맏이"(콜로 1,15)이신 그분 아드님의 자리를 대신 차지하게 해서는 안 된다는 것을 확실히 배웠습니다. 이로써 "제단과 신상들"을 배척하는, 그러나 "창조주 대신 피조물을 섬기는" "페르시아인들"에 관해 앞에서 한 말에 충분히 부언했다고 하겠습니다.

켈수스는 또한 "신들과 반신들이 실제로 무엇인지 알지 못하면서 신상들에게 기도하는 것은 어리석은 짓이다"라는 "헤라클레이토스"의 말도 인용했습니다. 이에 대해 이렇게 대꾸하겠습니다. 하느님과 그분의 외아드님, 그리고 하느님에 의해 "신"이라는 이름을 받아 들어 높여지고 그분 신성의 한몫을 지니는 존재들[116]이 "실제로는 다이몬들인 이

---

115   참조: 『켈수스 반박』 5,41.44; 6,22.

116   천사들을 가리킨다. 참조: 『켈수스 반박』 3,37.

민족들의 모든 신들"과 다르다는 것을 아는 것은 가능합니다(시편 96,5 참조). 하지만 하느님을 알면서 동시에 "신상들에게 기도"하는 것은 물론 불가능합니다.

66. "신상들에게 기도"하는 것만 "어리석은" 게 아니라, 소요학파 철학자들과 에피쿠로스와 데모크리토스 추종자들이 하듯이, 대중에게 영합하여 신상들에게 기도하는 체하는 기만적인 모습을 보이는 것도 어리석은 짓입니다.[117] 하느님을 참으로 공경하는 사람의 영혼 안에는 거짓된 것이 존재해서는 안 됩니다. 또한 우리에게는 매우 중요한 일이거니와, 신상들은 또 다른 신들이라는 생각에 빠지지 않기 위해서라도, 우리는 신상 공경을 배척합니다. 그런 까닭에 우리는 신상이 신이 아니라는 것을 인정하는 켈수스를 비롯하여 지혜로운 자로 간주되는 사람들이 신상들을 공경하는 모습을 보이는 것을 비난하는 것입니다. 대중은 덩달아 그들을 따라하여 길을 잃고 헤매게 되니, 신상을 공경할 수 있다고 믿기 때문만이 아니라, 그들의 영혼이 그것들은 신이라는 저열한 생각에 빠져, 그들이 공경하는 것들이 신이 아니라는 말을 도무지 들으려 하지 않기 때문입니다.

켈수스는 신상들을 신들로 여겨서는 안 되고 신들에게 바쳐진 봉헌물로 여겨야 한다고 말하지만, 신상들이 어느 정도까지 "신들 자신"에게 바쳐진 봉헌물인지는 분명히 밝히지 않습니다. 아무튼 신상들은 신에 대해 그릇된 표상을 지니고 있는 인간들의 봉헌물이라는 것은 분명합니다. 그러나 우리는 또한 "신상들은 신성의 모상들"이라는 것도 인

117　오리게네스『순교 권면』7은 이 관습을 그리스도인들의 철저한 우상 숭배 배척과 대비시킨다. 아래 묘사된 철학자들의 행태에 관해서는 참조: 섹스투스 엠페리쿠스『수학자』9,49.

정하지 않으니, 비가시적이고 비물질적인 하느님에 관해서는 어떠한 상도 만들 수 없기 때문입니다. 하지만 켈수스는 우리가 한편으로는 하느님께서는 인간적인 모습을 지니고 계시지 않다고 말하고, 다른 한편으로는 하느님께서 인간을 당신과 비슷하게 당신 모습으로 창조하셨다고(참조: 창세 1,26-27; 9,6) 믿음으로써, 자기모순에 빠져 있다고 생각합니다. 이에 대해서는, 우리가 이미 앞에서[118] 말했듯이, 다음과 같이 반박하겠습니다. "하느님의 모습으로"(창세 1,27)라는 속성은 이성적이고 덕성스러운 영혼 안에 깃들어 있습니다. 여기서 물론 "하느님의 모습"과 "하느님의 모습으로"의 차이를 모르는 켈수스는 우리가 "하느님께서 인간을 당신과 같은 모습으로, 당신의 모상으로 창조하셨다"고 주장했다고 말합니다. 이에 관해서도 이미 앞에서 언명한 바 있습니다.

67. 이어서 켈수스는 그리스도인들에 관해 말합니다. "아무튼 그들은 이 신상들이 이런저런 존재들을 공경하기 위해 만들어졌다는 (신상과 존재가 동일한 모습이든 아니든 간에) 것은 인정한다 하더라도, 신상들이 봉헌된 존재들은 신들이 아니라 다이몬들이며, 신을 섬기는 사람은 누구도 다이몬들을 숭배해서는 안 된다고 선언할 것이다." 만일 켈수스가 "다이몬들"에 관한 가르침을 배워서, 각각의 다이몬이 어떤 작용을 불러일으키는지를 — 다이몬이 이 분야의 전문가들에게 불려 나와서 하든, 아니면 다이몬이 스스로 하고자 하고 또 할 수 있는 활동을 통해서든 하든 간에 — 알게 되면, 그리고 인간 본성으로는 파악하기 어려운 매우 복잡한 다이몬들에 관한 가르침을 철저히 연구한다면,

---

118   참조: 『켈수스 반박』 6,63.

"만유를 주재하시는 하느님을 섬기는 사람은 누구도 다이몬들을 숭배해서는 안 된다"는 우리의 주장을 비난하지는 않을 것입니다. 사실 우리는 다이몬 숭배를 멀리하는 것을 넘어, 아예 기도와 성경에서 따온 문구들[119]을 통해 다이몬들을 인간들의 영혼과 그것들이 터 잡고 사는 장소에서, 또 때로는 심지어 짐승들(다이몬들은 이것들도 자주 해칩니다)에게서도 쫓아냅니다.

68. 이미 앞에서[120] 예수님에 관해 상세히 말했기 때문에, "요컨대 그들 자신은 신도 섬기지 않고 다이몬도 섬기지 않으며, 오히려 한 죽은 자를 섬긴다는 것이 공공연히 확인되었다"[121]라는 켈수스의 말에 되풀이하여 대꾸할 필요를 느끼지 않습니다. 그러므로 이 문제는 건너뛰고 켈수스의 다음 언명을 고찰하고자 합니다. "먼저 묻겠다. 어째서 사람은 다이몬들을 숭배하면 안 되는가? 사실 모든 것이 신의 뜻에 따라 주재되고, 모든 섭리가 신에게서 비롯하지 않는가?[122] 그리고 이 우주 안에 존재하는 것은 그 무엇이건 — 신의 작품이든 천사들이나 다이몬들이나 반신半神들의 작품이든 간에[123] — 모두 최고신에게서 유래하는 자신의 법칙을 지니고 있지 않은가? 또 한편으로 각각의 사물에는 그 권좌

---

119   성경에 나오는 이름들의 강력한 작용에 관해서는 참조: 『켈수스 반박』 1,24와 각주 58; 오리게네스 『여호수아기 강해』 20,1.

120   참조: 『켈수스 반박』 1,69-70; 2,63-66; 3,41-43; 6,75-77; 7,16-17.35-36.40.45-46.52.

121   참조: 『켈수스 반박』 7,36.

122   스토아학파의 영향을 받은 견해다.

123   켈수스는 한편으로는 앞에서 인용한 헤라클레이토스의 말과 관련짓고, 다른 한편으로는 그리스의 종교적 숭배에서 반신 숭배를 신들과 다이몬들 숭배 다음가는 구성 요소로 여긴다. 참조: 플라톤 『변론』 27e-28a, 28c; 『크라틸로스』 397d-398e; 『법률』 717b, 738d, 818c; 『국가』 392a, 427b.

에 합당하다고 간주된 하나의 존재가 배정되지 않았는가? 저 근원에게서 전권을 부여받은 이 존재에게, 신을 숭배하는 인간은 마땅히 공경을 바쳐야 하지 않는가?[124] 그러나 그(곧 그리스도)는 동일한 인간이 여러 주인을 섬기는 것을 가능하지 않다고 말한다"(참조: 마태 6,24; 루카 16,13).[125]

여기서도 다시금 켈수스가 철저한 검증이 필요할 뿐 아니라 만유의 "주재"에 관한 신비롭고 심오한 가르침에 대한 지식도 필요한 많은 문제에 대해 너무 경솔한 대답을 스스로 제시하는 것에 주목하십시오. 사실 우리는 "모든 것이 신의 뜻에 따라 주재된다"라는 말이 무슨 의미인지, 또 이 주재가 죄와도 관련되는지 아닌지도 탐구해야만 합니다. 하느님의 주재가 죄와도, 그것도 인간들의 죄만이 아니라 다이몬들의 죄와도 관련된다면, 그리고 비물질적 존재가 본성상 죄를 지을 수 있다면, 그런 주장을 내세우는 사람은 "모든 것이 신의 뜻에 따라 주재된다"라는 언명이 얼마나 부조리한지 살펴보아야 할 것입니다. 사실 이 언명으로부터는 죄들 그리고 악의에서 비롯하는 모든 현상 역시 "신의 뜻에 따라 주재된다"는 결론이 나오게 될 터인데, 이는 그것들은 하느님이 그것들을 저지하지 않으시기 때문에 발생한다라는 언명과 동일하지 않습니다. 그러나 "주재된다"라는 표현을 엄밀한 의미로 이해하면, 이 언명은 악의에서 비롯하는 모든 현상 역시 "주재된다"는 것을 의미하며 ─ 왜냐하면 "모든 것은 물론 하느님의 뜻에 따라 주재되기" 때문

124　『켈수스 반박』 8,2(여기서는 7,68을 되잡는다)에도 비슷한 말이 나온다. 그 배경에는 기원후 1세기 이래 널리 유포된 관념, 곧 최고신이 페르시아 대왕이나 로마 황제처럼 최고 권력을 보유하고 있지만, 이 권력을 종속된 하부 기관들을 통해 행사하며, 그 기관들에 대한 공경은 궁극적으로 군주 자신에 대한 공경으로 간주된다는 관념이 자리 잡고 있다. 참조: 『켈수스 반박』 8,35.

125　참조: 『켈수스 반박』 8,56. 그리스도교 측의 반론은 필론 『세부 규정』 1,31; 『십계명』 61에서 준비되었다.

입니다 — 또한 결과적으로 어떠한 죄인도 하느님의 "주재"를 거스르지 못함을 의미합니다.

"섭리"와 관련해서도 이와 같은 구별을 하면서, 이렇게 말해야 합니다. "모든 섭리는 신(하느님)에게서 비롯한다"라는 언명은, "섭리"가 선과 관련될 때, 진실입니다. 그러나 선악 불문하고 발생하는 모든 것이 "섭리"에서 비롯한다고 싸잡아 주장한다면, "모든 섭리는 하느님에게서 비롯한다"라는 언명은 진실이 아니라고 하겠습니다 — 우리는 기껏해야 하느님의 섭리에서 비롯하는 일들의 우연적인 부수 현상들 역시 하느님의 섭리에서 유래한다고 말할 수는 있을 것입니다.[126]

켈수스는 또한 "이 우주 안에 존재하는 것은 그 무엇이건 — 신의 작품이든 아니면 천사들이나 다른 다이몬들이나 반신들의 작품이든 간에 — 모두 최고신에게서 유래하는 자신의 법칙을 지니고 있다"고 언명합니다. 그러나 이것은 그가 자부하는 "참된 말씀"이 아니니, 왜냐하면 법칙을 거슬러 행동하는 존재들은, 특히 그것들이 최고신이 규정한 법칙과 관련해서는 그렇게 행동하지 않기 때문입니다. 아무튼 성경은 나쁜 인간들만이 아니라, 나쁜 다이몬들과 나쁜 천사들도 법칙을 거슬러 행동한다는 것을 알려 주고 있습니다.

69. 그런데 나쁜 다이몬들에 관해 말하는 것은 우리만이 아니니, 다이몬들의 존재를 인정하는 사람들은 거의 모두 나쁜 다이몬들에 관해 말합니다. 그러므로 "모든 것이 최고신에게서 유래하는 자신의 법칙을 가지고 있다"라는 말은 진실이 아닙니다. 왜냐하면 자신의 태만, 타락

126　참조: 『켈수스 반박』 6,53.55.

또는 악의나 선에 대한 무지로 말미암아 하느님의 법칙에서 떨어져 나간 모든 존재는, 하느님의 법을 가지고 있는 게 아니라, 성경에 따른 새로운 표현을 사용하자면, "죄의 법"(로마 8,2)을 가지고 있는 것이기 때문입니다. 다이몬들의 존재를 인정하는 이들 대다수의 견해에 따르면, 나쁜 다이몬들 역시 "하느님에게서 유래하는 법"을 가지고 있지 않으며 오히려 이 법을 거스릅니다. 그런데 우리의 가르침에 따르면 다이몬들은 본래 다이몬들이 아니었고, 그것들이 선으로 이끄는 길을 벗어났을 때 비로소 다이몬들이 되었습니다. 그렇게 하느님에게서 떨어져 나간 존재들의 종種이 바로 다이몬 족속이 된 것입니다.[127] 그런 까닭에 "하느님을 섬기는 사람은 누구도 다이몬들을 숭배해서는 안 됩니다."

다이몬들에 관한 진실은 이른바 사랑이나 미움을 불러일으키는 묘약 제조, 남의 행동 방해, 또는 그런 종류의 수많은 일을 위해 다이몬들을 불러내는 사람들을 통해서도 통찰할 수 있습니다. 그런 일에 통달한 사람들은 주문과 마술적 기법을 통해 다이몬들을 불러내고는, 그것들에게 자기네가 바라는 이런저런 행위를 하게 하여 도움을 얻습니다. 그러나 우리는 만유를 주재하시는 하느님만을 섬기며, 그런 까닭에 다이몬 숭배란 어떤 것이든 우리와는 거리가 멉니다. 이른바 신들을 숭배하는 것도 그저 다이몬 숭배일 따름입니다. 왜냐하면 "민족들의 신들은 모두 다이몬들"(시편 96,5)이기 때문입니다. 이런 사실은 이른바 영험하다고 간주되는 제사 장소들에서 특별한 주문을 통해 다이몬들을 불러낼 때, 또한 신상들과 신전을 봉헌할 때, 분명히 드러납니다. 그런 주문을 외우고 다이몬을 불러내는 일은 마술을 사용하여 다이몬을 숭배하

는 데 몰두하는 자들에 의해 수행됩니다. 아무튼 그래서 우리는 다이몬 숭배는 전염병처럼 피해야 한다고 결심했습니다. 그런데 우리는 "다이몬 숭배"를 그리스 전역에서 통상적으로 거행되는, "신들의 신전과 제단과 신상들"에서의 종교적 예배로 이해하고 있습니다.

70. "또 한편으로 각각의 사물에는 그 권좌에 합당하다고 여겨진 하나의 존재가 '최고신에 의해'[128] 배정되지 않았는가?"라는 켈수스의 언명을 논구하기 위해서도, 매우 심오한 지식이 필요합니다. 이를테면 도시와 국가에서 사형 집행인 등이 필수적이지만 잔혹한 임무에 투입되는 것처럼, 악한 다이몬들도 우주를 주재하시는 하느님의 로고스에 의해 특정한 임무에 투입된 것인지, 아니면 황량한 지역의 강도들이 어떤 자를 자기네 우두머리로 뽑듯이, 다이몬들도 세상 여러 지역에서 이를테면 패거리를 조직하고 자기네 스스로 어떤 우두머리를 정하여, 이 우두머리가 인간들의 영혼을 훔치고 강탈하는 일에서 다이몬들을 이끄는 것인지를 밝혀 줄 수 있는 지식이 필요합니다.

이 주제를 합당하게 다루어, 만유를 주재하시는 하느님과 "모든 피조물의 맏이"(콜로 1,15)이신 하느님의 로고스 이외의 다른 존재 섬기기를 거부하는 그리스도인들을 옹호하고자 하는 사람은 "나보다 먼저 온 자들은 모두 도둑이며 강도다. 그래서 양들은 그들의 말을 듣지 않았다"(요한 10,8), "도둑은 다만 훔치고 죽이고 멸망시키려고 올 뿐이다"(요한 10,10)라는 언명들, 그리고 "나는 사탄이 번개처럼 하늘에서 떨어지는 것을 보았다. 보라, 내가 너희에게 뱀과 전갈을 밟고 원수의 모든 힘

---

[128] τοῦ μεγίστου θεοῦ라는 표현은 아마도 어떤 필사자에 의해 실수로 본문에 들어오게 된 것 같다.

을 억누르는 권한을 주었다. 이제 아무것도 너희를 해치지 못할 것이다"(루카 10,18-19), "너는 사자와 독사 위를 거닐고, 힘센 사자와 용을 짓밟으리라"(시편 91,13) 같은 유사한 언명들도 설명해야 합니다.

그러나 켈수스는 이런 일들에 관해 전혀 알지 못했습니다. 그렇지 않았다면 "이 우주 안에 존재하는 것은 그 무엇이건 ― 신의 작품이든 천사들이나 다이몬들이나 반신半神들의 작품이든 간에 ― 모두 최고신에게서 유래하는 자신의 법칙을 지니고 있지 않은가? 또 한편으로 각각의 사물에는 그 권좌에 합당하다고 간주된 하나의 존재가 배정되지 않았는가? 저 근원에게서 전권을 부여받은 이 존재에게, 신을 숭배하는 인간은 마땅히 공경을 바쳐야 하지 않는가?"라고 말할 수는 없었을 것입니다. 그런 다음 켈수스는 또 덧붙입니다. "그러나 그(곧 그리스도)는 동일한 인간이 여러 주인을 섬기는 것은 가능하지 않다고 말한다." 이 문제는 다음 권에서 다룰 것이니, 우리가 켈수스의 책을 반박하기 위해 집필하는 이 책의 제7권이 이미 충분한 분량에 이르렀기 때문입니다.

제8권

1. 나는 제7권의 집필을 마무리했고 이제 제8권을 시작하고자 합니다. 하느님과 그분의 외아드님이신 로고스께서 우리를 도와주시어, 『참된 말씀』이라는 터무니없는 제목을 붙인 책에 담겨 있는 켈수스의 주장들이 거짓임을 우리가 정연하게 입증하고 동시에, 주제가 허용하는 한, 그리스도교의 진리를 효과적으로 실증할 수 있게 되기를 바랍니다. 우리는 "우리는 그리스도의 사절입니다. 하느님께서 우리를 통하여 권고하십니다"(2코린 5,20)라는 말씀을 바오로의 마음으로 언명하고, 또 사람들 가운데에서 참으로 "그리스도의 사절"로서 활동할 수 있게 되기를 기도합니다. 과연 하느님의 로고스께서는 당신과의 친교로 초대하시니, 예수 그리스도의 가르침을 받아들이기 전에는 창조주 하느님께 대한 무지의 어둠 속에서 삶을 허비했던 사람들이 의로움과 진리와 그 밖의 덕들에 친숙하게 되기를 원하시기 때문입니다. 다시 한번 기도하렵니다. 하느님께서 우리에게 진정하고 참된 로고스[1]를, "힘세시고" 악과의 "싸움에 용맹하신 주님"(시편 24,8)을 선사해 주시기를! 자, 이제 우리는 켈수스의 이어지는 언명에 대한 반박으로 넘어가겠습니다.

---

1 오리게네스는 『켈수스 반박』 1,3-4에서처럼 다시금 λόγος라는 낱말을 가지고 논다.

2. 켈수스는 앞 단락에서 우리에게 "어째서 당신들은 다이몬들을 숭배하지 않는가?"라고 물었고, 다이몬들에 관한 그의 언명에 대해 우리는 하느님의 로고스께 부합한다고 여겨지는 답변을 했습니다.[2] 이어서 우리 역시 다이몬들을 숭배하기를 바라는 그는, 우리 입에 "동일한 인간이 여러 주인을 섬기는 것은 가능하지 않다"라는 대답을 담았습니다. 그런데 켈수스의 표현에 따르면 "그런 대답은 여느 사람들과 담을 쌓고 관계를 끊는 자들의 모반적 언명"[3]입니다. "그렇게 말하는 자들은, 그들에게는 중요한 일이거니와, 자신들의 감정을 신에게 전이轉移한다." 아무튼 켈수스는 다음과 같이 생각합니다. "이미 한 주인을 섬기는 사람이 도리상 다른 주인도 섬길 수 없다는 것은 인간 사회의 영역에서는 정당하다고 할 수 있으니, 첫째 주인이 섬김의 분할로 인해 해를 입을 터이기 때문이다. 그러므로 이미 한 주인에게 의무를 지고 있는 사람은 다른 주인에게 의무를 져서는 안 되니, 첫째 주인에게 피해를 입히기 때문이다. 그리고 여러 반신들이나 다이몬들을 동시에 섬기지 않는 것 또한 정당하다고 하겠다. 그러나 아무도 해를 입힐 수도 없고 모욕할 수도 없는 신의 경우는 다르다." 켈수스의 견해에 따르면 "인간과 반신과 다이몬들의 경우에서처럼, 여러 신을 섬기지 않으려 조심하는 것은 분별 없는 짓"입니다. 그는 말합니다. "여러 신을 섬기는 사람은, 위대한 (최고)신에게 속한 존재들을 섬김으로써, 바로 위대한 신의 마음에 드는 일을 하는 것이다." 그러고는 덧붙입니다. "위대한 신이 허락한 존재 외에는 어떠한 존재도 공경을 받는 것이 허용되지 않는다. 요

---

2   참조: 『켈수스 반박』 7,68-70.

3   참조: 『켈수스 반박』 3,5; 8,49. 인간 혐오에 대한 비난인데, 이교인들 측에서 이미 유대인들을 거슬러 제기했다.

컨대 그 모든 존재를 존중하고 공경하는 사람은 신을 모욕하는 것이 아니니, 모든 존재가 그 신에게 속하기 때문이다."

3. 계속 앞으로 나아가기 전에, 우리가 "아무도 두 주인을 섬길 수 없다"라는 언명을 충실한 근거를 가지고 받아들이고 있는지 아닌지 숙고하려 합니다. 이 언명에는 "한쪽은 미워하고 다른 쪽은 사랑하며, 한쪽은 떠받들고 다른 쪽은 업신여기게 된다. 너희는 하느님과 재물을 함께 섬길 수 없다"(마태 6,24; 루카 16,13)라는 말이 뒤따릅니다. 이 언명에 대한 옹호는 우리를 신들과 주님들에 관한 심오하고 비밀스러운 가르침으로 이끌어 갑니다. 성경은 위대하신 주님께서는 "모든 신들 위에 지극히 높으시다"(시편 97,9)는 것을 알고 있습니다. 여기서 우리는 "신들"을 이민족들이 경배하는 신들로 이해하지 않으니, "민족들의 신들은 모두 다이몬들이다"(시편 96,5)라고 배웠기 때문입니다. 오히려 우리는 이 "신들"을, 예언자의 말씀대로, 일종의 "모임"을 이루고 있으며 만유를 주재하시는 하느님께서 심판하시고 또 그 하나하나에게 고유한 소임을 배정해 주시는 존재들로 이해합니다. 과연 성경은 "하느님께서 신들의 모임에서 일어서시어, 그 신들 가운데에서 심판하신다"(시편 82,1)라고 말합니다. 또한 "신들의 주님이신 하느님"께서는 아드님을 통해 "해 뜨는 데서 해 지는 데까지, 땅을 부르십니다"(시편 50,1). 우리는 "신들의 신을 찬송하여라"(시편 136,2)라는 명령을 받았고, 또한 "그분께서는 죽은 이들의 하느님이 아니라, 산 이들의 하느님이시다"(마태 22,32)라는 것도 배웠습니다. 이런 내용은 방금 인용한 구절들만이 아니라, 수많은 다른 구절들도 뚜렷이 명시하고 있습니다.

4. 성경은 우리에게 "주님"과 "주님들"에 관한 이런 표상들을 탐구하고 숙고하라고 가르치니, 예를 들어 "신들의 신을 찬송하여라. 주님의 자애는 영원하시다. 주님들의 주님을 찬송하여라. 주님의 자애는 영원하시다"(시편 136,2-3), 또 하느님께서는 "임금들의 임금이시며 주님들의 주님이신 분"(1티모 6,15)이라고 언명합니다. 또한 성경은 이름만 신인 신들과, 실제로 신인 "신들"을 알고 있습니다. 바오로도 "주님들" — 실제로 그렇든 아니든 간에 — 에 관한 동일한 가르침을 개진합니다. "하늘에도 땅에도 이른바 신들이 있다 합니다. 과연 신도 많고 주님도 많습니다"(1코린 8,5 참조). 그러나 "신들의 주님이신 하느님"께서 "해 뜨는 데서 해 지는 데까지"(시편 50,1) 당신께서 원하시는 사람들을 예수님을 통해 당신의 상속인으로 부르시기 때문에, 그리고 하느님의 그리스도께서 당신을 이 세상 모든 지역에 이르시게 하고 또 그 모든 지역에서 인간들을 당신께로 부르는 사람들을 통해, 당신이 모든 주님들보다 월등하시다는 것을 뚜렷이 알려 주시기 때문에, 이 모든 것을 아는 바오로는 앞에서 인용한 구절에 바로 이어 이렇게 언명합니다. "그러나 우리에게는 하느님 아버지 한 분이 계실 뿐입니다. 모든 것이 그분에게서 나왔고 우리는 그분을 향하여 나아갑니다. 또 주님은 예수 그리스도 한 분이 계실 뿐입니다. 모든 것이 그분으로 말미암아 있고 우리도 그분으로 말미암아 존재합니다"(1코린 8,6). 그리고 그는 이 구절이 놀랍고 비밀스러운 가르침을 담고 있음을 깨달았기 때문에, 이렇게 덧붙입니다. "그렇지만 누구나 다 지식이 있는 것은 아닙니다"(1코린 8,7). 그런데 바오로가 "그러나 우리에게는 하느님 아버지 한 분이 계실 뿐입니다. 모든 것이 그분에게서 나왔고 우리는 그분을 향하여 나아갑니다. 또 주님은 예수 그리스도 한 분이 계실 뿐입니다. 모든 것이 그분으로 말미암

아 있고 우리도 그분으로 말미암아 존재합니다"라고 말할 때, 그는 "우리"라는 말로써, 만유를 주재하시는 "신들의 신"(시편 136,2)께로 또 "주님들의 주님"(시편 136,3)께로 들어 올려진, 자기 자신을 비롯한 모든 사람을 가리키고 있습니다. 만유를 주재하시는 하느님을 그분의 아드님을 통해 갈라짐·떨어짐·나뉨 없이 온통으로 섬기는 사람이 하느님께로 들어 올려집니다. 하느님의 아드님, 로고스, 지혜를 우리는 예수님에게서 봅니다. 오직 이분만이 자신들의 말과 행동과 생각을 깨끗하고 바르게 하여 모든 방법으로 온 우주의 창조주 하느님께 헌신하고자 애쓰는 모든 사람을 그분께로 이끌어 가십니다. 그런데 내가 생각하기로는, 이런 성경 구절들과 관련하여, "빛의 천사로 위장한"(2코린 11,14) "이 세상의 우두머리"(요한 12,31; 1코린 2,6)도 다음과 같은 말을 꾸며 냈습니다. 그는 "열한 부대로 편성된 신들과 다이몬들의 대군이 이분을 따른다"고 했나 하면 자기 자신과 철학자들에 관해서는 "우리는 제우스를 수행하고, 다른 자들은 다른 다이몬들을 수행한다"라고 말합니다.[4]

5. 요컨대 이름뿐이든 실제든, 많은 "신들"과 "주님들"이 있기 때문에, 우리는 이 땅의 민족들이 신들로 경배하는 존재들만이 아니라, 성경이 "신들"이라고 지칭하는 존재들도 넘어서기 위해 모든 노력을 다하고 있습니다. 모세와 우리 구원자 예수님을 통해 체결된 하느님의 "계약들"과 "관계가 없고", 그분들을 통해 주어진 "약속들"에서도 아무 몫을 받지 못한(에페 2,12 참조) 사람들은 그런 "신들"과 "주님들"에 관해 아무것도 알지 못합니다. 그러나 다이몬들의 마음에 드는 일을 전혀 하지

---

4   참조: 플라톤 『파이드로스』 246e-247a, 250b.

않는 사람은, 온갖 다이몬에게의 종살이에서 벗어납니다. 그리고 "보이는 것이 아니라 보이지 않는 것을 바라보는"(2코린 4,18) 사람은, 바오로가 "신들"(1코린 8,5)이라고 지칭한 존재들의 몫이 되는 운명에서 벗어납니다. 그리고 우리가 "피조물이 허무의 지배 아래 든 것은 자의가 아니라, 그렇게 하신 분의 뜻"이었다는 것, 그러나 "피조물도 멸망의 종살이에서 해방되어, 하느님의 자녀들이 누리는 영광의 자유를 얻으리라는 희망을 간직하고 있다"는 것, 그래서 "피조물은 하느님의 자녀들이 나타나기를 간절히 기다리고 있다"는 것을 통찰한다면(로마 8,19-21 참조), 또한 그래서 피조물을 긍정적으로 평가하고, 피조물이 어떻게 멸망의 종살이에서 완전히 해방되어 하느님 자녀들이 누리는 영광의 자유로 나아가게 될지를 통찰한다면, 우리는 하느님과 더불어 어떤 다른 존재를 "두 주인"으로 "섬기는"(참조: 마태 6,24; 루카 16,13) 미혹에 빠지지 않을 것입니다.

그러므로 이런 것들을 통찰하여, 여러 주인을 섬기지 않으려는 사람들의 말은 "모반의 언명"이 결코 아닙니다. 이들은 예수 그리스도 주님만으로 넉넉하거니와, 예수님은 당신을 섬기는 이들을 친히 가르치시어, 하느님께 맞갖은 "한 나라"(묵시 1,6; 5,10)를 이루고 있는 이들을 아버지 하느님께 넘겨드립니다. 이들은 "하느님의 공동체"에 속하지 않고 그분의 "계약과도 무관한"(에페 2,12 참조) 자들을 멀리하고 관계를 끊으니, "하늘의 시민"(필리 3,20)으로 살아가기 위함입니다.[5] 그리하여 이들

---

5 당시의 정치적 · 철학적 사유에서 우주적인 도시 국가에 관한 유비적 표상에 관해, 그리고 우주와 정치 권력을 거룩히 여기는 사조에 대한 오리게네스의 배척에 관해서는 참조: M. Rizzi, Problematiche politiche nel dibattito tra Celso e Origene: *Discorsi di Verità* (hrsg. von L. Perrone = SEAug 61), Rom 1998, 189-194.

은 "살아 계신 하느님의 도성인 천상 예루살렘으로, 무수한 천사들의 축제 집회와 하늘에 등록된 맏아들들의 모임이 이루어지는 곳으로 나아갑니다"(히브 12,22-23 참조).

6. 우리가 하느님을 그분의 로고스와 진리를 통해 섬기는 외에, 어떤 다른 존재를 섬기는 것을 거부하는 것은, 이를테면 어떤 인간이 자기를 섬기는 종이 다른 인간도 섬김으로써 피해를 입듯이, 하느님이 피해를 입으실까 꺼리기 때문이 아닙니다. 오히려 그런 섬김 때문에 우리가 만유를 주재하시는 하느님의 유산을 잃게 됨으로써, 우리 스스로가 피해를 입는 것을 꺼리기 때문입니다. 사실 우리는 하느님이 선사하는 지복과 긴밀히 결부된 삶을, 하늘 아버지의 자녀들 안에 현존하시는 놀라운 "자녀 됨의 영"에 힘입어 살아가고 있습니다. 과연 이 자녀들은 마음속 깊이 "아빠! 아버지!"(로마 8,15; 갈라 4,6; 마르 14,36)라고 힘차게 외치거니와, 이는 그저 빈 말이 아니라 엄연한 사실을 언명하고 있습니다. 스파르타의 사절들은 페르시아 임금의 친위대가 임금에게 무릎 꿇고 경배하라고 강요했지만 거부했으니, 자신들의 유일한 주군인 리쿠르고스의 법을 거스르지 않고자 했기 때문입니다.[6] 그러니 훨씬 숭고하고 거룩한 "그리스도의 사절들"(2코린 5,20)은 페르시아의 통치자에게도, 그리스나 이집트나 그 밖의 어떤 민족의 통치자에게도 경배해서는 안 됩니다. 비록 그들의 친위대나 다이몬들이나 악마의 천사들이 그런 경배를 강요하고, 이 세상의 모든 법 훨씬 위에 계시는 분을 저버리라고 구슬리더라도, 그렇게 해서는 안 됩니다. 왜냐하면 "그리스도의 사절들"이

---

6   참조: 헤로도토스 『역사』 7,36.

그분을 위해 사절의 임무를 수행하는 주님이신 그리스도께서는 "한처음에" "하느님과 함께 계셨던" "하느님"이시기 때문입니다(요한 1,1 참조).

7. 이어서 켈수스는 자신이 옳다고 여기는 견해들 가운데에서, "반신半神들"과 이런저런 "다이몬들"에 관한 심오한 교설도 말해야겠다고 생각했습니다. 그래서 인간 주인을 섬기는 일에 관한 상론, 곧 "어떤 종이 섬기는 주인은, 그 종이 둘째 주인도 섬기고자 하면, 피해를 입는다"는 상론 이후, 동일한 사정이 반신들과 다이몬들 섬기는 일에도 해당된다고 주장합니다. 그렇다면 우리는 켈수스가 "반신들"을 무엇으로 이해하고 있는지, 그리고 그런 "다이몬들"은 어떤 본성을 지니고 있다고 여기는지 물어야겠습니다. 그래야 인간 주인을 섬기는 경우와 마찬가지로, 한 반신을 섬기는 자가 다른 반신을 섬기면 안 되고, 한 다이몬을 섬기는 자가 다른 다이몬을 섬기면 안 되는 이유가 밝혀질 것입니다. 또한 켈수스는 그렇게 다른 반신이나 다이몬도 섬길 경우, 첫째 반신이나 다이몬이 어떤 피해를 입는다는 것인지도 밝혀야 할 것입니다. 그런데 아마도 켈수스는 이를테면 잡담의 바다 속에 빠져 앞선 설명을 다시 끄집어내고 자기 말을 되잡거나 또는 잡담만 계속 늘어놓고 싶지 않다면, 자신이 반신들에 관해서도 다이몬들의 본성에 관해서도 모른다는 사실을 자인할 수밖에 없겠다고 생각하게 될 것입니다. 아무튼 "종이 둘째 주인도 동시에 섬기면, 첫째 주인이 피해를 입는다"는, 인간 섬김에 관한 켈수스의 주장과 관련해서는, 첫째 주인에게 발생한다는 그 피해라는 것이 무엇인지 물어야겠습니다.

8. 켈수스가 철학 교육을 받지 못한 속된 사람처럼 "피해"를, 우리가

"외면적"이라고 지칭하는 일들의 영역에 속하는 어떤 것으로 이해한다면, 그는 소크라테스의 다음과 같은 적확한 말에 주목한 적이 전혀 없다는 사실이 뚜렷이 드러난다고 하겠습니다. "아니토스와 멜레토스가 나를 죽일 수는 있어도, 나에게 피해를 입히지는 못한다. 왜냐하면 훌륭한 사람이 저열한 사람에게 피해를 입는다는 것은 어불성설이기 때문이다."[7] 이 "가해"加害를 죄스러운 충동이나 행태로 이해한다면, 어떤 사람이 각각 다른 장소에 있는 두 현자를 동시에 섬길 수 있으며, 그 현자들에 대한 "가해"는 발생하지 않는다는 것은 분명합니다. 요컨대 켈수스가 "아무도 두 주인을 섬길 수 없다"(마태 6,24; 루카 16,13)라는 언명을 비난하기 위해 내세운 예는 부적절했습니다. 아무튼 이 논증은 온 우주의 하느님을 섬기는 일에 적용할 때, 더욱 유효하다고 하겠습니다. 이 섬김은 우리를 그 하느님께로 이끌어 가시는 그분 아드님의 중개를 통해서만 이루어집니다. 또한 우리는 하느님께서 우리의 섬김이 "필요"하시다고 믿거나, 우리가 섬기지 않으면 "모욕"당했다고 느끼신다고 믿기 때문에 그분을 섬기는 것이 아니라, 오히려 하느님 섬김이 우리 자신에게 유익함을 가져다준다는 것, 우리가 만유를 주재하시는 하느님을 그분의 외아드님·로고스·지혜를 통해 섬기면, 모든 근심과 고통에서 해방된다는 것을 확신하기에 섬기는 것입니다.

9. "사람이 우주 안의 어떤 다른 존재를 섬긴다 하더라도 … (무방하다)"라는 켈수스의 말이 얼마나 경솔하고 무분별한지 주목하십시오. 이 말로써 그는 우리가 하느님께만 바쳐야 마땅한 섬김을 하느님에게

---

7   플라톤 『변론』 30c-d 참조.

종속된 어떤 다른 존재에게 바칠 수 있다고 언명하는 셈입니다. 그런데 켈수스는 "사람이 우주 안의 어떤 다른 존재를 섬긴다 하더라도 …"라는 자기 말이 터무니없음을 알아챘는지, 다음과 같이 수정하여 부언합니다. "위대한 (최고)신이 허락한 존재 외에는, 어떠한 존재도 공경을 받는 것이 허용되지 않는다." 그렇다면 이제 우리는 "신들이나 다이몬들이나 반신들"로서 공경받는 존재들과 관련하여 켈수스에게 묻겠습니다. 친구여, 그대는 이 존재들이 공경받는 것을 위대한 신에게 허락받았다는 것을 어떻게 입증할 수 있겠소? 그리고 그런 공경은 오히려 유일하게 마땅히 공경받으셔야 하는 분에게서 떨어져 나가 오류에 빠져 헤매는 인간들의 무지와 어리석음에 기인하는 것이 아니라는 것을 어떻게 입증할 수 있겠소? 켈수스여, 그대가 앞에서[8] 말했듯이, "하드리아누스 황제의 총아寵兒"도 물론 "공경"을 받소. 하지만 그대는 온 우주의 하느님께서 그 안티누스에게 그렇게 신처럼 공경받을 권한을 부여했다고 주장하려 들지는 않을 것이오. 똑같은 말을 우리는 다른 존재들과 관련해서도 해야겠소. 만유를 주재하시는 하느님께서 그 존재들이 공경을 받도록 허락하셨다는 것을 어떻게 입증하겠소?

그러나 켈수스가 예수님을 걸고넘어지면서 우리에게 비슷한 비난을 한다면, 우리는 하느님께서 그분이 공경을 받도록 허락하셨으니, "모든 사람이 아버지를 공경하듯이 아들도 공경하게 하시려는"(요한 5,23) 것이었음을 분명히 밝히고자 합니다. 예수님이 태어나시기 전에 이미 예언자들이 그분에 대한 공경을 확언했습니다. 그리고 예수님이 켈수스가 생각하는 것처럼 마술을 통해서가 아니라, 예언자들이 예고한 그분

---

8 참조: 『켈수스 반박』 3,36; 5,63.

의 신성을 통해 일으키신 기적들⁹ 또한, 하느님에게서 유래하는 증거를 제공해 주었습니다. 그러므로 로고스이신 아드님을 공경하는 사람은 분별없이 행동하는 것이 아니니, 그는 "진리"(요한 14,6) 자체이신 분을 공경함으로써, 그 자신이 유익함을 얻고 향상되기 때문입니다. 이것은 성경이 하느님의 아드님에 관해 증언하는 지혜와 의로움과 그 밖의 모든 본질적 특징에 대한 공경의 경우에도 마찬가지입니다.

10. 하느님 아드님에 대한 공경, 또 아버지 하느님에 대한 공경은 오직 올바른 삶을 통해서만 실행된다는 것을 우리는 두 가지 성경 구절에서 배울 수 있습니다. "율법을 자랑하면서, 왜 그대는 율법을 어겨 하느님을 모욕합니까?"(로마 2,23), "하느님의 아드님을 짓밟고, 자기를 거룩하게 해 준 계약의 피를 더러운 것으로 여기고, 은총의 성령을 모독한 자는 얼마나 더 나쁜 벌을 받아야 마땅하겠습니까?"(히브 10,29). 율법을 어기는 사람은 그로써 하느님을 모욕하는 것이라면, 그리고 복음을 받아들이지 않는 사람은 하느님의 아드님을 짓밟는 것이라면, 율법을 준수하는 사람은 하느님을 공경하는 것이며 또 하느님의 말씀과 그분의 역사役事로 자신을 치장하는 사람은 하느님을 영광스럽게 한다는 것은 분명합니다. 만일 켈수스가 어떤 이들이 하느님에게 속하는지, 그리고 어떤 자들이 하느님과 멀리 떨어져 있는지를 알았더라면, 그리하여 앞 사람들은 오로지 슬기로운 이들이고, 뒷 사람들은 모두 덕행 실천에 조그마한 관심도 없는 고약한 자들이라는 것을 알았더라면, "요컨대 누군가 신에게 속한 모든 존재를 존중하고 공경한다고 해서, 모든 존재가

---

9   참조: 『켈수스 반박』 1,6.68; 2,49.

신에게 속하기 때문에 그가 어떻게 신을 모욕하는 것인가?"라는 자신의 말을 사람들이 어찌 이해할지 통찰했을 것입니다.

11. 이어서 켈수스는 또 덧붙입니다. "신에 관해 말할 때 오직 하나의 주님만 의미하는 것이라고 주장하는 사람은 사실상 독신瀆神의 죄를 짓는 것이니, 마치 신의 나라에 일종의 파벌이 존재하고 신의 적대자가 등장한다는 듯이, 신의 나라를 가르고 소요를 야기하기 때문이다."[10] 만일 켈수스가 이민족들이 신들로 공경하는 존재들이 실제로 신들이라는 것, 그리고 일반인들의 표상에 따르면 신상과 신전과 제단 주변에 터 잡고 있는 존재들은 악한 다이몬들이 아니라는 것을 명확한 증거를 제시하면서 입증할 수 있다면, 방금 우리가 인용한 그의 말은 정당하다고 하겠습니다. 아무튼 우리의 말과 글에 끊임없이 등장하는 이 "하느님의 나라"와 관련하여, 우리는 그 속성을 통찰하기를, 그리고 오직 하느님만이 우리의 임금님이 되시고 우리 자신에게도 "하느님의 나라"가 주어지기를 기도합니다. 그러나 많은 신들을 공경하라고 우리를 가르치는 저 사람은 자신의 설명에 시종일관하고자 한다면, "하느님"의 나라가 아니라 "신들"의 나라에 관해 말해야 할 것입니다. 과연 이런저런 존재들이 거인족과 티탄족[11]의 예를 따라 자신들의 사악함을 바탕으로 하느님과 맞서 싸우고자 하지만, 하느님 곁에는 "파벌들"도 없고 또 하느님의 "적대자"인 어떤 다른 신도 존재하지 않습니다. 그러나 그런 존

---

10 하느님 나라에 대한 켈수스의 견해에 관해서는 참조: 『켈수스 반박』 1,39와 각주 86.

11 티탄족들에 관해서는 참조: 『켈수스 반박』 3,23; 하느님의 적수들의 상징으로서의 거인족들과 티탄족들에 관해서는 4,32; 이단적인 배사교도에 관해서는 6,28. 켈수스는 6,42에서는 신화 우의(알레고리)를 제시했었다.

재들은 무수한 표지를 통해 예수님에 관한 진리를 명시하신 분을 거슬러, 그리고 우리 인류의 구원을 위해 당신을 누구나 이해할 수 있는 말씀으로 온 세상에 내어 주신 예수님 자신을 거슬러 선전포고를 한 켈수스를 비롯한 많은 자들과 연대하여, 하느님과 맞서 싸우고자 합니다.

12. 우리에 대한 켈수스의 다음과 같은 비판은 설득력이 있다는 인상을 줄 수도 있을 것입니다. "요컨대 그들은 그 단 하나의 신 외에는 어떠한 존재도 숭배하지 않는데, 그렇다면 필경 반박할 수 없는 논거를 가지고 있을 것이다. 하지만 그들은 얼마 전에야 나타난 이자[12]를 과도하게 공경하고 있다. 그렇게 그 신의 종을 극진히 섬기면서도 그 신을 모욕하는 것이 전혀 아니라고 믿는다." 이에 대해서는 이렇게 말해야겠습니다. 만일 켈수스가 "아버지와 나는 하나다"(요한 10,30)라는 언명을 참으로 이해했다면, 그리고 그 하느님의 아드님이 기도 중에 "아버지와 제가 하나인 것처럼, 그들도 하나가 되게 하려는 것입니다"(요한 17,22 참조)라고 하신 언명을 제대로 이해했다면, 그는 우리가 만유를 주재하시는 하느님 외에 어떤 다른 존재도 숭배한다고 믿지는 않을 것입니다. 과연 아드님께서 말씀하십니다. "아버지께서 제 안에 계시고, 제가 아버지 안에 있습니다"(요한 17,21; 참조: 요한 14,10-11).

그러나 누군가 이런 말 때문에, 우리가 아버지와 아들 두 위격位格[13]의 존재를 부인하는 자들의 진영으로 넘어간 것이 아닌가 하는 의혹을

12 　참조: 『켈수스 반박』 1,26; 6,10.

13 　참조: 오리게네스 『원리론』 1,2,2; 『요한 복음 주해』 2,75-76: 10,246. ὑπόστασις(위격)라는 개념은 당시 동방 신학자들에게서는 인격(위격)들의 다양하거나 개별적인 실재를 지칭했다. 오리게네스에게서는 이 용어가 처음에는 삼위일체 신론의 맥락에서 전승되었는데, 위격이 상이하거나 개별적인 "실재" 의미로 사용되었다.

품는다면, 그는 "아버지와 나는 하나다"라는 언명의 의미를 이해하기 위해, "신자들의 공동체는 한마음 한뜻이 되었다"(사도 4,32)라는 말씀을 숙고해 보는 것이 좋을 것입니다. 요컨대 우리는, 번번이 단언했듯이, 아버지와 아들이신 단 한 분 하느님을 섬기거니와, 이것을 우리는 "반박할 수 없는 논거"로 언제까지나 견지할 것입니다. 또한 우리는 마치 전에는 존재하시지 않았던 듯 "얼마 전에야 나타나신" 분을 "과도하게 공경"하는 것이 아닙니다. 과연 우리는 "나는 아브라함이 태어나기 전부터 있다"(요한 8,58), 또한 "나는 진리다"(요한 14,6)라고 말씀하신 분을 믿습니다. 그리스도께서 출현하시기 전 시대에는 진리가 존재하지 않았다고 믿을 만큼 우직한 사람은 우리 가운데 아무도 없습니다. 요컨대 우리는 진리의 아버지와 진리이신 아들을, 위격과 관련해서는 두 실재로 숭배합니다. 그러나 영적 일치, 합동, 의지의 동일성과 관련해서는 한 실재로 숭배합니다. 그러므로 "하느님 영광의 광채이시며 하느님 본질의 모상이신 아드님"(히브 1,3)을 "본" 사람은, "하느님의 모상"(2코린 4,4; 콜로 1,15)이신 그분 안에서 "하느님을 본" 것입니다(요한 14,9 참조).

13. 그런데 켈수스는 우리가 하느님과 그분의 아드님을 동시에 숭배한다는 사실로부터, 우리가 하느님만이 아니라 "그분의 종들도 숭배한다"는 결론이 나온다고 생각합니다. 만일 켈수스가 하느님의 참된 "종들"을 하느님의 외아드님 다음가는 가브리엘, 미카엘 그리고 그 밖의 천사들로 생각하고, 우리가 이들을 숭배한다고 말했다면, 우리는 "숭배"라는 개념의 의미와 숭배자들의 행위 등을 명확히 상론하고 이 주제와 관련된 매우 중요한 일들에 관해 우리의 사유 능력을 다 발휘하여 언명했을 것입니다. 그러나 켈수스는 이민족들이 경배하는 다이몬들

을 "신의 종들"로 여기고 있으며, 그런 까닭에 우리가 그런 존재들을 섬 긴다는 결론은 아예 이끌어 낼 수가 없습니다. 왜냐하면 우리는 성경을 따라 그런 존재들을 "악마"의 종들(마태 12,24 등 참조)로, 하느님을 저버린 "이 세상 우두머리"(요한 12,31; 14,30; 16,11; 1코린 2,6.8)의 종들로 여기기 때 문입니다. 요컨대 그것들은 우리의 확신에 따르면 하느님의 종들이 아 니기 때문에, 다른 사람들은 그것들을 숭배하지만, 우리는 그것들 가운 데 어떤 것에게도 숭배와 공경을 바치는 것을 거부합니다. 만일 우리가 그것들이 만유를 주재하시는 하느님의 종들이라고 배웠다면, 우리는 그것들을 다이몬들이라 부르지 않을 것입니다. 아무튼 우리는 한 분 하 느님과 그분의 외아드님 · 로고스 · 모상을 간청과 탄원을 통해 우리가 할 수 있는 한 충실히 섬기며, 온 우주의 하느님께 그분의 외아드님을 통해 우리의 기도를 바칩니다. 우선 우리는 이 외아드님께 기도를 드리 고 간청하니, 이분은 "우리 죄를 위한 속죄 제물"(1요한 2,2; 4,10; 참조: 히브 2,17)이시며, "대사제"(히브 2,17 등)로서 우리의 기도와 제물과 간구를 만 유를 주재하시는 하느님께 올리시기 때문입니다.[14] 이렇게 우리의 믿 음은, 그 믿음을 우리 안에 굳게 다져 주시는 하느님 아드님을 통해, 궁 극적으로 하느님께 향하고 있기에, 켈수스는 우리에게서 하느님 아드 님 공경으로 인한 무슨 "도당" 따위는 입증하지 못할 것입니다. 우리는 로고스 · 지혜 · 진리 · 의로움이신, 그리고 우리가 그분에 관해 배운 그 모든 것이신 아드님을 공경함으로써 아버지를 공경하는 것입니다. 또한 그로써 그런 아버지께서 낳으신 분도 공경하는 것입니다. 아무튼 이 주제에 관해서는 참으로 많은 이야기를 했습니다.

---

14   참조: 『켈수스 반박』 5,4.

14. 그런데도 켈수스는 거듭 새삼 말합니다. "사람들이 그들에게 이자는 신의 아들이 아니며, 신은 모든 이의 아버지로서, 사람들이 오로지 진리 안에서 공경해야 하는 분이라고 가르쳐도, 그들은 자신들 무리의 우두머리인 이자 또한 공경할 수 없다면 그 가르침을 전혀 받아들이지 않을 것이다. 그리고 이 무리의 우두머리를 그들은 신의 아들이라 부르는데, 그들이 신을 지극히 공경하기 때문이 아니라, 이자를 지극히 들어 높이고자 하기 때문이다."[15] 우리는 하느님의 아드님이 누구신지 배웠습니다. 그 아드님은 "하느님 영광의 광채이시며 하느님 본질의 모상"(히브 1,3)이며, "하느님 권능의 숨결이고, 전능하신 분의 영광의 순전한 발산"이시며 "영원한 빛의 광채이고 하느님께서 하시는 활동의 티 없는 거울이며 하느님 선하심의 모상"(지혜 7,25-26)이시라는 것을 배웠습니다. 그래서 우리는 "이분은 하느님의 아드님"이시며, "저분은 이분의 아버지"시라는 것을 알고 있습니다. 그리고 그런 "외아드님"의 존재를 받아들이는 이 가르침에는, 하느님께 합당하지 않고 무엄한 것은 아무것도 없습니다. 또한 아무도 그런 분이 태어나지 않으신 하느님이자 아버지의 아드님이 아니라고 우리를 꼬드길 수 없을 것입니다.

만일 켈수스가 하느님의 아드님은 이 우주를 창조하신 분의 아드님이라고 고백하지 않는 이런저런 사람들의 말을 주워들었다면, 그런 견해에 동조하는 켈수스 같은 사람들은 그것이 자신들에게 어떤 결과를 불러올지 숙고해야 할 것입니다. 아무튼 예수님은 "무리의 우두머리"가 아니라, 오히려 모든 평화의 원조이시니, 당신 제자들에게 이렇게 말씀하셨습니다. "나는 너희에게 평화를 남기고 간다. 내 평화를 너희

---

15 하느님의 단일성과 유일성의 이해에 관해서는 참조: Fédou, Christianisme 239-241.

에게 준다"(요한 14,27). 그분은 하느님께 속하지 않고 이 세상에 속한 인
간들이 우리를 거슬러 싸우리라는 것을 잘 아셨기 때문에, 앞의 말씀
에 다음 말씀을 덧붙이셨습니다. "내가 주는 평화는 세상이 주는 평화
와 같지 않다"(요한 14,27). 우리는 이 세상에서 환난을 겪을지라도, "너희
는 세상에서 고난을 겪을 것이다. 그러나 용기를 내어라. 내가 세상을
이겼다"(요한 16,33)라고 언명하신 분께 힘입어 확신을 지니고자 합니다.
우리는 이분이 "하느님의 아드님"이시라고 말하는 것입니다. 이 하느
님을 우리는, 켈수스의 표현을 빌리자면, "지극히 공경"하고 있습니다.
또한 우리는 이 아드님이 아버지에 의해 "지극히 들어 높여지셨다"는
것도 알고 있습니다.

신앙인 대중 가운데에는 빗나간 견해를 받아들여, 구원자께서 모든
것을 주재하시는 지고하신 하느님이시라고 경솔하고 분별없이 생각
하는 사람들이 상당수 있습니다. 하지만 우리는 그런 견해를 품고 있
지 않으니, "나를 보내신 아버지께서 나보다 위대하시다"(요한 14,28 참조)
라는 그분의 말씀을 믿기 때문입니다. 그런 까닭에 우리는 결코 우리가
아버지라고 부르는 분을, 켈수스가 우리를 비방하며 주장하는 것처럼
하느님의 아드님 아래 두지 않습니다.

15. 이어서 켈수스는 말합니다. "내가 이 견해로써 나의 목표를 그르치
지 않는다는 것을, 그들 자신의 말을 통해 입증하고자 한다. 그들은 '천
상의 대화'16▶의 어떤 구절에서 대충 다음과 같이 말하고 있다. '아들이
신보다 더 강하다면, 그리고 사람의 아들이 신의 주님이라면, 사실 그
외에 누가 지배하는 신의 주님이 되겠는가? — 어째서 많은 사람이 샘
주위에 둘러 서 있고, 아무도 샘으로 내려오지 않는가? 어째서 당신은

그렇게나 먼 여정을 뒤로하고는 낙담하고 있는가? — 당신은 잘못 생각하고 있다. 대담함과 칼은 내 손에 있기 때문이다.' 요컨대 그들의 주된 관심사는 '하늘 위의'[17] 신을 공경하는 것이 아니다. 오히려 그들은 그 신을 이 아들의 아버지라 미루어 짐작하고, 아들을 중심으로 무리를 짓고, 이 아들이 위대한 신이라는 구실 아래, 그들이 자기네 우두머리로 모시는 자, 곧 사람의 아들을 '더 강한 분'이요 '지배하는 신의 주님'으로 지칭하며 그에게만 공경을 바치고자 한다. 여기서 '아무도 두 주인을 섬길 수 없다'(마태 6,24; 루카 16,13)라는 그들의 훈계가 유래하거니와, 이 한 주인을 중심으로 한 도당을 유지하기 위함이다."

여기서도 켈수스는 이 표상들을 알려지지 않은 아주 하찮은 이단 분파에게서 빌려 와, 그것을 바탕으로 모든 그리스도인을 비난하고 있습니다. 나는 "알려지지 않은 아주 하찮은 이단 분파"라고 강조하여 말합니다. 왜냐하면 우리가 이단 추종자들과 자주 논쟁을 하지만, 켈수스가 빌려 온 언명들 — 그가 꾸며 낸 게 아니라 정말 어떤 이단 교설에서 빌려 온 것이든, 아니면 결론 삼아 그 자신이 덧붙인 것이든 간에 — 은 전혀 아는 바가 없기 때문입니다. 아무튼 감각적으로 인지할 수 있는 세계 역시 온 우주의 창조주에게서 유래한다고 강조하는 우리는, "아드

◀16   이 단편에 관해서는 참조: H.M. Jackson, The Setting and Sectarian Provenance of the Fragment of the Celestial Dialogue by Origen from Celsus' Ἀληθὴς λόγος: HThR 85 (1992) 273-305의 Jackson의 해석에 따르면 이것은 마르키온파에서 유래하는, 그리스도와 창조신 데미우르구스의 대화다. 대화는 그리스도가 세상(샘으로 상징된다)으로 내려오기 직전 창조신의 하늘에서 이루어진다. 텍스트는 마르키온의 표상에 따라 창조신보다 월등한 초월적인 최고신(그의 아들이 그리스도다)에 관해 말하는데, 모든 그리스도인이 이런 견해를 가지고 있다고 여기는 켈수스는 여기서 최고신의 아들로서 역시 창조신보다 상위에 있는 그리스도에 대한 그리스도인들의 과도한 공경의 계기를 발견할 수 있었다.

17   플라톤 『파이드로스』 247c. 참조: 『켈수스 반박』 6,19.

님은 아버지보다 더 강하지" 않으며 오히려 아버지 아래에 있다고 명백히 단언합니다. 우리가 이렇게 단언하는 것은, "나를 보내신 아버지께서 나보다 위대하시다"(요한 14,28 참조)라는 아드님의 말씀을 믿기 때문입니다.

그리고 "사람의 아들이 하느님(신)의 주님이다"라고 말할 만큼 정신 나간 사람은 우리 가운데 아무도 없습니다. 오히려 우리는 우리가 로고스 하느님, 지혜, 의로움, 진리로 여기는 구원자께서 당신의 그런 속성들과 관련되어 당신에게 복속된 모든 것을 "지배"하시지만, 당신을 "지배"하시는 아버지 하느님 위에 계시는 것은 결코 아니라고 단언합니다. 한편 로고스께서는 누구도 그 자신의 뜻을 거슬러 "지배"하고자 하지 않으시는데, 인간들만이 아니라 천사들과 온갖 다이몬들 가운데도 악한 존재들이 있고 이들이 그분에게 자발적으로 복종하지 않기에, 로고스께서 이들을 아직은 "지배"하시는 것이 아니라고 우리는 설명합니다. 그런데 우리가 "지배"를 다른 의미로 이해한다면, 로고스께서는 그 존재들도 지배하시는 것이니, 이는 인간이 이성 없는 동물들을, 그것들의 뜻을 복종시킴 없이 지배하는 것과 유사하다고 하겠습니다. 이를테면 길들인 후 여러 사자를 지배하고, 멍에를 메워 수레 끄는 짐승들을 지배하는 것이 그런 예입니다. 아무튼 로고스께서는 지금은 당신에게 복종하지 않는 존재들도 순종케 하고 지배하시기 위해 모든 일을 다 하십니다. 요컨대 켈수스가 우리의 말이라고 인용한 "그 외에 누가 지배하는 신의 주님이 되겠는가?"라는 언명은 거짓입니다.

16. 그런 다음 켈수스는, 내가 생각하기에, 또다시 요점들을 뒤섞어 놓으면서, 다른 이단 분파에게서 빌려 온 말을 합니다. "어째서 많은 사람

이 샘 주위에 둘러 서 있고, 아무도 우물로 내려오지 않는가? 어째서 당신은 그렇게나 먼 여정을 뒤로하고는 낙담하고 있는가? ― 당신은 잘못 생각하고 있다. 대담함과 칼은 내 손에 있기 때문이다." 그리스도의 이름을 따서 불리는 교회의 구성원으로서 우리는 이 말 가운데 한 마디도 진실이 아니라고 단언합니다. 켈수스는 이 말에 이어, 자기 생각에 일관성 있다고 여기는 언명을 덧붙이는데, 우리와 실제로는 전혀 관계가 없습니다. 아무튼 우리의 주된 관심사는 그저 가설적으로 존재한다고 믿는 신을 공경하는 게 아니라, 이 우주의, 또한 감각적으로 인지할 수 없고 나타낼 수도 없는 모든 것의 창조주를 공경하는 것입니다. 우리와는 "다른 길"과 "다른 좁은 길"[18]을 걸어가는 자들, 곧 창조주를 부인하고 신종新種 허상(신/하느님이라는 이름만 지니고 있습니다)에 몰두하는 자들은 켈수스의 말을 알아먹을 것이니, 그자들 눈에는 이 허상이 우주 창조주보다 더 우월하기 때문입니다. 또한 "아들이 더 강하고, 지배하는 신의 주님이다"라고 주장하는 자들도 ― 혹시 존재한다면 ― 켈수스의 말을 알아먹을 것입니다.

우리는 "아무도 두 주인을 섬길 수 없다"(마태 6,24; 루카 16,13)는 금령을 가지고 있거니와, 이 금령에 관해 합당하게 말해야 하는 내용을 우리는 "주님"이신 예수님께서는 온갖 주님들에게서 벗어나 하느님의 아드님, 로고스 하느님만을 유일한 주님으로 섬긴다고 고백하는 이들에게서 어떤 도당도 발견할 수 없음을 분명히 밝힐 때, 이미 언명했습니다.

17. 이어서 켈수스는 "그들은 제단과 신상과 신전 건립을 꺼린다"라고

---

18   호메로스 『오디세이아』 9,261.

주장하는데, "그들의 표어는 (신과의) 눈에 보이지 않는 비밀스러운 친교에 대한 확신"이라고 생각하기 때문입니다. 그런데 켈수스는 다음 사실을 알아차리지 못하고 있습니다. 우리의 제단은 모든 의로운 이의 마음이니, 거기에서 참되고 영적으로 향기로운 "분향 제물"이 하늘로 보내집니다. 곧, 정결한 양심에서 "기도"가 하늘로 올라갑니다. 그런 까닭에 요한은 묵시록에서 "향이 가득 담긴 금 대접들은 성도들의 기도입니다"(묵시 5,8)라고 말했고, 시편 저자는 "저의 기도 당신 면전의 분향으로 여기소서"(시편 141,2)라고 말했습니다.[19]

하느님께 맞갖은 "신상들"과 봉헌물들은 범속한 장인들의 작품이 아니라, 로고스 하느님께서 우리 안에 정성들여 꼴 지어 놓으신 것들이니, 곧 의로움·사려 깊음·용기·지혜·경건과 그 밖의 덕들의 본보기이신 "모든 피조물의 맏이"(콜로 1,15)를 본받는 덕행들입니다.[20] 거룩한 로고스를 따라 의로움·사려 깊음·용기·지혜·경건과 그 밖의 덕들을 갈고닦은 모든 사람 안에는 이를테면 "신상들"이 건립되어 있는 것입니다. 이런 신상들을 통해 모든 신상들의 원래 모습이신 "보이지 않는 하느님의 모상"(콜로 1,15)이자 "하느님의 외아드님"(요한 1,18)께

---

19   그리스도교 예배에 대한 이해에 관해서는 Daniélou, *Origène*, Paris 1948, 47-52의 『켈수스 반박』8,17-23에 대한 해설 참조.

20   모든 덕의 원천이자 절대적 본보기인 그리스도에 관해서는 참조: 『켈수스 반박』1,57; 4,30; 6,63; 7,66. 여기서는 고전적인 사추덕四樞德이 경건보다 앞에 나온다. 로고스는 인격화된 덕이다. 로고스를 가리키는 많은 이름에 관해서는 참조: 『켈수스 반박』3,41.81. 예수님의 영혼은 로고스와의 합일을 통해 모든 덕의 본거지가 된다. 경건한 그리스도인은 그분을 본받는다(참조: 『켈수스 반박』6,48). 그리스도와의 결합 안에서 그리고 그분 은총의 작용 안에서 그리스도인의 덕 추구와 덕스러운 삶에 관해서는 참조: M. von Stritzky, Der Begriff der Eusebia und seine Voraussetzungen in der Interpretation des Origenes: *Pietas*. FS B. Kötting (hrsg. von E. Dassmann/ K. S. Frank = JAC.E 8), Münster 1980, 161; Crouzel, *Théologie de l'image* 222-232.

서 공경을 받으신다는 것이 우리의 확신입니다. 그러나 "옛 인간을 그 행실과 함께 벗어 버리고 새 인간을 입은 사람들, 자기를 창조하신 분의 모상에 따라 끊임없이 새로워지면서 참지식에 이르게 된 사람들"(콜로 3,9-10 참조) 역시, 창조주의 모상에 따른 존재 양상을 다시금 회복하면서 자신 안에 만유를 주재하시는 하느님께서 원하시는 그러한 "신상들"을 건립하는 것입니다.

그러나 조각가와 화가들 가운데 어떤 사람들은 페이디아스나 폴리클레이토스, 제욱시스와 아펠레스처럼 대가다운 솜씨로 놀라운 작품을 창작해 내고, 또 어떤 사람들은 그들보다 못한 작품을 제작하며, 또 다른 사람들은 질적으로 아주 하찮은 것을 만들어 내는 것처럼, 신상과 그림 창작에서도 전반적으로 큰 차이가 존재합니다. 이와 마찬가지로, 어떤 인간들은 남들보다 훌륭한 방법으로 그리고 온전히 이해하는 가운데, 만유를 주재하시는 하느님의 "상들"을 구체적 형태로 만들어 낼 수 있거니와, 그래서 페이디아스가 형상화한 "올림포스의 제우스"와 "창조주의 모상에 따라"(콜로 3,10 참조) 형상화된 인간 사이의 비교는 전혀 가능하지 않습니다. 그러나 온 창조계 안에 존재하는 이 모든 상보다 훨씬 숭고하고 영광스러운 것은 우리 구원자 안에 있는 상입니다. 구원자께서 말씀하십니다. "아버지께서 내 안에 계시다"(요한 14,10).

18. 힘을 다해 그분을 본받는 사람들 각자 안에도 "창조주의 모상에 따라"(콜로 3,10 참조) 꼴 지어진 "상"이 형성됩니다. 이들은 깨끗한 마음으로 하느님을 바라봄으로써(마태 5,8 참조) 이 상을 만들어 내니, "하느님을 본받는 사람"(에페 5,1)이 되었기 때문입니다. 그리고 전반적으로 모든 그리스도인이 우리가 말한 의미의 "제단들"과 "신상들"을 건립하고

자 애쓰고 있습니다. 이 제단과 신상들은 생명 없고 느낌 없는 사물들
이 아니고, 생명 없는 그런 사물들을 점유하고 있는 탐욕적인 다이몬들
을 영접하기에 적합한 것도 아니며, 오히려 앞에서 말한 덕이라는 상들
과 "창조주의 모상에 따라" 꼴 지어진 인간 안에 당신의 친숙한 거처를
가지고 계시는 "하느님의 영"(로마 8,9; 1코린 3,16)을 영접하기에 합당합
니다. 또한 그리스도의 영께서도 그렇게, 이를테면 당신과 모습이 비슷
한 사람들 안에 당신 거처를 정하십니다. 그리고 하느님의 로고스께서
이 사실을 가르쳐 주고자 하셨기 때문에, 하느님께서 의로운 이들에게
"나는 그들과 함께 살며, 그들 가운데에서 거닐리라. 나는 그들의 하느
님이 되고, 그들은 나의 백성이 되리라"(2코린 6,16) 하고 약속하셨다고,
또 구원자께서 "누가 나의 말을 듣고 실행하면, 나와 내 아버지가 그에
게 가서 그와 함께 살 것이다"(참조: 마태 7,24; 요한 14,23)라고 약속하셨다
고 기록되어 있습니다.

원하는 사람은 내가 말한 "제단들"을 켈수스가 말하는 "제단들"과 비
교해 보고, 또 온 우주의 하느님을 참으로 공경하는 이들 영혼 안의 "신
상들"을 페이디아스와 폴리클레이토스 등 예술가들의 "신상들"과 비
교해 보십시오. 그러면 그는 후자는 생명이 없고 시간과 함께 소멸하지
만, 전자는 불사하는 영혼 안에서, 그 이성적인 영혼이 간직하고자 하
는 한, 언제까지나 존속한다는 것을 분명히 깨닫게 될 것입니다.

19. 또한 우리가 앞에서 말한 "신상들"과 "제단들"에 걸맞는 "신전들"
건립을 그냥 "꺼리는" 게 아니라, 모든 생명의 창시자이신 분에게 생명
없는 죽은 "신전"을 지어 드리는 것을 거부한다는 사실을 켈수스 주장
의 추종자들에게 분명히 알려 주고자 합니다. 관심을 가지고 "성전"과

"신전들"을 비교해 보는 사람은, 우리가 이와 관련하여 배우는 다음과 같은 내용도 들어 볼 수 있을 것입니다. "우리의 몸"이 "하느님의 성전"이며, 무절제나 죄를 통해 "하느님의 성전을 파괴"하는 사람은 참성전을 모독했기 때문에 "파멸"하게 될 것입니다(참조: 1코린 3,16-17; 6,19). 그런데 이 모든 성전보다 더 탁월하고 숭고한 성전은 우리 구원자 예수님의 거룩하고 순결한 몸이었습니다. 그런데 그분은 하느님을 모르는 인간들이 당신 안에 있는 "하느님의 성전"을 파괴하려는 음모를 꾸밀 수 있다는 것을 알고 계셨습니다. 그러나 그 음모자들의 결의가 그 성전을 세우신 하느님의 권능보다 강력할 수는 없었습니다. 그런 까닭에 그분은 그들에게 말씀하셨습니다. "이 성전을 허물어라. 그러면 내가 사흘 안에 다시 세우겠다"(요한 2,19). 그런데 "그분께서 성전이라고 하신 것은 당신 몸을 두고 하신 말씀이었습니다"(요한 2,21).

성경은 다른 곳에서도 비슷하게 언명하고 있습니다. 과연 성경은 하느님 말씀을 이해할 수 있는 이들에게 부활에 관한 가르침을 비밀스러운 방식으로 전하면서, 하느님의 "성전은 살아 있는 값진 돌로 지어진다"고 말합니다(참조: 1 베드 2,4-5; 에페 2,20.22). 이로써 성경은 동일한 로고스의 가르침에 의해 하느님 공경에로 향하게 된 이들은 하나하나가 하느님의 성전 전체의 값진 돌이라는 사실을 비밀스럽게 암시하고 있습니다. 그래서 베드로도 말합니다. "여러분도 살아 있는 돌로서 영적 집을 짓는 데에 쓰이도록 하십시오. 그리하여 하느님 마음에 드는 영적 제물을 예수 그리스도를 통하여 바치는 거룩한 사제단이 되십시오"(1 베드 2,5). 바오로도 말합니다. "여러분은 사도들과 예언자들의 기초 위에 세워진 건물이고, 그리스도 예수님께서는 바로 모퉁잇돌이십니다"(에페 2,20). 이런 신비스러운 의미를, 예루살렘을 마음에 둔 이사야의 구절도 담고 있습니다. "보라, 내가 석류석을 너의 주춧돌로 놓고, 청옥으로 너의 기초를 세우리라. 너의 성가퀴들을 홍옥으로, 너의 대문들을 수정으로, 너의 성벽을 모두 보석으로 만들리라. 너의 아들들은 모두 주님의 제자가 되리라. 또 네 아들들의 평화가 넘치리라. 너는 의로움으로 굳건히 세워지리라"(이사 54,11-14).

20. 요컨대 의로운 이들 가운데 더러는 "석류석"이고 더러는 "청옥"이며, 더러는 "홍옥"이고 더러는 "수정"입니다. 이렇게 의로운 이들은 엄밀히 선택된 갖가지 보석들의 종류를 나타냅니다. 그런데 지금은 이 보석들의 영적 의미를 설명하고 그것들의 속성을 논구하고 또 우리가 각각의 보석 이름으로 표현한 영혼들의 특성을 탐구하기에는 적절한 시점이 아닙니다. 다만 이런 보석들로 지어진 하느님의 성전이 우리에게 지니는 의미는 간략히 이야기하고 넘어가겠습니다. 도시마다 그 주민들은 자기네 신전을 다른 도시의 신전들과 견주면서 자랑하는데, 다른 신전들이 훨씬 못하다는 것을 밝히기 위해 자기네 신전의 장점들을 열거합니다. 우리 역시 바로 그렇게 하고 있습니다. 우리는 사람은 생명 없는 "신전"에서는 하느님을 공경해서는 안 된다고 믿기 때문에 우리를 비난하는 자들에 맞서, 우리가 이해하는 "성전"을 내세우며, 또한 자기네 지각 없는 신들을 닮지 않아 지각이 없지 않은 이들에게만이라도 다음 사실을 분명히 알려 주고자 합니다. 우리의 "신상들"과 이민족들의 "신상들"은 비교가 전혀 불가능하며, 마찬가지로 우리의 "제단들"과 거기서 이루어지는 분향 제사 — 굳이 이런 표현을 사용했습니다 — 는 이민족들의 "제단들"과 거기서 바치는 제물의 굳기름 태우는 연기나 피와도 비교할 수 없는 것입니다. 또한 우리가 언명한 "성전"과, 하느님

인지[21]에 관한 표상을 지니고 있지 못한 지각없는 인간들이 찬탄하는 지각없는 신들의 "신전"도 비교가 전혀 불가능합니다. 이런 하느님 인지를 통해 사람은 하느님을 통찰하고 또한 그분에게 합당한 "신상들"과 "신전"과 "제단"을 인식하게 됩니다.

요컨대 우리가 "제단과 신상과 신전 건립을 꺼리는" 것은, "(하느님과의) 눈에 보이지 않는 비밀스러운 친교에 대한 확신" 때문이라기보다는, 예수님의 가르침을 통해 하느님을 공경하는 올바른 방식을 찾았고 또 하느님 공경이라는 겉모습 아래에서, 예수 그리스도께서 가르쳐 주신 참된 하느님 공경에서 빗나간 이들을 무도한 자들로 만들어 버리는 모든 것을 멀리하기 때문입니다. 과연 예수 그리스도야말로 참된 하느님 공경의 유일무이한 길이니, 그분께서는 참으로 진실되게 당신 자신에 관해 이렇게 말씀하실 수 있었습니다. "나는 길이요 진리요 생명이다"(요한 14,6).

21. 우리는 켈수스가 이어서 하느님에 관해 말하는 내용도 고찰하고, 그가 우리에게 실제로는 우상들, 더 정확하게 말하면 다이몬들에게 바쳤던 제물을 먹으라고 요구하는 것도 살펴보고자 합니다. 켈수스 자신은 그 제물을 거룩한 제물이라고 말할 터이니, 참으로 거룩한 것이 무엇인지 모르고 또 그것을 위해 어떤 종류의 제물을 바쳐야 하는지도 모르기 때문입니다. 아무튼 그는 이렇게 말합니다. "신은 참으로 모든 이의 공동의 신이며, 선하고 필요한 것이 없으며[22] 시기하지도 않는다.[23]

---

21   참조: 『켈수스 반박』 1,48.

22   참조: 『켈수스 반박』 6,52; 7,65.

23   참조: 플라톤 『파이드로스』 247a; 『티마이오스』 29e; 아리스토텔레스 『형이상학』 1,2,963a.

그러므로 신에게 각별히 헌신하는 이들이 공적인 축제들에도 참여하는 것을 무엇이 저지하겠는가?" 어떠한 사유 과정이 켈수스로 하여금 "신은 선하고 필요한 것이 없으며 시기하지도 않는다"는 명제로부터, 신에게 각별히 헌신하는 이들은 공적인 축제에 동참해야 한다는 결론을 이끌어 내게 했는지 나는 모르겠습니다. 나는 "신은 선하고 필요한 것이 없으며 시기하지도 않는다"라는 명제로부터, 사람은 공적인 축제들에 동참해야 한다는 결론을 이끌어 내려면, 먼저 그 "공적인 축제들"이 거짓된 것은 전혀 포함하고 있지 않으며 신에 대한 올바른 통찰에 근거한, 신에게 합당한 숭배와 공경에 부합하는 관행임이 입증되어야 한다고 생각합니다.

그러나 그 "공적인 축제들"이 그저 이름뿐이고 신적 존재에게 합당한 숭배에 부합한다는 확실한 근거가 없으며, 오히려 인간들에게서 유래하는 이런저런 이야기에 근거하여 멋대로 꾸며 낸 것임이 밝혀진다면, 또는 사람들이 그 축제들은 물과 흙이나 그 소산인 작물에 관한 자연철학적 가르침들을 담고 있다고 믿는다면, 신적 존재에게 면밀히 검증된 공경을 바치고자 하는 사람들은 그런 공적 축제들에 동참하지 않는 것이 이성적인 행위라고 여길 것이 분명합니다. 왜냐하면 "축제"란, 한 그리스 현인이 적확하게 표현했듯이, "(신에 대한) 자신의 의무를 수행하는 것 이외에 다른 것을 의미하지 않"[24]기 때문입니다. 그리고 자신의 의무를 수행하는 사람은 꾸준히 기도하고 또 신에게 드리는 간구 속에서 피 없는 제물을 끊임없이 바침으로써, 진정으로 축제를 거행하

---

24   투키디데스 『펠로폰네소스 전쟁사』 1,70,8. 오리게네스는 이 인용문을 전해 들어 알고 있을 뿐이다. 이 인용문은 그 그리스 역사가의 글에서는 스파르타에 파견된 코린토의 사절들에 관한 이야기 속에 들어 있는데, 아테네인들의 윤리적으로 엄격한 특성을 부각시키고 있다.

는 것입니다.[25] 그러므로 나는 바오로의 다음 말씀이 중요한 사상을 담고 있다고 생각합니다. "여러분은 날과 달과 절기와 해를 잘도 지킵니다. 내가 여러분을 위하여 애쓴 것이 헛일이 되지 않을까 두렵습니다"(갈라 4,10-11).

22. 그러나 이에 대해 누군가 우리 자신도 주님의 날, 준비일, 파스카, 성령강림절 등 특정한 날들을 경축하지 않느냐고 반박한다면, 이렇게 말하겠습니다. 본성상 주님이신 하느님의 로고스의 말씀과 활동과 생각에 오롯이 전념하는 온전한 그리스도인은, 언제나 자신의 "날들" 안에서 살아가면서 또 언제나 "주님의 날들"을 경축하는 것입니다. 그리고 항상 참생명을 위한 준비를 갖추고, 대중을 미혹하는 세속적인 삶의 즐거움을 멀리하며, "육의 관심사"(로마 8,6-7)를 품지 않고 오히려 "자신의 몸을 단련하여 복종시키는"(1코린 9,27 참조) 사람은 언제나 준비일을 경축하는 것입니다. 나아가 "우리의 파스카 양이신 그리스도께서 희생되신"(1코린 5,7) 사실을 유념하고 또 사람은 로고스의 살을 먹음으로써 그 축제를 거행해야 한다는(요한 6,52-56 참조) 사실을 명심하는 사람은, 파스카 축제를 중단 없이 거행하는 것입니다. 그런데 "파스카"라는 낱말이 "복된 건너감을 위한 제물"[26]로 해석되듯이, 그 사람은 언제나 자신의 생각과 모든 말과 행동에서 세속적인 삶의 일들로부터 벗어나 하느님께로 "건너가며" 그분의 도성으로 바삐 떠나갑니다. 그 밖에 "우

---

25   알렉산드리아의 클레멘스『양탄자』7,35,6; 49,3에 따르면, 참된 영지주의자의 삶도 이러한 축제적 특성을 지니고 있다.

26   참조: 필론『모세의 생애』2,224. H. Buchinger, *Pascha bei Origenes 1. Diachrone Präsentation* (IThS 64), Innsbruck/ Wien 2005, 355에 따르면, 오리게네스는 여기서 파스카를 "보편적 영성화"라는 관점에서 바라봄으로써, 일종의 "영성화된 축제 신학"을 전개하고 있다.

리는 그리스도와 함께 되살아났습니다"(콜로 2,12; 3,1)라고, 또 "하느님
께서 그리스도 예수님 안에서 우리를 그분과 함께 일으키시고 그분과
함께 하늘에 앉히셨습니다"(에페 2,6)라고 참으로 말할 수 있는 사람은,
언제나 성령강림절에 살고 있는 것입니다. 특히 예수님의 사도들처럼
"위층 방으로 올라가" 간구와 "기도에 전념"하여, 인간을 지배하는 죄
와 죄의 작용과 권세를 폐기하는 "하늘에서 불어오는 거센 바람"을 맞
을 자격이 있는 사람들, 또 하느님에게서 오는 "불꽃 혀들"의 한몫을 받
기에 합당하게 된 사람들은 더욱 그렇습니다(참조: 사도 1,13-14; 2,2-3).

23. 그러나 신앙인으로 보이지만 참으로 그렇지는 않은 많은 그리스도
인들은 이 모든 축제일을 경축하려 하지 않거나 할 수 없기 때문에, 이
날들을 아예 그냥 지나쳐 버리지 않으려면 기억을 위한 가시적 표지들
이 필요합니다. 내가 믿기로는, 이런 생각으로 바오로는 다른 날들과
구별된 날로 경축해야 하는 축제일들을 확정하고는, "축제의 부분"이
라 지칭했습니다(콜로 2,16-17 참조).[27] 이 표현으로써 바오로는 언제나 하
느님의 로고스께 부합하는 삶은 "부분적인 축제"가 아니라, 결코 중단
되지 않는 온전한 축제라는 것을 은연중에 암시하고 있습니다. 그러므
로 우리가 거행하는 축제들에 관한 지금까지의 상론을 바탕으로, 켈수
스와 이교인들의 "공적 축제들"과 우리의 축제들을 비판적으로 비교해
보십시오. "육의 관심사"(로마 8,6-7)가 흐드러진 술자리를 벌이고 방탕
과 탈선으로 변질되는 그들의 축제들보다 우리의 축제들이 훨씬 장엄
하고 품위 있지 않습니까?

---

27 참조: 오리게네스 『민수기 강해』 23,11,2; 27,8,1.

이제 우리는 하느님의 율법에 따라 거행되는 축제들과 관련하여, 어째서 "고난의 빵"(신명 16,3)이나 "누룩 없는 빵과 쓴나물"(탈출 12,8)을 먹으라고 규정하는지, 또는 왜 "너희는 고행을 해야 한다"(레위 16,29.31)라고 언명하는지 등에 관해 많은 말을 할 수 있을 것입니다. 이를테면 (영혼과 몸으로) 이루어진 인간은 "육이 욕망하는 것은 영을 거스르고, 영은 육을 거스르는"(갈라 5,17) 한, 온전한 인격으로서 축제를 거행하는 것이 불가능합니다. 왜냐하면 사람이 영으로 축제를 거행하면서, 몸은 "육의 관심사" 때문에 영과 함께 거행할 수가 없기에, 몸을 무시하거나, 아니면 육을 따라 축제를 거행하면서 영에게도 합당한 축제를 동시에 거행할 수 없기 때문입니다. 아무튼 "축제"라는 주제에 관해서는 이제 충분히 상론했다고 하겠습니다.

24. 이제 우리는 켈수스가 우리에게 우상들에게 바쳤던 제물을 먹고 또 민중 축제들에서 공적인 제사에 참여하라고 요구하면서 어떤 논거들을 제시하는지 살펴보고자 합니다.[28] 그는 이렇게 말합니다. "만일 이 우상들이 아무것도 아니라면, 공동 축제에 참여하는 것이 무슨 나쁜 일이겠는가? 그러나 만일 그들이 다이몬들이라면, 당연히 신에게 귀속되니, 그렇다면 사람은 그들을 신뢰하고 법에 따라 제물을 바치고 기도하여, 그들이 호의적이 되도록 해야 한다." 이와 관련해서는 바오로가 코린토 1서에서 "우상에게 바쳤던 제물"에 관해 설명한 단락을 모두 읽고 다음 사실을 분명히 인식하는 것이 도움이 될 것입니다. 여기서 바오로는 "세상에 있는 우상이란 헛것이다"라는 입장을 취하며, 또 한편으로

---

28   다음의 논쟁에 관해서는 참조: Fédou, Christianisme 334-338.

는 우상에게 바쳤던 제물을 먹음으로써 발생하는 피해를 명시합니다. 그는 자신의 말을 이해할 수 있는 이들에게, 우상에게 바쳤던 제물을 먹는 자리에 참석하는 사람은 살인보다 덜 하지 않은 죄를 짓는 것이니, 그리스도께서 그들을 위해서도 돌아가신 믿음 약한 자기 형제들을 멸망시키기 때문이라는 것을 분명히 가르쳐 줍니다(1코린 8,4.11 참조). 이어서 바오로는 "그 제물은 마귀들에게 바치는 것"이라고 단언하고, "마귀들의 식탁에 참여"하는 사람들은 "마귀들과 상종하는 자가 된다"고 언명합니다. 그러고는 "주님의 식탁에도 참여하고 마귀들의 식탁에도 참여하는" 것은 있을 수 없는 일이라고 천명합니다(1코린 10,20-21 참조).

코린토 1서의 이 대목에 대한 해석은 매우 철저하고 상세한 논증이 필요하기 때문에, 우리는 이상의 간략한 설명으로 만족하고자 합니다. 우리의 설명을 숙고하는 사람은, 우상이란 아무것도 아니지만 그래도 우상에게 바쳤던 제물을 먹는 공동 식사에 참여하는 것은 해롭다는 것을 분명히 알게 될 것입니다. 우리는 또한 그 제물은 마귀들에게 바치는 것이며, 우리는 주님의 식탁과 마귀들의 식탁의 차이를 알기 때문에, 언제나 주님의 식탁에 참여할 뿐 결코 마귀들의 식탁에 참여하지 않기 위해 매우 조심한다는 사실도 간략히 언급했습니다.

25. 또한 켈수스가 다이몬들 역시 신에게 귀속되며, 그래서 사람은 다이몬들을 신뢰하고 법에 따라 제물을 바치고 기도하여, 다이몬들이 호의적이 되도록 해야 한다고 말하기 때문에, 관심 있는 이들에게 이 문제도 깨우쳐 주어야겠습니다. 하느님의 로고스께서는 악한 존재는 그 어떠한 것도 하느님의 소유라고 말씀하지 않으시니, 그런 것은 그토록 숭고한 주님에게 합당하지 않다고 판단하기 때문입니다. 그런 까닭에

모든 인간이 "하느님의 사람"이라는 이름을 지니고 있는 게 아니라, 하느님에게 합당한 이들만이 그런 이름을 지니고 있는 것입니다. 모세와 엘리야처럼 성경이 "하느님의 사람"(신명 33,1; 2열왕 1,10)이라고 이르는 이들이 그런 사람들입니다. 마찬가지로 모든 천사가 "하느님의 천사들"(마태 22,30; 루카 12,8)이라 불리는 게 아니라, 복된 천사들만이 그렇게 불립니다. 죄에 떨어진 천사들은 "악마의 천사들"(마태 25,41 참조)이라고 불리니, 악한 인간들이 "죄인들"(집회 11,32; 32,17), 또는 "멸망의 아들들"(참조: 1사무 2,12; 10,27; 에제 18,10), 또는 "불의한 자들"(2사무 3,34; 7,10)이라 불리는 것과 같습니다. 요컨대 인간들 가운데에도 선한 이들과 악한 이들이 존재하기 때문에, 우리는 그들에 관해 더러는 하느님께 속하고 더러는 악마에게 속한다고 말하는 것입니다. 천사들도 더러는 하느님께 속하고 더러는 악마에게 속하지만, 이와는 달리 다이몬들은 이런 구분이 전혀 없으니, 입증된 바와 같이 모두 악하기 때문입니다. 이런 이유로 우리는 "그들이 다이몬들이라면, 당연히 신에게 귀속된다"라는 켈수스의 언명은 그릇되었다고 단언하는 것입니다. 이에 대해 반박하고자 하는 사람은, 선한 인간들과 악한 인간들의 구분, 그리고 선한 천사들과 악한 천사들의 구분이 합리적인 가르침이 아님을 입증하든지, 또는 다이몬들도 천사들의 경우와 마찬가지라는 것을 입증해야 할 것입니다.

26. 그러나 그런 입증이 불가능하다면, "다이몬들"은 "신/하느님에게 귀속되지" 않는다는 것이 분명합니다. — 사실 그것들의 주군은 하느님이 아니라, 성경이 말하듯, "베엘제불"(마태 12,24)입니다 — 그리고 사람은, 켈수스가 우리를 꼬드기는 대로 "다이몬들을 신뢰"해서는 안 되

니, 다이몬들에게 복종하느니 차라리 죽는 게 나으며, 나아가 하느님께
복종하기 위해 모든 것을 견뎌 내야 합니다. 또한 사람은 다이몬들에게
제물을 바쳐서도 안 되니, 인간에게 해악을 끼치는 고약한 존재들에게
제물을 바친다는 것은 해서는 안 되는 일이기 때문입니다. 그런데 켈수
스가 바라는 대로라면, 우리가 도대체 어떤 "법에 따라" "다이몬들에게
제물을 바쳐야" 한다는 것입니까? 국가들에서 통용되는 법에 따라 바
쳐야 함을 의미한다면, 켈수스는 그 법이 하느님의 법에 부합한다는 것
을 입증해야 할 것입니다. 그러나 그는 이 일을 할 수 없을 터이니, 대부
분의 국가들의 법들은 서로 전혀 일치하지 않기 때문입니다.[29] 그렇다
면 켈수스가 말하는 "법"이라는 것은 참된 의미의 법이 아니라는 것, 또
는 나쁜 인간들이 만들어 낸 법이라는 것이 분명하며, 그런 법은 신뢰
해서는 안 됩니다. 왜냐하면 "사람에게 순종하는 것보다 하느님께 순
종하는 것이 더욱 마땅"(사도 5,29)하기 때문입니다.

　　그러므로 "사람은 다이몬들에게 기도해야 한다"라는 켈수스의 충고
는 치워 버립시다. 우리는 그런 충고에 귀 기울일 까닭이 조금도 없습
니다. 왜냐하면 사람은 만유를 주재하시는 하느님과 그분의 "외아드
님"이시자 "모든 피조물의 맏이"(콜로 1,15)이신 하느님의 로고스께만 기
도 드려야 하기 때문입니다. 우리는 그분께, 우리의 기도가 당신께 이
르면 대사제로서 우리 기도를 당신의 하느님이자 우리의 하느님께, 당
신의 아버지이시자 하느님 말씀에 따라 살아가는 이들의 아버지께 높
이 올려 드려 주십사 청해야 합니다(요한 20,17 참조). 우리는 자신들의 고
약한 삶을 따르라고 요구하는 인간들의 "호의"를 얻고자 하지 않습니

29　참조: 『켈수스 반박』 5,37-40.

다. 그자들은 자신들과 반대되는 삶의 원칙들에 따라 살아가고자 결단한 이들에게는 누구든 호의적이지 않습니다. 과연 그자들의 "호의"는 우리를 하느님의 적으로 만들 터이니, 그분은 그런 자들의 호의를 얻고자 하는 사람들은 필경 호의적으로 대하시지 않기 때문입니다. 마찬가지로, 다이몬들의 본성과 성향과 악의를 통찰한 사람들은 결코 그것들의 "호의"를 얻기를 바라지 않습니다.

27. 그런 사람들은 다이몬들이 그들에게 "호의적"이지 않아도 그것들에게 전혀 해를 입지 않으니, 만유를 주재하시는 하느님의 보호를 받고 있기 때문입니다. 하느님께서는 그들의 참된 공경을 보시고 그들에게 "호의적"으로 대하시며, 그렇게 당신께 합당한 이들이 다이몬들에게 아무런 해를 입지 않도록 당신의 거룩한 천사들에게 수호자로서 그들을 돕게 하십니다. 만유를 주재하시는 하느님을 참되게 공경하고 또 하느님의 "위대한 결의決意의 천사"(이사 9,6 칠십인역)이신 예수 주님을 영접했기에 하느님의 "호의"를 입은 사람은, 그리스도 예수님을 통한 하느님의 이 "호의"로 넉넉하니, 다이몬들의 대군도 전혀 두려워할 까닭이 없음을 확신하고 있기 때문입니다. 그는 확신에 가득 차서 이렇게 외칩니다. "주님은 나의 빛, 나의 구원. 나 누구를 두려워하랴? 주님은 내 생명의 요새, 나 누구를 무서워하랴? … 나를 거슬러 군대가 진을 친다 하여도, 내 마음은 두려워하지 않으리라"(시편 27,1.3). 이로써 "그들이 다이몬들이라면, 당연히 신에게 귀속된다. 그러므로 사람은 그들을 신뢰하고 법에 따라 제물을 바치고 기도하여, 그들이 호의적이 되도록 해야 한다"라는 켈수스의 언명에 대해 충분히 반박했다고 하겠습니다.

28. 우리는 켈수스의 이어지는 문장도 인용하고, 다시금 힘을 다해 검증하고자 합니다. "제물로 사용하는 이런저런 동물들 고기를 그들이 물려받은 전통[30] 때문에 먹지 않는다면, 그들은 모든 동물의 고기를 먹는 것도 완전히 그만두어야 한다. 이 견해는 피타고라스도 주장했는데, 영혼과 영혼의 (신체적) 기관들에 대한 경외 때문이었다. 그러나 그들이, 자신들의 주장처럼, 다이몬들과 함께 먹지 않기 위해 그렇게 하는 것이라면, 나는 그들의 지혜를 경하해 주겠으니, 자신들이 언제나 다이몬들과 함께 먹는 자들이라는 사실을 늦게나마 깨달았기 때문이다. 이제 그들은 제물로 바치는 동물을 도살하는 것이나 보지 않기 위해 주의하면 될 일이다. 그런데 그들은 빵을 먹고 포도주를 마시며 과일을 맛보고 물을 마시고 공기를 들이마시는데, 이 모든 선물은 각기 이런저런 분야를 관장하는 임무를 맡은 특정한 다이몬들로부터 받는 게 아닌가?"[31] 나는 여기서 켈수스가 "제물로 사용하는 이런저런 동물들 고기를 물려받은 전통 때문에 먹지 않는" 사람들은 "모든 동물의 고기를 먹는 것도 그만두어야 한다"는 결론을 어떻게 이끌어 낼 수 있었는지 모르겠습니다. 아무튼 우리는 그런 견해를 주장하지 않으니, 성경도 그런 것은 전혀 촉구하지 않기 때문입니다. 사실 성경의 의도는 우리가 더 건실하고 더 정결한 삶을 살도록 하는 것이며, 그래서 말합니다. "고기를 먹든 술을 마시든, 그 밖에 무엇을 하든, 그대의 형제에게 장애물이 되는 일은 하지 않는 것이 좋습니다"(로마 14,21). 또 말합니다. "그대의 음식으로 형제를 파멸시키지 마십시오. 그리스도께서 그 사람을 위하

여 돌아가셨습니다"(로마 14,15). 다시 또 말합니다. "내가 우상에게 바쳤던 고기를 먹는 것이 내 형제를 죄짓게 한다면, 나는 내 형제를 죄짓게 하지 않도록 차라리 고기를 영영 먹지 않겠습니다"(1코린 8,13 참조).

29. 물론 다음 사실을 아는 것은 중요합니다. 모세 율법을 올바로 이해한다고 믿는 유대인들은, 정결하다고 여겨지는 음식들은 먹고 부정한 음식들은 먹지 않는 규정들을 준수합니다. 그리고 동물의 피를 음식물로 사용하지 않고, 맹수에게 찢겨 죽은 가축의 고기도 먹지 않는 등 많고 세세한 규정들이 있는데, 이 주제는 지루하고 오랜 논구를 요구하기 때문에, 지금은 이것을 논할 적절한 시점이 아닙니다. 아무튼 모든 인간을 바른 하느님 공경으로 이끌고자 하는 예수님의 가르침은, 많은 사람이 그리스도교를 통해 심성의 향상을 체험하는 것을 지나치게 엄격한 음식 규정으로 방해하고자 하지 않습니다. 그래서 그 가르침은 이렇게 선언합니다. "입으로 들어가는 것이 사람을 더럽히지 않는다. 오히려 입에서 나오는 것이 사람을 더럽힌다"(마태 15,11). 과연 "입으로 들어가는 것은 무엇이나 배 속으로 갔다가 뒷간으로 나가"지만, "입에서 나오는 것"은 "나쁜 생각들, 살인, 간통, 불륜, 도둑질, 거짓 증언, 중상"(마태 15,17.19) 따위입니다. 바오로도 마찬가지로 선언합니다. "음식이 우리를 하느님께 가까이 데려다 주지 않습니다. 그것을 먹지 않는다고 우리의 형편이 나빠지는 것도 아니고, 그것을 먹는다고 우리의 형편이 나아지는 것도 아닙니다"(1코린 8,8). 그러나 이 사안에서는 좀 더 명확한 규정이 없으면 애매한 문제가 발생하기 때문에, 예수님의 사도들과 안티오키아에 모인 원로들 그리고, 그들 자신의 표현에 따르건대, "성령"께서도 함께, 이교 세계에서 살아가는 신앙인들에게 보낸 공식 편지에

서, 이번에도 그들 자신의 표현에 따르면 "몇 가지 필수 사항"을 "결정"
했으니, "우상에게 바쳤던 제물과 피와 목 졸라 죽인 짐승의 고기"는 먹
지 않도록 하는 것이었습니다(사도 15,22.28-29 참조).

30. 우상에게 바치는 제물은 사실상 "마귀들"에게 바치는 것이며, "하
느님의 사람"은 "마귀들의 식탁에 참여"해서는 안 됩니다(1코린 10,20-
21 참조). 목졸라 죽인 짐승의 고기에서는 피가 제거되지 않았기에, 성경
말씀이 섭취를 금지한 것입니다. 피, 특히 피에서 뿜어져 나오는 증기
는 마귀들의 양식으로 간주되었기 때문에, 우리가 마귀들의 음식을 먹
지 않도록 금지한 것입니다. 이를테면 우리가 목졸라 죽인 짐승의 고기
를 먹으면, 이런저런 악한 영들도 우리와 함께 먹게 될 수도 있기 때문
입니다. 목졸라 죽인 짐승 고기와 관련하여 우리가 지금까지 말한 내용
으로부터, 피를 먹어서는 안 되는 이유가 분명해졌다고 하겠습니다. 내
가 이런 맥락에서, 많은 그리스도인도 읽은 섹스투스의 『금언』의 타당
한 한 구절을 인용하는 것도 적절하리라 생각합니다. "짐승 고기를 먹
는 것은 좋지도 않고 나쁘지도 않은 일이다. 그러나 그만두는 것이 더
분별 있는 일이다."[32] 아무튼 우리가 이른바 신들과 반신들이나 다이몬
들에게 제물로 바쳤던 동물들 고기를 먹지 않는 것은 단순히 "물려받
은 전통 때문"이 아니라 여러 다른 이유들 때문이거니와, 그 중 몇 가지

---

[32]　섹스투스 피타고레우스 『금언』 109. 그리스도인 편집자 섹스투스(『금언』 비평본 편집자 H.
Chadwick에 따르면, 기원후 4세기의 전승에서는 로마 주교 식스투스 2세와 동일시되었다)가 기원후
200년 경 편찬한 윤리적이고 금욕적인 금언 모음집인데, 여기서 섹스투스는 이교 철학 문헌들
(신피타고라스학파와 스토아학파의 영향을 받은 격언집들)을 원용하고 있다. 오리게네스는 이 작품
을 『마태오 복음 주해』 15,3과 『에제키엘서 강해』 1,11에서 처음 언급한다. 또한 이 작품이 그리
스도교 동아리들에서 매우 인기 있었다는 사실도 증언한다.

를 나는 앞에서 제시했습니다. 그러나 우리는 모든 죄와 죄에서 비롯하
는 모든 것을 끊듯이 모든 동물의 고기 섭취를 끊을 필요는 없습니다.
그러나 우리가 먹는 음식이 죄와 죄의 결과의 소산이라면, 동물 고기
뿐 아니라 그 모든 음식의 섭취도 끊어야 합니다. 요컨대 우리는 신체
의 건강을 보살피려 하기보다, 폭음과 폭식에 빠지거나 오로지 더 많은
감각적 즐거움을 추구하는 짓은 그만두어야 합니다.

　물론 우리는 영혼의 윤회와 이성 없는 동물 안으로까지 내려감을 주
장하는 것은 결코 아닙니다. 그러므로 우리가 때때로 동물 고기를 먹지
않지만, 그 동기는 피타고라스학파 사람들의 고기 섭취 포기의 동기와
같지 않습니다. 요컨대 우리의 가르침에 따르면, 오직 이성적인 "영혼"
은 존귀하게 여기는 반면, "영혼의 (신체적) 기관"은 현행 관습에 따라
경건하게 무덤에 넘겨주어야 합니다. 사실 이성적인 영혼의 그 집은 이
성 없는 동물의 집처럼 아무 데나 함부로 내던져져서는 안 됩니다. 그
리스도인들은 다음과 같은 신앙의 확신을 지니고 있습니다. 이성적인
영혼이 머물렀던 몸을 존중하는 것은 마땅하며, 특히 그 영혼을 받았던
인간이 그런 신체 기관의 도움으로 훌륭한 (신앙의) 전투를 수행한 경
우에는 더욱이나 그렇습니다.[33] 한편 "죽은 이들이 어떻게 되살아나는
가? 그들이 어떤 몸으로 되돌아오는가?"(1코린 15,35)라는 물음에 관해서
는 이미 앞에서[34] 간략히 다룬 바 있습니다.

31. 이어서 켈수스는 그리스도인들과 유대인들이 우상에게 바쳤던 제

33　참조: 『켈수스 반박』 4,59; 5,24; 8,50.

34　참조: 『켈수스 반박』 5,18-19.

물을 먹지 않는 자신들의 태도를 정당화할 때 하는 널리 알려진 말 — 만유를 주재하시는 하느님께 몸 바친 사람들은 "마귀들의 식탁에 참여"해서는 안 된다 — 에 대해 반박하는데, 그 내용은 우리가 앞에서 인용했습니다. 그런데 켈수스는 우리가 "빵을 먹고" 이런저런 계기에 "포도주를 마시고 열매를 맛보고" 또는 단지 "물을 마시는" 경우에도 다이몬들의 식탁에 참여하는 것이라고 생각합니다. 그러고는 심지어 "공기를 들이마시는 사람조차도 그것을 특정한 다이몬들에게서 받는" 것이니, 왜냐하면 "공기를 관장하는 임무를 맡은 다이몬들"이 살아 있는 존재들에게 숨 쉴 공기를 제공하기 때문이라고 덧붙입니다.

켈수스의 설명에 찬동하고 싶은 사람은, 방금 언급한 모든 일을 "관장"하는 임무를 맡은 존재들이 어째서 하느님의 거룩한 천사들이 아니라 모조리 악한 다이몬들인지를 밝혀 보십시오. 아무튼 우리 역시 땅에서 자라나는 식물들만이 아니라 흐르는 물과 공기 전체를 관장하는 이른바 "눈에 보이지 않는 농부들"[35]과 그 밖의 관장자들의 이끎 없이는, 땅은 자연이 관장한다고 사람들이 말하는 것들을 산출하지 않고, 수원들과 거기서 발원하는 강들의 물은 흐르지 않으며, 공기는 숨 쉬는 사람들에게 오염되지 않은 생명력을 선사하지 않는다고 생각합니다. 그러나 우리는 눈에 보이지 않는 이 존재들이 다이몬들이라고 주장하는 것은 물론 아닙니다. 그런데 우리가 좀 과감하게 다이몬들의 작용을 열거해 본다면, 흉년, 포도나무와 과일나무의 흉작, 가뭄, 또한 열매에 피해를 주고 때로는 짐승들의 죽음과 인간들 사이의 전염병도 일으키는 공기 오염 등을 들 수 있습니다. 이 모든 일을 다이몬들은 마치 공적인

---

[35]　오리게네스 『여호수아기 강해』 23,3.

형리刑吏들처럼 일으키니,[36] 다이몬들이 하느님의 결정에 의해 특정한 계기와 기간에, 죄악의 홍수에 빠진 인간들의 회개를 위해서든, 이성을 부여받은 존재들의 검증과 훈련을 위해서든, 그런 작용을 일으킬 수 있는 권한을 위임받았기 때문입니다. 그런데 그런 어려운 상황에서도 경건한 신앙을 지키며 도덕적으로 결코 퇴보하지 않는 사람들은, 그때까지는 그들의 참된 심성을 알지 못했던 가시적이고 비가시적인 목격자들에게 뚜렷이 드러나야만 합니다. 그러나 그들과는 반대되는 자세를 지니고 있지만 남들 보는 데서는 자신의 악덕을 감출 줄 아는 자들도, 그런 상황을 통해 그들의 진짜 심성이 드러나야 하며, 그로써 자기 자신을 직시하고 또 그들의 이른바 "관객들"에게도 있는 그대로 실체가 보여야 합니다.

32. 이런 재앙들은 하느님의 결정에 의해, 악한 천사들을 통해 일어난 것이라고 시편 저자는 증언합니다. "저들에게 당신 분노의 열기를, 격분과 격노와 환난을, 재앙의 천사 무리를 통해 보내셨다"(시편 78,49). 이런 재앙들을 언제나 일으키고자 하는(그러나 언제나 일으킬 수는 없으니, 저지당하기 때문입니다) 다이몬들이 하느님에게 권한을 받으면, 이런 재앙들 외에 어떤 다른 일들도 발생하는지는 능력이 있는 사람은 탐구해 보십시오. 그런데 그 사람은, 인간 본성으로 가능한 한, 하느님의 판결에 관한 표상을 드러내 보여 주고 설명해야 합니다. 하느님의 판결은 몸으로부터 영혼의 분리를 거듭 초래하니, 그리하여 많은 영혼이 곧장 죽음에 이르는 길을 가게 됩니다. 과연 "하느님의 판결들은 위대"하지만, 그 위

---

36   참조: 『켈수스 반박』 1,31; 7,70; 8,73.

대함을 인간의 오성은, 죽어야만 하는 몸과 아직 결합되어 있는 한, 이해하기 어렵습니다. 그런 까닭에 또한 "하느님의 판결들은 설명하기 어렵고, 그래서 가르침을 받아들이지 않은 영혼들이 빗나갔"으니(지혜 17,1), 그 영혼들은 그 판결에 관한 표상을 전혀 지니고 있지 못했기 때문입니다. 그런 까닭에 경솔한 인간들은 이런 일들에 관한 자신들의 무지와 하느님의 본성에 대한 피상적 판단 때문에, 섭리를 거스르는 신성 모독적인 발언들이나 늘어나게 하고 있습니다.

요컨대 우리는 삶에 필수적인 이런저런 것들을 "다이몬들에게서 받는" 것이 아닙니다. 또한 각별히 우리는 그것들을 필요한 만큼만 올바로 사용하라고 배웠습니다. 빵, 포도주, 열매, 물, 공기를 먹고 마시는 사람은 "다이몬들의 식탁에 참여"하는 게 아니라, 오히려 그것들을 관장하는 임무를 맡은 하느님의 천사들과 함께 먹고 마시는 것입니다. 그 천사들은 이를테면 "여러분은 먹든지 마시든지, 그리고 무슨 일을 하든지 모든 것을 하느님의 영광을 위하여 하십시오"(1코린 10,31)라는 가르침을 듣고 따르는, 하느님을 경외하는 이들의 식탁에 초대받는 것입니다. 이런 말씀도 있습니다. "말이든 행동이든 무엇이나 주 예수님의 이름으로 하면서, 그분을 통하여 하느님 아버지께 감사를 드리십시오"(콜로 3,17). 요컨대 우리가 "하느님의 영광을 위하여" 먹고 마시고 숨 쉬고, 모든 일을 성경 말씀에 따라 한다면, 우리는 다이몬들의 식탁에 참여하는 게 아니라, 하느님의 천사들과 함께하게 됩니다. 과연 "하느님께서 창조하신 것은 다 좋은 것으로, 감사히 받기만 하면 거부할 것이 하나도 없습니다. 사실 그것들은 하느님의 말씀과 기도로 거룩해집니다"(1티모 4,4-5). 그러나 켈수스가 믿듯이, 이런 것들이 "다이몬들이 관장"하도록 맡겨져 있다면, 좋지도 않고 거룩해지지도 못할 것입니다.

33. 이로써 이어지는 켈수스의 언명에 대해서도 우리가 이미 응수를 했다는 것 또한 분명해졌다고 하겠습니다. 그의 언명은 다음과 같습니다. "사람들이 이러한 상황에서 결코 되는 대로 살아서는 안 된다면, 세상의 사물들을 나누어 관장하고 있는 다이몬들에게 감사를 표하고 만물 제물과 기도를 바쳐서, 자신들이 살아 있는 동안 다이몬들이 인간에게 우호적인 태도를 지니고 있음을 체험할 수 있어야 한다." 우리는 물론 "살아가야" 하지만, 가능한 한 그리고 우리에게 기회와 능력이 주어지는 한, 하느님 말씀에 따라 살아가야 합니다. 우리가 "먹든지 마시든지, 그리고 무슨 일을 하든지 모든 것을 하느님의 영광을 위하여 한다면"(1코린 10,31), 그렇게 살아가게 될 것입니다. 또한 우리는 창조주께 감사하면서 그분이 우리를 위해 창조하신 피조물들을 먹는 것을 거부해서도 안 됩니다. 그리고 우리는 "이러한 상황에서" 켈수스가 생각하는 상황에서보다 훨씬 더, 하느님에 의해 삶으로 불린 것입니다. 또한 우리는 "다이몬들"에게 예속되어 있는 게 아니라, 만유를 주재하시는 하느님께 우리를 이끌어 주신 예수 그리스도를 통해 그분께 복속되어 있습니다.

아무튼 하느님 법에 따르면, "다이몬들은 이 세상의 사물들을 나누어 관장"하고 있지 않습니다. 오히려 다이몬들은 그것들의 불법성 때문에 하느님에 대한 인식과 그분 뜻에 따른 삶이라곤 없는 장소들, 또는 하느님을 멀리하는 인간들이 많은 장소들을 자기네끼리 분배했다고 하겠습니다. 그러나 또한 다이몬들은 어쩌면 하느님이 아니라 죄에 굴복한 악한 인간들의 맞춤한 처벌자요 감시자로서 그들에 대한 지배권을 온 우주를 관장하시는 로고스께 위임받았다고 하겠습니다. 그러므로 하느님을 모르는 켈수스는 다이몬들에게 감사의 제물을 바치라고 하십시오. 그러나 우리는 온 우주의 창조주께 감사를 드리고 기도하면서 봉헌했던 빵을 먹거니와, 이 빵은 기도를 통해 거룩한 몸으로 변화되어, 바른 지향으로 그것을 먹는 이를 거룩하게 만들어 줍니다.[37]

34. 켈수스는 다이몬들에게 "만물 제물"도 바치고자 합니다. 그러나 우리는 "땅은 푸른 싹을 돋게 하여라. 씨를 맺는 풀과 씨 있는 과일나무를 제 종류대로 땅 위에 돋게 하여라"(창세 1,11)라고 말씀하신 분에게 만물 제물을 바칩니다. 또한 우리는 만물 제물을 바치는 분께 우리의 기도도 올려 보냅니다. "우리에게는 하늘 위로 올라가신 위대한 대사제, 하느님의 아들 예수님이 계시기" 때문입니다(히브 4,14 참조). 그리고 우리는 "우리가 살아 있는 한" 이 신앙 고백을 고수하니, 인간에 대한 하느님의 "호의"와 예수님 안에서 우리가 볼 수 있게 되신 하느님의 외아드님의 "호의"를 생생히 체험하기 때문입니다.

그 밖에 우리가 인간에 대한 그들의 "호의"를 체험하고 싶은 존재들이 아주 많기를 바란다면, 다음 성경 말씀을 읽어 볼 일입니다. "그분을 시중드는 이가 백만이요, 그분을 모시고 선 이가 억만이었다"(다니 7,10). 이 존재들은 자신들의 참된 하느님 공경을 본받는 사람들을 친족과 친구로 여기며, 하느님을 부르고 그분께 올바로 기도하는 사람들의 구원에 협력합니다. 그들에게 나타나는 이 존재들은 그들의 말을 귀 기울여 들어 주고 약속한 듯이 그들에게 찾아오고 그들에게 좋은 일을 하고, 자신들도 기도를 드리는 하느님께 기도하는 그들의 구원을 도울 책

---

37 성찬례에서의 거룩한 변화, 영성체의 효능, 지녀야 할 마음가짐을 암시하고 있다. 성찬례에 관한 오리게네스의 가르침에 관해서는 참조: L. Lies, *Wort und Eucharistie bei Origenes. Zur Spiritualisierungstendenz des Eucharistieverständnisses* (IThS 1), Innsbruck 2. Aufl. 1982.

무를 지니고 있다고 믿고 있습니다. 과연 그 존재들은 "모두 하느님을 시중드는 영으로서, 구원을 상속받게 될 이들에게 봉사하도록 파견되는 이들"(히브 1,14)입니다. 그리스 현자들은 다이몬들이 인간들의 영혼을 태어날 때부터 나누어 관장한다고 말하라고 하십시오.[38] 아무튼 우리는 교회 안에서 "작은 이들"도 무시해서는 안 된다는 가르침을 예수님에게서 받았습니다. "너희는 이 작은 이들 가운데 하나라도 업신여기지 않도록 주의하여라. … 하늘에서 그들의 천사들이 하늘에 계신 내 아버지의 얼굴을 늘 보고 있다"(마태 18,10). 또한 예언자도 이렇게 선언했습니다. "주님의 천사가 그분을 경외하는 이들 둘레에 진을 치고, 그들을 구출해 준다"(시편 34,8).

우리 역시 많은 다이몬들이 이 세상에 존재한다는 사실을 부인하지 않습니다. 오히려 그것들의 존재, 그리고 죄스러운 나쁜 인간들에 대한 그것들의 영향력을 확언합니다. 그러나 다른 한편 "하느님의 무기로 무장"하여 다이몬들의 간계에 맞설 수 있는 힘을 지닌 이들, 그리고 "우리의 전투 상대는 육과 피가 아니라, 권세와 권력들과 이 어두운 세계의 지배자들과 하늘에 있는 악령들"(에페 6,10-12 참조)이라는 사실을 잘 알기 때문에 항상 그것들과의 싸움을 훈련하는 이들에게는 다이몬들이 전혀 힘을 못 쓴다는 사실도 확언합니다.

35. 우리는 켈수스의 또 다른 언명도 면밀히 고찰하고자 합니다. "가령 페르시아 임금이나 로마 황제의 총독, 부총독, 군사령관 또는 관리들,

---

[38] 참조: 플라톤 『파이돈』 107d-108b; 『국가』 617e; 플루타르코스 『도덕론』 585F; 594A; 아풀레이우스 『소크라테스의 신(에 대해)』 16-17. 그 밖의 중기 플라톤주의의 증언들에 관해서는 참조: Puigalli, *Démonologie* 22.

그 밖에 좀 낮은 직책이나 임무를 담당하는 인간들 역시, 사람들이 자기들에게 경의를 표하지 않으면, 그들에게 큰 위해를 가할 수 있지 않은가? 그런데 공중이나 땅에 존재하는 총독과 공복들은 사람들이 자기들을 모욕해도 아주 사소한 위해만 끼친다는 것인가?" 켈수스가 만유를 주재하시는 하느님의 "총독, 부총독, 군사령관, 관리들" 그리고 "좀 낮은 직책이나 임무를 담당하는 인간들"이 자기들을 모욕하는 사람들에게 큰 위해를 가한다고 신인동형론적으로 묘사하는 것에 주목하십시오. 아무튼 그러나 켈수스는 다음 사실을 허투루 넘기고 있습니다. 지혜로운 인간은 결코 누구에게도 위해를 가하고자 하지 않으며, 오히려 자기를 모욕하는 사람들도 온 힘을 다해 심성의 변화와 개과천선으로 이끌고자 애씁니다. 무엇보다도, 켈수스가 묘사하는, 만유를 주재하시는 하느님의 총독, 부총독, 군사령관은 스파르타의 입법자 리쿠르고스와 키티온의 제논에게 전혀 뒤지지 않습니다. 리쿠르고스는 자기 눈 하나를 멀게 한 남자를 마음대로 처분할 수 있게 되었을 때, 보복을 단념했을 뿐 아니라 끊임없이 좋은 마음으로 설득하여, 철학에 전념케 할 수 있었습니다.[39] 그리고 제논은 그에게 "만일 내가 그대에게 복수하지 못하면, 나는 죽어 버릴 것이다"라고 말한 사람에게 "그대를 친구로 얻지 못하면, 나도 그럴 것이네"[40]라고 대답했습니다. 나는 예수님의 가르침에 의해 심성과 삶이 꼴 지어진, "너희는 원수를 사랑하여라. 그리고 너희를 박해하는 자들을 위하여 기도하여라. 그래야 너희가 하늘에 계신 너희 아버지의 자녀가 될 수 있다. 그분께서는 악인에게나 선인에게

---

[39] 참조: 플루타르코스 『리쿠르고스』 11.

[40] 참조: 플루타르코스 『도덕론』 462C. 그러나 여기에서는 이 말이 소크라테스의 제자인 메가라의 에우클레이데스가 자기 형제에게 한 것으로 되어 있다.

나 당신의 해가 떠오르게 하시고, 의로운 이에게나 불의한 이에게나 비를 내려 주신다"(마태 5,44-45)라는 계명을 듣고 따르는 사람들에 관해서는 아예 말하지 않겠습니다. 아무튼 성경의 예언적 글에서 의인은 이렇게 말합니다. "주 저의 하느님, 만일 제가 그런 짓을 했다면, 만일 제 손에 불의가 있다면, 만일 제가 친구에게 악을 저지르고 원수를 빈털터리되게 강탈했다면, 원수가 저를 뒤쫓아 붙잡고 제 목숨을 땅에다 짓밟으며 제 명예가 흙먼지 속에 뒹굴게 하소서"(시편 7,4-6).

36. 아무튼 켈수스가 믿듯이 하느님의 실제적인 "총독, 부총독, 군사령관 그리고 관리들", 곧 천사들이 "자기들을 모욕하는 사람들에게 위해를 가한다"는 것은 진실이 아닙니다. 그러나 역시 켈수스가 표상하듯이 여러 다이몬이 위해를 가한다면, 그것은 그것들이 악하고 또 하느님에게서 총독 직책과 군 통수권이나 관할권을 위임받지 않았기 때문입니다. 그리고 그 다이몬들은 자기들이 관장하는, 지배자인 자기들에게 종속되어 있는 자들에게 해를 끼치는 것입니다. 또한 필경 이런 이유로, 다이몬들의 지배 아래 있는 자들에게 속하는 사람들이, 이런저런 장소에서 특정한 음식 섭취를 금지하는 법을 어김으로써 해를 입는 것입니다. 그러나 그들이 그 다이몬들의 지배 아래 있지 않고 또 어떤 장소의 터주 다이몬에게 굴복하지 않는 사람들에게 속한다면, 그들은 그것들이 일으키는 모든 고통에서 벗어나니, 그 다이몬들을 아예 거부하고 멀리했기 때문입니다. 하지만 그들이 무지하여, 다른 일들에서 다른 다이몬들에게 복종했다면, 그것들에게서 상당한 해를 입을 수 있습니다. 그러나 그리스도인들은, 오로지 하느님과 그분의 로고스께만 복종하는 참그리스도인들은 더욱이나, 다이몬들에게서 아무런 해도 입지

않으니, "주님의 천사가 그분을 경외하는 이들 둘레에 진을 치고 그들을 구해 주고"(시편 34,8), "하늘에서 그들의 천사들이 하늘에 계신 아버지의 얼굴을 늘 보고 있으며"(마태 18,10 참조), 또한 그들의 기도가 유일무이하신 "대사제"(히브 2,17 등)를 통해 온 우주의 하느님에게 끊임없이 전해지고 또 그분 자신의 기도와 그분의 비호 아래 있는 그들의 기도가 합일하기 때문입니다.[41] 그러므로 우리가 다이몬들을 존중하지 않으면 그것들에게서 해를 입을 것이라는 켈수스의 위협은 우리를 전혀 불안하게 하지 못합니다. 과연 다이몬들은 우리가 그것들을 존중하지 않아도 우리에게 아무런 해도 끼칠 수 없으니, 우리는 자격 있는 모든 사람을 유일하게 도와주실 수 있는 분에게 봉헌되었으며, 또한 그분의 천사들이 그분을 공경하는 이들을 보호하여, 적대적인 천사들과 그것들의 지배자인 이른바 "이 세상의 우두머리"(요한 14,30; 1코린 2,6.8)가 하느님께 봉헌된 이들에게 무슨 짓을 꾸미지 못하게 하기 때문입니다.

37. 그런 다음 켈수스는 자신이 오로지 예수님을 통해 하느님께 기도하는 그리스도인들에게 말하고 있다는 사실을 잊어버리고는, 잡다한 견해들을 뒤섞어 놓고, 그것들을 아무 근거 없이 그리스도인들이 한 말이라 여기며 이렇게 말합니다. "사람들이 그들의 이름들을 하나의 외국어로 발음하면, 그것들은 힘을 발휘한다. 그러나 그리스어나 라틴어로 발음하면, 전혀 그렇지 않다."[42] 켈수스는 우리가 누구의 이름을 외국어로 발음하여 그에게서 도움을 구하고자 하는지를 밝히기나 하라

---

41   참조:『켈수스 반박』8,64; 오리게네스『원리론』1,8,1; 2,10,7;『마태오 복음 주해』13,5; 오리게네스의 수호천사 표상에 관해서는 Daniélou, *Origène* 235-236.

42   참조:『켈수스 반박』1,6.25; 5,45; 6,40.

고 하십시오. 아무튼 켈수스가 여기서도 우리를 근거 없이 비난하고 있다는 것을 사람들은 확신하게 될 것이니, 그들은 대부분의 그리스도인들은 성경이 하느님에게 붙인 이름들을 기도 중에 결코 사용하지 않는다는 것을 확인할 수 있을 터이기 때문입니다. 사실 그리스인들은 그리스어 이름을 사용하고 로마인들은 라틴어 이름을 사용하며, 또 누구나 자기 고유 언어로 하느님께 기도하고 자신이 할 수 있는 한 그분을 찬미합니다. 그리고 모든 언어의 주님께서는 사람들이 저마다의 언어로 당신께 바치는 기도를 귀 기울여 들으시니, 그분은 이를테면 갖가지 언어로 표현되는 말뜻들 안에서 단 하나인 "말"을 알아들으시는 것입니다. 만유를 주재하시는 하느님은 외국어든 그리스어든 하나의 특정한 언어를 할당받아 보유하고는 나머지 언어들은 이해하지 못하거나, 다른 언어를 말하는 사람들에게는 마음 쓰지 않는 이들과 같지 않습니다.

38. 이어서 켈수스는 또다시 그리스도인들이 다음의 말을 했다고 주장합니다. 그런데 이 말을 그는 제대로 된 그리스도인이 아니라 어쩌면 그리스도인들 가운데 어떤 무식하고 우악스러운 자에게서 들었는지도 모르겠습니다. 아무튼 그는 그 그리스도인이 이렇게 말했다고 합니다. "보시오, 내가 제우스나 아폴론 또는 그 밖의 어떤 신의 조상 앞에 서서 그것을 모욕하고 두들겨 패도, 그것은 나에게 보복하지 않는다."[43] 그런데 그는 하느님의 율법 가운데는 "신들을 모욕하지 마라"(탈출 22,27 참조)라는 규정도 있다는 것을 모르고 있습니다. 이 규정은 우리의 입이 누군가에 관해 악담하는 습관이 들지 않게 하기 위한 것입니다. 과연 우

---

[43] 참조: 『켈수스 반박』 7,36.62; 8,41.

리는 "저주하지 말고 축복해 주십시오"(로마 12,14)라는 말씀을 들었고, "중상꾼은 하느님 나라를 차지하지 못합니다"(1코린 6,10)라는 가르침을 받았습니다. 그런데 우리 가운데 그 누가 그런 언사와 행태는 이른바 신들이라는 것들에 대한 믿음을 뿌리 뽑는 데 오히려 절대로 부적절하다는 것을 모를 만큼 어리석겠습니까? 사실 철저한 무신론을 주창하고 섭리를 부인하며 자신들의 어그러지고 신성모독적인 견해들을 가지고 이른바 철학자들의 학파를 세운 사람들은, 대중이 악으로 여기는 것들에 의해 해를 입지도 않고, 또 그 악이 그들의 세계관에 동조하는 자들에게도 닥치지 않습니다. 오히려 그들은 유복한 삶을 살며 신체의 건강을 누립니다. 그러나 우리가 그들에게서 어떤 손상을 찾아본다면, 그들이 실제로는 정신이 손상되어 있음을 알게 될 것입니다. 사실 세상의 질서를 보고 그것의 창조자를 인식하지 못하는 것보다 더 큰 손상이 무엇이 있겠습니까? 정신적인 맹인이 되어, 모든 정신의 창조주요 아버지를 알아보지 못하는 것보다 더 심한 불행이 어디 있겠습니까?

39. 켈수스는 앞의 언설을 우리 입에 담고 또 그런 말은 전혀 하지 않는 그리스도인들을 비방한 다음, 스스로를 변론하고자 하는데, 변론이라기보다는 일종의 익살이라고 하겠습니다. 그는 이렇게 말합니다. "친구여, 그대는 사람들도 그대의 그 다이몬 앞에 서서, 그를 모욕할 뿐 아니라 모든 나라와 모든 바다에서 추방하며, 또한 그대를 그 다이몬에게 봉헌된 신상神像으로 간주하여 사슬로 묶어 연행하여 십자가에 처형한다는 사실을 알지 못하는가?"[44] 그런데 그 다이몬은, 또는 그대가 지칭

---

44 참조: 『켈수스 반박』 8,41.54.69.

하는 대로 하느님의 아들은 보복을 하지 않는다.”[45] 이 변론은, 만일 켈수스가 우리 입에 올린 말을 실제로 우리가 했다면, 그런대로 타당하다고 하겠습니다. 물론 그렇다 하더라도 그는 진실을 말하지는 않았으니, 하느님의 아들을 “다이몬”이라고 지칭했기 때문입니다. 요컨대 모든 다이몬은 악하다는[46] 견해를 주장하는 우리에게, 그렇게나 많은 인간을 하느님께 돌려 세우신 분은 “다이몬”이 아니라 로고스 하느님이요 하느님의 아들입니다. 그러나 악한 다이몬들에 관해 아무것도 모르는[47] 켈수스는 알 수 없는 이유로 자기 자신의 입장을 망각하고는 예수님을 “다이몬”이라 지칭했습니다. 하느님을 모독하는 자들이 받도록 정해져 있는 징벌은 그러나 나중에, 치유책들이 모두 헛수고가 된 후에야, ─ 이렇게 말해도 되려니와 ─ 구제 불능인 죄의 본성에 사로잡힌 자들에게 닥칠 것입니다.

40. 우리가 징벌에 관해 말하지만, 사실 우리는 징벌에 관한 가르침으로 많은 사람을 그들의 죄로부터 돌아서게 합니다.[48] 아무튼 우리는 켈수스에 따르면 “아폴론이나 제우스의 사제”가 이 문제와 관련하여 통고하는 내용을 숙고하고자 합니다. 그 사제는 이렇게 말합니다. “신들

---

45 켈수스는 예수님이 “하느님의 아들”이라는 것을 반박한다(참조: 『켈수스 반박』 5,2). 그러나 그는 다이몬들을 신의 자식들로 여기는 그리스 전통을 알고 있었다(참조: 플라톤 『변론』 27d). 이런 의미에서 그는 예수님을 특권을 부여받지는 않은 그런 중간 존재들의 하나로 간주할 수 있었다. 예수님의 수동적 태도는 그의 무력함과 무작용성을 드러낸다.

46 참조: 『켈수스 반박』 5,5; 8,25.31-32.65.

47 Puigalli, *Démonologie* 26은 『켈수스 반박』 1,68; 5,62-63; 7,40; 8,45를 참조 구절로 제시한다.

48 하느님의 징벌의 의미와 목적에 관해서는 참조: 『켈수스 반박』 2,24.76; 3,75; 4,99; 5,16; 6,56.

의 맷돌은 더디게 갈고 바순다."⁴⁹ 그러나 (그 작용은) "훗날 태어나는 자식들의 자식들에게까지 (미친다)."⁵⁰ 여기서 성경의 "자식 때문에 아버지가 사형을 당해서도 안 되고, 아버지 때문에 자식이 사형을 당해서도 안 된다. 사람은 저마다 자기 죄로만 사형을 당해야 한다"(신명 24,16)라는 언명, 그리고 "신 포도를 먹은 사람은 모두 제 이만 실 것이다"(예레 31,30), "아들은 아버지의 죗값을 짊어지지 않고, 아버지는 아들의 죗값을 짊어지지 않는다. 의인의 의로움은 그 자신에게만 돌아가고, 악인의 죄악도 그 자신에게만 돌아간다"(에제 18,20)라는 언명이 얼마나 더 지혜로운지 판단해 보십시오. 그러나 누군가 "훗날 태어나는 자식들의 자식들에게까지 (미친다)"라는 구절은 "나를 미워하는 자들에게는 조상들의 죄악을 삼 대 사 대 자손들에게까지 갚는다"(탈출 20,5)라는 언명과 유사하다고 주장한다면, 그는 이 구절이 에제키엘서에서 "속담"이라 지칭된다는 사실을 알아야 합니다(참조: 에제 18,2; 예레 31,29). 요컨대 에제키엘은 "아버지가 신 포도를 먹었는데, 자식들의 이가 시다"(에제 18,2; 예레 31,29)라는 속담을 말해 대는 자들을 비난하고 있습니다. 그러고는 이렇게 덧붙입니다. "주 하느님의 말이다. 내가 살아 있는 한, 너희가 다시는 이 속담을 이스라엘에서 말하지 않을 것이다. … 죄지은 자만 죽는다"(에제 18,3-4). 아무튼 지금은 "죄악을 삼 대 사 대 자손들에게까지 갚는다"는 속담의 의미를 설명하기에 적절한 시점이 아닙니다.

41. 그런 다음 켈수스는 우리를 비방하는 헛소리를 노파들이 흔히 하

49　섹스투스 엠피리쿠스 『수학자』 1,287; 플루타르코스 『도덕론』 549D.

50　호메로스 『일리아스』 20,308.

듯 길게도 늘어놓는데, 다음과 같습니다. "그대는 이 신들의 조상彫像들을 모욕하고 놀림감으로 삼는다. 그러나 그대가 디오니소스나 헤라클레스를 직접 모욕했다면, 아마도 그대는 운좋게 위해를 모면할 수는 없을 것이다. 그런데 이와는 달리 사람들이 그대의 그 신을 고문하고 처벌했는데도 아무런 위해를 당하지 않았고, 또 나중에도 그들이 살아가는 내내 전혀 해를 입지 않았다.[51] 그가 등장한 후, 사람들이 그가 인간 마술사 따위가 아니라 하느님의 아들이었음을 믿게 할 수 있는 어떤 진기한 일이 발생했던가? 그리고 이런저런 계명을 전하기 위해 자기 아들을 파견한 신은, 아들이 그토록 잔혹하게 처벌당할 때, 그를 돌보지 않았고, 그래서 그 계명들도 땅바닥에 쳐박혔다. 또 그 후에도 아주 오랜 시간이 흘러갔는데, 그는 마음을 바꾸지 않았다. 무슨 아버지가 그리 흐리멍덩한가? 혹시 그 아들은, 그대가 말하듯이, 그것을 원했고, 그래서 학대를 받은 것인가? 그런데 그대가 모욕하는 신들의 경우에도 그런 것을 원하고 그래서 모욕을 참는다고 말할 수도 있을 것이다. 사안들이 비슷한 경우에는, 서로 비교해 보는 것이 최상이다. 하지만 이 신들은 모욕한 자에게 엄혹한 보복을 한다. 그래서 그자는 이 땅에서 도망쳐 숨어야 하거나, 아니면 징벌을 당해 목숨을 잃는다."

이에 대해 나는 다음과 같이 응수하고자 합니다. 우리는 그 누구도 모욕하거나 비방하지 않으니, "중상꾼은 하느님의 나라를 차지하지 못한다"(1코린 6,10)고 확신하고 있으며, 또 "너희를 저주하는 자들에게 축복하라"(루카 6,28), "저주하지 말고 축복해 주십시오"(로마 12,14)라는 말씀을 읽었기 때문입니다. 우리는 또한 "우리는 사람들이 욕을 하면 축

51　참조: 『켈수스 반박』 2,34-35.

복해 줍니다"(1코린 4,12)라는 말씀도 잘 알고 있습니다. 부당한 일을 당했다고 여기는 사람에게는 모욕이 보복의 한 방식일 수 있겠지만, 하느님의 말씀은 우리에게 모욕의 언사를 결코 허락하지 않습니다. 나아가 모욕이 큰 어리석음을 드러내는 경우에는, 얼마나 더 마땅히 모욕의 언사를 자제해야 하겠습니까! 하느님의 본성에 관해 전혀 모르는 사람들이 돌이나 금이나 은이 신들의 형상을 취했다고 생각하는 경우, 그 물질들을 모욕하는 것 역시 실로 어리석다고 하겠습니다. 그래서 우리는 생명 없는 신상들도 조롱하지 않으며, 한다 해도, 오히려 그것들을 경배하는 자들을 조롱합니다. 하지만 특정한 다이몬들이 이런저런 신상들 안에 터 잡고 살고 또 그것들 중의 어떤 것은 '디오니소스'로, 또 어떤 것은 '헤라클레스'로 여겨지는 경우, 우리는 그것들을 결코 '모욕'하지 않을 것입니다. 왜냐하면 그런 짓은 무의미하며, 또한 사람은 인간이든 다이몬이든 누군가를 그의 저열함 때문에 모욕해서는 안 된다고 배운, 온유하고 평화를 이루고 고요한 영혼을 지닌 인간들에게 전혀 어울리지 않기 때문입니다.

42. 켈수스가 의도한 것도 아니면서 어떻게 방금 전에는 어떤 존재들을 다이몬이나 신으로 칭송하고, 이제는 그것들의 실제적 행태를 아주 나쁘게 표현하게 되었는지 나는 모르겠습니다. 이를테면 그는 그 존재들이 누군가 자기들을 모욕하면, 보복을 그를 바로잡는 징벌 수단으로 사용한다고 말합니다. "그대가 디오니소스나 헤라클레스를 직접 모욕했다면, 아마도 그대는 운좋게 위해를 모면할 수는 없을 것이다."

이어서 켈수스는 우리가 예수님에게 내재하는 신성이 아니라, 고문당하고 처벌받는 예수님의 몸을 "신"으로 특징짓고, 또한 고문과 처벌을 받는 그분을 "신"으로 여긴다고 주장합니다. 그래서 이렇게 말합니다. "사람들이 그대의 그 신을 고문하고 처벌했는데도, 아무런 위해를 당하지 않았다." 우리는 이미 앞에서 인간으로서의 예수님의 수난에 관해 상세히 설명했고,[52] 그래서 여기서는 중언부언한다는 인상을 주지 않기 위해, 의도적으로 이 주제를 건너뛰겠습니다. 그러나 켈수스가 예수님을 처형한 자들이 "나중에도, 그들이 살아 있는 내내 전혀 해를 입지 않았다"고 주장하기 때문에, 그에게 그리고 관심 있는 모든 사람에게, 예수님의 십자가형을 요구하면서 "그자를 십자가에 못 박으시오! 십자가에 못 박으시오!"(루카 23,21)라고 외쳐 댔던 유대인 백성 — 왜냐하면 그들은 오히려 "반란과 살인으로 감옥에 갇혀 있던"(루카 23,19.25) 한 강도를 풀어 주기 원했고, "시기심" 때문에 넘겨진(참조: 마태 27,18; 마르 15,10) 예수님은 십자가에 처형되기를 원했기 때문입니다 — 의 도시는 얼마 지나지 않아 군대의 공격을 받아야 했고, 오랜 기간 집중 포위를 당했으며, 마침내 깡그리 파괴되어 황폐해졌다는 사실을 알려 주고자 합니다. 과연 하느님께서는 그곳 주민들이 하나의 공동체 안에서 살기에는 합당하지 않다고 여기셨던 것입니다.[53] 그런데 하느님께서는 그래도 관대하게 그들을 대하셨던 것이니, — 감히 다음과 같이 역설적으로 말해도 되려니와 — 그들이 삶의 개선을 위한 치료제라고는 전혀 먹어 보지 못했고 또 죄악의 홍수 속에서 나날이 더욱더 허우적대는 것을 보셨으며, 그래서 그들을 적들에게 넘겨주셨던 것입니다. 그리고 이 일이 일어난 것은, 그들의 공모共謀로 말미암아 예수님의 피

---

52   참조: 『켈수스 반박』 7,16-17.

53   참조: 『켈수스 반박』 2,13; 4,22.

가 그들 땅에 쏟아졌고, 그 땅은 감히 예수님에게 그렇게 무서운 악행을 저지른 자들을 더는 받아들일 수 없었기 때문입니다.

43. 예수님의 수난 이후 발생한 "진기한 일"은 바로 그 도시와 유대인 백성 전체의 운명 그리고 이를테면 "한 순간에 세상에 태어난"(이사 66,8 참조) 수많은 그리스도인 백성의 탄생입니다. 또한 "하느님의 계약과 전혀 관계가 없었고" 약속에도 아무런 몫이 없었으며(에페 2,12 참조) 진리와 아주 멀리 떨어져 있었던 인간들이 하느님의 능력으로 이 약속을 받아들였다는 것 또한 진기한 일입니다.[54] 이 일들은 어떤 인간 마술사의 업적이 아니라, 당신의 계명들을 전하기 위해 당신의 로고스 예수님을 파견하신 하느님의 위업이었습니다. 이 예수님은 그토록 잔혹하게 처형되셨으나(그래서 그분을 그렇게 부당하게 다룬 인간들의 잔혹함은 비난받아야 마땅합니다), 참으로 씩씩하고 온유하게 견뎌 내셨습니다. 그분의 처형은 하느님 계명들의 멸망으로 귀결되지 않고 오히려 — 마땅히 다음과 같이 말해야 하거니와 — 그 계명들이 널리 알려지게 했으니, 이는 예수님 친히 다음과 같이 말씀하고 가르치셨던 바와 같습니다. "밀알 하나가 땅에 떨어져 죽지 않으면 한 알 그대로 남고, 죽으면 많은 열매를 맺는다"(요한 12,24). 요컨대 "밀알"이, 곧 예수님이 "죽었기" 때문에 "많은 열매를 맺었으며" 아버지께서는 당신의 섭리를 "밀알"의 죽음으로부터 열매로서 생겨 나왔고 지금도 생겨 나오며 또 앞으로도 생겨 나올 이들에게서 끊임없이 실현하고 계십니다. 예수님의 아버지께서는 "당신의 친아드님마저 아끼지 않으시고 우리 모두를 위하여 내

---

54 참조: 『켈수스 반박』 2,78; 5,33; 8,5; 1.26.

어 주신"(로마 8,32) 신실하신 아버지이십니다. 이렇게 모든 이를 위해 돌아가신 예수님께서는 "하느님의 어린양"으로서 "세상의 죄를 없애십니다"(요한 1,29). 그리고 예수님은 무도한 악인들이 당신에게 가하는 고통을, 아버지의 강요 때문이 아니라, 오히려 온전히 자발적으로 감수하셨습니다.

이어서 켈수스는 신상들을 모욕하는 사람들을 다시금 공박하면서 이렇게 말합니다. "그대가 모욕하는 신들의 경우에도 그런 것을 원하고 그래서 모욕을 참는다고 말할 수도 있을 것이다. 사안들이 비슷한 경우에는, 서로 비교해 보는 것이 최상이다. 하지만 이 신들은 모욕한 자에게 엄혹한 보복을 한다. 그래서 그자는 이 땅에서 도망쳐 숨어야 하거나, 아니면 징벌을 당하여 목숨을 잃는다." 그런데 다이몬들은 그리스도인들이 자기들을 모욕하기 때문이 아니라 자기들을 신상들과 인간의 몸과 영혼에서 쫓아내기 때문에, 그들에게 "보복"을 하곤 합니다. 아무튼 켈수스는, 자신도 인식하지 못하는 가운데, 이 문제와 관련하여 진실을 말했습니다. 그리스도인들에게 유죄판결을 내리고 그들을 밀고하고 또 그들을 공격하는 짓을 좋아하는 자들의 영혼이 악한 다이몬들로 가득 차 있다는 것은 실로 진실입니다.

44. 자신의 그리스도 신앙을 위해 죽는 사람들의 영혼은 경건한 확신을 지니고 영예롭게 몸을 떠나며, 그로써 다이몬들의 권세를 분쇄하고 인간들을 거스르는 그것들의 공모를 무력화시켰기[55] 때문에, — 나는 믿거니와 — 다이몬들은 자기들이 그 진리의 증인들에게 제압되고 정

---

55   참조:『켈수스 반박』1,31; 오리게네스『요한 복음 주해』6,281-282.

복된다는 것을 경험으로 배웠고 그래서 새삼 보복하려 들지 못하고 뒷걸음칩니다. 그래서 그것들이 그런 번민과 고통을 망각하게 되는 시점까지, 세상은 필경 그리스도인들과 평화롭게 지낼 것입니다. 그러나 다이몬들이 자기네 악의에 눈이 멀어 다시 힘을 뭉쳐 나서서 새로이 그리스도인들에게 보복을 하고자 하면, 그것들은 다시금 멸망할 것입니다. 그때에는 경건한 확신으로 자신들의 몸이라는 옷을 벗어 버리는 신앙인들의 영혼이 악의 전투력을 제압할 것입니다.

내 생각에, 다이몬들은 승리자로 입증되고 자신의 종교적 확신을 위해 죽는 사람들은 자기네 지배권을 무너뜨린다는 것을, 그러나 고난에 굴복하고 자신의 종교를 부인하는 사람들은 자기네 지배권 안에 들어온다는 것을 알고 있습니다. 다이몬들은 종종 자기네에게 넘겨진 그리스도인들에게 승리를 거두기 위해 완강하게 싸우니, 그리스도인들이 신앙을 고백하면 고통을 받고, 신앙을 부인하면 안정을 얻기 때문입니다. 우리는 때때로 재판관들에게서도 다이몬들의 흔적을 발견할 수 있으니, 그들은 그리스도인들이 지독한 고문을 꿋꿋이 견뎌 내면 심문이 괴롭고, 고문의 고통에 굴복하면 오만한 기쁨을 드러냅니다. 그리고 그들은 이 일을 자신들이 망상하듯이 인간다운 마음으로 하는 게 아니니, 고문에 굴복한 사람들의 "혀는 서약을 했지만, 마음은 서약하지 않았다"[56]는 것을 분명히 알고 있기 때문입니다. 이것이 "이 신들은 모욕한 자에게 엄혹한 보복을 한다. 그래서 그자는 이 땅에서 도망쳐 숨어야 하거나, 아니면 징벌을 당하여 목숨을 잃는다"라는 켈수스의 말에 대한 나의 대답입니다. 만일 어떤 그리스도인이 도망친다면, 나약하고 비

---

[56] 에우리피데스 『히폴리토스』 612. 거의 속담이 된 말이다. 참조: 플라톤 『향연』 199a; 『테아이테토스』 154d; 유스티누스 『첫째 호교론』 39,4.

겁하기 때문이 아니라, 자기 스승님의 명령을 준수하고 또한 다른 이들
의 구원을 돕기 위해 제 몸을 온전히 지키고자 하기 때문입니다.

45. 우리는 이어지는 켈수스의 다음과 같은 언명도 고찰하고자 합니
다. "신탁 장소들에서 남녀 예언자들뿐 아니라 그 밖의 영감받은 남녀
들이 매우 신령스러운 목소리로 선포한 예언들을 우리가 모두 열거해
야 하는가? 신전의 가장 깊숙한 곳에서 들렸던 그 모든 놀라운 계시들
을 열거해야 하는가? 제물용 동물들과 그 밖의 제물들로부터, 또는 다
른 놀라운 징조들로부터 무언가 알아내고자 했던 사람들에게 드러났
던 그 모든 것을 열거해야 하는가? 신들은 여러 사람에게 볼 수 있는 모
습으로 나타났다.[57] 인간의 온 생애가 그런 경험들로 가득하다. 얼마나
많은 도시가 신탁에 따라 건설되었고, 신탁 덕분에 질병과 기근에서 벗
어났던가? 그러나 또한 신탁을 가벼이 여기거나 잊어버린 얼마나 많은
도시가 비참하게 몰락했던가? 얼마나 많은 식민지가 신탁에 의해 세
워졌고 또 신탁의 지시를 따른 덕에 번영했던가?[58] 얼마나 많은 통치자
가, 얼마나 많은 개인이 똑같은 이유로 성공하거나 실패했던가? 자식
없어 괴로워하던 얼마나 많은 사람이 바라 마지않던 자식을 얻었고 또
그로써 다이몬들의 노여움에서 벗어났던가? 얼마나 많은 육신의 고통
이 치유되었던가? 또한 얼마나 많은 인간이 거룩한 장소들을 모독했기
때문에 돌연 징벌을 받아, 곧장 정신착란에 사로잡히거나 자신의 소행
을 자백하거나 스스로 목숨을 끊거나 불치의 병에 걸렸던가? 과연 적

---

57   참조: 『켈수스 반박』 3,24; 7,35.

58   참조: 『켈수스 반박』 7,3.

지 않은 사람이 신전 가장 깊숙한 곳의 강력한 목소리에 의해 멸망했다." 나는 켈수스가 어떻게 이런 일들을 명백한 사실로 제시할 수 있는지, 그리고 어떻게 유대교의 것이든 예수님과 그분 제자들에 관한 것이든 기적에 관한 우리의 보고들을 신화로 간주할 수 있는지 모르겠습니다.[59] 도대체 어째서 우리의 보고들은 진실이 아니고, 켈수스의 이야기들은 신화적 허구가 아니라는 것입니까? 그 이야기들을 그리스의 데모크리토스, 에피쿠로스 또는 아리스토텔레스의 철학 학파들은 결코 믿지 않았습니다.[60] 그런데 그들이 만일 모세를 알았거나 또는 기적을 일으킨 예언자들 가운데 어떤 사람이나 무엇보다 예수님을 알았다면, 그 명백한 증거를 보고 우리의 보고들을 믿었을 것입니다.

46. 피티아 예언녀에 관해서는, 그녀가 종종 뇌물을 받고 거짓 신탁을 전했다는 보고가 전해 옵니다.[61] 그러나 우리의 예언자들은 그들 선포의 명백한 진실성 때문에, 동시대 사람들만이 아니라 후대 사람들에게도 찬탄받았습니다. 과연 예언자들의 신탁에 따라 도시들이 건설되었고 사람들이 치유되었으며 기근이 끝났습니다. 그리고 두루 알다시피 유대 민족 전체도 신탁에 의해 이집트에서 팔레스티나로 인도되어, "집단 거주지"를 건설했습니다. 이 민족은 하느님의 지시들을 충실히 따르면 번영했고, 벗어나면 후회막심하여 제정신으로 돌아왔습니다.

---

59   참조: 『켈수스 반박』 5,57.

60   참조: 『켈수스 반박』 1,43; 7,3과 각주 7; 7,66.

61   참조: 헤로도토스 『역사』 6,66. 스파르타 임금 클레오메네스 1세에게 뇌물을 받은 피티아는 그 임금과 공동 통치를 하던 적수 데마라토스에게 거짓 정보를 흘려 데마라토스가 폐위되게 만들었다.

얼마나 많은 통치자들과 개인들이 예언을 준수하거나 경시했기 때문에 성공하거나 실패했는지를 알려 주는 성경의 보고들을 우리가 모두 언급해야겠습니까?

적지 않은 아버지와 어머니들이 자식이 없어 괴로워했고 또 그래서 온 우주의 창조주께 자식을 청하는 기도를 올렸던 경우에 관해서도 말해야 한다면, 아브라함과 사라의 이야기를 읽어 볼 일입니다. 그들은 아주 늘그막에, 온 유대 민족과 또한 다른 여러 민족의 아버지가 될 이사악을 낳았습니다(창세 17,16-21 참조). 우리는 히즈키아의 이야기도 읽어 볼 수 있는데, 그는 이사야 예언자의 예언대로 질병이 치유되었을(이사 38,1-8 참조) 뿐 아니라, 온전히 확신하며 이렇게 말했습니다. "이제부터 저는 당신의 정의를 선포할 자식들을 낳게 될 것입니다"(이사 38,19 칠십인역). 그리고 열왕기 하권에 따르면 엘리사 예언자를 자기 집에 극진히 모셨던 여인은, 한 아기의 출생을 예고한 엘리사의 기도와 하느님의 은총으로 어머니가 되었습니다(2열왕 4,8-17 참조). 또한 무수한 질병이 예수님에 의해 치유되었습니다. 그리고 예루살렘 성전에서 감히 유대교 예배에 신성모독적인 패악을 저지른 많은 자들은 징벌을 받았는데, 마카베오기에 상세히 기록되어 있습니다(참조: 1마카 2,23-25; 7,47; 9,54-56; 2마카 3,24-30; 4,7-17; 9,5-12).

47. 그러나 그리스인들은 이 기적 이야기들 역시, 그 진실성을 두 백성 전체가 증언하는데도, 신화적인 허구라고 말할 것입니다. 도대체 어째서 그리스인들의 이야기들이 아니라, 이 이야기들이 허구라는 것입니까? 그러나 어떤 사람은, 맹목적으로 자기네 이야기들은 인정하고 남들의 이야기들은 믿지 않는다는 인상을 주지 않기 위해, 이 문제를 좀

더 면밀히 탐구한 후, 다음과 같이 판단할 수도 있을 것입니다. 그리스인들의 기적들은 이런저런 다이몬들에게서 유래하고, 유대인들의 기적들은 하느님에게서 예언자들이나 천사들을 통해 유래하며, 그리스도인들의 기적들은 예수님에게서 그리고 사도들 안에서 작용하는 그분의 능력에서 유래한다고. 그러므로 우리는 이 모든 기적을 서로 비교하고, 그 실행자들의 의도와 목적을 검증하고, 또한 이른바 그 선행들이 수령자들에게 유익했는지 해로웠는지 또는 별로 효력이 없었는지를 살펴보고자 합니다. 그렇게 하면 우리는 유대인의 옛 백성이, 하느님을 거스르고 그래서 자기네 많은 죄 때문에 하느님께 버림받기 전에는, 지혜를 사랑했음을 알게 되지 않겠습니까? 또한 그리스도인들은 처음 생겨날 때에 훈계의 말씀보다는 기적들 때문에, 자신들의 전통적인 견해들을 버리고 그 전통과는 전혀 다른 견해들을 선택하게 되었다는 놀라운 사실도 알게 될 것입니다. 사실 사람들이 그리스도인들의 기원을 어떤 식으로 그럴 듯하게 설명하든, 우리는 "무식하고 평범한"(사도 4,13) 남자들이었던 예수님의 사도들이 인간들에게 그리스도교의 가르침을 선포하는 사명을 감당할 수 있는 용기를 그들의 언설에 내재했던, 그들에게 선사된 능력과 은총 이외의 어떤 다른 원천에서 얻었다는 설명에는 동의하지 않을 것입니다.[62] 또한 사도들의 선포를 귀 기울여 들었던 사람들 역시, 대단한 능력과 기적적인 사건들이 그들을 자신들의 인습적인 견해들과 거리가 먼 가르침으로 인도하지 않았다면, 오래전에 확립된 자신들의 전통적 행동 방식들을 버리지 않았을 것입니다.

---

62   참조: 『켈수스 반박』 1,62; 3,39.

48. 그런 다음 켈수스는, 무슨 까닭인지 나는 알 수 없으나, 자신의 그리스도 신앙을 부인하고 저버리지 않기 위해 기꺼이 죽기까지 싸우는 이들의 의연함에 관해 언급하고, 또 우리의 견해들을 밀교 사제들이 주장하는 견해들과 대등하게 취급합니다. 그는 이렇게 말합니다. "무엇보다도, 친구여, 그대가 영원한 징벌을 믿듯이, 저 거룩한 종교 예식의 해석자들, 밀교 사제들도 그렇게 믿는다.[63] 그런데 그대가 다른 이들에게 위협하는 이 징벌을, 그들은 그대에게 위협한다. 사실 이 두 가르침 가운데 어떤 것이 진리나 관철 능력을 더 많이 지니고 있는지를 검증하는 것은 가능하다. 언설 차원에서 양측은 진리는 자기 쪽에 있다고 똑같이 확언하고 있다. 그러나 사람들이 입증을 요구하면, 저 사제들이 다이몬들의 능력과 신탁들과 온갖 종류의 점복의 효력을 열거하면서 분명하고 설득력 있는 많은 증거를 제시한다."

요컨대 이 말로써 켈수스는 우리와 "밀교 사제들"이 똑같이 "영원한 징벌"에 관한 견해를 내세운다고 주장하며, 또한 어느 쪽이 진리에 더 가까운지를 검증하고자 합니다. 그러나 나는 진리는 자신들의 말을 경청하는 이들로 하여금 경청한 내용을 확신하고 또 실제로 그것에 맞갖게 살아가게끔 하는 사람들 쪽에 있다고 말하고 싶습니다. 과연 이것이 의인들은 보상을 받고 죄인들은 징벌을 받는 이른바 내세와 관련된 유대인들과 그리스도인들의 가르침입니다. 켈수스나 그 밖에 관심이 있는 자는 "영원한 징벌"과 관련하여 "밀교 사제들"에게 깊은 감화를 받

---

63 참조: 『켈수스 반박』 3,16; 4,10; 8,49. 켈수스 역시 영원한 징벌을 윤리적으로 마땅히 요청되는 것으로 여긴다. 참조: G. May, Kelsos und Origenes über die ewigen Strafen: *Mousopolos Stephanos*. FS H. Görgemanns (hrsg. von M. Baumbach = BKAW [2] 102), Heidelberg 1998, 346-351.

은 사람들이 있다면 제시해 보라고 하십시오. 사실 이 가르침의 창시자의 의도는 물론 사람들에게 징벌에 관한 정보를 제공하고 속죄 제물을 봉헌하도록 하는 것뿐 아니라, 듣는 이들이 징벌의 원인이 되는 일들을 힘을 다해 멀리하도록 하는 것입니다. 그러나 내가 생각하기에, 예언들역시 거기 담겨 있는 미래에 관한 통찰을 면밀히 숙고하면, 사려 깊고분별 있는 독자들은 하느님의 영이 그 예언자들에게 내재했었다는 사실을 충분히 확신할 수 있습니다. 이 예언들을 사람들은 이른바 다이몬들의 작용이나 신탁의 놀라운 효능 또는 온갖 종류의 점복과 결코 나란히 견줄 수 없을 것입니다.

49. 우리는 켈수스가 또다시 우리를 공박하는 다음의 언명도 고찰하고자 합니다. "게다가 당신들이 한편으로는 육신을 갈망하고 또 마치 당신들에게는 육신보다 더 훌륭하고 더 가치 있는 것은 아무것도 없는 듯이, 바로 그 똑같은 육신이 부활하리라 희망하며,[64] 다른 한편으로는 그육신을 마치 가치 없는 물건인 양 징벌에 넘겨주는 것 역시 허무맹랑한생각 아닌가? 그런 생각을 확신하고 자기 육신에 집착하는 자들과 이주제에 관해 말하는 것은 전혀 가치가 없다. 왜냐하면 그런 자들은 본래 품위 없고 불결하며 분별없이 반란이라는 고질병을 함께 앓고 있는인간들이기 때문이다.[65] 이와는 달리 나는 영혼 내지 오성 ― 이것을 그들이 정신적 원리라고 지칭하든 거룩하고 복되고 이지적인 영이라고지칭하든, 생동적 영혼이라 지칭하든, 신적이고 비물질적인 본성의 천

---

64   참조: 『켈수스 반박』 5,14; 7,36.42.45; 미누키우스 펠릭스 『옥타비우스』 11.

65   참조: 『켈수스 반박』 3,5; 8,2. 정치적 반란의 고질병 내지 국가와 사회를 위태롭게 하는 반란적 성향이라는 표상은 플라톤 『국가』 556e에서 빌려 온 것이다. 병든 몸 ― 병든 국가.

상적이고 불멸하는 작품이라고 지칭하든, 또는 그 무엇이라고 지칭하든 간에 — 을 지닌 사람들과는, 요컨대 이 영혼 내지 정신을 신과의 친교 안에서 영원히 보유하기를 희망하는 사람들과는 이 주제에 관해 기꺼이 대화를 나눌 것이다. 왜냐하면 그들은 언제나 이 문제에서 올바른 견해 — 선한 삶을 산 이들은 지극히 복될 터이지만, 불의한 자들은 영원한 고통으로 온통 괴로워하게 될 것이다 — 를 지니고 있기 때문이다. 그리고 이 가르침을 그들도 또 그 어떤 인간도 언제까지나 거슬러서는 안 될 것이다.”

부활과 관련하여 켈수스는 이미 여러 차례 우리를 비방했습니다.[66] 그러나 우리는 이 문제에 관해 근거가 충실하다고 여겨지는 내용을 최대한 성실히 설명했고, 또 자주 표명되는 비난에 맞서 똑같이 자주 우리 자신을 변론하고자 하지도 않았습니다. 하지만 우리가 우리의 존재에서 “육신보다 더 훌륭하고 더 가치 있는 것은 아무것도 없는 듯이 여긴다”는 켈수스의 주장은 터무니없는 비방입니다. 왜냐하면 우리는 영혼이, 특히 이성적인 영혼이 그 어떤 육신보다 가치 있다고 언명하니, 결코 육신이 아니라 영혼이 “창조주의 모상에 따른”(콜로 3,10) 존재 형상을 지니고 있기 때문입니다.[67] 요컨대 우리의 가르침에 따르면 하느님은 물질적 존재가 결코 아니십니다. 과연 우리는 제논과 크리스포스 학파 출신 철학자들이 주장하는 어리석은 공론空論에 휩쓸려 들지 않을 것입니다.[68]

---

66 참조: 『켈수스 반박』 5,14; 7,32.

67 참조: 『켈수스 반박』 6,63.

68 참조: 『켈수스 반박』 1,21; 3,75; 4,14.

50. 또한 우리가 이른바 "육신에 대한 갈망을 지니고 있다"고 비방하는 켈수스는 다음 사실을 분명히 알아야 합니다. "갈망"이 나쁜 것이라면, 우리는 아무것도 간절히 바라지 않을 것입니다. 그러나 갈망이 윤리적으로 좋지도 나쁘지도 않은 것이라면, 우리는 하느님께서 의인들에게 약속하시는 모든 것을 간절히 바랍니다.[69] 요컨대 그래서 우리는 의인들의 부활도 열망하고 간절히 고대하고 있습니다. 켈수스는 또한 우리가 한편으로는 육신이 마치 하느님에 의해 존중될 가치가 있는 양 육신의 부활을 고대하고, 다른 한편으로는 육신을 "마치 가치 없는 물건인양 징벌에 넘겨줌"으로써 모순적인 입장을 내세운다고 생각하고 있습니다. 종교적 확신을 위해 고난을 겪고 또 덕 때문에 어려움을 감수하는 것은, 가치 없는 일이 아닙니다. 오히려 죄스러운 욕구에 온통 빠져드는 그 모든 것이야말로 "가치 없는" 일입니다.[70] 그래서 하느님의 로고스께서도 이렇게 말씀하십니다. "어떤 후손이 영예로운가? 인간의 후손이다. … 어떤 후손이 치욕스러운가? 인간의 후손이다"(집회 10,19).

그런 다음 켈수스는 육신이 보상을 받으리라 고대하는 자들과 말해서는 안 된다고 믿으니, 그들은 어리석게도 자기네 희망을 충족시켜 줄 수 없는 일에 사로잡혀 있기 때문이라고 합니다. 그리고 그는 그들을 "품위 없고" "불결하다"고 하면서 그들은 "분별없이" "반란"에 끼어들 것이라고 말합니다 ─ 그가 인도주의자로서 "품위 없는 자들"도 도와주어야 마땅할 터인데도 말입니다. 요컨대 공동체 심성은 품위 없는 자

---

69 여기서 오리게네스는 ἐπιθυμία(갈망, 정념)에 대한 스토아학파의 거부를 비판하고 있다. 철학적 배경(플라톤 『필레보스』 44b)과 결론적인 성경 논증에 관해서는 참조: A. Cacchiari, Origene e il libro del Siracide: *Origeniana Octava* (hrsg. von L. Perrone = BEThL 164), Löwen 2003, 579-592.

70 참조: 『켈수스 반박』 8,30.

들을, 이성 없는 동물들처럼 배제하지 않습니다. 오히려 우리의 창조주
께서는 우리에게 모든 인간을 차별 없이 포용하는 공동체 심성을 심어
주셨습니다. 그러므로 품위 없는 이들과도 이야기하고 그들을 가능한
한 교화된 삶으로 인도하며, 또한 불결한 인간들과도 함께 이야기하고
그들을 가능한 한 좀 더 정결하게 만들며, 마찬가지로 생각이 이랬다저
랬다 하는, 영혼이 병든 분별없는 이들과도 함께 이야기하고 그들이 더
는 분별없이 어떤 일도 하지 않고 더는 영혼의 병을 앓지 않도록 해 주
는 것은 가치 있고 또 마땅한 일입니다.

51. 그런 다음 켈수스는 "영혼 내지 오성 — 이것을 그들이 정신적 원
리라고 지칭하든 거룩하고 복되고 이지적인 영이라고 지칭하든, 생동
적 영혼이라 지칭하든, 신적이고 비물질적인 본성의 천상적이고 불멸
하는 작품이라고 지칭하든, 또는 그 무엇이라고 지칭하든 간에 — 을
지닌 사람들, 요컨대 이 영혼 내지 정신을 신과의 친교 안에서 영원히
간직하기를 희망하는 사람들"의 견해들은 훌륭하다고 평가하며, 또한
"선한 삶을 산 사람들은 지극히 복될 터이지만, 불의한 자들은 영원한
고통으로 온통 괴로워할 것"이라는 가르침을 옳은 견해로 받아들입니
다. 그러나 나는 켈수스가 말하는 이 모든 내용 가운데에서, 그가 앞서
언명한 내용에 이어서 "이 교설을 그들도 또 그 어떤 인간도 언제까지
나 거슬러서는 안 될 것이다"라고 말하는 것이 매우 의아하게 여겨집
니다. 아무튼 켈수스는 자신들의 신앙의 바탕을 온전히 하느님에게, 그
리고 그리스도를 통해 전해진 의인들을 위한 약속에, 또한 불의한 자들
에 대한 징벌에 관한 그분의 가르침에 두고 있는 그리스도인들을 거슬
러 글을 쓰고 있습니다. 그런 까닭에 그 역시 그리스도인들을 공박하는

자신의 논거들에 동의하고 자기 신앙을 버리는 그리스도인은 복음과 함께, 그의 말을 흉내 낸다면, "그리스도인들도 또 그 어떤 인간도 언제까지나 거슬러서는 안 될 가르침"도 동시에 버리는 것이라는 사실을 알아야만 했습니다.

아무튼 내가 생각하기에, 크리시포스가 그의 저작 『격정들의 치유』에서 켈수스보다 더 인도주의적으로 대응했습니다. 더 자세히 말하자면 크리시포스는 인간 영혼을 억압하고 괴롭히는 격정들을 치유하고자 하는데, 그것을 위해 우선 자신이 옳다고 여기는 논증을 사용하지만, 두 번째와 세 번째에는 자신이 동의하지 않는 견해들도 투입합니다. 그는 말합니다. "요컨대 세 종류의 선이 존재하며, 그래서 우리는 또한 이런 전제 조건 아래에서 격정들을 치유해야만 한다. 우리는 격정들이 극렬해질 때에는 격정으로 고통받고 있는 인간을 전에 사로잡고 있던 견해를 유념할 필요가 있으니, 전에 영혼을 사로잡고 있던 견해들을 반박하려는 조급한 노력 때문에 치유가 허사가 되는 일이 없게 하기 위해서다." 그는 계속해서 이렇게 말합니다. "쾌락이 최고선으로 간주되고 또 격정에 지배당한 인간이 그런 성향을 지니고 있다 하더라도, 우리는 그럼에도 불구하고 그를 도와주어야 하며, 그러는 가운데 쾌락을 최고선이자 궁극적 목적으로 여기고 있는 이들의 관점에서도 모든 격정이 허용될 수 있는 것은 아니라는 사실을 알려 주어야 한다."[71]

켈수스가 "선한 삶을 산 사람들은 지극히 복될 터이지만, 불의한 자들은 영원한 고통으로 온통 괴로워할 것"이라는 가르침에 동의한다고

---

[71]　참조: 『켈수스 반박』 1,64. 세 가지 선에 관한 가르침은 아리스토텔레스학파가 주장했다(참조: 『켈수스 반박』 6,54과 각주 134). 쾌락을 최고선으로 여기는 것은 두루 알다시피 에피쿠로스학파의 견해다(참조: 『켈수스 반박』 3,80; 5,47; 7,63).

일단 말했다면, 그는 물론 일관되게 자기 자신의 입장으로 내쳐 나아가야 했습니다. 또한 가능하다면, 자기가 주요 논거로 여기는 것을 설명하여 그 논증을 확충하고 또 그 밖의 증거들을 통해 "선한 삶을 산 사람들은 지극히 복될 터이지만, 불의한 자들은 영원한 고통으로 온통 괴로워할 것"이라는 언명의 진실성을 명시했어야 했습니다.

52. 우리로서는 우리가 그리스도교적 삶을 결단하도록 촉구한 많은, 아니 무수한 이유 때문에, 가능한 한 모든 인간을 그리스도인들의 모든 가르침과 참으로 친숙하게 만들고자 합니다. 그러나 우리는 그리스도인들을 거슬러 퍼뜨려진 비방과 중상 때문에 선입견에 사로잡혀, 때로는 심지어 그리스도인들은 신을 부인하는 자들이라고 망상하는 사람들과 마주치는데, 그들은 하느님의 로고스의 가르침에 전혀 귀를 기울이려 하지 않습니다. 그럴 때에 우리는 최대한 인간애에 따라 처신하면서, 최소한 하느님을 부인하는 자들이 받을 영원한 징벌에 관한 가르침이 진실임을 밝히고, 또 그리스도인이 되고자 하지 않는 사람들도 이 가르침만은 받아들이도록 애써 부추깁니다. 그래서 우리는 "선한 삶을 산 사람들은 지극히 복될 것"이라는 확신도 전하고자 하니, 신앙과 거리가 먼 사람들도 올바른 삶의 방식에 관해서는 우리의 가르침과 일치하는 많은 견해를 주장한다는 것을 알고 있기 때문입니다. 사실 선과 악에 관한, 또 정의와 불의에 관한 보편적 표상들을 완전히 상실한 사람은 아무도 없다고 할 수 있습니다.[72]

그러므로 우주와 우주 안의 하늘과 항성들의 일정한 운동과 이른바

---

[72] 참조: 『켈수스 반박』 1,4.

행성들(이것들의 궤도는 우주의 운동과 반대 방향으로 운행합니다)의 질서를 관찰하는 모든 인간은, 또한 모든 생명체에게 특히 인간에게 유익한 공기와 물의 혼합도 주시하는[73] 모든 인간은, 그리고 인간을 위해 창조된 충만한 사물들을 관찰하는 모든 인간은, 우주의 창조주를, 또 자기 영혼과 그 안에 존재하는 오성을 거스르는 일을 하지 않도록 조심해야 합니다. 그리고 모든 인간은 자신이 한편으로는 자기 죄의 벌을 받으리라는 것, 그러나 다른 한편으로는 모든 개인을 그의 자격에 따라 대하시는 분에게, 올바르고 합당한 행위에 따르는 보상을 받으리라는 확신을 지녀야 합니다. 모든 인간은 자신의 선행은 선한 결실을 맺으리라는 확신을 지녀야 합니다. 그러나 고약하게 산 경우에는 불의와 방탕과 무절제에, 또한 나태와 비겁함과 어리석음에 빠져 산 경우에는 심한 고통과 아픔에 넘겨지리라는 확신도 지녀야 합니다.

53. 우리가 이 문제를 꽤 상세히 다루었으니, 켈수스의 또 다른 언명도 고찰하고자 합니다. "인간들은 — 우주의 질서 때문이든, 죄에 대한 징벌 때문이든, 아니면 영혼이 정해진 시점에 정화될 때까지 특정한 격정들에 짓눌려 있기 때문이든 — 몸에 매여 태어난다. 과연 엠페도클레스에 따르면 영혼은 '지극히 복된 존재들과 멀리 떨어진 채 세 번의 천 년 동안 이리저리 헤매야' 한다. 그러는 가운데 영혼은 시간이 흐르면서 죽음을 면치 못하는 존재들의 다양한 형태를 취한다.[74] 그러므로 사람은 인간들이 이 감옥의 이런저런 간수들에게 넘겨져 있다는 사실을 깨

---

[73]   참조:『켈수스 반박』1,23. 이 논증은 이미 스토아학파에서 펼친 바 있다; 창조적인 로고스의 작품인 의미 충만한 우주를 위한 우주론적 논증이 존재했다.

[74]   참조: 엠페도클레스『단편』B 115.

달아야 한다."[75]

이 구절에서도 켈수스가 많은 문제에서 박약한 인성을 따라 비논리적이고 우유부단하다는 것, 또한 우리의 생성의 원인에 관해 여러 이론을 열거한다는 것, 또 그러면서 한편으로는 이 문제들 가운데 어떤 하나를 그릇되다고 감히 언명하지 못할 만큼 조심하느라 여념이 없다는 사실에 주목하십시오. 그가 일단 사람은 맹목적으로 찬동해서는 안 되고 또 "도발적 방식으로 옛 사람들의 견해들을 무시해서도 안 된다"고 판단했다면, 당연한 귀결로서 예언자들이 밝힌 유대인들의 가르침, 또 자신이 전혀 믿으려 하지 않는 예수님의 가르침과 관련하여 최소한 비논리적이고 우유부단하게 처신해서는 안 되었으며, 다음 사실을 유념해야 했습니다. 온 우주의 하느님을 섬기고 또 그분과 믿음으로 받아들인 그분의 율법에 대한 공경 때문에 자주 무수한 위험과 나아가 죽음에 내맡겨졌던 사람들은 하느님께 버림받지 않았으며 오히려 그들에게 일종의 계시가 주어졌다는 것은 실로 사실이었습니다. 과연 그들은 인간 솜씨의 소산인 신상들을 경멸했고, 오히려 자신들의 사유 안에서 만유를 주재하시는 하느님께로 들어 올려지기 위해 애썼습니다.[76] 켈수스는 "모든 것을 보시고 들으시며"[77] 당신을 찾고 참으로 공경하고자 하는 모든 개개인의 의향을 합당하게 판단하시는 모든 존재의 공동의 아버지요 창조주께서는 그 사람들에게도 당신 보살핌의 열매를 베

---

75 우주를 영혼의 감옥으로 보는 견해에 관해서는 참조: 플라톤 『파이돈』 62b, 114b-c; 『국가』 517b; 키케로 『투스쿨란의 대화』 1,74; 『디오그네투스에게 보낸 편지』 6,7. 다이몬들이 인간 삶의 감독이라는 표상은 헤시오도스 『노동과 나날』 122-123.253에 처음 나온다. 그 밖의 중기 플라톤주의의 증언들에 관해서는 참조: Puigalli, *Démonologie* 21.

76 참조: 『켈수스 반박』 6,59; 7,44.

77 참조: 호메로스 『일리아스』 3,277; 『오디세이아』 11,109; 12,323.

풀어 주시어, 그들이 일단 획득한 당신에 대한 깨달음 안에서 계속 성장할 수 있도록 하신다는 사실을 유념해야 했습니다. 모세와 유대인 예언자들을, 또한 예수님과 그분 가르침을 위해 고난을 겪는 그분의 참제자들을 몹시 미워하는 켈수스를 비롯한 적수들이 이 사실을 분별 있게 숙고했다면, 그들은 모세와 예언자들과 예수님과 그분 사도들을 그런 식으로 비방하지는 않았을 것입니다. 그들은 또한 이 세상의 모든 민족들 가운데 유독 유대인들만 비난하지 않았을 터이고, 또 미신 때문인지 아니면 이런저런 다른 동기나 망상 때문인지, 신적 존재에 대한 공경을 이성 없는 동물 수준으로까지 끌어내리느라 온갖 짓을 한 이집트인들보다 유대인들이 더 나쁘다고 주장하지도 않았을 것입니다.[78]

지금까지 한 말로써 우리는 그리스도교 가르침과 관련하여 사람들에게 우유부단함을 부추기려는 것이 아니라, 그리스도교의 가르침을 모든 점에서 비방하는 자들은 이 문제에서 최소한 우유부단하게 처신하고 예수님이나 그분 제자들에 관해 자신들이 이해하지 못하는 일들을 그렇게 뻔뻔스럽게 말하지 않는 게 나을 것이라는 사실을 알려 주고자 합니다. 그 일들을 그들은 스토아학파 사람들이 "포괄적인 표상"이라 이르는 것을 사용하여 논증하지도 못하며, 또 개별적 철학 학파들이 자신들 견해에 따라 어떤 현상의 실재성을 밝히기 위해 동원하는 그 어떤 다른 척도를 내세워 논증하지도 못합니다.

54. 이어서 켈수스가 "그러므로 사람은 인간들이 이 감옥의 이런저런 관장자들에게 넘겨져 있다는 사실을 깨달아야 한다"라고 언명하기 때

78　참조: 『켈수스 반박』 4,31; 5,41; 6,80.

문에, 그에게 이렇게 응수해야겠습니다. 덕성스러운 영혼은 예레미야가 "세상의 모든 수인囚人들"(애가 3,34)이라고 지칭한 사람들의 삶에서도, 죄의 사슬에서 풀려날 수 있습니다. 과연 예수님께서는 이 사실을, 당신이 오시기 오래전에 이미 이사야 예언자의 예고를 통하여 언명하셨습니다. "갇힌 이들에게는 '나와라' 하고, 어둠 속에 있는 이들에게는 '모습을 드러내어라' 하고 말하기 위함이다"(이사 49,9). 그리고 바로 이 예수님께서, 똑같은 이사야가 그분에 관해 예고했듯이, "암흑과 죽음의 땅에 사는 이들에게 빛으로 떠오르셨습니다"(이사 9,1 참조). 그래서 우리는 이렇게 말할 수 있습니다. "저들의 오랏줄을 끊어 버리고, 저들의 사슬을 벗어 던져 버리자"(시편 2,3).

과연 켈수스가 — 그리고 그와 똑같이 우리를 적대하는 마음을 지니고 있는 사람들이 — 복음서들의 깊은 의미를 이해할 수 있었다면, 그가 "감옥의 관장자들"이라고 지칭한 존재들에게 순종하라고 우리에게 충고하지는 않았을 것입니다. 복음서에 다음과 같은 이야기가 쓰여 있습니다. 어떤 여자가 "허리가 굽어 몸을 조금도 펼 수가 없었습니다." 예수님께서 그 여인을 보시고 무엇 때문에 허리가 굽어 조금도 펼 수가 없는지를 꿰뚫어 아시고는, 이렇게 말씀하셨습니다. "아브라함의 딸인 이 여자를 사탄이 무려 열여덟 해 동안이나 묶어 놓았는데, 안식일일지라도 그 속박에서 풀어 주어야 하지 않느냐?"(루카 13,11.16). 지금도 사탄에게 묶여 있어 허리가 굽었으며, 또 우리가 아래만 내려다보기를 원하는 사탄의 권세 때문에 "몸을 조금도 펼 수 없는" 사람들이 얼마나 많습니까? 예수님 안에 오셨고 또 이미 일찍이 인간들을 하느님의 능력으로 가득 채워 주신 로고스 외에는 그 누구도 그 사람들을 곧추 세울 수 없습니다. 과연 예수님께서는 "악마에게 짓눌리는 이들을 모두 고쳐 주시기"(사도 10,38) 위해 오셨거니와, 그분은 당신에게 걸맞는 심오한 지혜로 악마에 관해 이렇게 확언하셨습니다. "이제 이 세상의 우두머리가 이미 심판을 받았다"(요한 16,11).

요컨대 우리는 "여기 아래 세상에 존재하는 다이몬들을 모욕"하는 게 아니라, 그것들의 활동이 인류의 파멸을 겨냥하고 있다는 사실을 밝히는 것입니다. 과연 다이몬들은 신탁, 신체적 고통의 치유, 그 밖의 이른바 선행이라는 가면 뒤에서 "비천한 몸"(필리 3,21) 안에 깃들어 있는 영혼을 하느님으로부터 떼어 놓고자 합니다. 이 비천함을 통찰한 사람은 이렇게 외칩니다. "나는 과연 비참한 인간입니다. 누가 이 죽음에 빠진 몸에서 나를 구해 줄 수 있습니까?"(로마 7,24). 그러나 우리는 또한 "우리 몸을 경솔하고 분별없이 고문과 고통스러운 죽음에 내맡기지"도 않습니다. 세상에 존재하는 다이몬들을 신이라 부르려 하지 않고 또 그래서 다이몬들과 그 공경자들에게서 박해를 받는 인간은, 그럴 때에도 자기 몸을 그런 고통에 분별없이 내맡기지 않습니다. 그러나 우리는 충실한 근거를 지니고, 바로 우리의 덕 때문에 "죽음에 이르기까지 고통을 받고" 또 우리 종교를 위해 "고문을 받으며" 우리의 종교적 확신 때문에 죽는 것이 하느님 마음에 드는 일로 여겨 왔습니다. "당신께 성실한 이들의 죽음이 주님의 눈에는 소중합니다"(시편 116,15). 우리는 또한 "삶을 사랑하지 않는" 정신 자세를 훌륭한 것이라 언명합니다. 켈수스는 우리를 "자신들의 강도질 때문에 마땅히 형벌을 받는 강도들"에 견주고, 우리의 그렇게 숭고한 결단을 강도들의 행태와 동렬에 놓습니다. 이런 언설로써 그는 예수님을 "무법자들 가운데 하나로 헤아린" 자들, 다음 성경 말씀이 그들에게서 이루어진 자들과 동무가 되었습니다. "그는 무법자들 가운데 하나로 헤아려졌다"(이사 53,12; 루카 22,37).

55. 그런 다음 켈수스는 이렇게 말합니다. "이성은 양자택일을 요구한다. 만일 그들이 아래의 일들을 관장하는 임무를 맡은 존재들을 마땅히 섬기는 것을 거부한다면, 그들은 남자로 성숙하지도 못하고 여자와 혼인하지도 못하고 자식을 가지지도 못하며 아예 인생에서 아무것도 도모해 보지 못하고 자손도 남기지 못하며 모조리 여기서 떠나 버리게 될 것이다. 그리하여 그런 인간 종자들은 세상에서 완전히 사라지게 될 것이다. 그러나 그들이 여자와 혼인하고 자식을 낳고 열매를 즐기고 또 삶의 일들에 동참하고 또한 부과된 역경을 감당한다면 — 사실 모든 인간이 역경을 겪는다는 것은 본성에 속한다. 이를테면 역경은 필수적이며 이 삶에서 다른 장소를 알지 못한다[79] — 그들은 자신들의 사슬에서 풀려날 때까지 그런 일들을 관장하는 임무를 맡은 존재들을 마땅히 공경하고 또한 (사회) 생활을 위한 의무들을 수행해야 하니, 그럼으로써 그들은 그 존재들에게 감사하게 될 것이다. 사실 그 존재들의 선과 재화의 한몫을 누리면서 사용료를 지불하지 않는다는 것은 부당하다고 하겠다."

이에 대해 다음과 같이 응수하겠습니다. 우리의 견해에 따르면, 종교와 덕을 위한다는 이유 외에 "(이 삶으로부터) 떠나감"의 "합당한 이유"[80]는 없습니다. 이는 우리의 재판관으로 여겨지거나 우리 생명을 쥐락펴락한다고 간주되는 이들이 우리에게 목숨을 부지하면서 예수님의 명령을 거슬러 행동하든지, 아니면 그분 말씀에 순종하며 죽든지 "양

79　참조: 플라톤 『테아이테토스』 176a-b.

80　스토아학파 철학자들의 영향을 받은 용어인 "자발적 죽음(자살)"은 특정한 조건들 아래에서는 정당한 것으로 여겨졌고, 심지어는 도덕적 의무로 간주되었다(참조: SVF 3,768; Pohlenz, *Stoa I* 156). 그러나 그리스도인들은 자살을 엄중히 반대했다.

자택일"을 요구할 때에 해당됩니다. 그러나 "여자와 혼인"하는 일 역시 하느님께서 우리에게 허락하셨으니, 모든 사람이 더 숭고한 선, 곧 온전한 정결을 지킬 수는 없기 때문입니다. 마찬가지로 혼인한 사람들이 자신들에게 태어난 "자식들"을 예외 없이 양육하고 또 섭리가 자신들에게 선사한 자식들 가운데 그 누구도 죽여서는 안 되는 것도 하느님의 뜻입니다. 그리고 이런 활동들은 이 세상을 자기네끼리 분배했다는 다이몬들에게 복종하기를 거부하는 우리의 결의와 상충되지 않습니다. 과연 "하느님의 무기로 무장한"(에페 6,11.13) 우리는 자신의 종교적 확신을 위한 전사들로서, 우리를 추적·모해하는 다이몬들 족속과 맞서 싸웁니다.

56. 켈수스가 우리 같은 "인간 종자들은 세상에서 완전히 사라지게" 하기 위해 우리를 "모조리" 삶에서 추방하기를 원하더라도, 우리는 우리 창조주의 소유지 안에서 하느님 율법에 따라 살아갈 것이며, 결코 죄의 율법에 노예처럼 복무하지 않을 것입니다. 또한 우리는 원하면 "여자와 혼인"할 것이고, 또 우리 혼인이 선사하는 "자식들"도 받아들일 것입니다. 그러나 또한 우리는 마땅히 그래야 한다면 "삶의 일들에 동참"하고 또 우리에게 "부과된 역경"을 영혼의 "시련"(루카 22,28; 사도 20,19; 야고 1,2; 1베드 1,6)으로 기꺼이 "감당"할 것입니다. 과연 성경은 인간 삶의 곤경들을 통상 그렇게 지칭하거니와, 그것들을 통해 인간 영혼이 불 속의 금처럼 정련되고 또 그로써 그 무가치함이 뚜렷이 드러나거나 그 뛰어난 특질이 환히 빛나게 됩니다(참조: 말라 3,3; 1코린 3,12-14; 1베드 1,7). 그리고 켈수스가 "역경"이라고 지칭하는 것에 대해 우리는 충분히 각오와 준비가 되어 있으니, 우리는 이렇게도 말할 수 있습니다. "주님, 저

를 시험하시고 살펴보시며, 제 속과 마음을 달구어 보소서"(시편 26,2).
과연 이 세상에서 "비천한 몸"(필리 3,21)과 "싸우는" 사람은 그 누구도
"규칙대로 … 하지 않으면, 승리의 화관을 얻지 못합니다"(2티모 2,5).

그 밖에 우리는 켈수스에 따르면 "여기 아래 세상의 일들을 관장하
는 임무를 맡은 존재들"에게 이른바 "마땅한 공경을 바치는" 것을 거
부합니다. 우리는 우리 하느님이신 주님께 경배하고 그분만을 섬기니,
그리스도를 본받는 사람이 되기를 원하기 때문입니다. 그분은 "당신이
땅에 엎드려 나에게 경배하면 저 모든 것을 당신에게 주겠소"라는 악
마의 제안에 "주 너의 하느님께 경배하고 그분만을 섬겨라"(마태 4,9.10)
하고 대답하셨습니다. 또한 켈수스에 따르면 우리가 "여기 아래 세상
의 일들을 관장하는 임무를 맡은 존재들에게 마땅한 공경을 바치는"
것을 거부하는 것은, "아무도 두 주인을 섬길 수 없고"[81] 우리는 "하느님
과 재물(맘몬) ― 이 표현이 어떤 개별적 사물을 지칭하든 여러 사물을
지칭하든 간에 ― 을 함께 섬길 수 없기"(마태 6,24) 때문입니다. 그러나
사람이 "율법을 어겨" 입법자이신 "하느님을 모욕"(로마 2,23)한다면, 우
리에게는 다음 사실이 분명해집니다. 두 가지 율법, 곧 하느님의 율법
과 마몬의 율법은 서로 대립되기 때문에, 우리는 마몬의 율법을 준수하
여 마몬을 공경하기 위해 하느님의 율법을 어김으로써 하느님을 공경
하지 않는 것보다, 하느님의 율법을 준수하여 하느님을 공경하기 위해
마몬의 율법을 어김으로써 마몬을 공경하지 않기로 결단해야 합니다.

57. 아무튼 켈수스는 사람이 통례적인 관습에 따라 국가가 공인하는

---

[81]　참조: 『켈수스 반박』 7,68과 각주 125.

개개의 신들에게 제물을 바치면, 그것은 "인간들이 자신의 사슬에서 풀려날 때까지" "(사회) 생활을 위한 의무들을 수행하는" 것이라고 믿고 있습니다. 그러나 켈수스는 올바른 하느님 공경이 이해하는 참된 의무가 무엇인지 알지 못합니다. 우리의 견해에 따르면, 자신의 창조주가 누구이신지 그리고 무엇이 그분 마음에 드는 일인지를 명확히 알고 있는, 또 하느님 마음에 들기 위해 모든 일을 다 하는 사람이 "(사회) 생활을 위한 의무들을 수행하는" 것입니다.

그 밖에 켈수스는 우리가 여기 아래 세상의 다이몬들에게 감사를 표하지 않는 것을 좋아하지 않습니다. 왜냐하면 그는 우리가 다이몬들에게 감사 제물을 바쳐야 한다고 믿고 있기 때문입니다. 하지만 우리는 "감사"에 대한 명확한 관념을 지니고 있으며, 또한 우리에게 좋은 일은 아무것도 해 주지 않고 오히려 우리를 적대하는 존재들에게 제물을 바치지도 섬기지도 않지만, 이것이 그것들에게 배은망덕하게 행동하는 것은 결코 아니라고 단언합니다. 그러나 우리는 그분의 은혜를 충만히 받은 하느님께 배은망덕하게 처신하지 않도록 조심합니다. 우리는 그분의 피조물이고 그분의 섭리가 우리를 보살피시며, 또한 그분이 우리에게 심어 주신 이 삶 이후의 희망의 성취를 우리가 고대하기 때문입니다. 하느님께 대한 감사의 상징으로 우리는 "성찬"(εὐχαριστία)[82]이라고 이르는 빵도 가지고 있습니다.

아무튼 우리가 앞에서도 말했듯이,[83] 다이몬들은 우리의 필요를 위해 창조된 사물들을 관장하고 있는 것이 결코 아닙니다. 그러므로 우리

---

82   이미 유스티누스 『첫째 호교론』 66,1에 나온다. 오리게네스에게서의 이 개념에 관해서는 참조: Lies, *Wort und Eucharistie* 13-20; Fédou, *Christianisme* 338-343.

83   참조: 『켈수스 반박』 8,33-35.

는 이 사물들과 아무런 관련이 없는 그 존재들에게 제물을 바치지 않고 창조된 사물들의 한몫을 누리더라도, 결코 불의를 저지르는 것이 아닙니다. 그러나 이런저런 다이몬들이 아니라 천사들이 땅의 결실들과 동물들의 출산을 관장하고 있음을 아는 우리는 그들에 관해 좋게 말하고 또 그들을 칭송합니다. 하느님께서 우리 인간에게 유익한 것들을 그들에게 맡겨 주셨기 때문입니다. 물론 우리는 하느님께만 바쳐야 하는 공경을 그들에게 나누어 주지는 않습니다. 왜냐하면 그런 짓은 하느님께서 원하지 않으시고, 또 그런 사물들을 관장하는 임무를 맡은 그들 자신도 원하지 않기 때문입니다. 오히려 천사들은 우리가 그들에게 제물 바치는 것보다 그들에게 바치지 않으면, 우리를 더욱 존중합니다. 또한 그들에게는 땅에서 올라가는 증기나 제물의 굳기름 타는 연기 따위도 전혀 필요하지 않습니다.

58. 그런 다음 켈수스는 이렇게 말합니다. "이런 일들에서는 아주 작은 것에 이르기까지, 권한을 부여받은 존재가 하나씩 실제로 있는데, 이 사실은 이집트인들의 교설을 통해 알 수 있다. 이집트인들은 서른여섯 (어떤 이는 훨씬 많은 수를 말한다) 다이몬 또는 공중의 이런저런 신들이 마찬가지로 많은 부분으로 세분된 인간의 몸을 나누어 맡았으며, 각자에게 한 특정 부분을 관장하는 임무가 맡겨졌다고 말한다. 이집트인들은 자기네 나라 말로 다이몬들의 이름도 알고 있으니, '크누멘', '크나쿠멘', '크나트', '시카트', '비우', '에루', '에레비우', '라마노르', '레이아누르' 등이며, 그 밖에도 자기네 말로 부르는 온갖 이름이 있다. 그들이 그 다이몬들을 부르면, 다이몬들이 몸의 여러 부분의 병을 고쳐 준다. 사람들이 아프지 않고 건강하며, 불행하지 않고 행복하며 또 가능한 한 고문

의 고통과 형벌을 받지 않기 위해, 그런 존재들에게 경의를 표하며 접근하는 것을 도대체 무엇으로 가로막겠는가?"

이 말로써 켈수스는 우리 영혼을 "각각 우리 몸의 특정한 한 부분씩을 관장하는 임무를 맡아, 우리 몸을 나누어 맡고 있는 다이몬들"에게 끌어내리고자 애쓰며, 또한 우리가 "아프지 않고 건강하며, 불행하지 않고 행복하며 또 가능한 한 고문의 고통과 형벌을 받지 않기 위해" 자신이 줄줄이 거명한 다이몬들을 신뢰하고 제물을 바치며 섬기기를 바랍니다. 요컨대 이로써 켈수스는 마땅히 온 우주의 하느님께만 바쳐야 하는 흐트러질 수 없고 나뉠 수 없는 공경을 배척하고 있으니, 하느님께 대한 경배와 각별한 공경은 공경하는 이에게 바로 이 공경을 통해 다이몬들의 공격에 대한 방어력을 선사하는 데 충분하다는 사실을 믿지 않고 있습니다. 더 자세히 말하면, 그는 참신앙인의 입에서 나오는 "예수님의 이름으로"라는 문구가, 적지 않은 인간들을 질병과 다이몬 들림과 그 밖의 고통에서 치유했다는 사실을 경험해 보지 못했습니다.

59. 켈수스의 견해에 동조하는 사람은, 우리가 다음과 같이 말하는 것을 들으면 아마도 비웃을 것입니다. "(하느님께서는) 예수님의 이름 앞에 땅 위와 땅 아래에 있는 것들이 다 무릎을 꿇고 '예수 그리스도는 주님이시다'라고 모두 고백하며, 하느님 아버지께 영광을 드리게 하셨습니다"(필리 2,10-11). 그러나 그 사람이 끝까지 비웃었다 해도, 결국 그는 우리의 말이 진실이라는 증거를 보게 될 것입니다. 이 증거는 켈수스가 줄줄이 열거한, 사람들이 그 이름을 부르면 몸의 다양한 부분의 질병들을 치유해 준다는 "크누멘", "크나쿠멘", "크나트", "시카트"라는 이름들 그리고 이집트어 명단에 있는 그 밖의 이름들에 관한 증거들보다 더 강

력하고 명확합니다. 아무튼 켈수스가 우리를 예수 그리스도를 통한 온 우주의 하느님께 대한 우리의 신앙에서 떼어 놓기 위해 아주 애를 쓰는 것을, 그래서 우리 몸의 치유를 위해 그저 이집트 마술사들만이 불러 대면서 큰 효험을 약속하는 낯선 땅의 "서른여섯 다이몬들"을 신뢰하라고 우리에게 요구하는 것을 주목하십시오. 켈수스의 견해에 따르면 그리스도인으로 사는 것보다 오히려 마법과 요술을 행하는 것이, 또 실로 뚜렷하시고 살아 계시며 명명백백하신 하느님을 신뢰하는 것보다 오히려 무수한 다이몬들을 신뢰하는 것이 우리에게 맞춤하다고 합니다. 그러나 만유를 주재하시는 하느님께서는 예수 그리스도를 통해 위대한 권능으로 하느님 공경에 관한 바른 가르침을 온 인간 세상에, 그리고 — 내가 이렇게 덧붙여도 착각은 아니려니와 — 향상과 치유와 죄로부터의 돌아섬이 필요한 다른 이성적 존재들 가운데에도 널리 전파하셨습니다.

60. 하지만 켈수스는 그런 일들에 관한 지식이 그 보유자를 걸핏하면 마술에 빠져들게 하는 것을 우려하며, 또 그런 지식에 관한 말을 듣는 이들에게 피해를 입힐 수도 있다는 것을 의식하고 있습니다. 그래서 그는 말합니다. "그러나 사람은 이 존재들과 결합하고 완전히 이 존재들에게 헌신하며 또한 몸에 대한 사랑 때문에 더 고차적인 선을 저버리고 망각하는 것은 주의해야 한다. 사실 사람은 지혜로운 남자들[84]에 대한 믿음을 거부하면 안 된다. 그들의 견해에 따르면, 세상에 존재하는 많은 수의 다이몬들은 생식과 긴밀히 관련되어 있고, 피와 제물의 굳기름

---

[84] Puigalli, *Démonologie* 38에 따르면 플라톤학파 철학자들을 가리킨다. 이들은 다이몬들의 선한 본성에 관한 확신을, 희생 제사 행위에 대한 피타고라스학파의 의구심과 연계시켰다.

타는 연기에 집착하며 또한 특별한 노래들 따위에 사로잡혀 있고,[85] 그래서 숭고한 것은 아무것도 이루어 내지 못하며, 몸을 치유하고 인간들과 도시의 미래 운명을 예고하고 또 자신들의 지식과 영향력을 인간들의 온갖 덧없는 행위들에나 미칠 뿐이다."

요컨대 이 문제에, 하느님 진리의 이 적수도 증언하듯이, 그와 같은 위험이 존재한다면, 사람은 그런 다이몬들과 "긴밀히 결합"하거나 "몸을 사랑하여 더 고차적인 선을 저버리고 망각"할 수도 있다는 온갖 우려를 떨쳐 버리고, 오히려 우리에게 그토록 위대한 가르침을 주신 예수 그리스도를 통해 만유를 주재하시는 하느님께 자신을 믿고 맡기는 편이 훨씬 낫지 않겠습니까? 그리고 거룩한 천사들과 의인들을 통해 그분께 온갖 도움과 보호를 간청하여, 그들이 우리를 세상에 존재하는 다이몬들 ─ 켈수스가 시인하고 또 두루 알다시피 "생식과 밀접히 관련되어 있고 피와 제물의 굳기름 타는 냄새에 집착하며 특별한 노래들에 사로잡혀 있고, 몸을 치유하는 것 외에 숭고한 것은 아무것도 이루어 내지 못"합니다 ─ 로부터 지켜 주도록 하는 것이 훨씬 낫지 않겠습니까? 그런데 나로서는 이렇게 주장하고 싶습니다. 사람들이 이것들을 어떻게 경배하고 섬기든 간에, 이 다이몬들이 "몸을 치유할 수 있다"는 것은 결코 명확한 사실이 아닙니다. 더 단순하고 평범하게 살고자 한다면, 사람들은 오히려 의료적 처방의 사용을 통해 몸을 치유하려 애써야 합니다. 만일 사람들이 대중이 요구하는 것보다 더 나은 방법을 원한다면, 이 방법은 만유를 주재하시는 하느님께 대한 참된 공경과 그분께의 기도 안에 존재합니다.

85　참조: 『켈수스 반박』 3,28.

61. 만유를 주재하시는 하느님 — 이분의 능력은 모든 점에서, 특히 인간의 몸과 영혼에 베푸시는 은혜 그리고 외적인 재화와도 관련하여, 비할 바 없이 위대하십니다 — 께서 어떤 정신적 태도를 더 합당하다고 여기시겠는지 그대 스스로 숙고해 보시오. 하느님께 온전히 헌신하는 것, 아니면 다이몬들의 이름·능력·행위 들, 주문들, 다이몬들에게 특별히 연관 있다는 식물들, 돌들과 거기 새겨져 있는, 전승되어 온 다이몬들의 형상과 상응하는 도형들(상징적으로 해석하든 또는 그 밖에 어떻게 해석하든 간에)에 쓸데없이 몰두하는 것, 이 둘 중 어느 것을 더 합당하다고 여기시겠소? 이 물음에 조금이라도 공감할 수 있는 사람의 단순하고 솔직한 정신적 태도, 또 그래서 만유를 주재하시는 하느님께 온전히 헌신하는 정신적 태도는 하느님에게, 또 그분과 친밀한 모든 존재에게 환영받을 것이 분명합니다. 이와는 반대로 몸의 건강과 몸에 대한 사랑 때문에, 또 아무래도 좋은 하찮은 일들의 영역에서의 요행을 위해, 다이몬들의 이름들에 쓸데없이 몰두하고 또한 특정한 주문으로 다이몬을 불러내기 위해 애쓰는 자의 정신적 태도는 하느님께서 저열하고 야비하며 인간적이라기보다는 다이몬스럽다고 여기시고 다이몬들에게 넘겨 버리실 것입니다. 그 다이몬들은 바로 주문을 입에 올린 자가 선택한 것들이거니와, 그자는 그리하여 각각의 다이몬이 자신에게 은연중에 불어넣어 주는 생각들 때문에, 또는 다른 질환들 때문에, 정신이 혼미해지고 착란을 일으키게 됩니다. 그리고 이런 사안의 성질상 당연한 일이거니와, 다이몬들은 사악하기 때문에, 켈수스가 시인했듯이, 피와 제물의 굳기름 타는 연기와 이런저런 노래들에 집착하며, 또한 자기들에게 그런 감사의 선물을 바친 인간들에게 결코 신의를 지키지 않으니, 이를테면 그들과의 협정을 지키지 않습니다. 과연 다이몬들은 전에 자

기들을 공경하던 자들을 거슬러 다른 자들이 자기들에게 도움을 간청하고 더 많은 제물의 피와 굳기름 타는 연기를 바치면서 더 공경하면, 바로 어제 자기들을 공경했던 자들도 핍박합니다.

62. 켈수스는 앞 단락[86]에서 신들에게서 유래한다는 "신탁"과 관련하여 많은 것을 언급하고, 우리에게 그 "신탁 장소들"에 가 보라고 충고했습니다. 그러나 이제 그는 인간들과 도시들에게 그들의 미래 운명을 예고하고 또 인간의 덧없는 행위들에 함께 작용하는 이 세상에 존재하는 다이몬들은 생식과 긴밀히 관련되어 있고 피와 제물의 지방 타는 연기에 집착하며 또 이런저런 노래에 사로잡혀 있기 때문에, 숭고한 일은 아무것도 이루어 내지 못한다고 자인함으로써, 자신의 앞선 언명을 수정했습니다. 당시 우리가 신탁 그리고 이른바 신들에 대한 섬김과 예배를 거룩한 일로 논한 켈수스를 반대하는 입장을 취했을 때, 만일 우리가 인간들의 영혼을 생식의 일들로 끌어내리는 것은 다이몬들의 소행이라고 주장했다면, 사람들은 필경 우리가 신을 부인한다고 여길 수도 있었을 것입니다. 그러나 우리에 관해 그렇게 판단했던 사람은 누구나 이제는, 그리스도인들을 대적하는 작품의 저자 자신이 여기 그의 책 마지막에서 이를테면 "진리의 영"(요한 16,13)에게 정복되어, 이런 내용을 기록했다는 것을 알게 된다면, 그리스도인들의 선포는 옳다는 확신에 이르게 될 것입니다.

그러므로 켈수스가 "우리는 이들에게 거룩한 의무를 다해야 하니, 이 일은, 이성이 이 일을 에누리 없이 이행하라고 요구하지 않더라도,

---

86   참조: 『켈수스 반박』 8,45.48.

유익하기 때문이다"라고 우리에게 말하더라도, 우리는 제물의 굳기름 타는 연기와 피에 집착하는 다이몬들에게 "거룩한 의무"를 다해서는 안 되며, 또한 우리가 할 수 있는 한, 신적 존재를 악한 다이몬들로 끌어내림으로써 그 존재를 모욕해서는 안 됩니다. 켈수스가 "유익함"이라는 개념에 대한 명확한 표상을 설명하고 또 유익함은, 엄밀한 의미에서, 덕이고 또 덕스러운 행위[87]라는 것을 알았다면, 그는 "그 일이 유익하다"라는 표현을 그런 존재들, 곧 다이몬들에게 사용하지 않았을 것입니다. 요컨대 오로지 그런 다이몬들을 공경함으로써만 건강과 삶에서의 요행이 우리에게 주어진다 해도, 우리는 몸의 건강과 삶의 다행스러운 상황을 누리기보다는 차라리 온 우주의 하느님께만 바른 공경을 바치겠다는 결의로 질병과 삶에서의 불행을 기꺼이 감수하고자 합니다. 하느님과의 단절과 멀어짐과 결부되어 있는 그런 요행은 결국에는 질병과 영혼의 불행으로 끝납니다. 그러므로 우리는 제물의 굳기름 타는 연기와 피를 갈망하는 존재들에게 다가가는 대신, 인간들과 모든 이성적 존재의 구원을 제외하고는 바라시거나 필요한 것이 전혀 없으신[88] 분께 나아가야 합니다.

63. 켈수스는 "제물의 굳기름 타는 연기와 피"를 갈망하는 다이몬들에 관해 그렇게나 자주 언급한 다음, 이를테면 자기 견해를 처량하게 취소하듯이 이렇게 말합니다. "사람들은 오히려 다이몬들이 아무것도 갈망하거나 필요로 하지 않지만, 자신들에게 공경의 의식儀式을 행하는 이

---

87 스토아학파의 정의定義다.

88 참조: 『켈수스 반박』 8,21; 4,6.

들을 마음에 들어 한다는 것을 믿어야만 한다." 만일 켈수스가 이것이 진실이라고 여겼다면, 그는 다이몬들에 관한 앞서의 주장들을 취소했어야 합니다. 아무튼 인간 본성은 하느님에게, 그리고 그분의 외아드님이신 진리에게 완전히 버림받지는 않습니다. 그런 까닭에 켈수스도 "다이몬들이 갈망하는 제물의 굳기름 타는 연기와 피"에 관한 문제에서 진리를 말했습니다. 그런 다음 그는 그러나 다시금 그의 성격 특유의 악의에 이끌려 거짓 주장에 미끄러져 떨어졌고, 또 그래서 다이몬들을 아무도 자기에게 감사하지 않더라도 올바른 행위들을 완전히 올바른 방식으로 실행하는 인간들과 마찬가지라고 여깁니다.

내게는 켈수스가 이 대목에서 정신적 혼란에 빠진 것으로 보이며, 또한 때때로 다이몬들에 의해 그의 오성이 교란되었다가[89] 그런 다음에는 다시 다이몬들이 야기한 비합리성으로부터 합리성으로 되돌아와 진리의 어슴푸레한 빛을 힐끗 보는 듯이 여겨집니다. 요컨대 그는 새삼 이렇게 덧붙입니다. "사람은 낮이든 밤이든, 대중과 함께든 사생활에서든, 말로든 행동으로든, 어떤 식으로든 신을 결코 저버려서는 안 된다. 오히려 사람의 영혼은, 이들과 함께든 이들 없이든, 언제나 신에게 향해 있어야 한다."[90] 나는 "이들과 함께"[91]라는 표현을 "대중과 함께, 말로든 행동으로든"이라는 의미로 이해합니다.

그런 다음 켈수스는 이를테면 그의 사유 안에서 다이몬들이 불러일

---

89   참조: 『켈수스 반박』 7,56-57.

90   참조: 『켈수스 반박』 1,8.

91   "이들과 함께"(μετὰ τῶνδε)라는 표현은 다이몬들을 가리킬 수도 있을 것이다. 그러나 오리게네스는 여기서 다이몬들을 통해 매개되는 신 공경에 관해 말하지 않는 자기 적수를 옳게 이해했다고 하겠다.

으키는 망상의 엄습과 다시 싸우다가, 또 다음과 같이 덧붙임으로써, 자신이 꼼짝없이 정복되었음을 드러냅니다. "실상이 그렇다면, 이 세상의 지배자들의 호의, 또 인간들을 통치하는 제후들과 왕들의 호의를 얻는 것이 어째서 나쁜가? 사실 그들 역시 다이몬들의 힘 없이는 이 세상에서 자신들의 지위를 얻지 못했다."[92] 앞선 단락들에서 켈수스는, 그에게 매우 중요한 일이었거니와, 우리 영혼을 다이몬들에게로 끌어내리려 애썼습니다. 그러나 이제 그는 우리 역시 "인간들을 통치하는 제후들과 왕들의 호의"를 얻는 일을 하기를 바랍니다. 그러나 그들은 사람들이 삶이나 역사책 곳곳에서 빈번히 마주치기 때문에, 나는 지금 이 문제에 관해 이런저런 예를 드는 것은 불필요하다고 여깁니다.

64. 우리가 "호의"를 얻어야 하고 또 우리에게 자비를 베풀어 주십사 간청해야 하는 분은 오로지 만유를 주재하시는 하느님 한 분뿐이시니, 그분의 호의는 참된 공경과 모든 덕을 통해 얻어지기 때문입니다. 그러나 켈수스가 우리가 만유를 주재하시는 하느님에 뒤이어 다른 존재들에게도 호의를 얻기를 바란다면, 그는 다음 사실을 유념해야 할 것입니다. 몸의 움직임을 그 그림자의 움직임이 뒤따르듯이, 만유를 주재하시는 하느님의 호의로부터 그분이 친애하시는 모든 천사와 영혼과 영들의 호의도 뒤따라 나옵니다. 과연 이들은 하느님의 호의를 얻기에 합당함을 실증한 인간들을 알고 있으며, 그들에게 자기네 호의도 선사할 뿐 아니라, 만유를 주재하시는 하느님을 섬기고자 하는 인간들과 협력하고 또 그들에게 하느님의 호의를 주선해 주기 위해 애쓰며 또한 그들과

92　배경에 자리 잡고 있는 것은 헬레니즘 시기의 통치자 신론이며 그것이 로마 황제 시대에 그대로 수용되었다.

함께 기도하고 간청합니다. 그러므로 우리는 감히 이렇게 주장합니다. 확고한 결의로 숭고한 선들을 추구하는 인간들이 하느님께 기도하면, 따로 불러내지 않아도 무수한 거룩한 군대가 그 인간들과 함께 기도합니다. 이들은 우리 연약한 인간들을 위해 도움을 베푸니, 예를 들어 우리가 다이몬들 때문에 불안해할 때 우리와 함께합니다.[93] 왜냐하면 이들은 하느님께 온전히 헌신하고 다이몬들의 적의 따위는 신경 쓰지 않는 인간들의 구원을 막고자 다이몬들이 전투를 벌인다는 것을 알고 있기 때문입니다. 다이몬들은 제물의 굳기름 타는 연기와 피를 가지고 자기들을 섬기는 짓을 거부하고 오히려 예수님을 통해 어떻게 해서든지 말과 행동으로 만유를 주재하시는 하느님과 친밀하게 하나 되기 위해 애쓰는 모든 인간에 대한 격렬한 노여움으로 가득 차 있습니다. 그러나 예수님께서는 두루 다니시며 "악마에게 짓눌리는 이들을 모두 고쳐 주시고"(사도 10,38) 그들을 하느님께 돌아오게 하셨을 때, 무수한 악마들의 권세를 쳐부셨습니다.

65. 아무튼 우리는 "인간들과 임금들의 호의"를 경멸해야 합니다. 그 "호의"라는 것이 살해, 방탕, 야비함을 통해서만이 아니라 온 우주의 하느님께 대한 신성모독적인 행태를 통해 얻어지거나, 비굴함과 자기 비하의 이런저런 표명을 전제하는 경우에는 더욱 그렇습니다. 사실 이런 짓들은 단호하고 품격 있는 사람들에게는 거리가 먼 것이거니와, 이들은 다른 덕들과 더불어 의연함 역시 최고의 덕으로 갖추고자 합니다. 그런데 하느님의 율법과 말씀을 거슬러 행동하지 않는 우리는, 우리를

---

93   참조: 『켈수스 반박』 5,57-58; 8,36과 각주 41. 천사들, 특히 수호천사들의 도움에 관해서는 참조: 오리게네스 『기도론』 11,5.

학대하고 고문으로 괴롭히고 죽음에까지 이르게 하는 임금들과 제후들의 노여움을 불러일으키려 애쓸 정도로 생각 없지도 않습니다.[94] 우리는 다음과 같은 성경 말씀도 읽었기 때문입니다. "사람은 누구나 위에서 다스리는 권위에 복종해야 합니다. 하느님에게서 나오지 않는 권위란 있을 수 없고, 현재의 권위들도 하느님께서 세우신 것입니다. 그러므로 권위에 맞서는 자는 하느님의 질서를 거스르는 것이고, 그렇게 거스르는 자들은 스스로 심판을 불러오게 됩니다"(로마 13,1-2). 우리는 이 말씀을 『로마서 주해』에서, 우리가 할 수 있는 한 상세히 그리고 여러 관점에서 논구했습니다.[95] 여기서는 이 말씀을 현재의 목적을 위해 통상적인 해석에 따라 좀 단순한 의미로 이해했으니, 켈수스가 "그들 역시 다이몬들의 힘 없이는 이 세상에서 자신들의 지위를 얻지 못했다"라고 말하기 때문입니다.

"임금들과 제후들"의 임명이라는 주제는 긴 상론이 필요하며, 또한 잔혹하고 폭압적인 통치자들(이들은 자기네 통치의 결과, 유약함과 호사 속에서 허우적대기도 합니다)의 존재는 포괄적인 탐구를 요구합니다. 그러므로 우리는 이 문제의 논구를 여기서 중단하겠습니다. 우리는 물론 "황제의 티케Tyche(행운/운명)를 걸고 맹세"[96]하지 않으며, 어떤 다른 신을 걸고도 맹세하지 않습니다. 사실 몇몇 사람이 설명했듯이, "티케"가 "견해"나 "불일치"와 마찬가지로 그저 하나의 표현이라면, 아예 존재하지도 않는

---

94 초기 그리스도교에서는 성급히 경솔하게 순교를 추구하는 것을 반대했다.

95 참조: 오리게네스 『로마서 주해』 9,26-27.

96 티케/게니우스는 개인의 생명을 보호하고 이끌어 주는 인간적인 신이었다. 이 맹세에 관해서는 참조: 아리아노스 『에픽테토스 어록』 4,1,14; 카이사리아의 에우세비우스 『교회사』 4,15, 20-21; 테르툴리아누스 『호교론』 28,4; 32,2-3; 35,10.

것이 신이기나 한 듯이, 또는 구체적으로 존재하고 무슨 일을 일으킬 수 있는 듯이, 그것을 걸고 맹세하지 않으니, 우리가 맹세의 효력을 허용되지 않은 목적을 위해 사용하지 않기 위해서입니다. 그러나 로마 황제의 티케를 걸고 맹세하는 것은 황제의 다이몬을 걸고 맹세하는 것이라고 말하는 이들이 생각하듯이, 이른바 황제의 티케가 다이몬 — 흔히는 자신이 할당받아 소유하고 있는 인간과 함께 죄를 짓거나 아예 그 인간보다 더 많은 죄를 짓습니다 — 이라면, 우리는 이 경우에도 악하고 신의 없는 다이몬을 걸고 맹세하기보다는 차라리 죽어야 합니다.

66. 그런 다음 또다시 켈수스는 다이몬 들렸다가 때때로 제정신을 찾고 또 그런 다음에는 다시 예전 상태로 떨어지는 인간들과 비슷하게, 다음과 같이 말합니다. "그러나 당신이 바로 신을 공경하고 있을 때, 누군가 당신에게 신을 모독하는 짓을 하거나 파렴치한 말을 하라고 명령한다면, 당신은 그를 어떤 방식으로든 결코 신뢰해서는 안 되며, 신을 모독하는 말을 입 밖에 내지 않는 것은 물론 아예 생각도 하지 않아야 하며, 오히려 온갖 고문의 고통을 의연하게 견뎌 내고 온갖 형태의 죽음을 감수해야 한다." 그런데 켈수스는 우리의 가르침을 알지 못하고 게다가 모든 것을 뒤죽박죽으로 만들기 때문에, 즉시 또 다음과 같이 주장합니다. "만일 그러나 누군가 그대에게 헬리오스(태양)를 칭송하거나 찬가를 부르며 아테나를 열광적으로 찬양하라고 지시한다면, 당신은 이런 방식을 통해 이 신들을 찬송함으로써 위대한 신을 더욱 공경하게 되는 것이 분명하다. 과연 신에 대한 공경은, 그것이 모든 신에게 미칠수록 더 완전해진다."

이에 대해 다음과 같이 말하겠습니다. 우리는 "헬리오스를 칭송하라"고 우리에게 지시하는 사람을 전혀 기다리지 않습니다. 우리는 (하느님의) 질서에 복속된 이들에 관해서만이 아니라 적들에 관해서도 좋게 말하라고 배웠기 때문입니다(마태 5,44 참조). 요컨대 우리는 "해"를, 하느님의 법칙을 준수하고 또 "주님을 찬양하여라, 해와 달아"(시편 148,3)라는 말씀을 들어서 아는, 또한 온 우주의 아버지이자 창조주를 힘을 다해 찬양하는 하느님의 한 좋은 피조물로서 "칭송"합니다. 그러나 여기서 해와 함께 제시되는 "아테나"에 관해서는 그리스인들이, 더 깊은 의미와 연계해서든 아니든 간에, 갖가지 신화들을 만들어 냈습니다. 그들은 아테나가 완전 무장한 채로 제우스의 머리에서 태어났다고 주장합니다. 그 후 언젠가 아테나는 처녀인 그녀를 겁탈하려는 헤파이스토스에게 쫓겼으나, 그에게서 벗어났습니다. 그러나 그 신의 성욕 때문에 땅에 쏟아진 정액을 차츰 좋아하게 되어 양육했습니다. 그녀는 그것을 에리크토니오스라고 이름 지었는데, "제우스의 딸 아테나가 일찍이 키우고, 씨를 제공하는 땅이 낳은 자"[97]라는 뜻입니다. 요컨대 우리는 제우스의 딸인 아테나를 우러르려는 사람은, 신화들을 멀리하고 대신 진리를 추구하는 사람이라면 누구도 인정해서는 안 되는 많은 신화와 허구적인 이야기들도 인정해야 한다는 사실을 알고 있습니다.

67. 사람들이 아테나를 상징적으로 해석하고 의인화된 지혜로 특징짓고자 한다면,[98] 사람들은 그녀가 이 상징적 표현 방식에 상응하는 실제적 현존과 존재를 지니고 있음을 밝혀야 할 것입니다. 그러나 아테나가

---

[97] 호메로스 『일리아스』 2,547-8.

[98] 스토아학파 철학자들에게 널리 퍼졌던 이 해석은 이미 플라톤 『크라틸로스』에서 발견된다.

태고의 한 인간이며, 또한 그녀의 이름을 한 신의 이름으로 인간들 사이에서 찬미하고자 한 사람들이 그녀 경배자들에게 밀의密義들과 그 전수 의식들을 전해 주었다는 사실 때문에만 아테나가 존중받는다면, 사람은 아테나를 찬양해서는 결코 안 되며 또 그녀를 신으로 공경해서도 안 됩니다. 과연 우리는 그렇게나 강력한 태양을 "칭송"은 해도 되지만, 그것에게 "경배"하는 일은 우리에게 허용되어 있지 않습니다.

이제 켈수스는 우리가 "헬리오스와 아테나를 송가를 부르며 찬양한다면, 위대한 신을 더욱 공경하는 일이 된다는 것은 분명하다"라고 말합니다. 그러나 우리는 오히려 그 반대가 옳다는 것을 알고 있습니다. 우리는 찬미의 송가를 오로지 만유를 주재하시는 하느님과 그분의 외아드님이신 로고스 하느님께만 바칩니다. 우리는 해와 달과 별들과 하늘의 모든 군대가 하듯이(시편 148,3 참조), 하느님과 그분의 외아드님을 "찬양"합니다.[99] 과연 이 모든 것이 함께 거룩한 합창단을 이루어 인간들 가운데 의인들과 더불어, 만유를 주재하시는 하느님과 그분의 외아드님에게 찬가를 불러 드립니다.

우리는 이미 앞에서 사람은 인간들을 지배하는 "황제를 걸고", 또는 "그의 티케"라고 불리는 것을 두고 "맹세"해서는 안 된다고 언명했습니다. 그러므로 우리는 "사람들이 그대에게 인간들 사이에서 황제를 걸고 맹세하라고 명령하더라도, 그것은 나쁜 일이 아니다. 왜냐하면 황제에게 세상의 사물들이 주어졌고, 그래서 그대가 이 삶에서 받는 모든 것은 그에게서 받는 것이기 때문이다"라는 켈수스의 말에 또다시 응수할 필요가 없습니다. 과연 우리가 올바르고 선한 방식으로 "받는" 것들,

---

예를 들어 귀한 열매와 "인간의 마음에 생기를 돋우는 빵"과 맛있는 포도와 "인간의 마음을 즐겁게 하는 술"을 우리는 하느님과 그분 섭리로부터 받는 것입니다. 우리는 그 "기름으로 얼굴을 윤기 나게 하는" 올리브 나무의 열매도 하느님의 섭리로부터 받습니다(시편 104,15 참조).

68. 이어서 켈수스는 말합니다. "사람들은 이미 오래전에 '교활한 크로노스의 아들이 허락한 사람만이 임금이다'[100]라고 언명한 옛날 남자를 불신해서는 안 된다." 그러고는 이렇게 덧붙입니다. "만일 당신이 이 원칙을 거부한다면, 물론 황제가 그대를 처벌할 터이기 때문이다. 요컨대 모든 사람이 당신처럼 행동한다면, 황제 홀로 버림받은 채 남아 있고, 땅의 재화들을 극히 무법적이고 사나운 야만인들 수중에 떨어지는 것을, 그리고 당신의 종교도 참지혜도 인간들 사이에서 살아 남지 못하게 되는 것을 그 무엇도 저지하지 못하게 될 것이다." 그러나 "교활한 크로노스의 아들이 허락한 자"가 "유일한 임금"이 아니라, "임금들을 내치기도 하시고 임금들을 세우기도 하시며"(다니 2,21) 올바른 "때에 맞춰" 이 세상에 "유능한 통치자를 세우시는"(집회 10,4 참조) 분이 허락하신 사람만이 "유일한 임금"입니다. 그리스신화들이 이야기하듯,[101] 크로노스를 폐위시키고 저승에 던져 넣은 그의 아들이 "임금들을 세우는" 것이 아니라 — 이 이야기를 우의적으로 해석하고자 한다고 해도, 아닙니다 —, 온 우주를 주재하시고 임금 세우는 일과 관련하여 당신이 무엇을

---

100 참조: 호메로스 『일리아스』 2,204-5. 오디세우스는 이 말로 유일한 지배자의 필요성을 강조했다. 오리게네스 동시대의 해석에 관해서는 참조: E. Peterson, Der Monotheismus als politisches Problem: *Theologische Traktate* (hrsg. von B. Nichtweiss), Würzburg 1994, 67의 각주 63.

101 참조: 아폴로도로스 『도서관』 1,2,1.

하셔야 하는지 아시는 하느님께서 세우시는 것입니다.

요컨대 우리는 "교활한 크로노스의 아들"이 부여한 "원칙"을 거부합니다. 하느님 또는 하느님의 아버지께서는 "교활하고" 비틀린 의도는 전혀 지니고 계시지 않다고 확신하고 있기 때문입니다. 우리는 섭리에 관한, 그리고 섭리의 직접적이거나 간접적인 작용에 관한 가르침은 거부하지 않습니다. 우리가 황제에게 통치권을 부여한 것은 교활한 크로노스의 아들이 아니라, 임금들을 내치기도 하시고 세우기도 하시는 하느님이시라고 말하더라도, 물론 황제는 우리를 "처벌"하지 못합니다. 그리고 모든 사람이 나와 마찬가지로 처신하면서 호메로스식의 원칙을 거부해야 하지만, 임금들에 관한 하느님의 가르침은 새기고 또 "임금을 존경하십시오"(1베드 2,17)라는 훈계를 유념해야 합니다. 또한 그렇기 때문에, 아무튼 그런 전제 조건에서는, "황제가 홀로 버림받은 채 남아" 있지도 않고, 또 "땅의 재화들이 극히 무법적이고 사나운 야만인들 수중에 떨어"지지도 않을 것입니다. 더 자세히 말하면, 켈수스가 말하듯, 모든 사람이 나처럼 처신한다면, 하느님 말씀에로 전향한 야만인들도 법을 매우 충실히 지키고 개화될 것이 분명합니다.[102] 그러면 다른 모든 종교적 예식도 종말을 맞을 터이고, 그리스도교 예식만이 홀로 남아 계속될 것입니다. 그리스도교 예식은, 로고스께서 끊임없이 더 많은 영혼을 얻으시기 때문에, 앞으로 홀로 존속할 것입니다.

---

[102] 비슷한 견해가 알렉산드리아의 필론 『모세의 생애』 2,44에 나온다. 그리스도교의 전파가 로마 제국에 끼친 실제적 결과에 관해 W. Kinzig, *Novitas Christiana. Die Idee des Fortschritts in der Alten Kirche bis Eusebius* (FKDG 58), Göttingen 1994, 469-479의 『켈수스 반박』 8,68-75에 대한 분석 참조.

69. 켈수스는 자기 말이 "요컨대 모든 사람이 나처럼 처신한다면"이라는 명제와 모순된다는 사실을 알아채지도 못한 채 계속 말합니다. "아무튼 당신은 로마인들이 당신에게 설득당하여, 법률로 정해진 신들과 인간들에 대한 자기들 전통적 관습들을 버리고, 당신의 최고 존재를, 그를 당신이 누구라고 지칭하든, 부르며 간청한다면, 그 존재가 하늘에서 내려와 그들을 위해 싸워 줄 터이니, 그들은 다른 도움이 전혀 필요하지 않다고 주장하려 해서는 안 될 것이다. 왜냐하면 그들은, 스스로 말하듯이, 전에 자기 추종자들에게 훨씬 대단한 약속들을 했던 그 동일한 신이 유대인들과 당신들에게 과연 얼마나 많은 도움을 주었는지를 알고 있기 때문이다.[103] 그들은 온 세상의 주인들이 되기는커녕, 그들에게는 단 하나의 흙덩이와 한 개의 화덕도 남아 있지 않다. 그런데도 그대들 가운데 이런저런 자가 아직도 이리저리 헤매고 돌아다닌다면, 그는 수색과 사형을 당할 것이다."[104]

켈수스가 "로마인들"이 그리스도교 가르침에 "설득당하여", 이른바 신들에 대한 그들의 전통적·종교적 예식과 현행법을 버리고 지극히 높으신 분을 공경하게 되면 무슨 일이 일어날까 가정적으로 묻기 때문에, 그는 이 문제에 관한 우리의 견해를 듣는 것이 좋겠습니다. 요컨대 우리는 이렇게 언명합니다. "너희 가운데 두 사람이 이 땅에서 마음을 모아 무엇이든 청하면, 하늘에 계신 내 아버지께서 이루어 주실 것이다"(마태 18,19). 과연 하느님께서는 이성적 존재들이 한마음이 되는 것을 기뻐하시며, 그들의 마음이 일치하지 않으면 그들을 저버리십니다.

103 　참조: 『켈수스 반박』 5,41과 각주 89; 5,50; 6,29; 7,18.

104 　참조: 『켈수스 반박』 2,45; 8,39.

아무튼 지금처럼 아주 소수의 인간만이 아니라 로마 제국 전체가 마음이 일치한다면, 사람들은 우선 무엇을 기대해야 하겠습니까? 그런 경우 사람들은 일찍이 히브리인들이 이집트인들에게 추격당할 때 그들에게 "주님께서 너희를 위하여 싸워 주실 터이니, 너희는 잠자코 있기만 하여라"(탈출 14,14)라고 말씀하셨던 로고스께 기도할 것입니다.[105] 그리고 사람들이 온전히 한마음이 되어 기도를 바친다면, 그들은 하느님께 호소하던 모세와 그의 동료들의 기도가 섬멸했던 자들보다 훨씬 더 적대적인 박해자들을 섬멸할 수 있게 될 것입니다. 그러나 율법에 충실한 이들에 대한 하느님의 "약속들"이 이루어지지 않았다면, 그 이유는 하느님께서 거짓을 말씀하시기 때문이 아니라, 약속들이란 율법의 준수와 율법에 따른 삶에 그 핵심이 있는 확정된 조건들 아래에서 이루어지기 때문입니다. 그리고 확정된 조건들 아래에서 약속들을 받았던 "유대인들"에게 "단 하나의 흙덩이와 한 개의 화덕도 남아 있지 않다"면, 사람들은 그 책임을 그들의 온갖 율법 위반에서, 특히 무엇보다도 예수님을 적대한 그들의 죄에서 찾아야 합니다.

70. 그러나 켈수스의 가정대로 "모든 로마인이 설득당한다면", 그들은 그들의 기도를 통해 적들에게 승리를 거두거나 아예 더는 전쟁을 벌이지 않게 될 것이니, 쉰 명의 의인 때문에 다섯 성읍을 온전히 보존해 주겠다고 약속하신 저 하느님 능력의 보호 아래 있기 때문입니다(창세 18,24-26 참조). 과연 하느님의 사람들은 세상 사물들의 존속을 보증하는 소금입니다. 그리고 세상 사물들은 소금의 성질이 변하지 않는 한, 언

---

105 참조:『켈수스 반박』5,4.

제까지나 존속합니다.[106] 하지만 "소금이 제 맛을 잃으면 … 아무 쓸모가 없으니, 밖에 버려져 사람들에게 짓밟힐 따름이다"(마태 5,13)라는 말씀이 의미하는 바를 "귀 있는 사람은 들어야" 합니다(마태 11,15 등 참조). 그러나 우리는 하느님께서 악마에게 우리를 추적하고 핍박하는 권한을 주시자마자 박해를 겪습니다. 하지만 하느님께서 우리가 박해받는 것을 원하지 않으시면, 우리는 "용기를 내어라. 내가 세상을 이겼다"(요한 16,33)라고 말씀하신 분을 확고히 신뢰하면서, 우리를 미워하는 세상 안에서도 사람들의 예상과는 달리 평화롭게 살아갑니다. 실제로 그분은 세상을 이기셨습니다. 그런 까닭에 세상은, 아버지께 세상을 이기는 힘을 받아 세상을 이기신 분이 바라시는 동안에만, 강력합니다. 우리의 확신은 그분의 이 승리에 바탕을 두고 있습니다.

그러나 그분이 우리가 다시금 우리 종교를 위해 힘을 다하여 싸우기를 원하시면, 우리의 적대자들이 나타날 수 있습니다. 그러면 우리는 그들에게 이렇게 말할 것입니다. "나에게 힘을 주시는 분, 그리스도 예수님 안에서 나는 모든 것을 할 수 있습니다"(필리 4,13). 과연 성경이 말하듯, 참새 두 마리가 한 닢에 팔리지만, 그 가운데 한 마리도 하늘 아버지의 허락 없이는 땅에 떨어지지 않습니다. 하느님의 섭리는 만물을 온전히 포괄하니, 우리 머리카락까지도 그분은 다 세어 두셨습니다(마태 10,29-30 참조).

71. 그런 다음 켈수스는 자기 습관대로 다시 모든 것을 뒤죽박죽으로 만들고는, 우리 가운데 누구도 기록하지 않은 내용을 주장합니다. 요컨

---

106   참조: 오리게네스 『마태오 복음 주해』 37; 『요한 복음 주해』 6,303.

대 다음과 같이 말합니다. "우리의 현재 통치자들[107]이 당신에게 설득
당하고 또 이어서 사로잡혔다면, 당신이 그들의 후임자들의 마음을 얻
게 될 것이라는 당신의 말 역시 전혀 참을 수가 없다. 그리고 만일 이들
역시 사로잡힌다면, 당신은 다른 이들에게도 똑같이 할 것이고 또 그다
음에도 그렇게 하여, 마침내 모든 사람이 당신에게 설득당한 자들에게
사로잡힐 것이다. 그러나 미래 운명을 예견하는 한 현명한 통치자가 스
스로 먼저 멸망하기 전에, 당신들 모두를 마지막 한 사람까지 없애 버
릴 것이다." 이에 관해 대응하는 것은 이성이 금지합니다. 왜냐하면 우
리들 가운데 누구도 "현재 통치자들"에 관해 "그들이 설득당하고 사로
잡히면, 우리는 다시 그들 후임자들의 마음을 얻게 될 것이고, 또 이들
이 사로잡히면 다시금 이들 후임자들을 설득할 것"이라고 주장하지 않
았기 때문입니다. 켈수스가 어떻게 이런 말까지 하게 되었을까요? 그
가 망상에 망상을 이어 가는 이 대목에는 그의 특유의 몽상이 비집고
나온 듯이 여겨집니다.

72. 그런 다음 켈수스는 일종의 소망을 내비칩니다. "아시아, 에우로파
그리고 리비아 경계들에 이르기까지 거주하는 그리스인들과 비그리스
인들이 단 하나의 법 안에서 일치하는 것이 가능할 수 있다면!"[108] 그러
나 그는 이 일을 불가능한 것으로 여기기 때문에, 다음과 같이 덧붙입
니다. "이것을 믿는 사람은, 도무지 아무것도 모른다." 내가 여기서 이
문제에 관해서도 말해야 한다면, 나는 그저 아주 조금만 말할 수 있습

---

107 해석의 문제점에 관해서는 참조: H.-U. Rosenbaum, Zur Datierung von Celsus' Ἀληθὴς
λόγος: VigChr 26 (1972) 102-111.

108 참조: 『켈수스 반박』 해제 29-30.38-42.

니다. 이성적인 모든 존재가 "단 하나의 법 안에서 일치"한다는 명제의 가능성뿐 아니라 진실성을 입증하기 위해서는 면밀한 탐구와 논증이 필요하기 때문입니다. 스토아학파 철학자들은 자기네가 생각하기에 더 강력한 원소가 다른 원소들에 대해 우위를 차지하면, 세계 대화재가 발생하여 모든 것이 불로 변한다고 주장합니다.[109] 그러나 우리는 언젠가 일단 로고스께서 이성적 본성 전체를 지배하시고 모든 영혼을 당신의 완전성에로 변형시키시면, 모든 개인이 단순히 자신의 자유를 사용하여 자신이 원하는 것을 선택하고, 또 그가 선택한 것이 이루어진다고 말합니다.[110] 또한 우리는 몸의 질병과 상처들 가운데 모든 의술적 조처보다 강력한 몇몇 경우가 있듯이, 영혼들의 경우에도 죄에 기인하는 손상이 존재하며 이것은 만유를 주재하는 이성 원칙과 하느님에 의해서도 치유되는 것이 불가능하다는 것은 사실이 아니라고 언명합니다. 과연 로고스와 그분께 내재하는 치유력은 영혼의 모든 죄악보다 강력하기 때문에, 그분은 이 힘을 하느님의 뜻에 따라 모든 이에게 작용시키십니다. 그래서 이 조처의 마지막은 죄의 폐기입니다.[111]

예언들은 비밀스러운 표현들을 통해 악의 완전한 폐기와 모든 영혼의 윤리적 향상에 관해 많이 말하고 있습니다. 그러나 지금으로서는 스바니아서의 해당 구절을 인용하는 것으로 충분하겠습니다. "너희는 준

109　참조: 『켈수스 반박』 4,11.14.

110　H. Crouzel, L'Apocatastase chez Origène: *Origeniana Quarta* (hrsg. von L/ Lies = IThS 19), Innsbruck/ Wien 1987, 288-289는 오리게네스가 그의 회복(*Apokatastasis*) 사상의 테두리 안에서 인간의 자유에 부여한 의미에 주의를 환기시킨다.

111　오리게네스의 이 종말론적 표상들에 관해서는 참조: B.E. Daley, *The Hope of the Church. A Handbook of Patristic Eschatology*, Cambridge 1991, 56-59; A. Fürst, "Laßt uns erwachsen werden!" Ethische Aspekte der Eschatologie des Origenes: ThPh 75 (2000) 323-332.

비를 끝내고 일찍 일어나라! 그들의 (포도송이의) 추가 수확물 전체는 박살이 났다. 그러므로 너희는 나를 기다려라. 주님의 말씀이다. 내가 증인으로 나설 그날을 기다려라. 나는 민족들을 불러 모으고 왕국들을 모아서 그들에게 나의 진노를, 나의 타오르는 분노를 모조리 쏟아붓기로 결정하였다. 정녕 온 세상이 내 열정의 불에 타 없어지리라. 그때에 나는 민족들의 입술을 깨끗하게 만들어 주리라. 그들이 모두 주님의 이름을 받들어 부르며, 어깨를 나란히 하고 주님을 섬기게 하리라. 에티오피아강 너머에서 나의 숭배자들, 흩어진 이들이 선물을 가지고 나에게 오리라. 그날에는 네가 나를 거역하며 저지른 그 모든 행실을 부끄러워하지 않아도 되리라. 그때에는 내가 네 가운데에서 거만스레 흥겨워하는 자들을 치워 버리리라. 그러면 네가 나의 거룩한 산에서 다시는 교만을 부리지 않으리라. 나는 네 한가운데에 가난하고 가련한 백성을 남기리니, 그들은 주님의 이름에 피신하리라. 이스라엘의 남은 자들은 불의를 저지르지 않고 거짓을 말하지 않으며 그들 입에서는 사기 치는 혀를 보지 못하리라. 정녕 그들은 아무런 위협도 받지 않으며, 풀을 뜯고 몸을 누이리라"(스바 3,8-13).

성경 말씀의 의미 속으로 파고들 수 있는 사람은, 이 말씀을 구절구절 숙고하고 예언의 명확한 내용을 설명해야 할 것입니다. 특히 그는 온 세상이 불에 타 없어지면, "그때에 나는" — 언어들의 혼란이 있기 전의 상태처럼 — "민족들의 입술을 깨끗하게 만들어 주리라"라는 언명의 의미를 탐구해야 합니다. 또한 그는 "그들이 모두 주님의 이름을 받들어 부르며 어깨를 나란히 하고 주님을 섬기게 될" 것이며, 그래서 "네 가운데에서 거만스레 흥겨워하는 자들"이 제거되고, "불의"와 "거짓"과 "사기 치는 혀"가 더는 존재하지 않는다는 말씀의 의미가 무엇인지도 숙고해야 합니다.

나는 이 내용을, "아시아, 에우로파, 리비아의 그리스인들과 비그리스인 주민들의 일치"를 불가능하다고 여기는 켈수스의 말에 자극을 받아, 간략한 방식으로 그리고 상세한 설명 없이 언급하는 것이 옳다고 여겼습니다. 그리고 그런 상태는 아직 몸을 입고 사는 인간들에게 필경 실제로 불가능하다고 하겠습니다. 하지만 몸에서 해방된 이들에게는 그런 상태가 불가능하지 않습니다.

73. 이어서 켈수스는 우리가 "황제를 온 힘을 다해 지지하고 그의 정당한 노력에 동참하고 그를 위해 싸우고, 또한 그가 요구하면 그와 함께 출정하고 그와 더불어 그의 군대를 지휘해야 한다"고 요구합니다. 이에 대해 다음과 같이 대답하겠습니다. 우리는 통치자들을 적절한 시기에, 그것도 이른바 하느님의 도우심을 얻어 "지지"하며 또한 "하느님의 무기로 무장"(에페 6,11.13)하고 있습니다. 그리고 이 일을 우리는 "나는 무엇보다도 먼저 모든 사람을 위하여 간청과 기도와 전구와 감사를 드리라고 권고합니다. 임금들과 높은 지위에 있는 모든 사람을 위해서도 기도하여, 우리가 아주 신심 깊고 품위 있게, 평온하고 조용한 생활을 할 수 있도록 하십시오"(1티모 2,1-2)라는 사도의 말씀을 따르기 때문에 수행합니다. 또한 어떤 사람이 종교적일수록, 통치자들을 위한 그의 "지지"는 더욱 성공적이니, 전투에 나서서 능력껏 많은 적을 섬멸하는 군인들을 능가합니다.

그렇다면 우리는, 우리 신앙과 멀리 떨어져서 공동선을 위해 군인으로서 싸우고 인간들을 죽여야 한다고 우리에게 요구하는 이들에게 이렇게 대답할 수도 있겠습니다. 그대들 곁에서 사제로서 이런저런 신상들을 책임지고 있는 남자들과 그대들이 신으로 여기는 존재들에게 신전에서 봉사하는 이들은 제물 봉헌을 위한 그들의 권한을 온전히 보유하니, 살해하지 않아 인간의 피가 묻지 않은 깨끗한 손으로 그대들의 이른바 신들에게 전래의 제물을 봉헌할 수 있기 위해서입니다. 그리고 전쟁이 일어나도, 그대들은 필경 사제들에게는 병역을 수행하라고 하지 않습니다. 이 관습이 과연 이성적이라면, 그리스도인들이, 다른 이들은 전쟁에 나서는 동안, 자기네 나름으로 하느님의 사제와 봉사자들로서 비록 손은 깨끗하게 보존하지만 하느님께 바치는 그들의 기도를 통해 정당한 일의 수호자들과 합법적 통치자들을 위해 싸워, 정당한 일의 수호자들을 적대하고 방해하는 모든 것을 제압함으로써 전투에 동참하는 것은 얼마나 더 이성에 부합하겠습니까. 더구나 우리는 전쟁을 부추기고 서약을 깨뜨리고 평화를 교란시키는 모든 다이몬도 우리의 기도로 제압함으로써, 외적으로 전투를 수행하는 이들보다 더 크게 통치자들을 돕습니다. 그리고 우리는 합당하게 하느님께 바치는 기도를, 감각적 쾌락을 하찮게 여기고 그것에 휘둘리지 말라고 가르치는 훈련 및 명상과 함께 행함으로써, 공동선에 중요한 일들을 위한 노력에 동참합니다. 말하자면 우리는 다른 이들보다 더 많이 "황제를 위해 싸웁니다". 우리는 황제가 요구할 때에 그와 함께 전쟁에 나서지는 않지만, 하느님을 공경하는 특별한 군대를 이루어 하느님께 바치는 우리의 전구를 통해, 뭐라 해도 황제를 위해 싸웁니다.[112]

---

[112] 병역에 대한 오리게네스의 관점에 관해서는 참조: D.G. Origene e la guerra giusta (Contra Celso VIII 73): CClCr9 (1988) 67-84; J. Helgeland, Christians and the Roman Army from Marcus Aurelius to Constantine: ANRW 2/23,1,746-752; E. Puicciarelli, *I cristiani e il servizio militare. Testimonianze dei primi tre secoli* (BPat 9), Florenz 1987, 130-155.

74. 그것에 이어 켈수스가 우리도 조국 방위를 위해 "군대 지휘"도 해야 한다고 요구한다면, 그는 우리가 그 일도 한다는 사실을, 그러나 사람들에게 보여 주고 그로써 그들에게서 하찮은 명성을 얻기 위한 의도로 그렇게 하는 것이 아니라는 사실을 알아야 합니다. 사실 우리는 숨겨진 가운데, 다시 말해서 우리 영혼 깊은 곳에서 기도하며, 사제들처럼 그 기도를 동포들의 안녕을 위해 하늘로 높이 올려 보냅니다. 그리스도인들은 여느 인간들보다 더 많은 선행을 자기네 조국에 베풉니다. 그들은 동료 시민들을 교육하고 도시의 주인이신 하느님께 대한 참된 공경을 가르치며, 아주 작은 도시들 안에서 선한 삶을 살아온 사람들을 거룩한 천상 도시[113]로 이끌어 올립니다. 그 사람들에게 우리는 "너희는 아주 작은 도시에서 충실했으니, 이제 큰 도시로 오너라"(참조: 루카 16,10; 19,17)라고 말할 수 있을 것입니다. 거기에서는 "하느님께서 신들의 모임에서 일어서시어, 그 신들 가운데에서 심판하시며" 또한 그 사람들은 "더는 여느 인간처럼 죽지 않고, 더는 여느 지배자들처럼 쓰러지지 않을" 것입니다(시편 82,1.7 참조).

75. 켈수스는 계속하여 우리에게 "조국에서 법률과 종교의 보존에 꼭 필요한 정부 직책들을 맡으라"고 요구합니다. 그러나 우리는 각각의 국가에는 하느님의 로고스를 통해 또 다른 유형의 "고향"이 건설되어 있음을 알고 있으며, 그런 까닭에 올바른 가르침과 품행을 바탕으로 다스리는 능력이 있는 사람들에게 교회를 이끌라고 격려합니다. 우리는 권력을 사랑하는 남자들은 거부하지만, 하느님의 교회들을 보살피는

---

113   참조: 『켈수스 반박』 8,5.

공동의 소임을 경솔하거나 성급하지 않고 매우 겸손하게 감당하고자 하는 사람들은 강력히 천거합니다. 우리의 훌륭한 책임자들은 바로 그런 강렬한 요청을 통해 자신들의 직책을 맡았거니와, 우리의 확신에 따르면 하느님의 아드님이요 로고스 하느님이신 위대한 임금님께서 그들을 그렇게 줴쳐 대셨던 것입니다. 그리고 교회 안에서 다스리는 사람들이 하느님께 귀속된 "고향" — 나는 교회를 가리켜 말하고 있습니다 — 을 잘 다스린다면, 그들이 선출되었든 아니면 사람들이 졸라서 받았든 간에, 그들은 하느님의 규정들에 따라 다스리는 것이며, 그로써 확립된 법률을 위반하는 것도 아닙니다.

요컨대 그리스도인들이 사회생활의 공적 직무 맡는 것을 삼간다면, "정부 직책들"의 책임을 회피하기 위해서가 아니라, 인간들의 구원을 위한 더 거룩하고 더 필수적인 하느님 교회에 대한 봉사에 자유로이 헌신하기 위해서입니다. 그리스도인들이 지도적 직무를 맡고 모든 이를 보살피는 것은 꼭 필요하고 동시에 마땅한 일입니다. 교회 안에 있는 사람들은 나날이 더 훌륭하게 살아가도록 보살피고, 교회 밖에 있는 사람들은 (그리스도교의) 하느님 공경의 거룩한 가르침과 행동에 이르도록 보살펴야 합니다. 그리스도인들은 그렇게 하느님을 참으로 공경하고 또 가능한 한 많은 이를 가르치려 애씀으로써, 하느님의 로고스와 하느님의 법에 온전히 젖어들며, 또한 그로써 로고스요 지혜요 진리요 의로움이신 하느님 아드님을 통해 만유를 주재하시는 하느님과 하나되며, 또 모든 일에서 하느님 뜻에 따라 살고자 결심한 모든 사람과도 하나 됩니다.

76. 존경하는 암브로시우스여, 이로써 이제, 그대가 부탁한 일이 나의

능력이 미치는 한에서 완수되었습니다. 요컨대 이 여덟 권의 책에서 우리는 『참된 말씀』이라는 제목을 붙인 켈수스의 저작을 거슬러 마땅히 말해야만 했던 모든 내용을 종합했습니다. 이제 그 저작과 우리 반박서 가운데 어떤 것이 참하느님의 영을 더 많이 발산하고 있는지, 또 하느님께 합당한 공경의 특성과, 인간들에게 이르러 올바른 가르침을 통해 그들을 최선의 삶으로 이끄는 진리의 특성을 더 많이 보여 주고 있는지를 판단하는 것은 이 두 작품 독자들의 과제입니다.

물론 그대는 켈수스가 "이 책 이후 다른 책 하나를 더 쓰겠다"고 예고한 사실을 틀림없이 알고 있을 것입니다. 그의 예고에 따르면 그는 그 책에서 자신을 따를 뜻과 능력을 가진 "인간들이 어떻게 살아야 하는지를 가르칠 것"이라고 합니다. 그런데 켈수스가 이 두 번째 책을 쓰겠다는 자신의 약속을 지키지 않았다면, 우리는 그의 저작을 반박하는 이 여덟 권의 책으로 기꺼이 만족할 수 있을 것입니다. 그러나 켈수스가 두 번째 작품도 시작하여 완성했다면, 그 책을 찾아 저에게 보내 주십시오. 그러면 우리는 진리의 아버지께서 우리에게 불어넣어 주시는 것에 근거하여, 그 책에 담긴 거짓 견해들도 반박하겠습니다. 그러나 만일 무엇인가 진실한 내용이 언명되어 있다면, 논쟁적 태도 없이, 적절한 견해 표명으로 인정할 것입니다.

간통 169 179 223-4 270
견유학파 122 144
계시 16-7 39 164 194 203 304
구원 19 27 29 33 58 65-6 83 112
 114-5 122 127 129-31 133
 157 193 247 268 277-8 292
 318 321 337
그리스도교의 전파 327
그리스도의 적 75 81-4 131
기적 29 71 128 180 211 213 215-
 6 245 293-5

낙원 62 66 78 80 88 173 188
 195 207
날조 49 58 67

다이몬 19 30 56-7 64 70 72-3 75-
 6 80-2 114 138-45 181-2 190-
 1 211 223 225-6 228-49 253
 257 260 264-84 287 290-7
 304 307-23
덕 79-80 85-6 94 106 138 148
 235 255 257 292 299 307-8
 318 320-1
데미우르구스 27 65 90-2 124 193

동정녀 77

마르키온(파) 54 92-3 123-4 252
마술 61 69 71-3 132 140 232 244
 314
몸/육신/육체 39 53 56 60 65 85-6
 101 104-8 116-7 121-32 139-
 41 152 157 167-8 170 177-
 80 186-7 194-5 200-9 258 262
 264 272-7 287 290-2 297-9
 303 306-7 310 312-6 318 320
 332-4
문자적 의미 161-2
물질 45 56 76 95 97-8 118 120
 127 159 177 179 206 225 298
미트라 45-8 62

박해 30 152 201 279 307 330
배사교도 49 54-5 57 189 246
뱀 49-50 54-5 59 62 67 78 133
 188 216 233
보편성 6 130
부활 47 56 63 66-7 121 129 156
 177-9 182-3 185 258 297-9
불멸 16 91 178 207 298 300